海外中文古籍總目

英國曼徹斯特大學約翰·賴蘭茲圖書館中文古籍目録

Bibliography of Ancient Chinese Books in John Rylands Library at University of Manchester

李國英 周曉文 張憲榮 編著

下册

中華書局

子部

儒家類

新纂門目五臣音注揚子法言　十卷　曼285

（漢）揚雄撰，（晋）李軌、（唐）柳宗元注，（宋）宋咸、吴秘、司馬光添注

清嘉慶九年（甲子 1804）姑蘇王氏聚文堂重刻本

册數不明。

17.4×13.3。半葉十一行，大小字不等，行大字二十一字，小字雙行同，行四十二字。四周單邊，上下粗黑口，無魚尾。版口題“揚子法言卷第幾”、篇名及葉數。卷端題“新纂門目五臣音注揚子法言卷一”“李軌柳宗元注 宋咸吴祕司馬光重添注”，裏封題“嘉慶甲子重鐫 楊子箋釋 姑蘇聚文堂藏板”。

宋景祐三年（丙子 1036）宋咸重廣注揚子法言序，景祐四年（丁丑 1037）宋咸進重廣注揚子法言表，宋神宗元豐四年（辛酉 1081）司馬光司馬温公注揚子序。

按，此爲《十子全書》之一。

《藏園訂補郘亭知見傳本書目·子部》收録此本。

重廣註揚子法言序

太儀之體渾淪無窮者也非夫周服諸家之論則度舍之紀茲或罔焉欲明緯象不可得也羣經之文支離寡要者也非夫孔傳衆氏之解則章趣之會無乃隱焉欲辨綱常不可得也故先儒於聖人之書所以亹亹而爲己任者蓋此爾惟西京博士毛萇傳詩頗號太略鄭康成大懼夫泯之弗行思覺於後故增之箋言而三百廓如也自鳳德云衰諸子纚作亞聖之謨獨揚孟而已七篇有趙臺卿爲之題頗詳真經有范叔明爲之解甚悉惟法言者蓋時有請問子雲用聖人之法以應答之也凡有十三篇東晉李軌雖爲之註然愈略於毛公之爲

揚子法言　十三卷，附揚子法言音義一卷

曼Chinese 52

（漢）揚雄撰，（晋）李軌注

清嘉慶二十四年（己卯 1819）江都秦氏石研齋重刻宋治平監本

1册1函

13.9×10.7。半葉十行，大小字不等，行二十字，小字雙行同，行四十字。四周雙邊，白口，雙對黑魚尾。上魚尾上題“揚子法言”，版口記卷次及葉數，下魚尾下記大小字數。卷端題“揚子法言學行卷第一”，下小字云“夫學者所以仁其性命之本本立而道生是故冠乎衆篇之首也”，“東晋李 軌宏範注”。闕外封。

清嘉慶二十四年（己卯 1819）秦恩復重刻治平監本揚子法言並音義序。

《藏園訂補郘亭知見傳本書目·子部》收録此書，但未録此本。

揚子法言學行卷第一

夫學者所以仁其性命之本本立而道生是故冠乎衆篇之首也

東晉李　軌宏範注

學行之上也言之次也教人又其次也咸無焉爲衆人此三者教之大倫也皆無此三者民斯爲下矣或曰人羨久生將以學也可謂好學已乎曰未之好也學不羨仲尼志道朝聞夕死揚子好學不羨久生天之道不在仲尼乎不在在也言在仲尼也仲尼駕說者也不在茲儒乎駕傳也茲此也如將復駕其所說則莫若使諸儒金口而木舌金寶其口木質其舌傳言如此則是仲尼常在矣或曰學無益也如質何曰未之思矣夫有刀者礲諸有玉者

荀子　二十卷　　曼285

（周）荀況撰，（唐）楊倞注

乾隆五十二年（丁未 1787）嘉善謝氏刻清嘉慶九年（甲子 1804）姑蘇王氏聚文堂重刻本

册数不明。

18.9×12.1。半葉十行，大小字不等，行大字二十字，小字雙行同，行四十字。左右雙邊，白口，單黑魚尾。魚尾上題“荀子”，下記卷次、篇名及葉數，下書口題“嘉善謝氏藏版”。卷端題“荀子卷第一”“唐登仕郎守大理評事楊倞注”，卷二十末第三、四行題“將仕郎守祕書省著作佐郎充御史臺主簿臣王子韶同校 朝奉郎尚書兵部員外郎知制誥上騎都尉賜紫金魚袋臣吕夏卿重校”，末行題“江寧劉文奎刻字”，裏封題“嘉慶甲子重鐫 荀子箋釋 姑蘇聚文堂藏板”。

清乾隆五十一年（丙午 1786）謝墉序，唐憲宗元和十三年（戊戌 818）荀子序，乾隆五十一年（丙午 1786）錢大昕跋。

有複本一：4册1捆，有蟲蛀。索書號爲“曼41”，或爲此書之叢書零種。

按，此本之底本爲《中國叢書綜録》所題的“清乾隆五十二年（丁未 1787）嘉善謝氏刻本”，爲《十子全書》之一。

《藏園訂補郘亭知見傳本書目·子部》收録此書，但未録此本。

荀子卷第一

唐登仕郎守大理評事楊倞注

勸學篇第一

君子曰學不可以已青取之於藍而青於藍冰水爲之而寒於水以喻學則才過其本性也○青取之於藍從宋本因學紀聞所引同元刻作青出之藍無於字木直中繩輮以爲輪其曲中規雖有槁暴不復挺者輮使之然也輮屈槁枯暴乾挺直也晏子春秋作不復贏矣○暴舊本作㬥幷說文一作暴晞也一作暴疾有所趣也顏氏家訓分之亦極明今此字注雖訓乾然因乾而暴起則下當从本案考工記輪人槁作藃鄭注云藃藃暴陰柔後必橈減幬革暴起釋文步角反劉步莫反一音蒲報反又注贏舊本訛作贏案贏綏也今據晏子雜上篇改正亦作贏故木受繩則直金

荀子箋釋　原二十卷，殘存十二卷　曼Chinese 24

（周）荀况撰，（唐）楊倞注

清嘉慶九年（甲子 1804）寶慶經綸堂重刻本

4册1函

19×13。半葉十行，大小字不等，行大字二十字，小字雙行同，行約四十字。左右雙邊或四周雙邊，白口，單黑魚尾。魚尾上題“荀子”，下記卷次、篇名及葉數，下書口或題“寶慶經綸藏版”。卷端題“荀子卷第一”“唐登仕郎守大理寺評事楊倞注”。裹封題“嘉慶甲子重鐫 荀子箋釋 寶慶經綸堂藏板”。

清乾隆五十一年（丙午 1786）謝墉序，唐憲宗元和十三年（戊戌 818）荀子序，末乾隆五十一年（丙午 1786）錢大昕跋。

此本原二十卷，今殘存十二卷：卷一至十，十九至二十，附校勘補遺一卷，附新目録、荀子讎校所據舊本並參訂名氏、卷二十末附劉向荀子書録。

按，此本與“曼41”版式近似，但從字體上看顯然並非同版。

又，此爲經綸堂所刊《十子全書》之一。今清華大學圖書館、南京師範大學圖書館、吉林大學圖書館藏有清嘉慶九年（甲子 1804）重刻本《十子全書》，裹封題“嘉慶甲子重鐫 十子全書 寶慶經綸堂藏板”，《中國叢書綜録》失收。

荀子卷第一

唐登仕郎守大理評事楊倞注

勸學篇第一

君子曰學不可以已青取之於藍而青於藍冰水爲之而寒於水以喻學則才過其本性也○青取之於藍從宋本困學紀聞所引同元刻作青於出之藍無於字木直中繩輮以爲輪其曲中規雖有槁暴不復挺者輮使之然也輮屈槁枯暴乾挺直也晏子春秋作不復贏矣○㬥舊本作暴非說文一作㬥晞也一作暴疾有所趣也顏氏家訓分之亦極明今此字注雖訓乾然因乾而暴起則下當从本案考工記輪人槁作藃鄭注云藃藃暴陰柔後必橈減幬革暴起釋文步角反劉步莫反一音蒲報反又注贏舊本訛作贏案贏緩也今據晏子雜上篇改正亦作贏故木受繩則直金

孔子家語　十卷

曼39

（魏）王肅注

清初吴郡寳翰樓翻刻明毛氏汲古閣本

4册1本

17.5×13。半葉九行，大小字不等，行大字十七字，小字雙行同，行三十四字。左右雙邊，白口，綫魚尾，魚尾下題“汲古閣 毛氏正本”。卷端題“孔子家語卷一 王肅注”，裹封題“汲古閣校 孔子家語 吴郡寳翰樓”。

王肅孔氏家語序，末卷附後序，毛晋識，明正德二年（丁卯1507）何孟春識。

按，據毛氏識可知，其翻刻之底本爲宋本，而有補配。篇中有“己卯春”，蓋爲明崇禎十二年（己卯 1639），故此書之刊刻當在此以後。

此本裹封題“吴郡寳翰樓”，據笠井直美《吴郡寳翰樓書目》一文可知，此坊刊刻之書多在明清之際。此本“玄”字不缺筆，字體寬大而周正，故可知此本應在康熙之前。國家圖書館、遼寧大學圖書館、北京大學圖書館藏有此本。

《四庫全書總目》“子部一·儒家類一”收録，可參看。

《藏園訂補郘亭知見傳本書目·子部》《中國古籍善本書目·子部》皆收録此書，但未録此本。

孔氏家語卷一

相魯第一　王肅注

孔子初仕爲中都宰（中都魯邑）制爲養生送死之節長幼異食（如禮年十五異食也）强弱異任（任謂力作之事各從所任不用弱也）男女別塗路無拾遺器不彫僞（彫畫無文飾不許僞）爲四寸之棺五寸之槨（以外爲槨）因丘陵爲墳不封（不聚土以起墳者也）不樹（不樹松柏）行之一年而西方之諸侯則焉（魯國在東故西方諸侯皆法則）定公謂孔子曰學子此法以治魯國何如孔子對曰雖天下可平何

中說　十卷

曼285

（隋）王通撰，（宋）阮逸注

清嘉慶九年（甲子 1804）姑蘇王氏聚文堂重刻本

册数不明。

17.4×13.3。半葉十一行，大小字不等，行大字二十一字，小字雙行同，行四十二字。四周單邊，上下粗黑口，無魚尾，版口題“文中子中說卷幾”、篇名及葉數。卷端題“中説卷第一”“王道篇 阮逸註”，裹封題“嘉慶甲子重鐫文中子箋釋 姑蘇聚文堂藏板”。

文中子中説序。

按，此爲《十子全書》之一。

《四庫全書總目》“子部一·儒家類一”收録，可參看。

《書目問答補正》收録，《藏園訂補郘亭知見傳本書目·子部》收録此書，但未録此本。

文中子中說序

周公聖人之治者也後王不能舉則仲尼述之而周公之道明仲尼聖人之備者也後儒不能達則孟軻尊之而仲尼之道明文中子聖人之修者也孟軻之徒歟非諸子流矣蓋萬章公孫丑不能極師之奧盡錄其言故孟氏章句略而多闕房杜諸公不能臻師之美大宣其教故王氏續經抑而不振中說者子之門人對問之書也薛收姚義集而名之唐太宗正觀初精修治具文經武略高出近古若房杜李魏二溫王陳輩迭爲將相實永三百年之業斯門人之功過半矣正觀二年觀去聲御史大夫杜淹始序中說及文中子世家未及進用爲長

淵鑑齋御纂朱子全書　六十六卷　曼259

清康熙五十二年李光地等奉敕纂

清末翻刻本

32册4本

18.5×14。無界，半葉九行，行二十字。四周單邊，上下粗黑口，雙順黑魚尾。上魚尾下題“朱子全書卷某”及記篇名，下魚尾下記葉數。卷端題“淵鑒齋 御纂朱子全書卷一”。無外封或已闕。

御纂朱子全書承修校對監造諸臣職名，淵鑒齋御纂朱子全書目録，清康熙五十三年（甲午 1714）李光地進表，淵鑒齋御纂朱子全書凡例等。

康熙五十二年（癸巳 1713）御製序。

按，《四庫全書總目》“子部四·儒家類四”收録，可參看。

此本之底本爲清康熙五十三年（甲午 1714）武英殿刻本，《藏園訂補郘亭知見傳本書目·子部》收録之，題作“内府刊本”，又收録有“各直翻刊本”等。《中國古籍善本書目·叢部》則收録有清乾隆間武英殿所刻《欽定古香齋袖珍十種》。此本序末無鈐印，而且從紙張及版式看皆不符殿版之特點，當爲其翻刻本。

古人自入小學時已自知許多事了至入大學時只要做此工夫今人全未曾知此古人只去心上理會至去治天下皆自心中流出今人只去事上理會

古人便都從小學中學了所以大來都不費力如禮樂射御書數大綱都學了及至長大也更不大段學便只理會窮理致知工夫而今自小失了要補塡實是難但須莊敬誠實立其基本逐事逐物理會道理待此通透意誠心正了就切身處理會旋旋去理會禮樂射御書數今則無所用乎御如禮樂射書數也是合當理會底皆是切用但不先就切身處理會得道理便教考究得些禮文制度又干自家身己甚事

古者小學已自暗養成了到長來已自有聖賢坯模只就上面加光飾如今全失了小學工夫只得教人且把敬爲主收斂身心却方可下工夫又曰古人小學教之以事便自養得他心不知不覺自好了到得漸長漸更歷通達事物將無所不能今人

文信國正氣歌　不分卷　　曼Chinese 4

（宋）文天祥撰

日本明治三十三年（庚子 1900）青木嵩山堂鉛印本（再版）

1册1函

20×13.2。半葉九行，行三十二字。四周單邊，無版心。卷端題“文信國正氣歌”，正文每字右側注假名。裏封題“正五位長三洲先生書 真書正氣歌 版權所有 青木嵩山堂梓”。襯葉一題“文天祥正氣歌 癸巳六月 通禧題”，下鈐“通禧之印”“字照卿”等朱文方印，背面牌記“明治癸巳 孟夏刊行”。襯葉二題“文信國正氣歌”“道照顔色 明治廿六”“季五月廿五日書”“三洲長炗”，背有“中有故人心”墨文橢圓印。版權葉題“明治二十六年六月十日 印刷 仝二十六年七月七日 發行 仝三十三年五月廿日 再版印刷 同三十三年六月十日 再版發行”。外封書籤題“正五位長三洲先生書 真書正氣歌 版權所有 青木嵩山堂梓”。

有複本二：與此本共用一個索書號，各1册。

按，據版權葉，此本爲明治二十六年（癸巳 1893）本之再版。

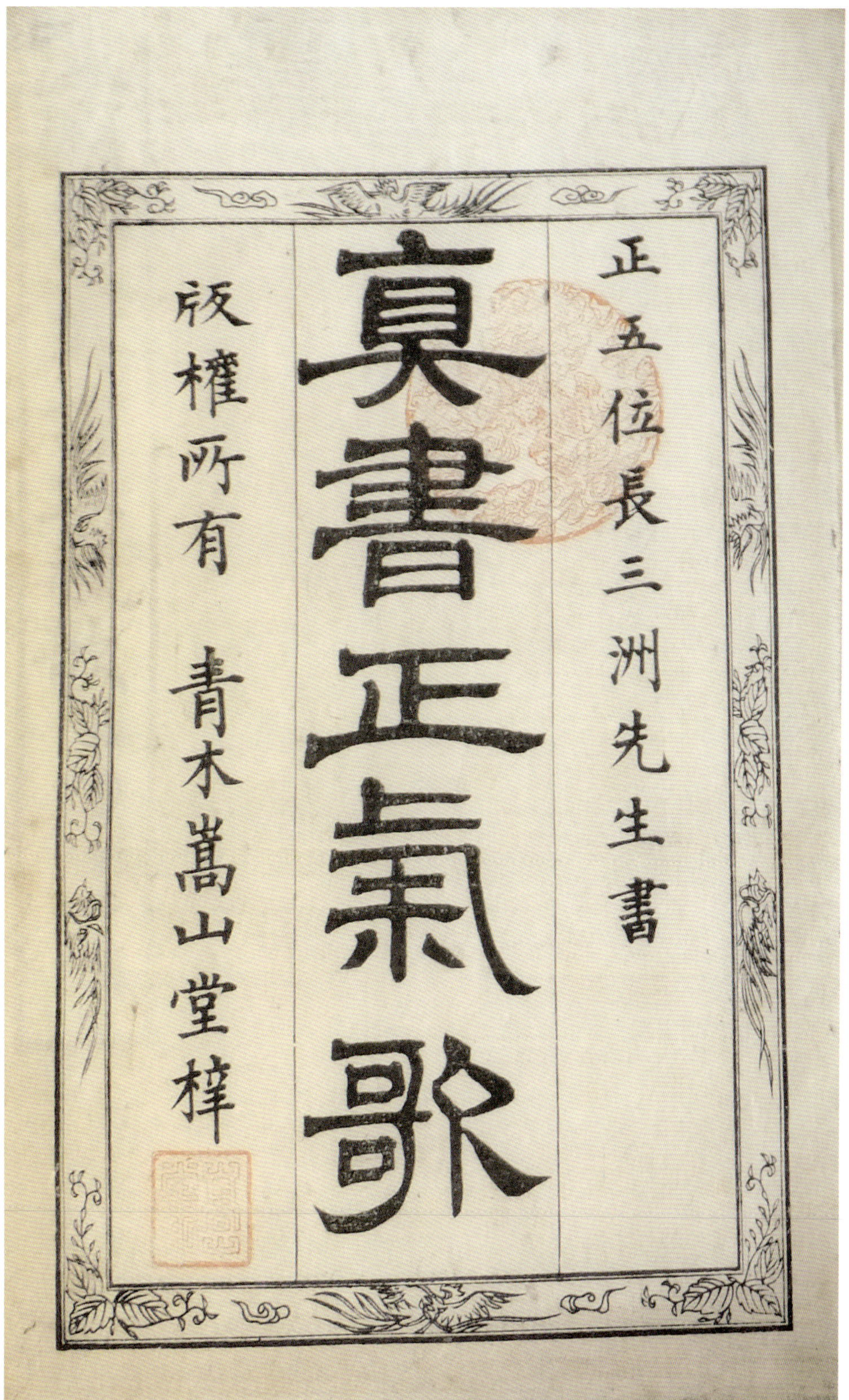
正五位長三洲先生書
眞書正氣歌
版權所有　青木嵩山堂梓

御覽經史講義　三十卷，卷首一卷　曼349

（清）蔣溥、劉統勳等奉敕編

清乾隆二十年（乙亥 1755）武英殿刻本

23册4函

18.5×14.5。半葉十行，行二十字。四周雙邊，白口，單黑魚尾。魚尾上題“御覽經史講義”，下記卷次及葉數。卷端題“御覽經史講義卷一”。闕裏封。

卷首一卷：上諭十五篇。

允禄等奏議，清乾隆二十年（乙亥 1755）蔣溥等進表，凡例八條，總目及各卷分目。

按，《四庫全書總目》“子部四·儒家類四”收録，可參看。

《藏園訂補郘亭知見傳本書目·子部》收録此書，云“乾隆十四年奉敕編”。

御覽經史講義總目

諸臣進講欽奉

上諭一卷十五篇
周易八卷二百二十五篇
書經六卷一百九十五篇
詩經五卷一百九篇
春秋一卷十四篇
禮記四卷五十八篇
周禮二卷二十四篇附論孟孝經四篇
史三卷五十五篇

節孝事實圖　不分卷　　曼411

（清）孫壽康輯

清道光十年（乙未 1835）刻本

1册1盒

30.8×16.7。半葉行數不等，字數不等。無卷端題名，裏封題"太原 張太 事實 道光八年十月宗姪鍾敬書"，外封書籤題"節孝事實圖 道光庚寅六月 徐渭仁書"。

清道光十年（庚寅 1830）孫壽康序，道光八年（戊子 1828）楊城書跋，道光九年（己丑 1829）石韞玉記，道光八年（戊子 1828）劉樞贊序、熊傳栗序，道光九年（己丑 1829）金元恩序，道光十年（庚寅 1830）蔣超曾跋、陸蔭奎跋、孫壽康跋。

按，據孫序稱"先大母即世之六年，壽康奉父命，敬輯墓志所載節孝事迹，倩華亭改君七薌繪圖十二幀，繼又命勒諸石，以垂永久……"云云，可知其事情始末。

二子偶市麩食自
肆歸太宜人責之
切曰市歸食于家
汝食其美吾亦潤
其餘不可乎若所
為復奚望哉二子
感泣益刻苦自勵
歷數十年如一日

帝鑑圖説　不分卷　　曼401

（明）張居正撰

明萬曆元年（癸酉 1573）刻清乾隆純忠堂翻刻本（白棉紙，手寫上版）

6册1夾1盒

19.3×13.5。半葉九行，行十八字。四周雙邊，白口，單黑魚尾，下書口記葉碼。無卷端題名，裹封題“江陵張太嶽著 帝鑑圖説 純忠堂藏”，外封書籤題“帝鑑圖説 善事 第壹/貳/叁/肆”“惡事 第壹/貳”。此本陸樹聲序與張居正進疏之間有“聖”“哲”“芳”“規”四個大字，後序與惡事目録之間有“狂”“愚”“覆”“轍”四個大字。蓋正文中前文所舉皆爲可供師法的明主之善事，後文所舉皆爲不法聖哲的昏君之惡事。

此書分善事八十一、惡事三十六兩部分，各部分皆有分目。其中，善事部分首明萬曆元年（癸酉 1573）陸樹聲序，隆慶六年（壬申 1572）張居正進帝鑑圖説疏，末卷附跋；惡事部分首萬曆元年（癸酉 1573）王希烈後序，末卷附跋。

有複本一：索書號爲“曼275”。

按，陸序云：“上嘉納，敕下禮官宣付史館。公復梓其副，以揚休美。屬以校梓者，則文學喬子承華，謂聲禮官也，宜叙端簡。”據此，明萬曆間當有兩個刻本，一爲明内府刻本，一即此萬曆元年（癸酉 1573）刻本。而此本則爲翻刻萬曆元年本。文中“玄”“弘”皆缺筆。

《四庫全書總目》“史部四十六·史評類存目二”收録。云：“是編乃二人奏御之書。取堯舜以來善可爲法者八十一事，惡可爲戒者三十六事。每事前繪一圖，後録傳記本文而爲之直解。前有隆慶六年十二月進疏一篇，蓋當神宗諒闇時也。疏云：‘善爲陽爲吉，故數用九九；惡爲陰爲凶，故數用六六’，取唐太宗以古爲鑑之語名之。書中所載皆史册所有。神宗方在冲齡，語取易曉，不免於俚俗。”

《藏園訂補郘亭知見傳本書目·子部》收録此書，但未録此本。

肅皇帝之心存敬一。治本農桑。則丹書無逸之箴
也。
皇考。穆宗莊皇帝之躬修玄默。服戎懷遠。則垂衣
舞干之化也。其他片言之善。一事之美。又不
可以殫述。蓋
明興綫二百餘年。而
賢聖之君。已不啻六七作矣。以是方內乂安。四夷
賓服。重熙累洽。迭耀彌光。致治之美。振古罕
儷焉。猗歟休哉。豈非乾坤光岳之氣。獨鍾於

續三綱行實圖　三卷，附二倫行實圖一卷　曼462

（朝鮮）申用溉等奉敕纂

朝鮮中宗九年（甲戌 1514）序刻本

1册

25.5×17.5。先圖後文。半葉十三行，行二十二字。四周雙邊，上下粗黑口，雙對魚尾，版口題“續孝子圖/續烈女圖”。天頭處有朝鮮文批注。首圖右欄上方另加一方框題“續三綱行實孝子圖”，南衮序首行下依次鈐“天下無雙”“東京溜池南街第六號讀杜草堂主人寺田盛業音記”“武田文庫”“讀杜草堂”四朱文方印。無裏封，外封墨筆題“續三綱行實圖”。

每圖前皆附目録。

明正德九年（甲戌 1514）南衮續三綱行實圖序，正德九年（甲戌 1514）申用溉等續三綱行實圖箋。

按，明正德九年（甲戌 1514）當朝鮮中宗九年，其時朝鮮國使用明朝年號，故序中如是題。該書臺灣圖書館等有藏。紙張同《樂舞全譜》，皆爲皮紙。

此本諸印中，除了“武田文庫”外，均爲日人藏書家寺田宏藏章。宏字士弧，號望南，與黄遵憲、王韜等友善，在日本明治、大正年間收藏了大量日本、中國珍貴古籍。卒後藏書散佚各地。

此書爲漢文、朝鮮文對譯之書。

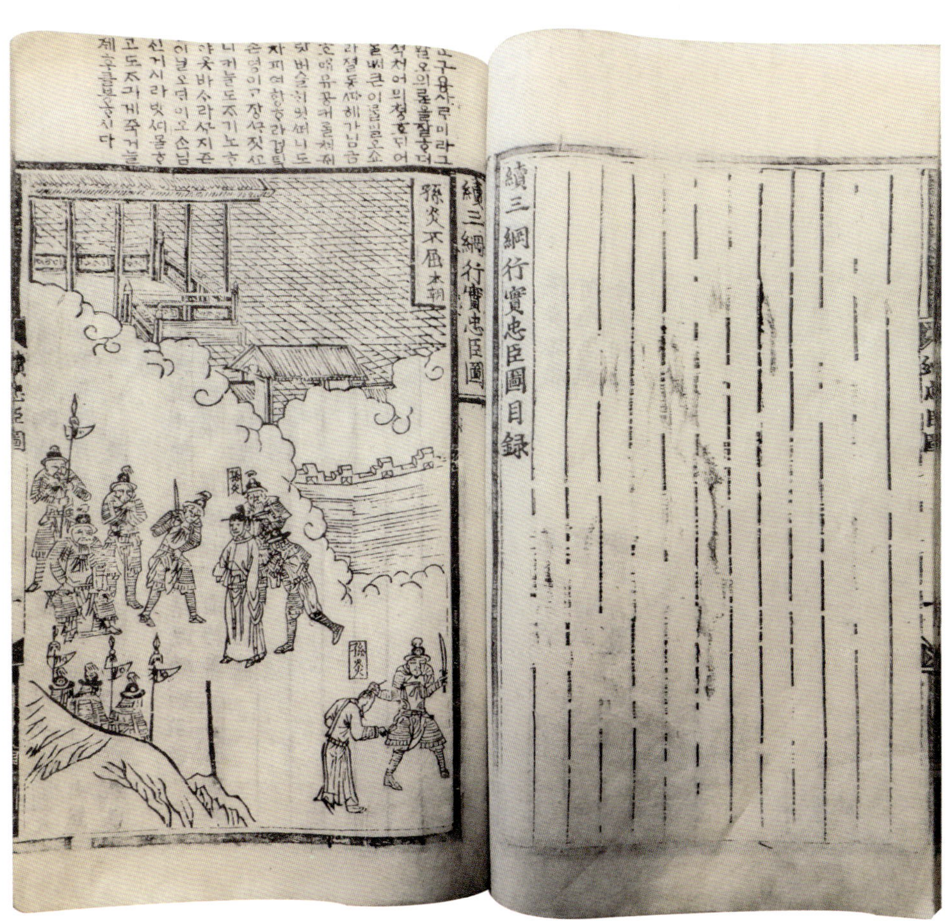
續三綱行實忠臣圖
孫炎不屈
續三綱行實忠臣圖目録

經學不厭精　原五卷，殘存二卷　　曼Chinese 34

(德)花之安著

清光緒二十二年至二十四年(丙申 1896-戊戌 1898)上海美華書館鉛印本

殘存6册1函

19.4×13.4。半葉十行,行二十一字。四周雙邊,白口,單黑魚尾。魚尾上題“經學不厭精”,下記篇名、章名及葉碼。天頭處或有批注。第1册卷端題“經學不厭精第一卷”,次行低一字題“十三經考證上”,下小字注“凡十二章”,裹封題“經學不厭精”,背面牌記題“光緒二十二年丙申上海美華書館擺印”,外封書籤已殘。第2册卷端題“經學不厭精第一卷”,次行低一字題“十三經考證下凡十二章”,裹封背面牌記題“光緒二十二年丙申上海美華書館擺印”,外封書籤題“經學不厭精 下一卷”;第3册卷端題“經學不厭精第二卷”,次行低一字題“十三經考理天卷”,下小字注“凡十章”,裹封背面牌記題“光緒二十四年戊戌上海美華書館擺印”,外封書籤題“經學不厭精 天二卷”;第4册卷端題“經學不厭精第二卷”“十三經考理地卷”,下小字注“凡十章”,牌記題“光緒二十四年戊戌上海美華書館擺印”,外封書籤題“經學不厭精 地二卷”;第5册卷端題“經學不厭精第二卷”“十三經考理人卷”,下小字注“凡二十四章”,牌記題“光緒二十四年戊戌上海美華書館擺印”,外封書籤題“經學不厭精 上人二卷”;第6册卷端題“十三經考理人卷”,牌記題“光緒二十四年戊戌上海美華書館擺印”,外封書籤題“經學不厭精 下人二卷”。

殘存二卷:卷一《十三經考證》上下,共2册,卷二《十三經考理》天、地、人上下,共4册。

附總目,十三經考理末附花之安叢書(魚尾上題“花氏書目”)。

清光緒二十二年(丙申 1896)花之安自序。

按,花之安另著有《自西徂東》一書,此書亦收入本目,作者情況可參閲該條。從此書所附總目看,分五卷:卷一《十三經考證》、卷二《十三經旁考》、卷三《十三經考理》、卷四《十三經證史》、卷五《十三經近效》，但正文卷端則明確云第二卷爲《十三經考理》，可見總目與正文在編排上是略有差異的。

此書涉及到對《十三經》各個方面的研究，其中《十三經考證》分上下，上共十二章，探討文字起源，書籍制度和散佚、校讎之學等，下卷探討諸經源流及善本等。《十三經考理》則對諸經之思想展開探討。故而整部書跟經學的關係並不是很密切，而整體上跟儒家脱不了干係，今將之暫列於此類。

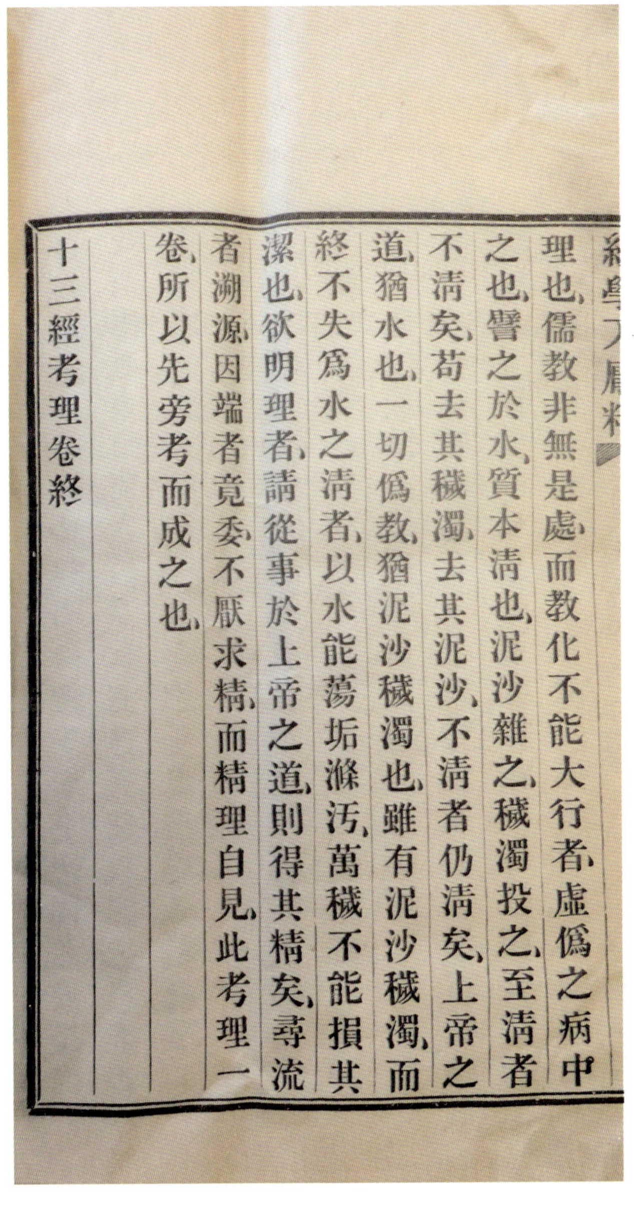
理也、儒教非無是處、而教化不能大行者、虛僞之病中之也、譬之於水、質本清也、泥沙雜之、穢濁投之、至清者不清矣、苟去其穢濁、去其泥沙、不清者仍清矣、上帝之道、猶水也、一切僞教、猶泥沙穢濁也、雖有泥沙穢濁、而終不失爲水之清者、以水能蕩垢滌汚、萬穢不能損其潔也、欲明理者、請從事於上帝之道、則得其精矣、尋流者溯源、因端者竟委、不厭求精、而精理自見、此考理一卷、所以先旁考而成之也、

十三經考理卷終

新鐫千字文　不分卷 曼24

（梁）周興嗣撰

清嘉慶十八年（癸酉 1813）霞漳修文堂刻本

1册1盒，共7葉

17.2×9.4。無界，二截版，分上下兩欄。半葉八行，行十二字。四周單邊，白口，單魚尾。魚尾上題“千字文”，下記葉數。上欄卷端題“百家姓”，下欄卷端題“新鐫千字文 霞漳修文堂梓”，裹封題“嘉慶癸酉 千字文 霞漳修文堂梓”。

末有識語：“原自梁武帝用字千樣，每字十紙，雜亂無序，召員外散騎侍郎周興嗣韻之，一日編輯，鬚髮盡白。”

按，此書雖題名爲“千字文”，實際内容包括“千字文”和“百家姓”，爲兩部書的合刊。版式上，“百家姓”在上欄，“千字文”在下欄。

此本版本年代見裹封，版式字體同“曼26”。其下欄《千字文》中“玄”作“元”，“弦”缺筆，“寧”如字；上欄《百家姓》中，“弘”字不缺筆，“寧”作“甯”。

《藏園訂補郘亭知見傳本書目·經部》收録此書，但未録此本。

百家姓

单姓

趙錢孫 李周吴 鄭王馮 陳褚衛 蔣沈韓 楊朱秦 尤許何 吕施張 孔曹嚴

新鐫千字文

霞漳修文堂梓

天地元黄 宇宙洪荒 日月盈昃
辰宿列張 寒來暑往 秋收冬藏
閏餘成歳 律吕調陽 雲騰致雨
露結爲霜 金生麗水 玉出崑崗
劍號巨闕 珠稱夜光 果珍李柰
菜重芥薑 海鹹河淡 鱗潜羽翔

圖像三字經　不分卷　　曼23

（宋）王應麟撰

清末文林堂刻本

1册1盒，共10葉

17.5×9.5。無界，四截版，分四欄。半葉七行，行九字。四周雙邊，白口，單魚尾。魚尾上題"增訂三字經"，下記葉數，下書口題"文林堂"。此本上圖下文，圖兩旁亦有釋圖詩句，下三欄之文即《三字經》。卷端題"三字經 文林藏板"。裏封題"圖像三字經 文林堂藏板"。

無序跋。

按，文林堂，參見"曼19"《四書正體》按語，但二書版式實有差異。

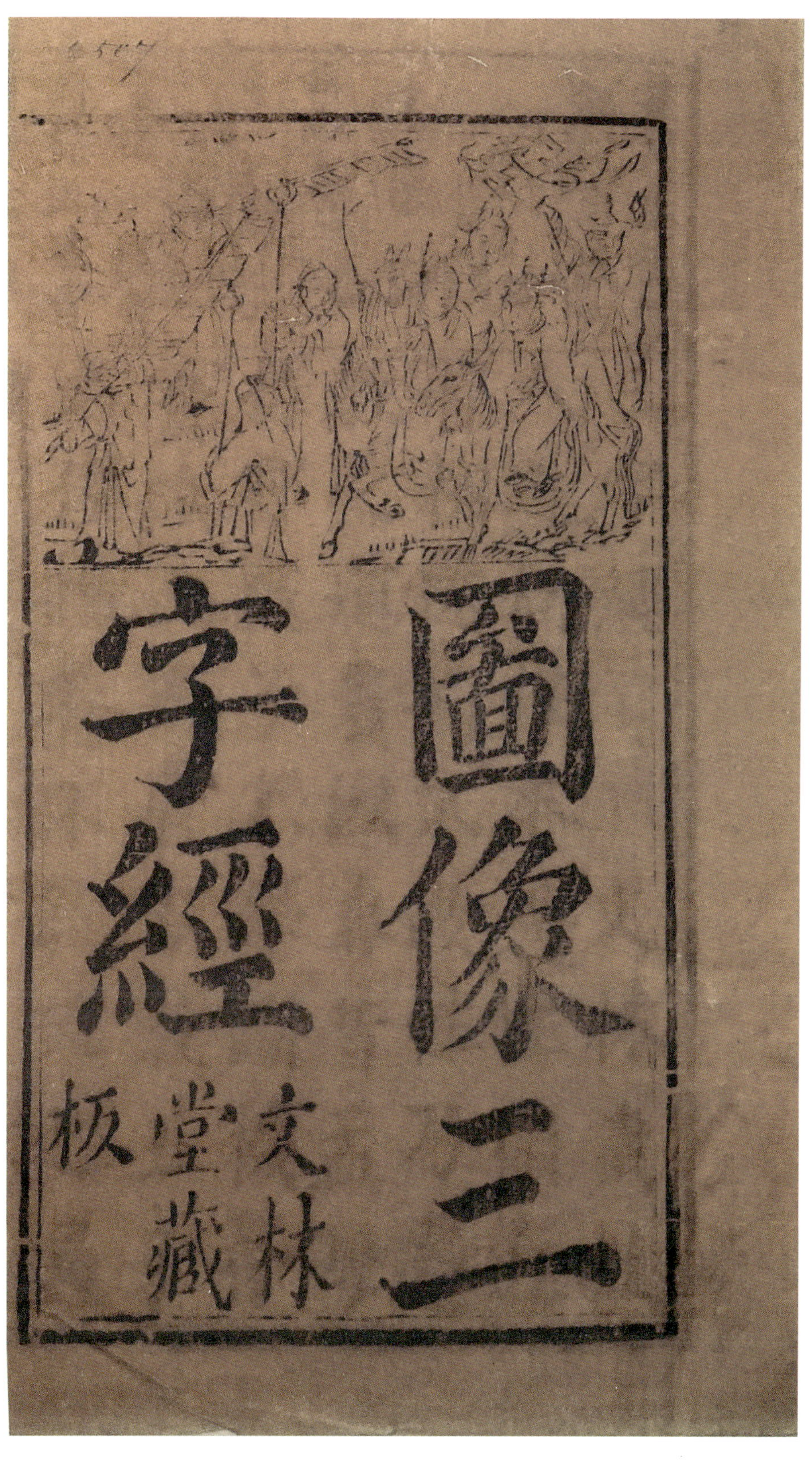
圖像三字經
文林堂藏板

新刻昔時賢文　不分卷　曼26

（明）佚名編

清嘉慶十四年（己巳 1809）霞漳修文堂刻本

1册1夾，共8葉

16.3×9.7。無界，二截版，分上下兩欄。四周單邊，白口，單黑魚尾。魚尾上題“昔時賢文”，下記葉數。上欄半葉十行，行三字；下欄半葉九行，行十五字，分三列，每列五言諺語。上欄卷端題“御製百家姓”，下欄卷端題“新刻昔時賢文 霞漳東坂后修文堂梓”。裏封題“嘉慶十九年新鐫 昔時賢文 霞漳東坂修文堂梓行”。

無序跋。

此書雖題名爲“昔時賢文”，實際内容包括“千昔時賢文”和“百家姓”，爲兩部書的合刊。版式上，“百家姓”在上欄，“昔時賢文”在下欄。

御製百家姓

孔師闕　党孟席　齊梁高　山詹仰　鄒魯柴　昌冉季　宗政游　夏文章

新刻昔時賢文

霞漳　東坡后修文堂梓

昔時賢文　勸汝諸君　宜乎靜坐
仔細評論　海枯終見底　人死不知心
酒逢知己飲　詩向會人吟　相識滿天下
知心能幾人　客來主不顧　自是無良賓
良賓主不顧　應恐是癡人　莫信直中直
須防仁不仁　莫道君行早　更有早行人
不以我爲德　反以我爲仇　寧向直中取
不可曲中求　晴乾不肯去　須待雨淋頭

新鐫增廣賢文　不分卷　　曼406

（明）佚名編

清末富桂堂刻本

1本

15×10.2。無界，半葉九行，行二十一字。四周單邊，白口，單黑魚尾，魚尾上題“增廣賢文”，下記葉數。卷端題“新鐫增廣正文”“雙桂堂板”，裏封題“遵依洪武正韻 增廣賢文 省城學院前富桂堂板”。末又重複附《新鐫增廣正文》殘存一葉（止於“富在深山有遠”一條）。

無序跋。

按，卷端題名無法反映正文内容，今據裏封定正題名。

新鍥增廣正文　　雙桂堂板

昔時賢文。誨汝諄諄。集韻增廣。多見多聞。觀今宜鑑古
無古不成今。知己知彼。將心比心。酒逢知己飲。詩向會
人吟。相識滿天下。知心能幾人。相與知同。初相識到老
終、無怨恨心。近水知魚。性近山識鳥音。易長易退山溪
水。易反易覆小人心。運去金成鐵。時來鐵似金。讀書須
用意。一字值千金。逢人且說三分話。未可全拋一片心
有意栽花花不發。無心插柳柳成陰。画虎画皮難画骨。
知人知面不知心。錢財如糞土。仁義值千金。流水下灘

增廣百家姓　不分卷

曼Chinese 19

（清）上洋大文楨記編

清光緒二十六年（庚子 1900）上洋大文楨記刻本

1册（與下條合1函）

20.8×13.1。半葉五行，大小字不等，行大字八字，每字下小字注五音及源地。四周單邊，白口，單黑魚尾，魚尾上題“百家姓”，下書口記葉數。卷端題“增廣百家姓 上洋大文楨記梓”，卷末題“光緒庚子仲冬 上海裡鹹瓜街中市大文楨記刊印”。無裹封。

無序跋。

有複本一，與此本共用一個索書號，1册，卷末無刊刻題記。

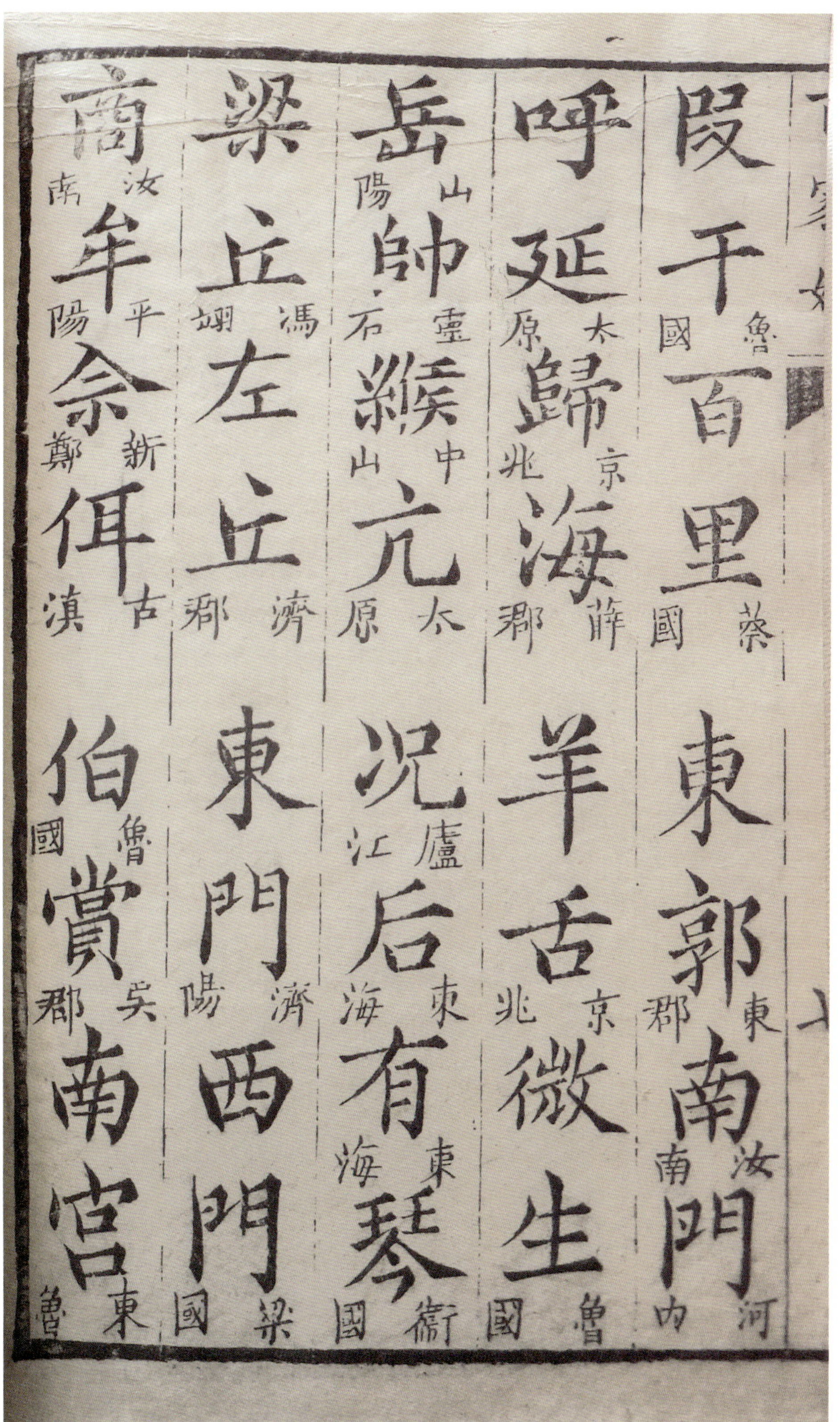

段干 魯國 百里 蔡國 東郭 東郡 南門 河内

呼延 太原 歸 京兆 海 薛郡 羊舌 京兆 微生 魯國

岳 山陽 帥 壺石 緱 中山 亢 太原 況 盧江 后 東海 有 東海 琴 衛國

梁丘 馮翊 左丘 濟郡 東門 濟陽 西門 梁國

商 汝南 牟 平陽 佘 新鄭 佴 古滇 伯 魯國 賞 吳郡 南宮 東魯

增廣百家姓　不分卷

（清）上洋務本堂正記編

清末上洋務本堂正記刻本

1册（與上條合1函）

20.8×13.1。半葉五行，行大字八字，每字下小字注五音及源地。四周單邊，白口，單黑魚尾，魚尾上題“百家姓”，下書口記葉數。卷端題“增廣百家姓 上洋務本堂正記梓”。無裏封。

有複本二，與此本共用一個索書號，各1册。

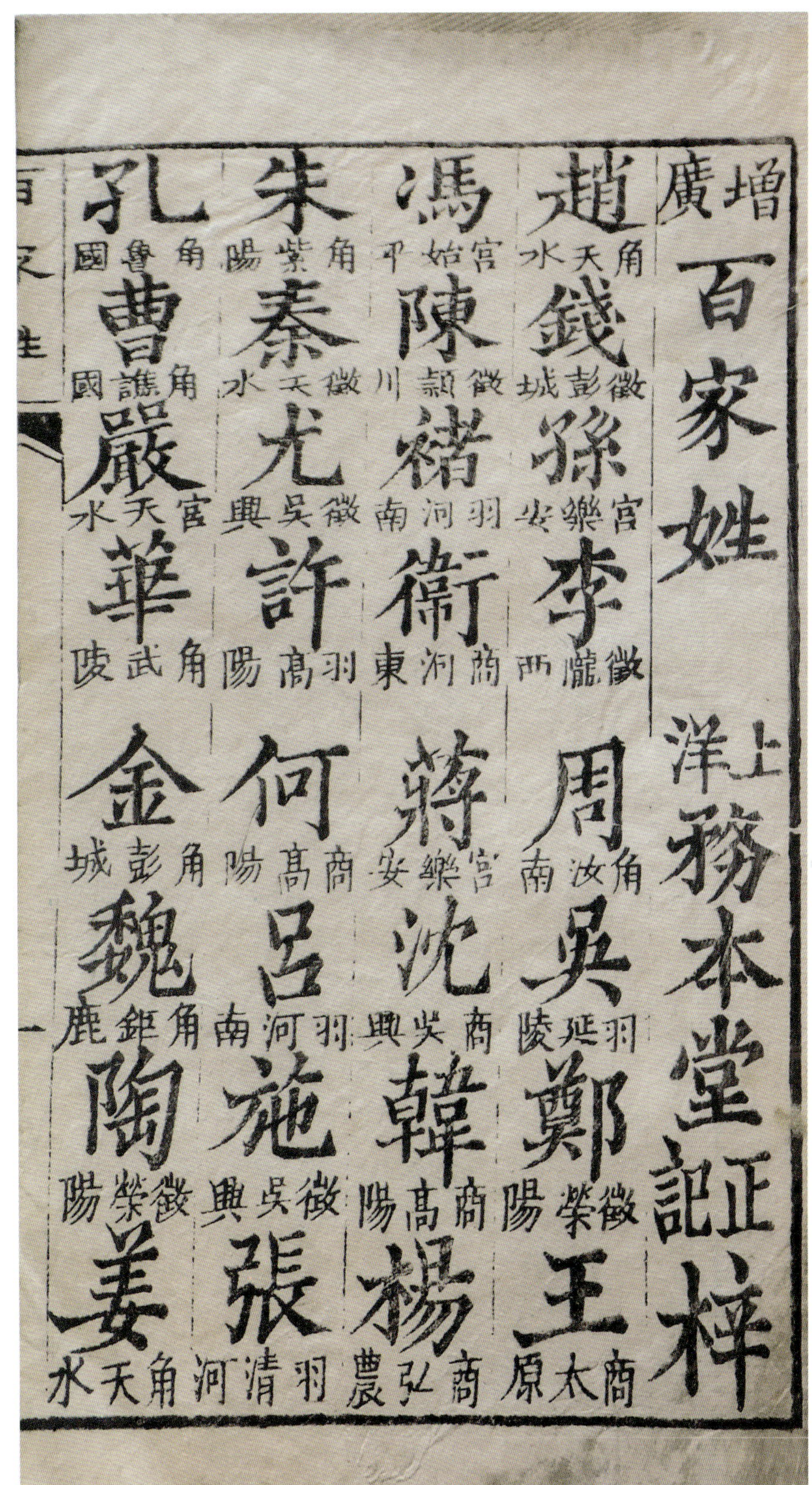
增廣百家姓

上洋務本堂記正梓

趙 天水角　錢 彭城徵　孫 樂安宮　李 隴西徵

周 汝南角　吳 延陵羽　鄭 滎陽徵　王 太原商

馮 始平宮　陳 潁川徵　褚 河南羽　衛 河東商

蔣 樂安宮　沈 吳興商　韓 南陽商　楊 弘農商

朱 紫陽角　秦 天水徵　尤 吳興徵　許 高陽羽

何 高陽商　呂 河南羽　施 吳興徵　張 清河羽

孔 魯國角　曹 譙國角　嚴 天水宮　華 武陵角

金 彭城角　魏 鉅鹿角　陶 滎陽徵　姜 天水角

百家姓法帖　不分卷 曼25

（清）振賢堂校書

清道光二十年（庚子 1840）重刻本

1册1盒

15.1×10.9。半葉四行，大小字不等，行大字四字，小字注於大字下，多爲郡望，如趙姓下注“天水”，錢姓下注“彭城”等。四周雙邊，白口，無魚尾，上書口題“百家姓”，下書口題“振賢堂”。卷端題“百家姓法帖 振賢堂校書”，末題“百家姓氏帖終”，裏封題“庚子春新鐫 校訂無訛 百家姓法帖 振賢堂書”。

無序跋。

按，此本裏封題“庚子”年，不知具體爲何時。考清代有乾隆四十五年（庚子1780）、道光二十年（庚子 1840）、光緒二十六年（庚子 1900），嘉慶間則無庚子年。此本“寧”作“甯”，“弘”字缺筆，“淳”字不缺，蓋即道光時期所刊。

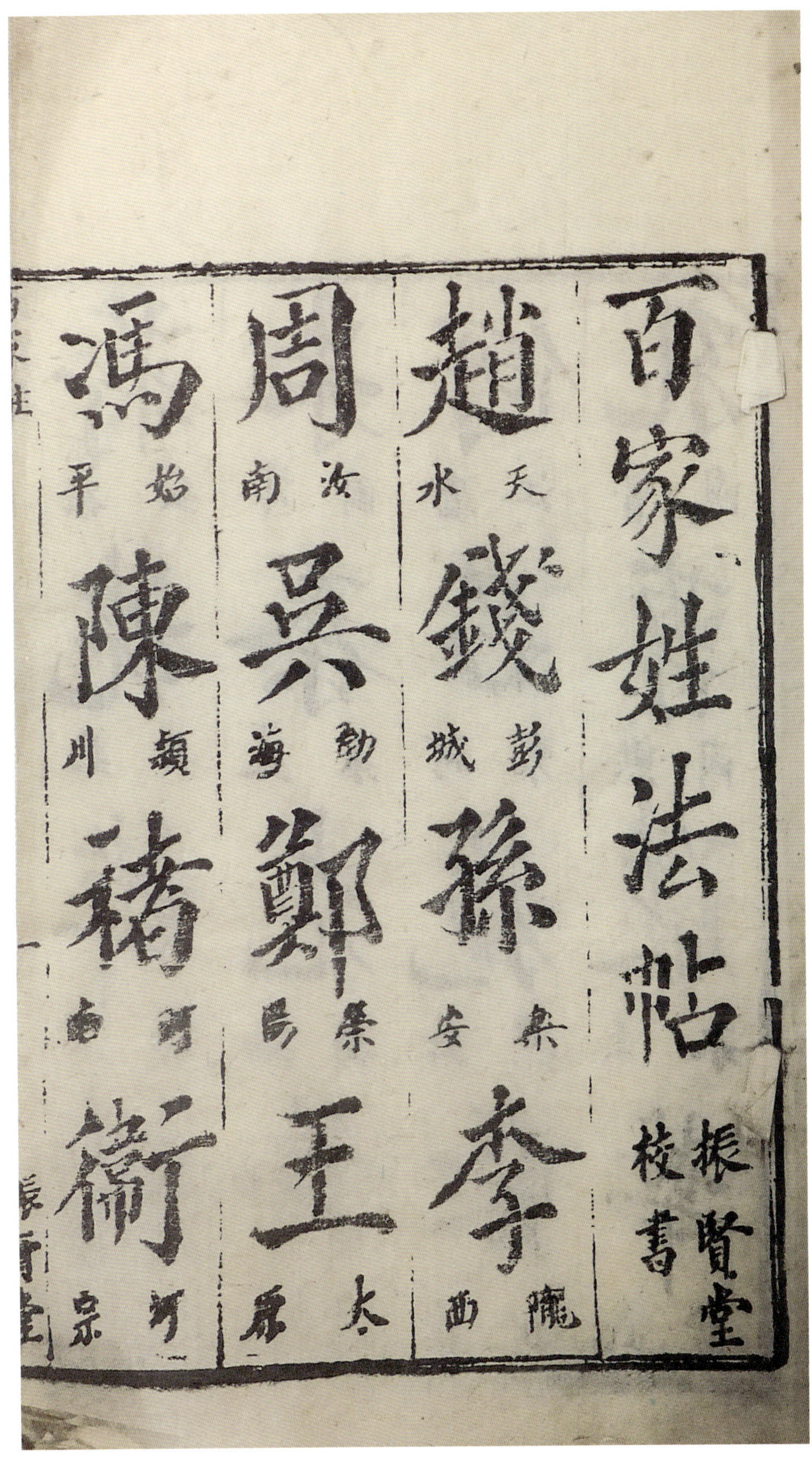
百家姓法帖 振賢堂校書
趙 天水 錢 彭城 孫 樂安 李 隴西
周 汝南 吴 勃海 鄭 滎陽 王 太原
馮 始平 陳 穎川 褚 河南 衛 河宗

新增幼學故事瓊林　二卷　　曼179

（清）程允升撰，（清）鄒聖脉增補

清嘉慶元年（丁巳 1796）永安堂序刻本

1册

20×14.5。無界，二截版，分上下兩欄。半葉十行，大小字不等，上欄行大字行七字，小字雙行同，行十四字，下欄大字行二十六字，小字雙行同，行五十二字。左右雙邊，白口，單黑魚尾，魚尾上題“新增故事瓊林”，下記卷次、部類及葉碼。卷端題“寄傲山房塾課新增幼學故事瓊林卷之一 西昌 程允升先生原本 清溪謝梅林硯傭氏 霧閣鄒聖脉梧岡氏增補 男 鄒可庭涉園氏仝參訂”。裹封題“霧閣鄒梧岡定 新增幼學故事瓊林 永安堂藏板”“此書廣傳已久不但爲士林所需即農工商賈亦無不展覽爰增輿故外益以帝王總紀六部律燕職方紀略食禄須知交接稱呼物類别名應酬佳話往來尺牘祭祀誄文各欵帖式共爲十種編類多而載事備即謂酬世全書也可”。

清嘉慶元年（丁巳 1796）鄒聖脉序。

按，永安堂之刻書今存者有《綉像第一才子書》六十卷，裹封題“金聖歎批點 嘉慶庚辰年重鐫 永安堂藏板”，見李福清《奥地利國家圖書館所藏漢文珍本書目》（《文獻》，1992年第2期）一文；《儀禮章句》十七卷，清嘉慶三年（戊午 1798）刻本，永安堂藏板，湖南藏；《淵海子平》四卷，裹封題“廣寒子先生定 評注淵海子平大全 永安堂藏板 重訂點畫無訛”，以上諸書均刻自嘉慶間，據此著録版本。

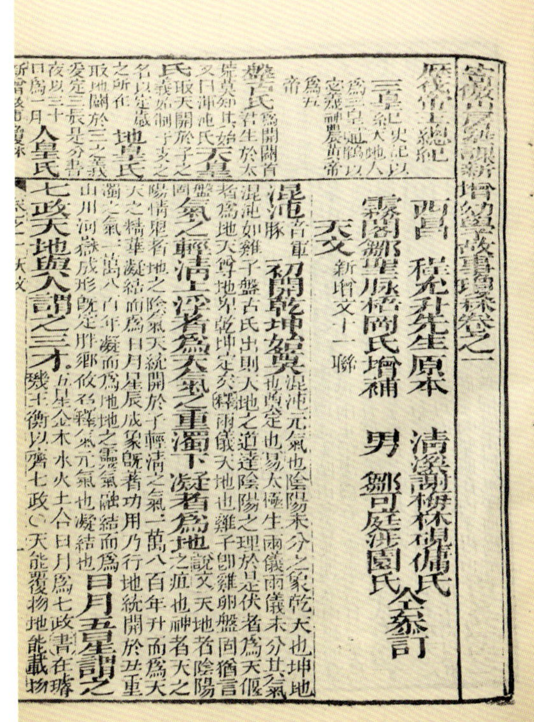

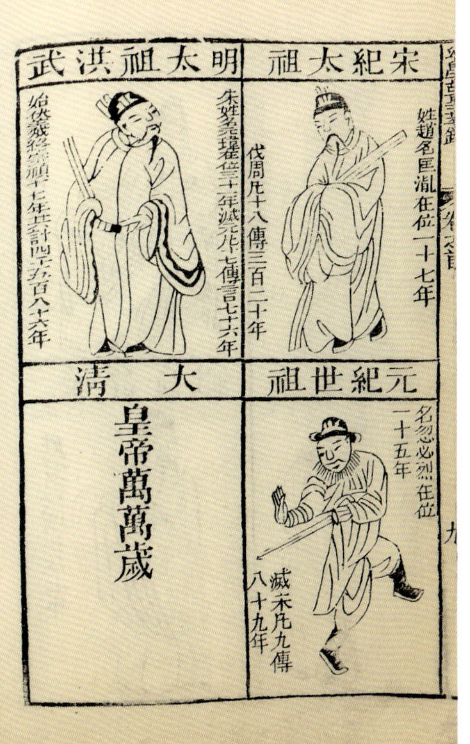

增補幼學故事尋源直解　十卷 曼294

（清）程登吉撰，（清）楊應象集注
清末文苑堂刻本

5册1本

17.8×11.5。無界，半葉八行，大小字不等，行大字二十四字，小字雙行同。左右雙邊，白口，單黑魚尾。魚尾上題"故事尋源"，下記卷次、部類及葉碼。卷端題"故事尋源卷之一""西昌程登吉允升甫撰 楚澴楊應象界右集註 男楊選允簡 姪楊瓚次封仝校"。卷一前四葉下書口題"正祖文雅"，卷二首題"幼學故事尋源卷之二 西昌程登吉允升甫撰 男楊選允簡 姪楊瓚次封仝校 楚澴楊應象界右集註 佛山書林校梓行"，卷三首題"……書林正祖文雅梓行"。裹封題"邱瓊山先生原本 西昌程登吉允升補註 臨川王相晋升甫增訂 增補幼學故事尋源直解 文苑堂藏板"。

楊應象原序。

按，文苑堂刊刻之書，存世者如四川大學圖書館所藏清咸豐四年（甲寅 1854）《公車日記》二卷、《價堂文集》一卷，北京師範大學圖書館所藏《吴山三婦評箋註釋聖歎第六才子書》八卷等，刊刻多在清末道、咸之間，故暫時定此本爲清末刻本。

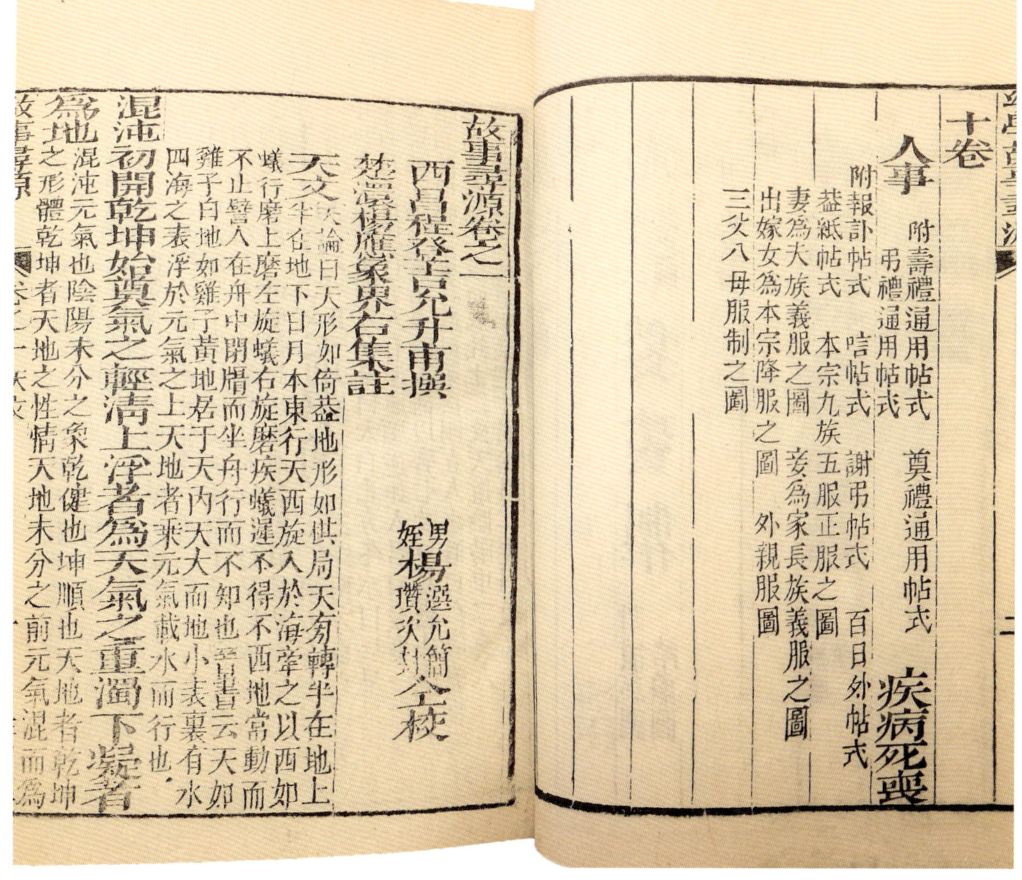

幼學雜字　不分卷　　曼AC30

（清）佚名撰

清光緒間三味堂刻本

1册

14×10.7。無界，二截版，分上下兩欄。上文下圖（或全圖，或圖文相間），上欄題“四言便讀”，下欄題“幼斈雜字”。半葉十行，行四字。四周單邊，白口，無魚尾，上書口題“幼斈雜字”，下書口記葉碼。卷端題“新鐫幼學雜字”，裏封題“四言對相　幼學雜字　寧城三味堂梓行”。

無序跋。

有複本二：與此本共用一個索書號，共2册，版框：14.3×10.5，裏封題“四言相對　幼學雜字　三味堂藏板”。

按，三味堂，在光緒間刻書很多。

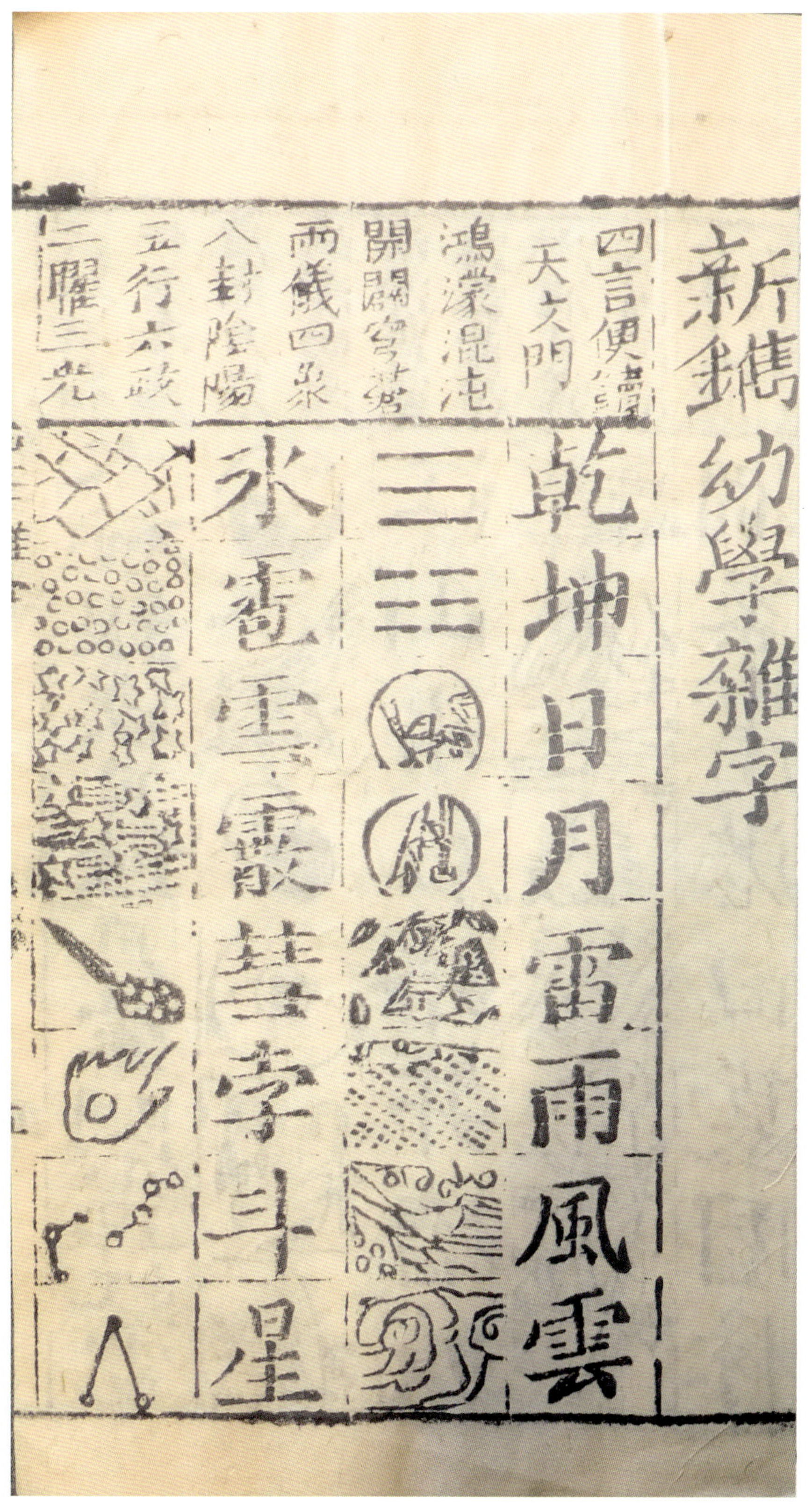
新鐫幼學雜字
四言便讀
天文門
鴻濛混沌
開闢穹蒼
兩儀四象
八卦陰陽
五行六政
二曜三光
乾坤日月
雷雨風雲
冰雹雪霰
彗孛斗星

兵家類

武經七書匯解　七卷，卷末一卷　曼359

（清）黎利賓、曹曰瑋、夏仲齡纂輯

清康熙四十四年（乙酉 1705）三畏堂、光啓堂刻本

24册4函

21×13.5。無界，半葉八行，大小字不等，行大字二十四字，小字雙行同，行四十八字。四周單邊，白口，單黑魚尾。魚尾上題“武經匯解”，下記卷次、篇名及葉碼。卷端題“武經七書匯解卷之一”“禺山黎利賓觀五 秋浦曹曰瑋繼武 秣陵夏仲齡書城 仝纂輯 同學 孟芬東山 鄧泰嗣履 糸校”，目次題“嘉善曹鑑倫蓼懷先生鑒定禺山黎利賓觀五 秋浦曹曰瑋繼武 秣陵夏仲齡書城 纂輯”。裏封題“兵部曹蓼懷先生鑒定頒行”（朱字）、“禺山黎觀五 秋浦曹繼武 秣陵夏書城 仝纂輯 附標策題步騎射法（朱文） 武經匯解 三畏 光啓 堂梓行”，左下鈐“光啓堂藏板”朱文方印。書内有朱筆句讀。

纂武經七書匯解凡例五條、總目次、標策題目次、采輯騎步射法目次。每卷末有總評。

清康熙四十四年（乙酉 1705）曹鑑倫序、曹曰瑋序、夏仲齡序、黎利賓序。

按，曹曰瑋序云：“丙子冬杪集成，復與黎子商所以名之者。黎子曰：前輩諸名家之解，支分派别，譬則江淮河漢也。是書探本窮源而有以會其歸焉，譬則海也，請以‘匯解’名之。余曰：諾。今俾之鋟版問世，庶可踐吾成言，以不虚吾之志云。”又，夏氏序云：“子盍加以筆削，將付之鋟版，爲吾立一權輿，何如？黎子歸以語余，余問而心識之。甲申春，先生郵其稿本至白下，余受而得觀焉。見其薈萃諸家之説，綜以己意，綱舉目張，條分縷析。以視世之凡爲是書者，直溝澮行潦之觀耳。謂之‘匯解’，良曰攸宜。復同黎子觀五嚴加讎校，登之梓以廣其傳。”據此二序，我們可知，此書初成於清康熙三十五年（丙子 1696），定稿於康熙四十三年（甲申 1704），刊刻於康熙四十四年（乙酉 1705）。

所謂“武經七書”者,《孫子》《吴子》《司馬法》《唐太宗李衛公問對》《尉繚子》《黄石公三略》《太公〈六韜〉》也。《藏園訂補郘亭知見傳本書目·子部》收録有《五經七書》二十五卷,所收諸書與此書皆同,爲宋刻本。《中國古籍善本書目·子部》收録同名同卷之書,爲清人朱墉所撰,清康熙懷山園刻本。二目皆未收録此書。

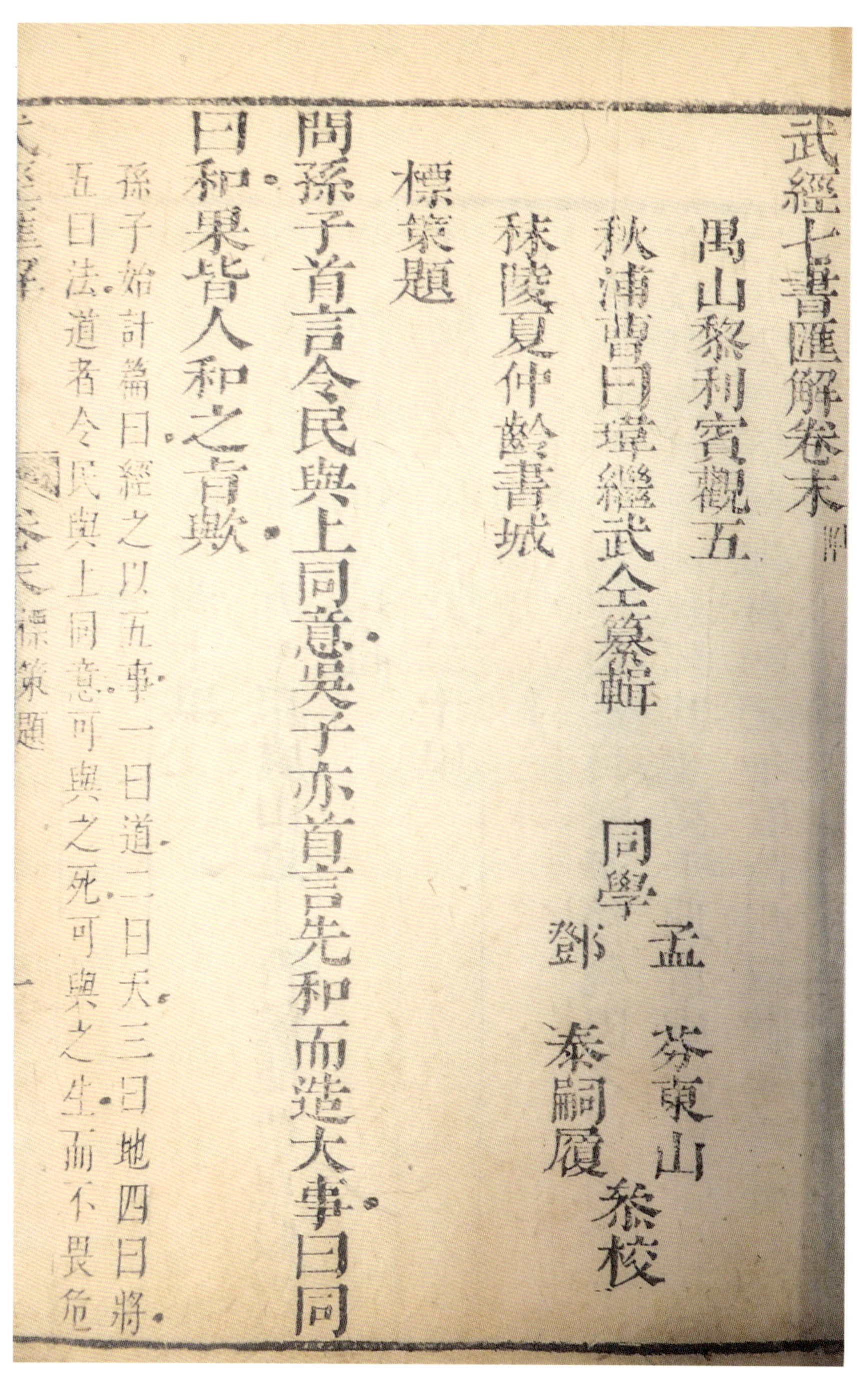
武經七書匯解卷末

禹山黎利賓觀五　同學　孟　芬東山
秋浦曹曰瑋繼武仝纂輯　鄧　秦嗣履　參校
秣陵夏仲齡書城

標策題

問孫子首言令民與上同意吳子亦首言先和而造大事曰同曰和果皆人和之旨歟

孫子始計篇曰經之以五事一曰道二曰天三曰地四曰將五曰法道者令民與上同意可與之死可與之生而不畏危

武經匯解　卷末　標策題　一

武用辯略　八卷　　曼Chinese 56

［日］木下義俊編，［日］負暄子訂

日本安政三年（丙辰 1856）浪華書肆積玉圃重刻本

8册1函

19×12.3。無界，半葉十二行，行二十六字。四周單邊，白口，單黑魚尾。魚尾下記書名及卷次，下書口記葉碼。卷端題"武用辯略 卷之一""雒東隱士弌樹户木下義俊編輯 河陽 裝衣齋 負暄子校正"，裏封題"安政再板""雒東一樹户木下義俊編集 河陽裝衣齋負暄子校訂""校正武用辨略""浪華書肆 積玉圃藏板"，末版權頁題"安政三丙辰歲孟春再刻""三都書林"等。外封書籤題"安政再板 武用辨略 某部 一/二/三/四……"

凡例三條，總目一卷，諸卷前皆有分目録，卷八末附該坊售書目録。

日本靈元天皇貞享元年（甲子 1684）武用辯略自序。

按，此本之底本爲日本貞享元年（甲子 1684）刻本。

武用辯略卷之一

天時之辯

雒東隱士弌樹尸木下義俊編輯
河陽　褧衣齋　負暄子校正

天時

孟子ニ曰天ノ時ハ地ノ利ニ如ズト註ニ天ノ時トハ時日支干孤虛王相ノ屬ヲ謂ト云云武門ニ天ノ氣行日取方角等ヲ用ル事和漢共ニ同故ニ兵書ニ專天官ヲ論ズ今玆ニ辨スル所ハ其一端而已

陰陽

天地未有ザル先ニ一理アリ太極ト云此太極ト云物靜ニシテ陰ヲ生ジ動テ陽ヲ生ズ如此動靜窮ラズシテ萬物ヲ生ス

法家類

管子　二十四卷　曼285

（周）管仲撰，（唐）房玄齡注，（明）劉績增注、

（明）沈鼎新、朱養純參評，（明）朱長春通演、（明）朱養和輯訂

明天啓五年（乙丑 1625）沈鼎新花齋刻清嘉慶九年（甲子 1804）姑蘇王氏聚文堂重刻本

册數不明

19.5×13.4。半葉九行，大小字不等，行大字二十字，小字雙行同，行四十字。四周單邊，白口，單黑魚尾。魚尾上題“管子”，下記卷次，下書口題“花齋藏板”。天頭處有評點，行間有圈點。卷端題“管子卷第一”“唐臨菑房玄齡註釋 蘆泉劉績增註 明西湖沈鼎新自玉 朱養純元一条評 明西吴朱長春通演 朱養和元冲輯訂”，裏封題“嘉慶甲子重鐫 管子評註 姑蘇聚文堂藏板”。

附管子傳，朱養和凡例五條。

郭正域管子序，趙用賢管子序，明天啓五年（乙丑 1625）沈鼎新管子書序、朱養純管子序。

按，此爲《十子全書》之一。

沈氏序云：“余居舊園之花齋，偶與元一點定《繁露》《鶡冠》，更取各宗匠所注評《管子》書，字釋句解，参其所未。俪友人曰：可與前書鼎峙矣。遂亟授之梓。”據此可知，所謂“花齋藏板”之花齋即其寓所。

《四庫全書總目》“子部十一·法家類”收録，可參看。

《藏園訂補郘亭知見傳本書目·子部》收録此本，題作“清嘉慶九年如蘇王氏聚文堂刊十子全書本”。《中國古籍善本書目·子部》收録此書，但未録此本。

張榜評：篇中或相承，或錯出，古人不拘一法。

管子卷第一

唐臨淄房玄齡　註釋　　明西湖沈鼎新自玉　參評

盧泉劉績　增註　　明西湖朱養純元一　參評

明西吳朱長春　通演　　朱養和元冲　輯訂

牧民第一　國頌　四維　四順　士經　六親　五法　經言一

凡有地牧民者，務在四時，四時所以生成萬物也。守在倉廩。食者人之天也。國多財則遠者來，地辟舉則民留處。舉，盡也。言地盡闢則人留而安居處也。倉廩實則知禮節，衣食足則知榮辱，上服度則六親固。服，行也。上行禮度，則六親各得其所，故能感恩而結固之。六親，謂父母兄弟妻

管子　二十四卷　　曼Chinese 9

（唐）房玄齡注，（唐）劉績增注、（明）朱長春通演

日本寶曆六年（丙子 1756）玉池堂、向榮堂、水玉堂、文泉堂重刻本

13册3函

22.3×14。半葉九行，大小字不等，行大字二十字，小字雙行同，行四十字。四周單邊，白口，單白魚尾。魚尾上題“管子”，下記卷次及葉碼。天頭另起一欄注評語，行間以假名標注。卷端題“管子卷第一”，各卷末題“日本 美濃武欽繇聖謨父校”。裏封題“唐房玄齡註釋 劉績增註 明朱長春通演 管子全書 平安書林 玉池堂向榮堂水玉堂文泉堂仝刻”，末版權葉題“寶暦六年丙子冬十一月穀旦”“美濃 武梅龍先生訓點”“平安書林 梅村彌右衛門 山田三郎兵衛 葛西市郎兵衛 林權兵衛 仝 刻”。

凡例五條，附管子傳。

日本寶曆五年（乙亥 1755）武欽繇序，明天啓某年朱養純序，郭正域序，天啓五年（乙丑 1625）沈鼎新序，趙用賢序。

按，據沈鼎新序可知，此本之底本爲明天啓五年（乙丑 1625）沈氏刻本。

《四庫全書總目》“子部十一·法家類”收録，可參看。

《藏園訂補郘亭知見傳本書目·子部》收録此本，《中國古籍善本書目·子部》收録此書，但未録此本。

張榜評：篇中或相承或錯出，古人不拘一法。

管子卷第一

唐 臨菑房玄齡 註釋
蘆泉劉績 增註
明西湖 沈鼎新白玉 朱養純元一 叅評
明西吳朱長春 通演 朱養和元冲 輯訂

牧民第一 國頌 四維 四順 士經 六親 五法 經言一

凡有地牧民者，務在四時，四時所以生成萬物也。守在倉廩。食者人之天也。國多財則遠者來，地辟舉則民留處。舉，盡也。言地盡闢則人留而安居處也。倉廩實則知禮節，衣食足則知榮辱。上服度則六親固。服，行也。上行禮度則六親各得其所，故能感恩而結固之。六親謂父母兄弟妻

韓非子　二十卷　　曼285

（周）韓非子撰

清嘉慶九年（甲子 1804）姑蘇王氏聚文堂重刻本

册數不明

17.4×13.3。半葉十一行，大小字不等，行大字二十一字，小字雙行同，行四十二字。四周單邊，上下粗黑口，無魚尾，版口題“韓非子卷幾”及葉數。天頭處有評點。卷端題“韓非子卷第一”，裏封題“嘉慶甲子重鐫 韓非子評註 姑蘇聚文堂藏板”。

附凡例四條，韓子總評。

王世貞韓非子書序。

按，此爲《十子全書》之一。

據王氏序可知，此本之底本蓋亦明刻本。

《藏園訂補郘亭知見傳本書目·子部》收録此書，但未録此本。

此篇與國策所載大略相同异秦文之校佳者

韓非子卷第一

初見秦第一　存韓第二

難言第三　愛臣第四

主道第五

初見秦第一

臣聞不知而言不智知而不言不忠爲人臣不忠當死言而不當亦當死雖然臣願悉言所聞唯大王裁其罪臣聞天下陰燕陽魏（燕北故曰陰魏南故曰陽）連荆固齊收韓而成從將西面以與秦强爲難臣竊笑之世有三亡而天下得之（如三亡者得天下）其此之謂乎臣聞之曰以亂攻治者亡以邪攻正者亡今天下之府庫不盈囷倉空虛悉其士

韓子解詁　二十一卷，卷首一卷，卷末一卷

曼Chinese 21

［日］津田鳳卿撰

日本嘉永七年（甲寅 1854）文榮堂、積玉圃、龍章堂翻刻本

10册1函

16×22。半葉十行，大小字不等，行大字二十三字，小字雙行同，行四十六字。四周雙邊，白口，單黑魚尾。魚尾上題“新刊韓非子解詁”，下記卷次、篇名及葉碼，下書口或題“半千塾藏板”。天頭有校語，行間有假名標注。卷端題“韓子解詁卷之一”，下小字雙行注“舊刊有初見秦第一存韓第二難言第三愛臣第四主道第五字”，第三行題“加賀國臣　津田鳳卿邦儀甫述”，裹封題“嘉永甲寅孟春 加賀津田先生撰 全十册 校正韓非子解詁全書 攝陽書賈 文榮堂積玉圃龍章堂”，封底襯葉附發行書肆名，題“諸國發行書肆”。

首卷一卷：武林王道焜重刻韓非子序，明萬曆十一年（癸未 1583）門無子重校韓子迂評引，明萬曆六年（戊寅 1578）門無子刻韓子迂評序，明萬曆七年（己卯 1579）門無子迂評小引，日本文化十三年（丙子 1816）津田鳳卿識，茅坤韓子迂評後語，陳深韓子序，王世貞合刻管子韓非子序，進韓子表，韓子凡例共輯録歷代有關《韓非》的論述19則；末卷一卷：韓子綱領，韓子總評。卷二十一末有津田鳳卿新刊韓子解詁後叙。

按，津田鳳卿識後叙云：“竊取舊稿以補綴之，聊續古之人編摩已成、刻之家塾、獻之公所、布之普率者。”據此，此書原爲津田鳳卿之自刻本。今檢臺灣故宫博物院所藏《韓子解詁》，末有版權葉，爲日本文化十四年（丁丑 1817）半千塾刻本，即此家塾刻本。此本則爲據其翻刻之本，下書口所題“半千塾藏板”即其證，且其版式一仍之，字體亦少差。

韓子解詁卷之二十

舊刊有忠孝第五十一、人主第五十二、飭令第五十三、心度第五十四、制分第五十五字。

加賀國臣 津田鳳卿邦儀甫述
越中 山内鈍君齡甫録
門人金澤 市嶋敬之維顕校

忠孝

舊刊有第五十一字。

原注：是篇貶駁堯舜湯武賢人烈士，下及縱橫之言，總虚談不可用，惟當以勢為本，節用為先，放言無忌，是老莊遺尊，讀者審之。補陳深曰：此篇殊不雅馴，莊周所謂謬悠之說、無端崖之詞，時縱舍而不儻，讀者則見其眼目。林曰：悍辯強詞，文勢如走盤之珠矣。鳳卿案：貶駁歷聖，警策世主，此是老禅罵佛詈祖之手段，恐其取名而忘實也。

醫家類

唐王燾先生外臺秘要方　四十卷　　曼87

（唐）王燾著，（明）程衍道校

明崇禎十三年（庚辰 1640）新安程衍道經餘居刻清初翻刻本

20册4本

20.8×14。半葉十行，行二十二字。上下雙邊，白口，單黑魚尾。魚尾上題“外臺秘要”，下記卷數及葉數，下書口題“經餘居”。天頭處有校語，各卷首葉第三行或有長條墨釘，卷末有校勘姓氏。卷端題“唐王燾先生外臺秘要方第一卷”“宋朝散大夫守光禄卿直秘閣判登聞簡院上護軍臣林億等 上進 中憲大夫徽州府知府當湖玉井陸錫明校閲 新安後學程衍道敬通父訂梓”，卷末題“重訂唐王燾先生外臺秘要方第幾卷終”。裏封題“唐王燾先生著 外臺秘要 經餘居原板”。

首佚名序，末卷附有宋熙寧二年（己酉 1069）中書札子。

按，此書最早刻本爲宋紹興兩浙東路茶鹽司刻本，北京大學圖書館藏有其殘卷，爲李盛鐸舊藏。此本則國家圖書館等收藏，日本天保十年（己亥 1839）平安養壽院據此本重刊，上海中醫文獻研究館等收藏。

此本之底本爲明崇禎十三年（庚辰 1640）新安程衍道重刻本，其亦爲《四庫全書》之所據底本。《四庫全書總目》“子部十三·醫家類一”云：“此本爲宋治平四年孫兆等所校，明程衍道所重刻。前有天寶十一載燾自序，又有皇祐二年内降札子及兆校上序。其卷首乃題林億等名。考《書録解題》引《宋會要》稱：‘嘉祐二年，置校正醫書局於編修院，以直集賢院掌禹錫林億、校理張洞、校勘蘇頌等並爲校正，後又命孫奇、高保衡、孫兆同校正。每一書畢，即奏上。億等皆爲之序。’則卷首題林億名，乃統以一局之長，故有等字也。”

《藏園訂補郘亭知見傳本書目·子部》《中國古籍善本書目·子部》皆收録此書，但未録此本。

薛清録主編、中國中醫研究院圖書館編《全國中醫圖書聯合目録》（中醫古籍出版社，1991年）收録了該書的18個版本，其中有此本之底本，國内22館收藏。

唐王燾先生外臺秘要方第一卷

宋朝散大夫守光祿卿直秘閣判登聞簡院上護軍臣林億等　上進

中憲大夫徽州府知府當湖玉井陸錫明校閱

新安後學程衍道敬通父訂梓

諸論傷寒八家合一十六首

陰陽大論云春氣溫和夏氣暑熱秋氣清凉冬氣凜冽此則四時正氣之序也冬時嚴寒萬類深藏君子周密則不傷於寒觸冒之者乃名傷寒耳其傷於四時之氣皆能爲病以傷寒爲毒者以其最成殺癘之氣也中而即病者名曰傷寒不即病者寒毒藏於肌膚中至春變爲溫病至夏

千金翼方　三十卷　　曼366

（唐）孫思邈撰，（清）華希閎等校

清乾隆二十八年（癸未 1763）華希閎保元堂重刻本

10册2本

20.7×14.5。半葉十行，行二十字。四周單邊，白口，單黑魚尾。魚尾上題“千金翼方”，下記卷次、葉數。卷端題“千金翼方卷第一”，下小字注“藥録纂要”，次行至四行題“宋朝奉郎守太常少卿充秘閣校理林億等校正 明翰林院檢討國史纂修官王肯堂重校 内閣撰文中書舍人加四級金匱華希閎校刻”，綱目及目録題“重刻孫真人千金翼方綱目”，裏封題“乾隆癸未新鐫 千金翼方 保元堂藏板”。

清乾隆二十八年（癸未 1763）華希閎重刻千金翼方序，王肯堂序，高保衡、孫奇、林億等校正千金翼方叙，孫思邈千金翼方叙。

按，《四庫全書總目》“子部十三·醫家類一”收録，可參看。

華氏序云：“今《千金方》，自宋元明以來，多有刻本。而《翼方》則傳之者絶少，因購得佳刻重刊而行之。”王序云：“《千金方》收入《道藏》，今關中江右皆有刻。乃至宋元刻本，藏書家多有之。而獨《翼方》不大傳，《道藏》亦不載，世多有不聞其名者。豈世人業重，仙真秘之，神物呵禁，不容妄窺耶？三從子廷鑑以母病，欲刻醫書，冀獲真祐，請於余。余以此書授之，而表弟孫仲來助余，校訂尤力。苦無宋本讐校，其烏焉、帝虎之譌，灼然無疑者，然後改正，不然寧仍其舊，以俟他日得宋刻善本而更之，故譌不可讀者……時萬歷乙巳十月八日，余以謝諸公之枉弔先慈者，舟抵武林德勝壩，大雨不可登岸，蓬窻黮闇無聊，而廷鑑遣使來告書成，且徵序，因書以歸之。”據此，此本之底本實爲萬曆三十三年（乙巳 1605）華希閎刻本。

《藏園訂補郘亭知見傳本書目·子部》《中國古籍善本書目·子部》未録此本，但收録了其底本。

薛清録主編、中國中醫研究院圖書館編《全國中醫圖書聯合目録》（中醫古籍出版社，1991年）收録此本，國内有16館收藏。

重刻千金翼方序

天有陰陽風雨晦明之氣，人有喜怒哀樂好惡之情節而行之則和平調理專壹其情則溺而生疾是以神農氏味草木之滋察寒温平熱之性辨君臣佐使之宜嘗一日遇七十毒神而化之遂作方書周官醫師之職掌聚諸藥物凡有疾者治之是其事也顧自晚周漢魏以來若和緩秦越人華元化輩其所著述雖史書經籍志或舉其目而後人則不少概見豈非藝有獨絕故靳之而不傳於後世歟唐孫思邈著千金方又更撰千金翼方三十卷世傳其採昆明池龍

補注黄帝内經素問　二十四卷，附黄帝内經素問一篇一卷，黄帝内經靈樞十二卷　曼R159176

（唐）王冰注，（宋）林億等校、（宋）孫兆改誤

清光緒二十二年（丙申 1896）圖書集成局鉛印本

6册1函

15.7×11.7。半葉十三行，大小字不等，行大字四十字，小字雙行同，行約四十字。四周單邊，白口，雙對黑魚尾。版口題“内經卷某”，下魚尾下記葉碼。卷端題“補注黄帝内經素問卷一”。裏封題“黄帝内經 後附靈樞”，背面牌記題“光緒二十二年圖書集成局印”。外封書籤題“黄帝内經素問”及卷次（卷二已殘）。《黄帝内經·靈樞》版式與前同，版口題“靈樞卷某”，下魚尾下記葉數。卷端題“黄帝内經靈樞卷一”。外封書籤題“黄帝内經靈樞”。函套書籤題“黄帝靈樞内經論”。

清道光十一年（乙酉 1885）趙祥摹刻宋本素問序，唐代宗寶應元年（壬寅 762）王冰黄帝内經素問序，林億補注黄帝内經素問序。

按，趙序云：“吾邑蔣子寶素稱三折肱，得力於是書最深。家藏宋槧本，爲當時林億、孫奇、高保衡、孫兆輩所校訂，誠罕覯之秘笈。去歲，家雲生廉轉遘疾，每月諸醫診視無定，見寶素愈之，因請出是編，摹刻以廣其傳，屬予爲之序。”據此，此本的底本當即清道光十一年（乙酉 1885）刻本。

《四庫全書總目》“子部十三·醫家類一”收録，可參看。

《藏園訂補郘亭知見傳本書目·子部》《中國古籍善本書目·子部》收録此書，但未録此本及其底本。

薛清録主編、中國中醫研究院圖書館編《全國中醫圖書聯合目録》（中醫古籍出版社，1991年）收録此本，國内有16館有藏，但未收其底本。

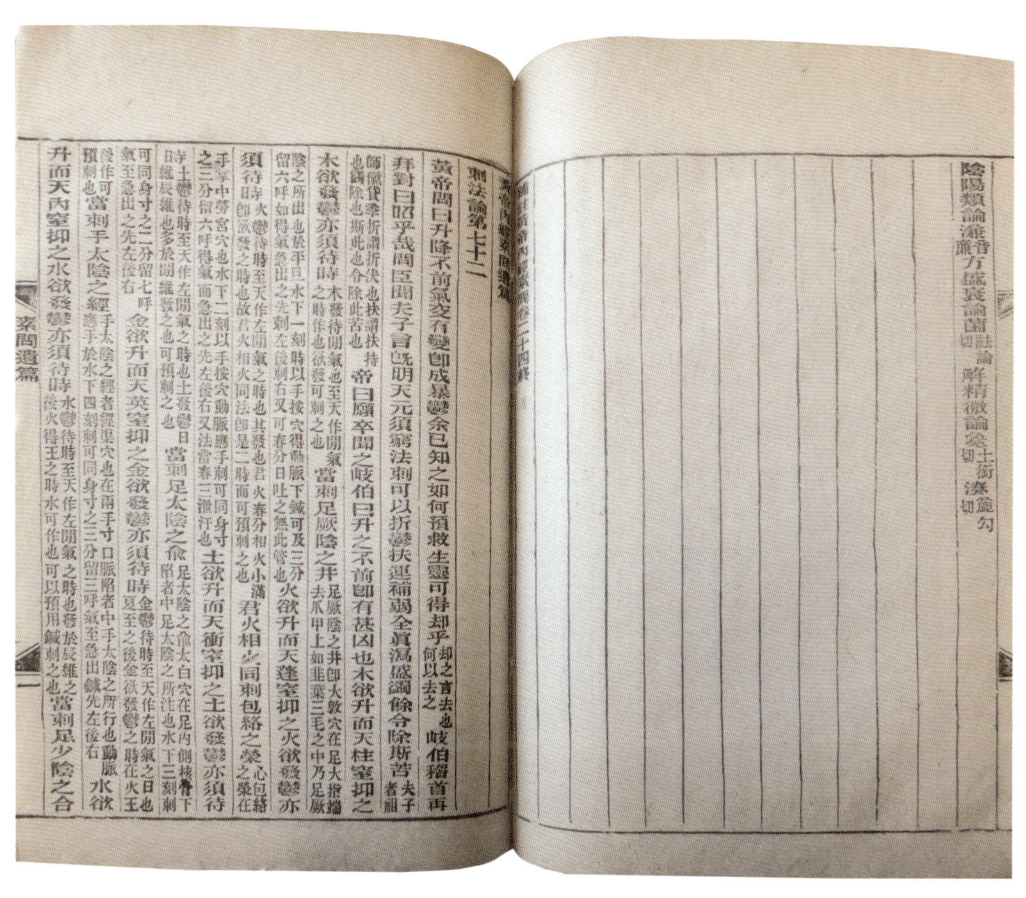

陰陽類論瀌音鹿方盛衰論齧詰切解精微論窔土衛切湊倉句切

補注黃帝內經素問卷二十四終

黃帝內經素問遺篇

刺法論第七十二

黃帝問曰升降不前氣交有變卽成暴鬱余已知之如何預救生靈可得却乎却之言去也何以去之岐伯稽首再
拜對曰昭乎哉問臣聞夫子言旣明天元須窮法刺可以折鬱扶運補弱全眞瀉盛蠲餘令除斯苦夫子者師
僦貸季折謂折伏也扶謂扶持也蠲除也斯此也令除此苦也帝曰願卒聞之岐伯曰升之不前卽有甚因也木欲升而天柱窒抑之
木欲發鬱亦須待時木發待時謂氣也至天作間氣之時作也欲發可刺之也當刺足厥陰之井足厥陰之井卽大敦穴在足大指端去爪甲上如韭葉三毛之中乃足厥
陰之所出也於平旦水下一刻時以手按穴得動脈下鍼可及三分留六呼如得氣急出之先刺左後刺右又可春分日吐之無此管也火欲升而天蓬窒抑之火欲發鬱亦
須待時火鬱待時至天作左間氣之時也其發也君火春分相火小滿時卽欲發之時也故君火相火同法卽是二時而可預刺之也君火相火同刺包絡之榮心包絡之榮在
手掌中勞宮穴也水下二刻以手按穴動脈應手刺可同身寸之三分留六呼得氣而急出之先左後右又法當春三泄汗也土欲升而天衝窒抑之土欲發鬱亦須待
時土鬱待時至天作左間氣之時也土發鬱日時維辰維也多於四維發之也可預刺之也當刺足太陰之俞足太陰之俞太白穴在足內側核骨下陷者中足太陰之所注也水下三刻刺
可同身寸之二分留七呼氣至急出之先左後右金欲升而天英窒抑之金欲發鬱亦須待時金鬱待時至天作左間氣之日也時夏至之後金欲發鬱之時在火王
後作可預刺也當刺手太陰之經手太陰之經者經渠穴也在兩手寸口脈陷者中手太陰之所行也動脈應手於水下四刻刺可同身寸之三分留三呼氣至急出鍼先左後右水欲
升而天芮窒抑之水欲發鬱亦須待時水鬱待時至天作左間氣之時也發於辰維之後火得王之時水可作也可以預用鍼刺之也當刺足少陰之合

素問遺篇 一

重修政和經史證類備用大觀本草 原三十一卷，殘存一卷 曼80

（宋）唐慎微撰，（宋）曹孝忠校

明萬曆九年（辛巳 1581）富春堂重刻本

1册1函

19.5×14.4。半葉十一行，行二十一字，小字雙行同。四周單邊，白口，單黑魚尾（或有雙順黑魚尾）。魚尾上題“大觀本草”，下書口題“富春堂梓”。殘存卷卷端題“重脩政和經史證類備用大觀本草十三卷”，小字注“已酉新增衍義”，次行題“成都唐慎微續證類”，第三行題“中衛大夫康州防禦使勾當龍德宮總轄修建明堂所醫藥提舉入内醫官編類聖濟經提舉大醫學臣曹孝忠奉敕校勘”。闕裏封。

殘存一卷：卷十三。

序跋闕。

有複本一，1册，與此本合函，亦爲卷十三，但品相較差，多有殘損。

按，富春堂，據《中國古籍版刻辭典》（增訂本）（蘇州大學出版社，2009年，第879葉）云：“明代嘉靖至萬曆間金陵一書坊名。在三山街，主人唐對溪字子和，刻印書甚多”，其中舉例甚多，並收録此書，云：“《重修政和經史證類備用大觀本草》三十卷，目録一卷，萬曆九年本”，今據此著録版本。而《小説書坊録》第84葉所收的“富春堂”，乃清末書坊，刻過很多小説。二者不可相混。

《藏園訂補郘亭知見傳本書目·子部》《中國古籍善本書目·子部》皆收録此書，但未録此本。

薛清録主編、中國中醫研究院圖書館編《全國中醫圖書聯合目録》（中醫古籍出版社，1991年）收録此本，題作“明富春堂刻本”，國内僅有2館收藏。

梅師方治産後身或強直口噤而背手竹強反張飲竹瀝一二升醒

又方主姙娠恒若煩悶此名子煩竹瀝湯茯苓三兩竹瀝一升水四升合竹瀝煎取二升分三服不差重作亦時〻服竹瀝

又方治目赤背痛如刺不得開肝實熱所致或生障瞖苦竹瀝五合黄連二分綿裹入竹瀝內浸一宿以點目中數度令熱淚出

食醫心鏡理心煩悶益氣力止渴苦笋熟煮任性食之又苦竹笋主消渴利水道下氣理風熱脚氣取蒸煮食之又箽竹笋主消渴風熱益氣力發氣脹蒸煮炒任食

簡要濟衆頭瘡大笋竹葉燒為灰量瘡大小用灰調生油傅入少膩粉佳

兵部手集治發背頭未成瘡及諸熱腫痛以青竹筒角之及掘地作坑貯水卧以腫處就坑子上角之如綠豆大戢〻然出不止遍匝瘥助

又方治瘡慈竹笋籜灰油和塗之妙

本草綱目　五十二卷，本草綱目圖三卷，瀕湖脉學一卷，奇筋八脉考一卷附釋音　曼81

（明）李時珍撰

清順治十五年（戊戌 1658）張温如重刻本

7本

20.5×15.4。半葉九行，大小字不等，行大字二十字，小字雙行同，行四十字。四周單邊，白口，單黑魚尾。魚尾上題“本草綱目（篇名）”，下記卷次及葉數。卷端題“本草綱目序例第一卷上”“蘄陽李時珍東壁父編輯”。裏封題“李時珍先生原本”“太和堂重訂本草綱目”，右下鈐“怡怡堂圖書”朱文方印。

《圖》上中下三卷，卷端題“本草綱目圖卷上”。

《脉學》一卷，版式同前，魚尾上題“脉學”，序前題“瀕湖脉學”，首爲四言舉要，正文卷端題“脉訣考證”（魚尾上題“脉訣”）。所附《奇筋八脉考》一卷，末附釋音，行款與前同，惟無魚尾耳，上書口題“奇筋考”。卷端題“奇筋八脉考 蘄人瀕湖李時珍撰輯”。

本草綱目凡例，本草綱目總目。每卷前皆有本卷目録。所附脉學一卷，首附考證諸書目。

清順治十五年（戊戌 1658）熊文舉重刻本草綱目原序，李元鼎重刻本草綱目原序，黎元寬重刻本草綱目原叙，李明睿重刻本草綱目原序；明萬曆十八年（庚寅 1590）王世貞序，萬曆三十一年（癸卯 1603）張鼎思序，萬曆二十四年（丙申 1596）李建元進疏，明崇禎十三年（庚辰 1640）錢蔚起重刻本草綱目小引，萬曆三十一年（癸卯 1603）夏良心本草綱目原序。《脉學》首明嘉靖四十三年（甲子 1564）李時珍自序。《奇筋八脉考》首明萬曆三十一年(癸卯 1603)張鼎思重刻脉學奇筋八脉序,明隆慶六年(壬申 1572)吴哲題奇筋八脉考,奇筋八脉引。

按,此本據裏封及諸序可知,其底本當爲順治十二年(乙未 1655)吴毓昌太和堂重刻本(即"太和堂本"),而吴刻本之底本爲崇禎十三年(庚辰 1640)錢蔚起六有堂重刻本(即"錢本"或"六有堂本"),錢氏之底本爲萬曆三十一年(癸卯 1603)張鼎思重刻本(即"江西本")。張氏序云:"是役也,中丞公倡之,在事諸寅長佐之,南新二縣尹成之,不佞思董剞劂之事而已。刻始于今歲正月,竣于六月。"又,《重刻脉學奇筋八脉序》云:"余奉中丞夏公教,既刻《本草綱目》矣,臨川令袁君與李君時珍鄉人也,復取其《脉學》與《奇筋八脉考》示余曰:李君平生學力盡在此,幸併刻之爲全書……因併刻附于《本草》之後。"據此,張氏此刻始於萬曆三十一年(癸卯 1603)正月,終於六月,凡六月即刊刻完畢。既而又在同一年刻完《脉學》《奇筋八脉考》二書附於《本草綱目》後。其底本據學者研究,即爲此書之第一個版本萬曆二十一年(癸巳 1593)金陵胡成龍刻本(即"金陵本")。

《四庫全書總目》"子部十四·醫家類二"收録,其述其内容大略云:"是編取神農以下諸家本草薈萃成書。複者芟之,闕者補之,譌者糾之。凡一十六部,六十二類,一千八百八十二種。每藥標正名爲綱,附釋名爲目,次以集解辨疑正誤,次以氣味主治附方。其分部之例,首水火、次土、次金石、次草穀菜果木、次服器、次蟲鱗介禽獸,終之以人。前有圖三卷,又序例二卷,百病主治藥二卷,於陰陽標本、君臣佐使之論,最爲詳析。考諸家本草,舊有者一千五百一十八種。時珍所補者,又三百七十四種。搜羅群籍,貫串百氏。自謂歲歷三十,書采八百餘家,稿凡三易,然後告成者,非虚語也。"又述其版本源流,云:"其書初刻於萬歷間,王世貞爲之序。其子建元,又獻之於朝,有《進疏》一篇冠於卷首。至國朝順治間,錢塘吴毓昌重訂付梓,於是業醫者無不家有一編。"按,此爲該書版本之大略,而其詳細源流則參見劉山永先生《〈本草綱目〉版本源流概況——兼論首刻金陵版本特點》(《中醫文獻雜志》, 2000年第1期)一文。 其中, 四庫館臣所謂“錢塘吴毓昌重訂付梓”者, 據該文稱, 即此太和堂本。

《藏園訂補邵亭知見傳本書目·子部》或收録此本, 題作“順治中刊本”,《中國古籍善本書目·子部》收録此書, 但未録此本。

薛清録主編、中國中醫研究院圖書館編《全國中醫圖書聯合目録》(中醫古籍出版社, 1991年)收録此本之底本, 國内有18館收藏。又收録“清順治十五年(戊戌 1658)張溫如刻本”, 即此本, 國内僅2館收藏。

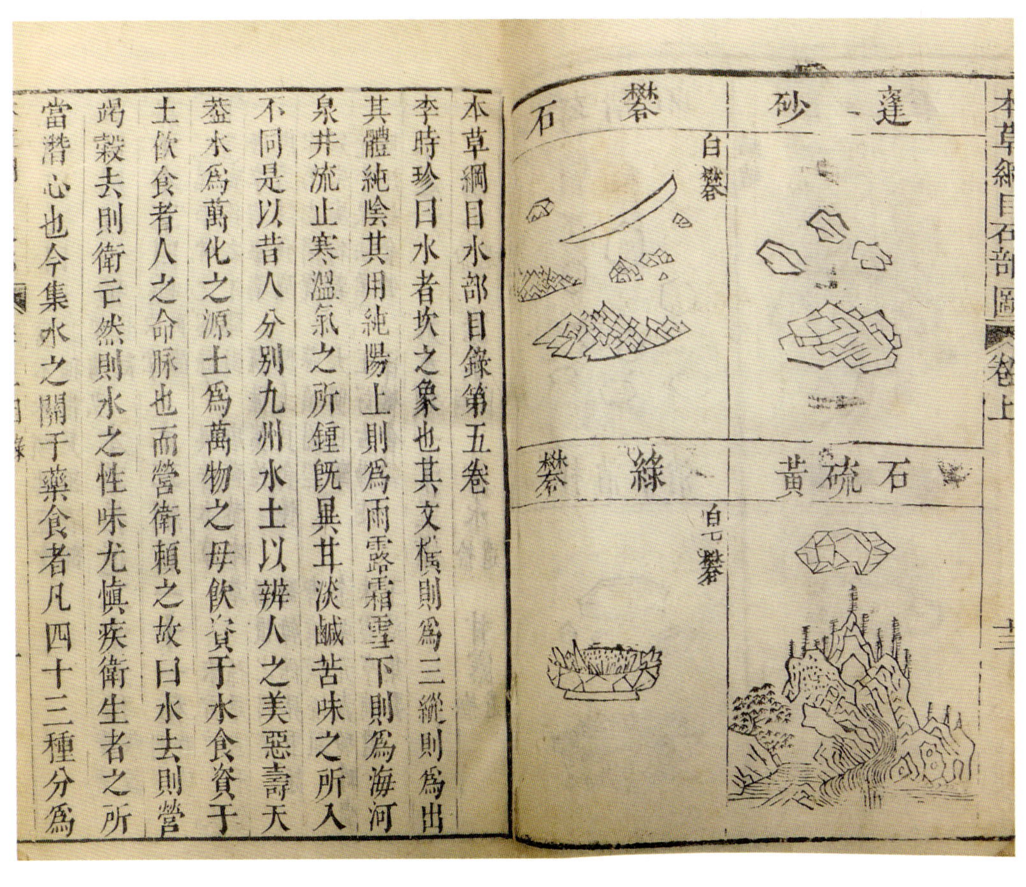

本草綱目石部圖　卷上

蓬砂

礬石

白礬

石硫黃

綠礬

皂礬

三

本草綱目水部目錄第五卷

李時珍曰水者坎之象也其文橫則爲三縱則爲出其體純陰其用純陽上則爲雨露霜雪下則爲海河泉井流止寒濕氣之所鍾既異其淡鹹苦味之所入不同是以昔人分別九州水土以辨人之美惡壽夭葢水爲萬化之源土爲萬物之母飲資于水食資于土飲食者人之命脉也而營衛賴之故曰水去則營竭穀去則衛亡然則水之性味尤愼疾衛生者之所當潛心也今集水之關于藥食者凡四十三種分爲

食物本草圖　十卷

（清）沈李龍編

清刻本

1册

18.7×11.7。半葉四圖，四周單邊，白口，單黑魚尾。魚尾上題“食物本草圖”，下題“某部卷某”及葉碼。無卷端題名或已佚，亦無裹封和外封。

末附沈李龍（雲將）識語。

按，卷端無題名，今據魚尾上所題定正題名。

薛清録主編、中國中醫研究院圖書館編《全國中醫圖書聯合目録》（中醫古籍出版社，1991年）未録此書，收録了沈氏《食物本草會纂》八卷。

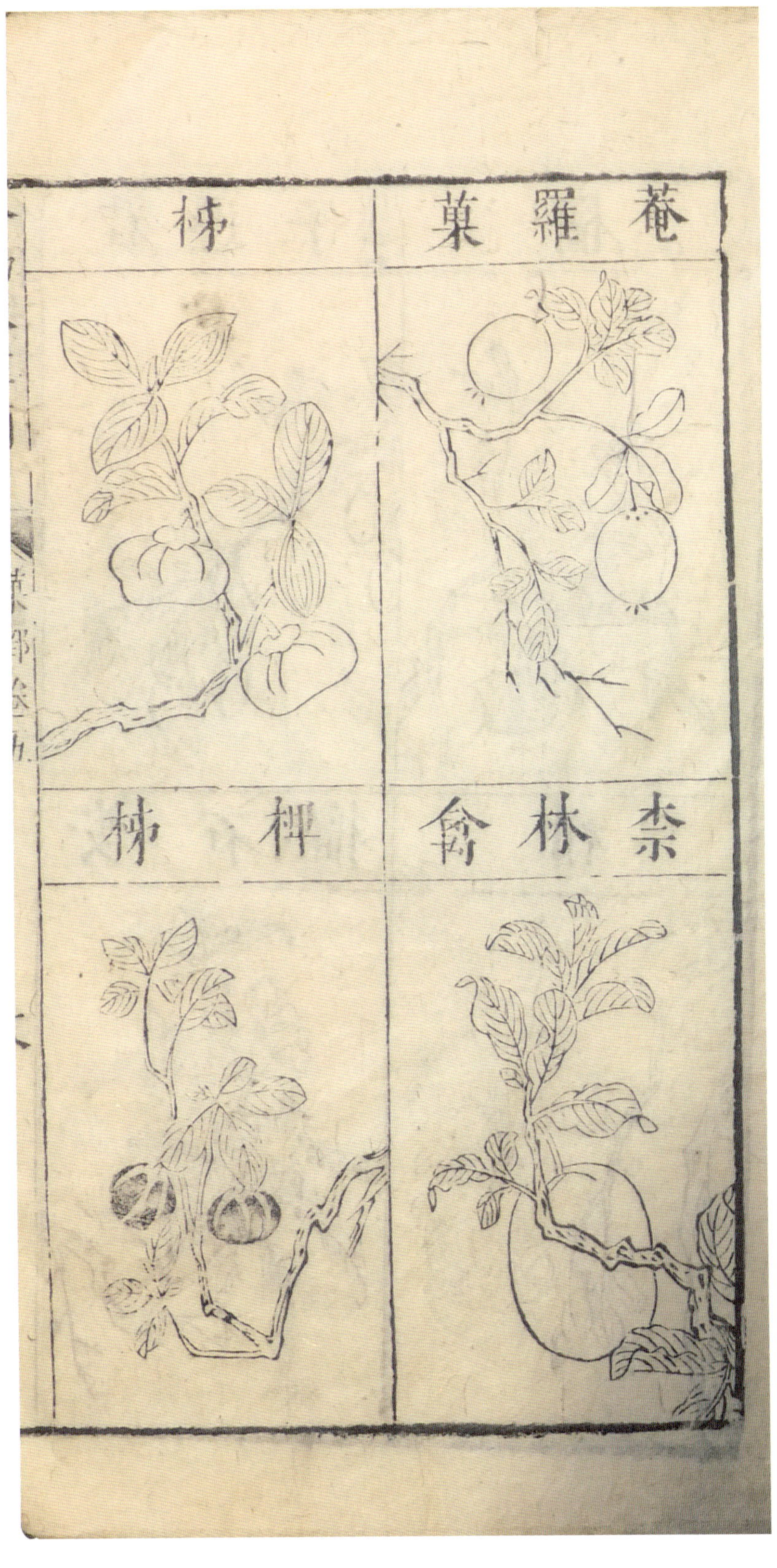
菴羅菓
柹
柰林禽
椑柹

醫方考　原六卷，殘存一卷　曼85

（明）吴崐撰

明萬曆間刻本

1册

18.8×13.4。半葉十行，行二十字。左右雙邊，白口，單黑魚尾。魚尾上題“醫方考”及門類名，下記卷次及葉數。卷端及裹封皆闕。

原卷五始於“痿痺四十五”，終於“口齒舌疾六十四”，今殘存部分始於卷五“癘風門 第五十三”，終於“喉閉門 第五十四”之“口糜散”，僅存原卷之十分之一。

序闕。

按，此本原六卷，今僅存卷五的一小部分，幸好臺北“國圖”藏有同版的名家批校本，可知其原貌。檢該館藏本，其卷端題“醫方考卷之一 歙邑 吴 崐 著 同里 方處厚 閲”，有明萬曆十三年（乙酉 1585）汪道昆醫方考引，萬曆十二年（甲申 1584）吴崐自序。

有關吴崐的生平及著述，可參看鄧勇、王旭光《新安醫家吴崐生平考》（《中醫藥臨床雜志》，2013年第7期）一文。據稱，吴氏，生於嘉靖三十一年（壬午 1522），卒年不詳，歙縣澄塘村人。字山甫，號鶴皋，又號鶴皋山人，參黄子，參黄生。著有《醫方考》六卷、《素問吴注》二十四卷、《針方六集》、《脉語》二卷等。

《藏園訂補郘亭知見傳本書目·子部》未録此書，《中國古籍善本書目·子部》收録此書，但未録此本。

薛清録主編、中國中醫研究院圖書館編《全國中醫圖書聯合目録》（中醫古籍出版社，1991年）收録了此書的12個版本。其中，明萬曆間刻本共有4種：明萬曆十四年（丙戌 1586）亮明齋刻本，友益齋刻本（附《脉語》二卷），明萬曆琅環刻本（附《脉語》二卷），明萬曆刻本（附《脉語》二卷）。

喉閉門第五十四

敘曰：喉者，氣之闢闔也。通則利，塞則害，無問其標本而當急治焉者也。今考八方于後，皆古人已試之程規，觸類而通之，則活人之機亹亹矣。

雄黄解毒丸

雄黄一兩　鬱金一錢　巴豆十四粒，去油皮

共末爲丸，每服五分，津液下。

纏喉急閉者，此方主之。○纏喉急閉，軀命之所關也，急治則生，緩治則死。是方也，雄黄能破結氣，巴豆能下稠涎，鬱金能散惡血，能此三者，閉其通矣。

圖注本草醫方合編十卷

曼83

（清）汪昂輯，（清）胡雪峰訂

清嘉慶二年（丁巳 1797）振賢堂重刻本

6册2本

此書其實包括兩部書，分别爲：

1.增訂本草備要四卷；

2.醫方集解六卷。

14.5×9.8。無界，二截版，分上下兩欄。半葉十行，大小字不等，上欄大字行十二字，小字雙行同，行二十四字，下欄大字行十六字，小字雙行同，行三十二字。四周單邊，白口，無魚尾。上書口題“本草備要”及類别，版心題“醫方集解卷幾”及藥方名、葉碼等，下書口題“上/中/下幾”。上欄卷端題“增訂本草備要卷之一”“休寧汪昂訒菴著輯 弟汪桓殿武參訂 男汪端其兩 姪汪惟寵子錫”，下欄卷端題“醫方集解卷上之一”“休寧汪昂訒菴著輯 男汪端其兩 弟汪桓殿武叅閲 姪汪惟寵子錫 較”。卷首題“本草醫方合編圖像首卷 振賢堂藏板”，裏封題“嘉慶二年新鐫 休寧汪訒菴著輯 繡谷胡學峰重定 啚註本草醫方合編 振賢堂藏板”。

附合訂本草備要藥性總義，汪昂合訂醫方集解凡例，合訂醫方集解目録。卷首一卷：本草醫方合編圖像。

清康熙三十三年（甲戌 1694）汪昂序，乾隆五年（庚申 1740）胡宗文序，乾隆四十三年（戊戌 1778）吴世芳序。

按，胡序云：“汪子云兩書相輔而行，携帶不難，簡閲甚便。予以爲既分爲兩帙，購求者多費贏餘，而携帶簡閲終覽未便，兹特合爲一編，截分上下兩層，上刊《本艸》，下截《醫方》。”又，吴序云：“取汪子訒菴所著《醫方輯解》及《本草備要》二書，前胡子學峰已校定纂輯，截分上下，合爲一編，尤易簡閲，今倣片壁袖珍之式，刻而成集。”據上可知，該書於乾隆五年（庚申 1740）已經有二截版刊刻之事了，至清乾隆四十三年（戊戌 1778）又據之刻成了袖珍版，此本蓋據之而重刻。又，該書於嘉慶十四年（己巳 1809）進德堂又有刊刻，裹封題“嘉慶己巳新鐫 進德堂藏板”，版式與之同。

《藏園訂補郘亭知見傳本書目·子部》《中國古籍善本書目·子部》皆未録此書。

薛清録主編、中國中醫研究院圖書館編《全國中醫圖書聯合目録》（中醫古籍出版社，1991年）未録此書，但分别收録了《本草備要》和《醫方集解》二書，亦無此振賢堂所刊之本。

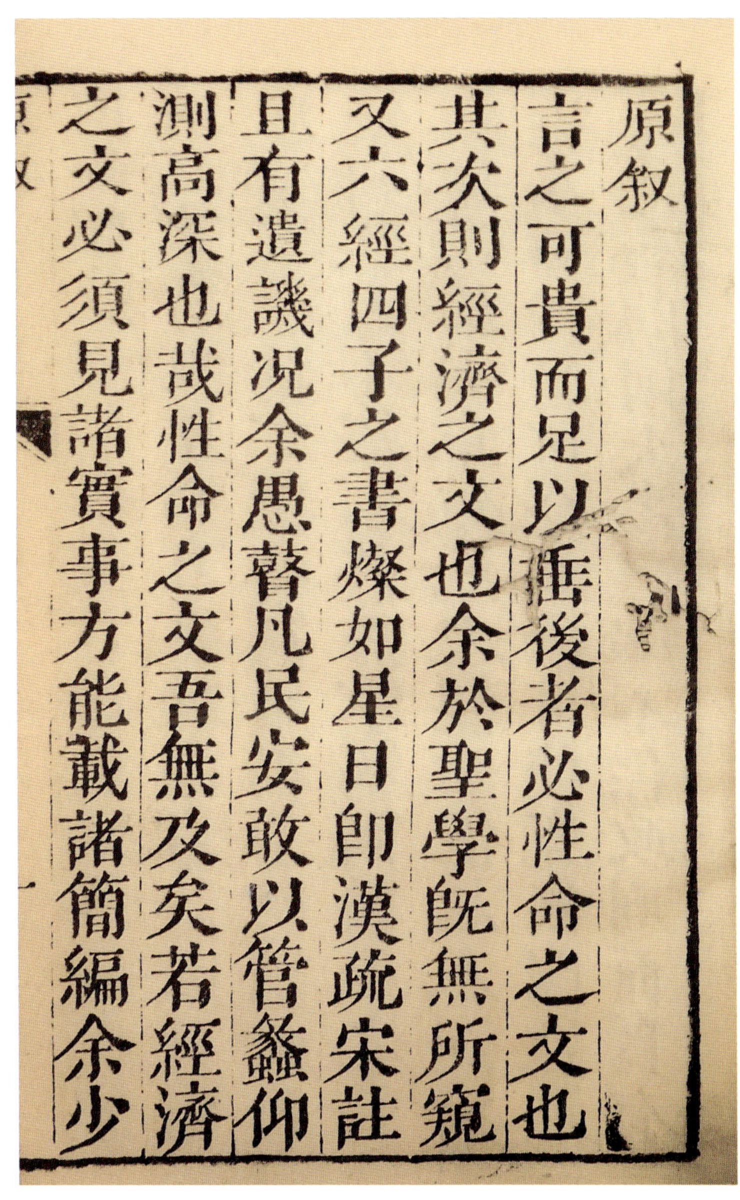
原敘
言之可貴而足以垂後者必性命之文也其次則經濟之文也余於聖學既無所窺又六經四子之書燦如星日即漢疏宋註且有遺議況余愚贅凡民安敢以管蠡仰測高深也哉性命之文吾無及矣若經濟之文必須見諸實事方能載諸簡編余少

原敘 一

重訂外科正宗　原十二卷，殘存二卷　曼AC24

（明）陳實功撰，（清）張鷟翼重訂

清末刻本

1册

25×14.5。無界，半葉十二行，行二十六字。四周單邊，白口，單黑魚尾。魚尾上題“外科正宗”，下記卷次及葉數。殘存卷三卷端題“重訂外科正宗卷之三”。外封左上方書籤處墨筆題“外科正宗”，中間題“張行泰”，右上方書腦左側題“腦疽疔瘡脱疽”。

殘存二卷：卷三、卷四。

序已佚。

按，此本從版式字體等看，均類清嘉慶道光之後之坊刻，故暫時定爲清末刻本。

薛清録主編、中國中醫研究院圖書館編《全國中醫圖書聯合目録》（中醫古籍出版社，1991年）收録此書，下列24個版本。

頂牙縫突爲疔治 休作八開容易瘡

其八

心肝脾肺腎癰疽 當看胸中穴道醫

發無定處速如飛 左爲坐馬右下馬

此物殺人能致命 火急攻醫切莫遲

更有黄頭并日泡

尾骨頭尖顴口疑

其九

婦人之乳有數種 高腫爲癰堅硬疽

膿如頭不破如爐 鈕叩之風生頭項

又有溼臁瘡等疾 總生下腿上安居

還有乳岩真惡症

裙帶風癬脚下需

其十

嬰兒走馬爛牙疳 黑腐沿開臭不堪

鵝口瘡苔滿口漫 風瘡奶癬多搔癢

還有心脾治熱症 口疳重舌一般看

赤遊丹毒渾身到

血灌膿窠痛欠安

外科正宗卷之三終

重訂外科正宗卷之四

上部疽毒門

腦疽論第十六

夫腦疽者俗稱對口是也但所發不同其源有二得於濕熱交蒸從外感受者輕五臟蘊結從內發外者重其理何也濕熱交之爲病天行氣候寒暑不調節序溫涼陰陽失度凡有體虛者易於侵襲項後雖屬督脉又主太陽寒水司行之道所有侵襲氣血必凝凝則後必爲腫此從外感受者其患初起有頭多生正穴二四日間多作焮痛始生寒熱口和而乾色紅根活瘡勢漸高形亦不散大時止時疼易膿易腐飲食知味起坐尋常外勢雖可畏而內無他惡之症相干此屬陽症其由從外來矣故多不治可愈所有五臟蘊結而成者重其源有五蓋心主血故心緒煩擾煽動不寧以致火旺

馮氏錦囊秘録　四十七卷　　曼86

（清）馮兆張纂輯，（清）羅如桂、王崇志、馮乾亨校

清康熙四十一年（壬午 1702）重刻本

29册5本

子目：

1.馮氏錦囊秘録雜症大小合參二十卷，卷首上下二卷（内經纂要）（第1—4本凡18册）；

2.秘録痘疹全集十五卷（第4—5本凡6册）；

3.秘録雜症痘疹藥性主治合參十二卷，卷首一卷（第5本凡5册）；

19.7×13.8。無界，半葉九行，行二十二字。左右雙邊，白口，無魚尾。上書口題書名（"馮氏錦囊秘録"及症名［小字］/"痘疹全集秘録 痘疹"/"藥性合參秘録 藥性"及部類等），中記卷次及篇名（或藥名），下書口記葉數。裏封題"康熙壬午歲新鐫""浙江馮楚瞻纂輯 馮氏錦囊秘笈録 内經纂要 雜症大小合參 女科精要 脉訣纂要 外科精要 修養靜功 痘疹全集 雜症痘疹藥性合參 本衙藏板翻刻必究"。

《馮氏錦囊秘録雜症大小合參》：卷首上下二卷，題"馮氏錦囊秘録雜症大小合參卷首上""海鹽馮兆張楚瞻甫纂輯 門人 羅如桂丹臣 王崇志慎初 男 乾亨禮齋 仝較"，卷端題"馮氏錦囊秘録雜症大小合參卷一""海鹽馮兆張楚瞻甫纂輯 門人 羅如桂丹臣 王崇志慎初 男 乾亨禮齋 仝較"。

《秘録痘疹全集》卷端題"秘録痘疹全集卷一 痘門概論""海鹽馮兆張楚瞻甫纂輯 門人 羅如桂丹臣 王崇志慎初 男

乾亨禮齋 仝較”，卷十五末題“馮氏錦囊秘録痘疹全集卷十五終”。裏封題“康熙壬午歲新鐫 浙江馮楚瞻纂輯 痘疹全集 本衙藏板翻刻必究”（已佚）。

《秘録雜症痘疹藥性主治合參》，卷首一卷，題“馮氏錦囊秘録雜症痘疹藥性主治合參卷首”，卷端題“秘録雜症痘疹藥性主治合參卷一”“海鹽馮兆張楚瞻甫纂輯 門人 羅如桂丹臣 王崇志慎初 男 乾亨禮齋 仝較”。裏封題“康熙壬午歲新鐫 浙江馮楚瞻纂輯 雜症痘疹藥性合參 本衙藏板翻刻必究”（已佚）。

《馮氏錦囊秘録雜症大小合參》附康熙三十三年（甲戌1694）馮兆張錦囊秘録雜症大小合參凡例小引及凡例十三條，雜録附志及小引，樂善捐資助刻諸公姓氏（《四庫未收書輯刊》所收之本附在《秘録痘疹全集》之前），采集古今醫學諸書；《秘録痘疹全集》附秘録痘症全集凡例二條及馮氏識；《秘録雜症痘疹藥性主治合參》附凡例六條。每書前皆有各分目録。

《馮氏錦囊秘録雜症大小合參》：康熙四十一年（壬午 1702）王繻序，魏象樞序，康熙三十三年（甲戌 1694）馮兆張自序；《秘録痘疹全集》：康熙四十一年（壬午 1702）巴海序，康熙四十一年（壬午 1702）馮兆張自序。

按，《秘録痘症全集》凡例末有馮氏識，云：“張苦集是書，匆間寒暑已三十載矣，計成《内經纂要》《雜症大小合參》《女科精要》《痘疹全集》《外科脉訣》《藥性合參》，並附《醫方考》……向年誤聽梓人，創成活版，疲精瘁神，二載始竣，但字少用多，不耐久印，無如索者日衆。今版廢書完，勢必數十年之心血一旦付之流水。壬午歲復入都門，誓成此集。日竭鞍馬之勞，拮据刻資；夜備懸刺之苦，查對舛錯。不顧性命，方得書成。”據此可知，此書在此本刻成之前，尚有一活字版傳世，應爲其最早版本。今檢《全國中醫圖書聯合目録》即收録有清康熙間活字本，却將之列於此本之下，實有誤。

《四庫未收書輯刊》第6輯第15—16册所收之本亦爲康熙

四十一年（壬午 1702）刻本（以下簡稱"前者"）。與此本相較，版式字體相同，但仔細核對，亦微有差異，如卷端題名上，《秘録雜症痘疹藥性主治合參》一書，前者題作"馮氏錦囊秘録雜症痘疹藥性主治合參卷一"，後者則題作"秘録雜症痘疹藥性主治合參卷一"等。而從整體上看，前者的字迹顯然不如後者清晰。另外，參考前者，我們也可以看到後者在重裝時有一些内容裝反和缺失部分裏封、序及附録的地方。

《藏園訂補郘亭知見傳本書目·子部》《中國古籍善本書目·子部》皆未録此書。

薛清録主編、中國中醫研究院圖書館編《全國中醫圖書聯合目録》（中醫古籍出版社，1991年）收録此本，國内有12家單位收藏。

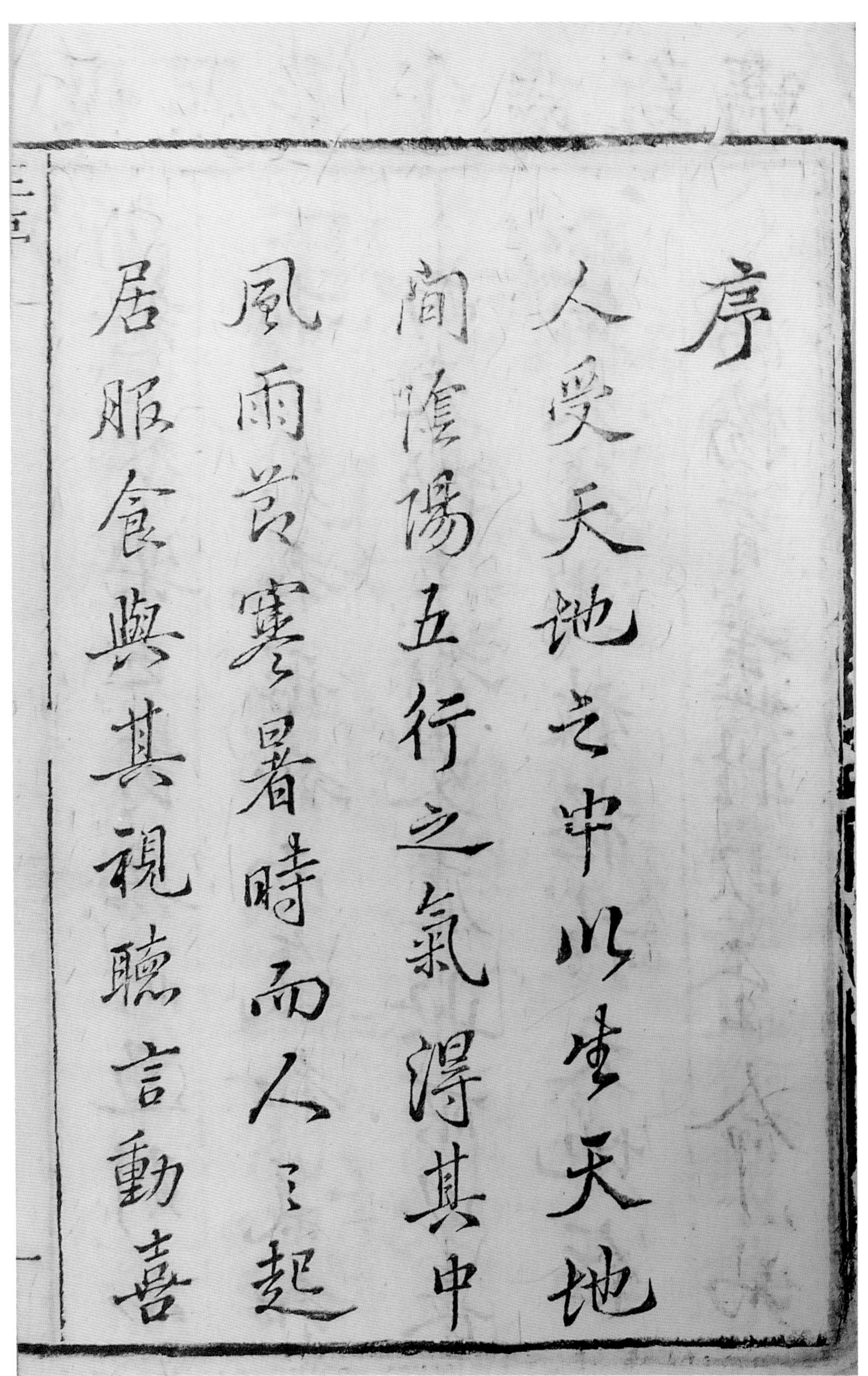

序

人受天地之中以生天地
間陰陽五行之氣得其中
風雨营寒暑時而人之起
居服食與其視聽言動喜

御纂醫宗金鑑　九十卷，卷首一卷　　曼88

（清）鄂爾泰等奉敕纂

清乾隆七年（壬戌 1742）武英殿刻本

39册6本

17.8×13.5。半葉九行，行二十四字。左右雙邊，白口，單黑魚尾。魚尾上題“御纂醫宗金鑑”，下記卷數、篇名及葉數。卷端題“御纂醫宗金鑑卷一”。裏封題“御纂 醫宗金鑑”（朱筆）。

卷首一卷：清乾隆七年（壬戌 1742）上表，乾隆四年（己未 1739）錢鬥保奏疏，鄂爾泰奏疏，乾隆五年（庚申 1740）弘晝奏疏（按，以上諸表疏皆爲朱字）。纂醫宗金鑑首卷凡例，御纂醫宗金鑑諸臣載名，總目。

按，《四庫全書總目》“子部十四·醫家類二”收録此書，題作“御定醫宗金鑑”，可參看。

《藏園訂補郘亭知見傳本書目·子部》收録此本，題作“内府刊本”，不確。《中國古籍善本書目·子部》未録此書。

薛清録主編、中國中醫研究院圖書館編《全國中醫圖書聯合目録》（中醫古籍出版社，1991年）收録此本，國内有33家單位有藏。

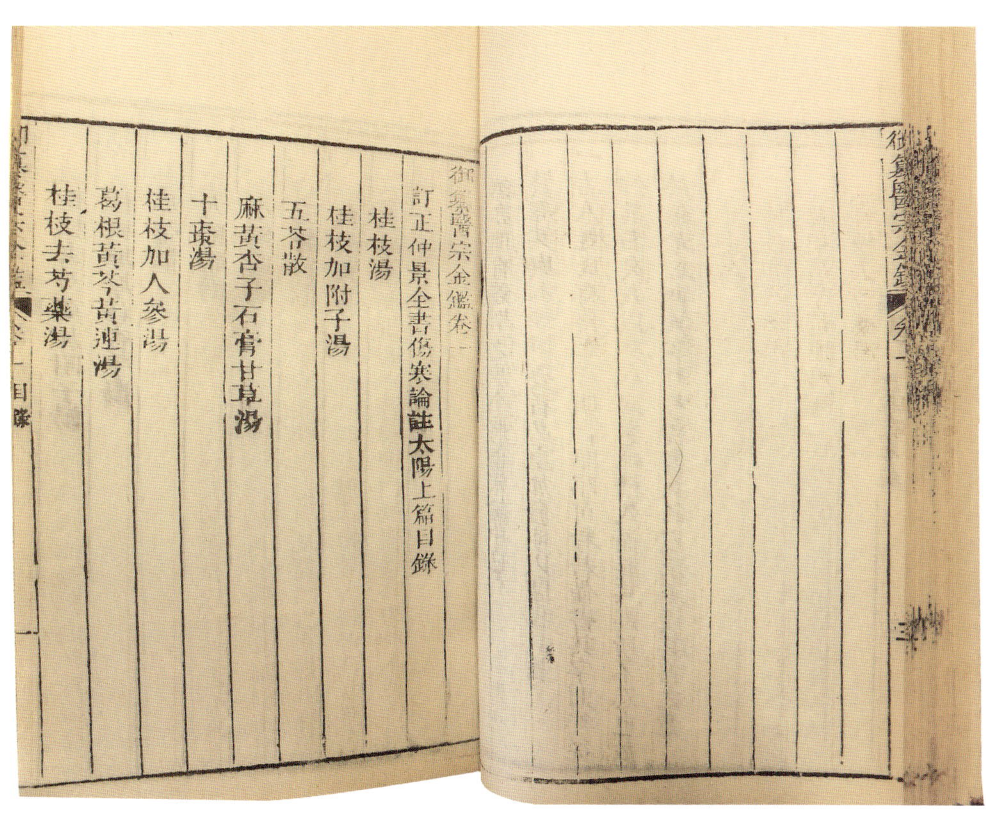
御纂醫宗金鑑卷一
訂正仲景全書傷寒論註太陽上篇目錄
桂枝湯
桂枝加附子湯
五苓散
麻黄杏子石膏甘草湯
十棗湯
桂枝加人參湯
葛根黄芩黄連湯
桂枝去芍藥湯
御纂醫宗金鑑 卷一 目錄 一

經驗良方　不分卷　曼89

（清）佚名撰
清道光間刻本

2册1本

17.7×11.1。半葉十行，行二十六字。四周雙邊，白口，無魚尾。上書口記藥方名，下書口記葉數。無卷端題名和裹封，開篇即“天竺膏藥方”。文内“抽筋方”末題“道光七年孟秋順德龍山左氏敬送刊”，“經驗吐瀉不止方”末題“省城靖海門外同裕堂敬送”，“縮眼方”末題“道光七年孟冬順邑大良鄉羅氏敬送刊”。

無序跋。

按，此本與“曼55”《增訂感應篇》正文大致相同。據《增訂感應篇》之梁玉成序稱“更彙所存《經驗良方》，以附其末，謹爲刊布”，可知他是將《經驗良方》一書作爲《增訂感應篇》的附録來刊刻的，而此本則即爲《經驗良方》，故可知其題名。

此本“敬送姓氏”最早爲“道光九年己丑孟秋”，最晚爲“道光十一年辛卯歲孟夏順邑龍江鄉凌敦善堂印送壹百本”，皆爲順邑鄉邑所印。而《增訂感應篇》末附“敬送姓氏”最早者爲道光十一年，最晚者爲道光十四年，爲南海、鳳城等地所印，刊印年較此本要晚些。二本字體不一，前者手寫上版，後者則爲刻版，二書可能源於同一底本，但前者明顯較後者刊刻精良。

《四庫全書總目》“子部十五·醫家類存目”所録爲明陳仕賢所編。觀其所述，蓋與此本内容相近，視其爲此本之早期著作可矣。

萬應元靈丹

麻黃去淨節　山查　紫蘇葉　麥芽

柴胡　王芩　六神曲　蒼朮

霍香　甘草　半夏　陳皮

桔梗　白芍　春砂仁　厚朴

已上十六味各一两共為末用蓮葉包粳米一升煮飯將飯與葯末搗煉為丸每丸重一錢五分又用蓮葉敷底禾尾稈蓋放在通風處陰乾俟其發起毛為度然後取晒乾收貯每年五月端午務取再晒但遇傷風傷食發熱羌葱細茶湯開服

全體新論　不分卷　　曼299

［英］合信、（清）陳修堂撰

清咸豐元年（辛亥 1851）江蘇上海墨海書館鉛印本

1冊1本（與《内科新説》《婦嬰新説》《西醫略論》《博物新編》合訂1本）

19.6×14。無界，半葉十行，行二十四字。四周雙邊，白口，單黑魚尾。魚尾上記書名，下記卷次。卷端題"全體新論 英國醫士合信氏著 南海陳修堂同撰"，下卷末題"羊城西關金利埠惠愛醫館刊印"，裏封題"咸豐元年新鐫 全體新論 江蘇上海墨海書館藏板"，外封書籤題"全體新論"。

無序跋。

按，墨海書館爲清道光二十三年（癸卯 1843）英國傳教士麥都思在上海創辦的中國第一個近代印刷出版機構，第一次引進了西方印刷機械和鉛活字印刷術。

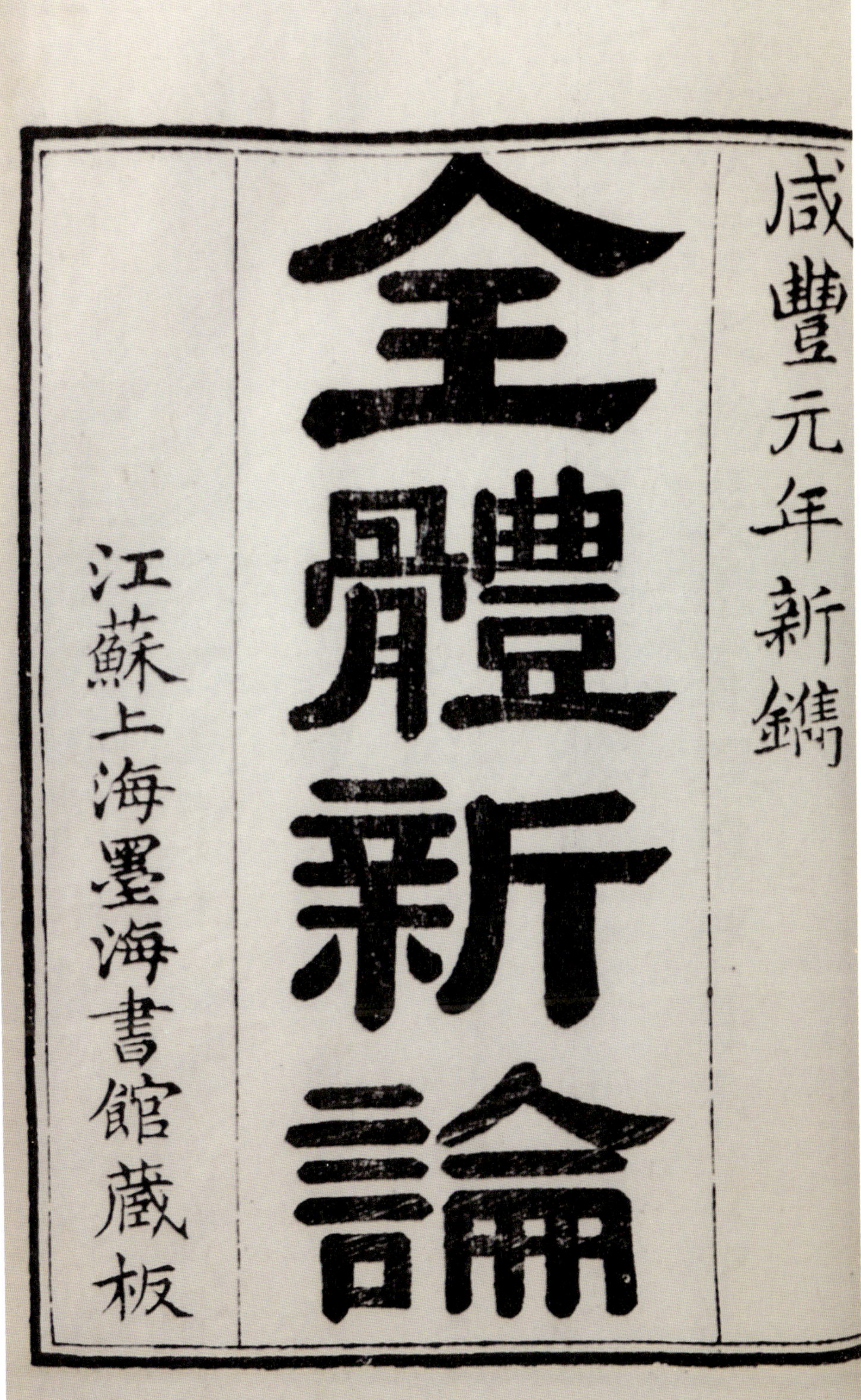

咸豐元年新鐫

全體新論

江蘇上海墨海書館藏板

西醫略論　三卷

曼299

［英］合信、（清）管茂材撰

清咸豐七年（丁巳 1857）江蘇上海仁濟醫館鉛印本

1册

19.7×13.5。無界，半葉十行，行二十四字。四周雙邊，白口，單黑魚尾。魚尾上記書名，下記卷次。卷端題“西醫略論卷上 英國醫士合信氏著 江寧管茂材同撰”，裏封題“咸豐七年新鐫 西醫略論 江蘇上海仁濟醫館藏板”，外封書籤題“西醫略論”。

西醫略論凡例七條。

清咸豐七年（丁巳 1857）合信自序。

按，合信序云：“余著《全體新論》，未及審證治療之法，欲續著一書以完素志。比歲在粤東專司醫局，未遑箸述。今年游上海，旅館多暇，適江寧管茂材談論醫學，因相與商確，共成此書……是書采輯西國醫書不一種，皆余在中土親試屢效，理取真實，詞務淺顯。説所不能盡者，助之以圖，凡爲論數十，爲圖四百餘，欲令讀者展卷會心，蓋殫精敝神，歷數月而始蕆事，名曰‘西醫略論’，紀實也。往歲粤東制府封君葉公取《全體新論》，圖分列八幅，刊於兩廣督署，並翻刻全書，廣爲傳布。”此序已將此書之緣由説得非常清楚了，可以參看。

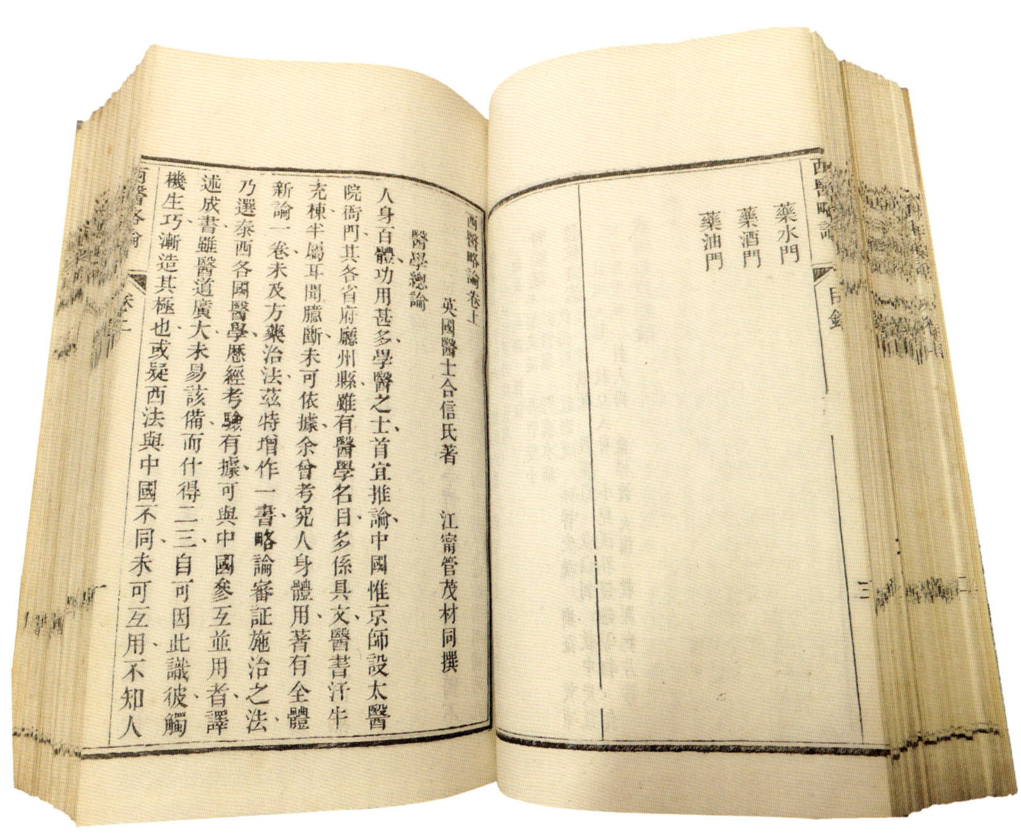

婦嬰新説　不分卷　曼299

［英］合信、（清）管茂材撰

清咸豐八年（戊午 1858）江蘇上海仁濟醫館鉛印本

1册

19.7×13.5。無界，半葉十行，行二十四字。四周雙邊，白口，單黑魚尾。魚尾上記書名，下記卷次。卷端題“婦嬰新説 英國醫士合信氏著 江寧管茂材同撰”，裹封題“咸豐八年新鐫 婦嬰新説 江蘇上海仁濟醫館藏板”，外封書籤題“婦嬰新説”。

清咸豐八年（戊午 1858）合信自序。

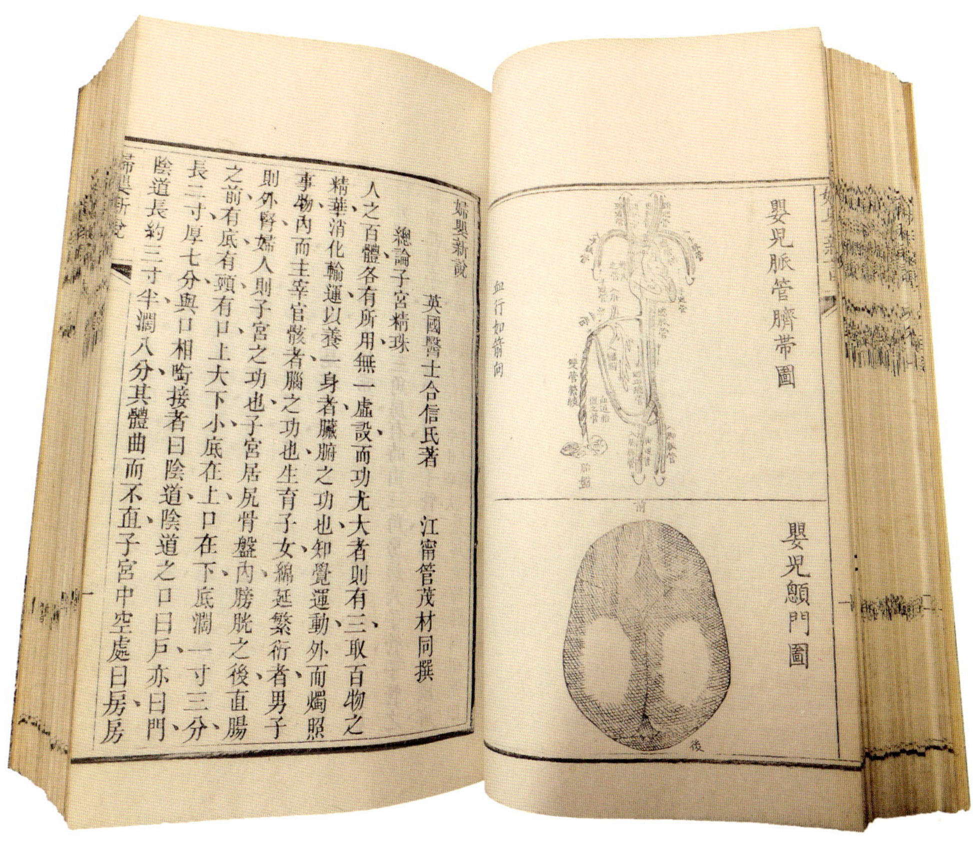

婦嬰新說

總論子宮精珠　英國醫士合信氏著　江甯管茂材同撰

人之百體、各有所用、無一虛設、而功尤大者則有三、取百物之精華、消化輸運以養一身者、臟腑之功也、知覺運動、外而燭照事物、內而主宰官骸者、腦之功也、生育子女、綿延繁衍者、男子則外腎、婦人則子宮之功也、子宮居尻骨盤內、膀胱之後、直腸之前、有底有頸有口、上大下小、底在上、口在下、底濶一寸三分、長二寸、厚七分、與口相啣接者曰陰道、陰道之口曰戶、亦曰門、陰道長約三寸半、濶八分、其體曲而不直、子宮中空處曰房、房

婦嬰新說　一

内科新説　二卷　　曼299

［英］合信、（清）管茂材撰

清咸豐八年（戊午 1858）江蘇上海仁濟醫館鉛印本

1册

19.2×13.5。無界，半葉十行，行二十四字。四周雙邊，白口，單黑魚尾。魚尾上記書名，下記卷次。卷端題“内科新説卷上 英國醫士合信氏著 江寧管茂材同撰”，裏封題“咸豐八年新鐫 内科新説 江蘇上海仁濟醫館藏板”，外封書籤題“内科新説”。

内科新説例言十一條。

清咸豐八年（戊午 1858）合信自序。

按，此本臺北“國圖”、臺灣師範大學圖書館收藏。

内科新說卷下

英國醫士合信氏著　江甯管茂材同撰

東西本草錄要

人身血脉運行，時有消耗，全賴飲食補其缺之。試觀健飯之人，精神充足，力壯體肥，全身功用各司其職，百病不生。前卷所論致病之故多端，而食物不合，或食不滿量，亦爲諸病之一。夫人身一處有病，他處易累，甚則徧體爲之不適，譬諸鐘表一齒一軸失度，因而處處不靈也。然病證紛繁，皆有的當之藥可以療治。良醫審察病原，對證發藥，自然奏效。但此理精微奥妙，非聰明敏哲之人不能習學。中土本草所載藥性淡薄者多，偶然誤

天文類

管窺輯要　八十卷　曼75

（清）黄鼎輯

清順治九年（壬辰 1652）黄鼎自刻本

48册6本

20.7×14。無界，半葉九行，行十九字。四周單邊，白口，單黑魚尾。魚尾上題“管窺輯要”，下記卷次及葉數。卷端題“管窺輯要卷之一”“六安黄鼎玉耳父纂定”“男九命簡臣 九思視先 九成 桐城方兆及子詒仝閲”。裏封題“内院范憲斗先生鑑訂”“黄玉耳先生手編 天文大成輯要”，其左下角有牌記題“是集綜核羣書蒐羅經史既集其 大成復輯其精要凡星辰雲氣之 吉凶家 國軍民之休咎無不較 若列眉驗如響應誠文苑之驪珠 名山之鴻寶也識者鑒諸”。

附纂例十條，集用書目，總目。

清順治九年（壬辰 1652）黄鼎序，順治十年（癸巳 1653）范文程序。

按，黄氏序云：“幸際僕射公總督江南，民安盜息，一時景星慶雲之稱翕然作焉。余得備員執策，沐其休暇，因出舊所裒輯之編重加考定，補其未備，齊其未一，彙爲八十卷，名曰‘管窺輯要’，取寸管料廣、辭尚體要之義，授諸梓氏，以終夙心。”據此，此本當爲黄氏之自刻本。

《四庫全書總目》“子部二十·術數類存目一”收録，云：“鼎字玉耳，六安人。明末以諸生從軍，積功至總兵官。入國朝，官至提督。是書乃其晚年所集，以古今天文占候分門編録。大學士范文程序之。大旨主災祥而不主推步，繁稱博引，多參以迂怪荒唐之説。”

《藏園訂補郘亭知見傳本書目·子部》録有此書，但收録了“坊刻本”，《中國古籍善本書目·子部》則未録此書。國内北京大學圖書館、北京師範大學圖書館、復旦大學圖書館、南開大學圖書館等館收藏，1990年江蘇广陵古籍刻印社曾影印出版。

序

按天文五行爲二志以補史遷之闕劉向李尋與京房翼奉之徒後先相繼指陳事應著爲臣戒其君之書誠可謂謇謇君子矣太史公曰五星失軌道則占然則占測之有迹其來遠哉葢天有三垣曰天市象明堂巡狩之居也曰太微

御定萬年曆　不分卷，附御撰歷代三元甲子編年　曼192

（清）佚名奉敕編

清雍正元年（癸卯 1723）刻本

1册

14.4×9.7。半葉八行，行分上下兩列，每列十二字。四周雙邊，白口，單黑魚尾。魚尾上題“御定萬年曆”，下記葉數。無卷端題名和裏封。諸葉天頭處有棕色筆增注公元紀年，偶爾有中英對照。第14葉右上角鈐“程元興號”朱文方印。

按，此書首附“御撰歷代三元甲子編年”（魚尾上題），始於黄帝六十一年（前2637），止於公元1863年（“大清雍正元年”等六字爲版刻字，以下皆爲後人手書），其實即編年表，表内凡棕色字者皆後人所增。而“御定萬年曆”（本書原無題名，今據上書口所題而定其正題名）始於“天啓四年甲子”，止於“雍正一百年壬午”，凡天頭有乾隆等字的皆爲後人所加。

此本應爲清雍正元年（癸卯 1723）所刊，證據有三：（1）所附“三元甲子編年”刻字止於雍正元年；（2）雍正年間的萬年曆止於“雍正一百年”，很明顯爲雍正間所刻；（3）文内“弘”“曆”二字皆不避諱，故“弘治”“大曆”如字，而唐玄宗寫作“唐明皇帝”，是避“玄”字。

乾隆十八年

1753. годъ

雍正三十一年癸酉

正月大丁 丑卯巳 初一戌立春 未亥 十六
二月大丁 未酉亥 初一未驚蟄 未戌 十六
三月小丁 丑卯巳 初一戌清明 寅酉 十七
四月大丙 午申戌 初三申立夏 卯申 十九
五月小丙 子寅辰 初四亥芒種 申未 二十
六月小乙 巳未酉 初七巳小暑 寅午 廿三
七月小甲 戌子寅 初九亥立秋 午巳 廿五
八月大癸 卯巳未 十二子白露 巳辰 廿七
九月小癸 酉亥丑 十二未寒露 申卯 廿七
十月大壬 寅辰午 十三未立冬 午寅 廿八
十一月小壬 申戌子 十三卯大雪 亥丑 廿七
十二月大辛 丑卯巳 十三未小寒 卯子 廿八

乾隆十九年

1754. годъ

雍正三十二年甲戌

正月大辛 未酉亥 十三子立春 戌亥 廿七
二月大辛 丑卯巳 十二戌驚蟄 戌戌 廿七
三月小辛 未酉亥 十三丑清明 巳酉 廿八
四月大庚 子寅辰 十四亥立夏 午申 三十
閏四月小庚 午申戌 十六寅芒種
五月大己 亥丑卯 十八申小暑 亥未 初二
六月小己 巳未酉 二十寅立秋 巳午 初四
七月大戊 戌子寅 廿二卯白露 酉巳 初六
八月小戊 辰午申 廿二戌寒露 未辰 初七
九月小丁 酉亥丑 廿三戌立冬 亥卯 初八
十月大丙 寅辰午 廿四巳大雪 申寅 初九
十一月小丙 申戌子 廿三戌小寒 寅丑 初九
十二月大乙 丑卯巳 廿四卯立春 午子 初九

欽定萬年書　不分卷　　曼Chinese 55

（清）佚名編

清光緒三十一年（乙巳 1905）京都文成堂刻本

3册1函

16.4×13。二截版，分上下兩欄。半葉八行，大小字不等，各行大字十一字，小字雙行同，行二十二字。左右雙邊，白口，單黑魚尾。魚尾上題“欽定萬年書”，下記葉數。卷端依次題皇帝及年號、干支，裏封題“光緒己巳冬鐫 内附星命須知 欽定萬年曆 京都打磨廠 文成堂 藏板”，黄色外封。此本包括乾隆三十六年（辛卯 1771）至乾隆六十年（乙卯 1795），嘉慶元年（丙辰 1796）至嘉慶二十五年（庚辰 1820），道光元年（辛巳 1821）至道光三十年（庚戌 1850），咸豐元年（辛亥 1851）至咸豐十一年（辛酉 1861），同治元年（壬戌 1862）至同治十三年（甲戌 1874），光緒元年（乙亥 1875）至光緒六十七年（辛巳 1941）。

清雍正五年（丁未 1727）鍾之模序。

按，光緒三十四年（戊申 1908）爲光緒朝最後一年，此萬年曆則延續至光緒六十七年（辛巳 1941），足多出33年的時間，這説明編纂此書者一定生活在光緒朝。鍾序云：“蒙賜《御定萬年曆》，伏讀之，喜不自勝……固請，以付剞劂，不忍自私，公諸同好。”據此，最初的萬年曆是鍾氏所刊。但此序作於雍正間，此本則始於乾隆三十六年，終於光緒朝，則爲後人增訂。而首冠此序者，蓋據鍾氏所刊之本推斷之後曆法，而非據之重刊。

予自成童時卽留心星學第以未諳歷法恐有毫釐千里之差置而不講矣每見世之星家者流徒守古法日與人談命其如星盤之不準何由自命當李虛中再世未嘗不竊歎之後壯上長安師事香邑關入暗曉先生始於歷學有所窺測歲己亥

聖祖仁皇帝以進士舉人精通歷法者　大宗伯咨送欽天監以各部員外郎主事推算謹詳詎典也愧予樗材亦叨其列正可熟演萬年歷數之時未幾以奇門之學分纂

圜天圖說　三卷　曼74

（清）李明徹撰

清嘉慶二十四年（己卯 1819）松梅軒刻本

3册1本

19.8×13.8。半葉九行，行二十字。四周雙邊，無版心。版框外上書口記書名及卷次，下書口記葉數。卷端題“圜天圖說 卷之上”“儀徵阮元鑒定　青來李明徹述”，裏封題“嘉慶己卯年鐫 圜天圖說 松梅軒藏板”，外封書籤題“圜天圖說 上/中/下卷”（上卷外封書籤佚）。

附總目，每卷前皆有本卷目録。

清嘉慶二十四年（己卯 1819）阮元序，盧元偉序，清嘉慶二十五年（庚辰 1820）劉彬華序，清嘉慶二十四年（己卯 1819）撰者自序，末附黄一桂跋。

按，盧序云：“遂爲之略加刪訂，卒慫恿付梓。道人名明徹，號青來，番禺人。性澹遠，不妄交。善寫山水、人物，洋畫綫法尤精。”又，自序云：“阮制軍鑒定，題名‘圜天圖說’，且賜之序，命梓以廣其傳。”據此，此本爲李氏自刻本。同時，我們也知道，李明徹，號青來，番禺人，善山水人物畫。

《藏園訂補郘亭知見傳本書目·子部》收録此書，題作“乾隆己卯刊”，不知何據。《中國古籍善本書目·子部》未録此書。

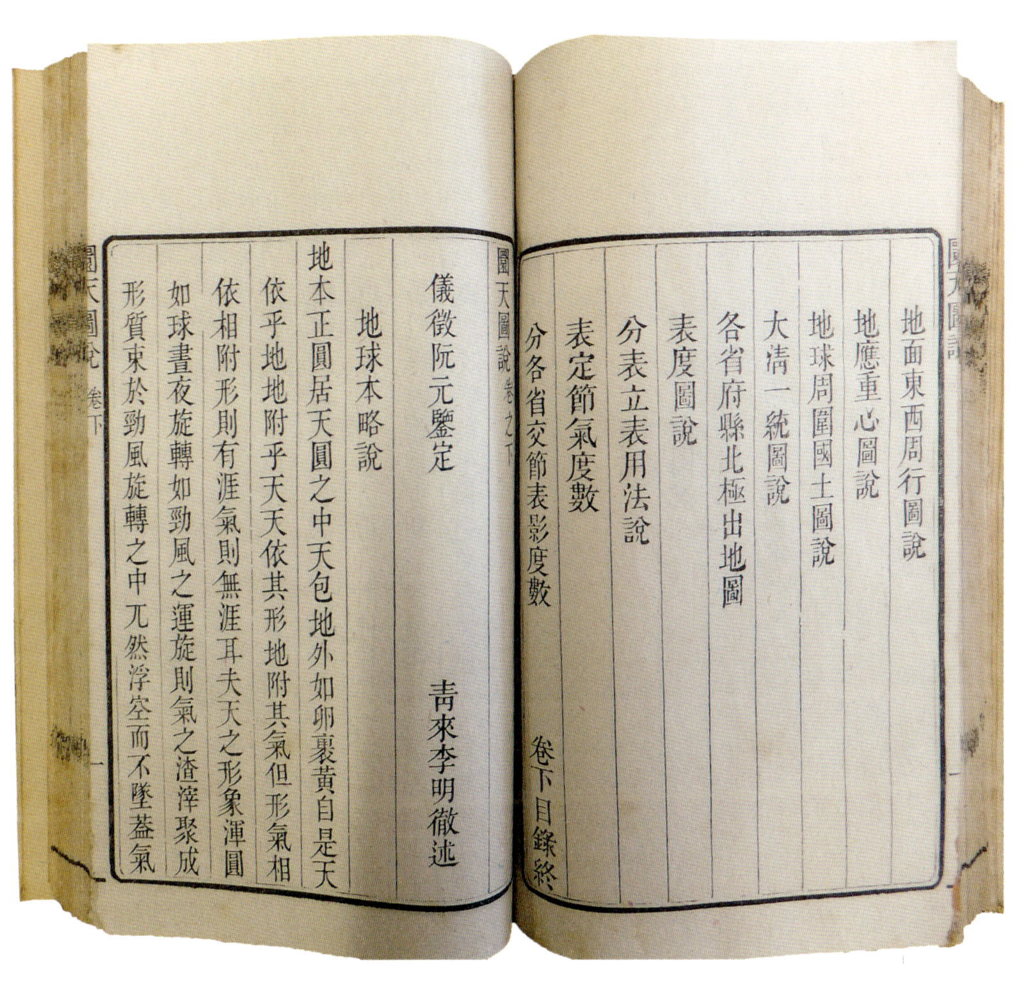
圜天圖說

地面東西周行圖說
地應重心圖說
地球周圍國土圖說
大清一統圖說
各省府縣北極出地圖
表度圖說
分表立表用法說
表定節氣度數
分各省交節表影度數
卷下目錄終

圜天圖說卷之下
儀徵阮元鑒定　青來李明徹述
地球本略說
地本正圓居天圓之中天包地外如卵裹黄自是天依乎地地附乎天天依其形地附其氣但形氣相依相附形則有涯氣則無涯耳夫天之形象渾圓如球晝夜旋轉如勁風之運旋則氣之渣滓聚成形質束於勁風旋轉之中兀然浮空而不墜蓋氣

合參通書　不分卷

AC31

（清）題繼成堂編

清道光二十五年（乙巳 1845）泉州繼成堂刻本

1册

16.6×9.5。半葉八行，行距不等，字數亦不等。四周單邊，白口，無魚尾。上書口題“合參通書”，下書口處記日期。無卷端。裏封題“道光二十五年 福建泉州城内繼成堂著 告白辯真 本館通書在福建泉州城内 道口海漾亭街擇口館發兑”，並附有例目，外封墨筆題“通書”，左上角近書腦處墨筆題“乙巳歲”，右下角題“吉立”，中間題“三元”。

無序跋。

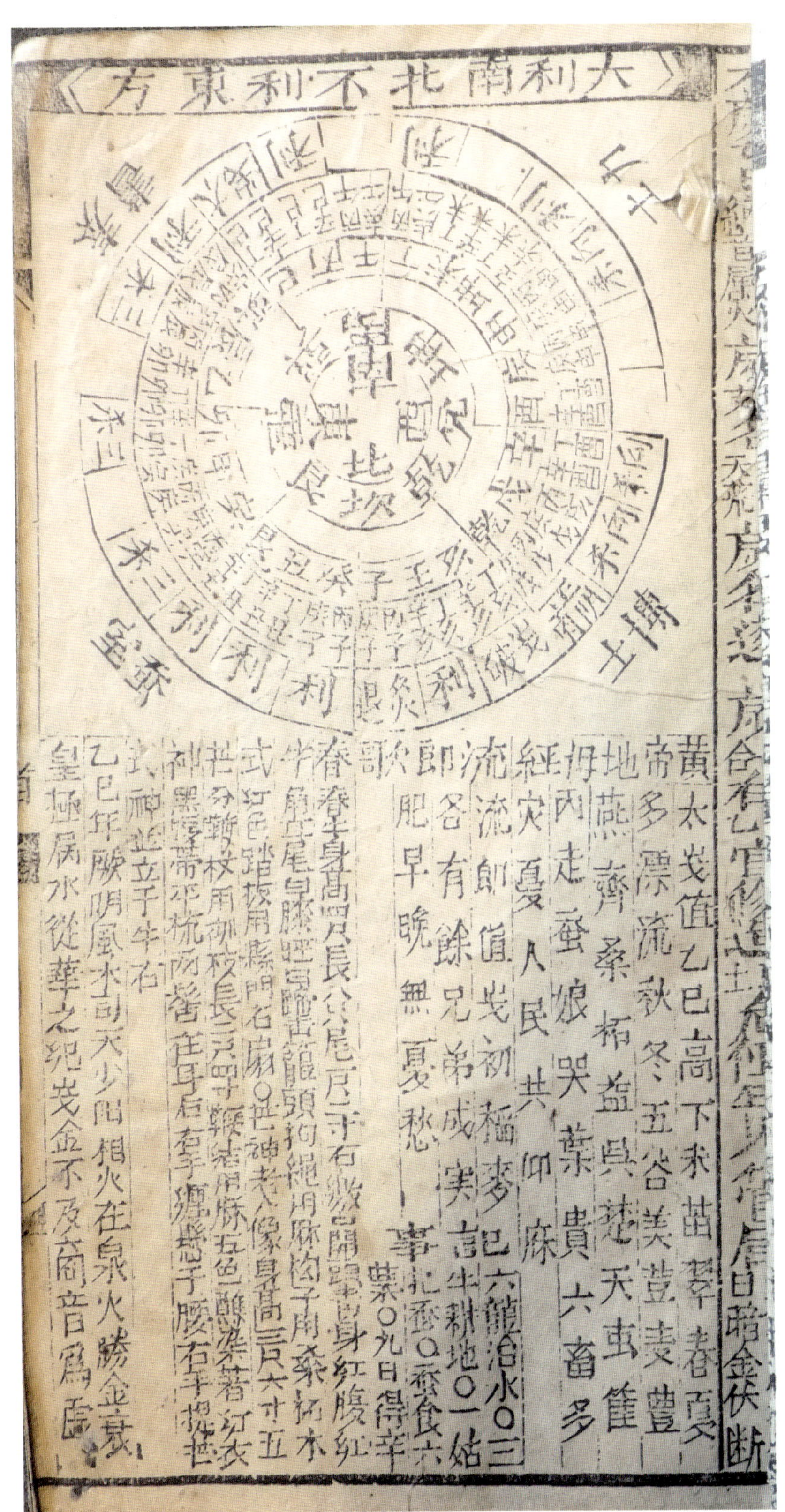

大利南北不利東方

黃帝地母經
太歲值乙巳，高下禾苗翠。春夏多霖流，秋冬五谷美。豆麥豊燕齊，桑柘盈吳楚。天虫雀丙走，蚕娘哭葉貴。六畜多災夏，人民共仰麻。

流郎歌
流郎值歲初，稻麥各有餘。兄弟成實肥，早晚無憂愁。

巳六龍治水○三牛耕地○一姑把蚕○蚕食六葉○九日得辛

春牛式
春牛身高四尺，長八尺，尾長一尺二寸，右繳，開口，牛身紅，腹紅，角耳尾白，膝脛白，蹄白，籠頭拘繩用麻，牛口用桑柘木，紅色，踏板用縣門右扇。

芒神式
芒神老人像，身高三尺六寸五分，鞭杖用柳枝，長二尺四寸，鞭結用麻，五色醮染，着紅衣，黑腰帶，平梳兩髻，在耳後，右手提鞭，左手提□，神近立于牛右。

乙巳年厥陰風木司天，少陽相火在泉，火勝金衰。
皇極屬水，從革之紀，炭金不及，商音爲虛。

日月制度通書　不分卷　　曼R48053

（清）佚名編

清咸豐六年（丙辰 1856）鉛、石印本

1册

18.2×12.9。半葉九行，行二十四字。四周雙邊，白口，單黑魚尾。魚尾上題“日月制度通書”，下記篇名。此書無卷端題名，而有篇名。據卷端和版心所題，依次爲：至尊無對獨一真神爺華所降十聖誡、猶太國全圖紀略、福音廣訓、聖經真理撮要、勸戒鴉片良言、附圖七幅及説明；裏封題“耶穌降世一千八百五十六年 和合通書 咸豐六年歲次丙辰”。

附丙辰年萬年曆、安息日期、節氣日期三表，泰西諸國數目字合時辰鐘鏢音釋一表。

按，此本前二十一葉石印，但後四葉鉛印（四周雙邊，無魚尾，版框爲18.7×12.7），故據此著録版本。

爺華神之名也譯卽無始無終昔在今在後亦在自然而然之意

至尊無對獨一眞神爺華所降十聖誡

第一誡　神曰、余而外不可別有神、

第二誡　天上地下水中百物、勿以偶像象之、毋拜跪、毋崇奉、以我爺華卽爾之　神、斷不容以他神匹我、惡我者禍之、自父及子至三四世、愛我守我誡者、福之至千百世、

第三誡　爺華爾　神、勿妄稱其名、妄稱者、爺華必罪之、

第四誡　安息日乃聖日、當恪守、勿忘六日間宜勤操作、越至七日則爺華爾　神之安息日也、是日爾與子女僕

天方正學　七卷，卷首一卷 曼326

（清）藍煦著

清咸豐十一年（辛酉 1861）重玉堂重刻本

4册1函

22.7×16.3。無界，半葉九行，大小字不等，行大字十八字，中字十七字，小字三十六字。四周雙邊，白口，單黑魚尾。魚尾上記書名，下記卷次及篇名，下書口題“重玉堂”。天頭另起一欄注音。卷端題“天方正學卷一 藍煦甫著”（卷二至卷六首皆有撰者名），裏封題“咸豐十一年重鐫 天方後覺藍子義譯 天方正學 板存北京彰儀門内牛街 敕賜清真寺經庫”，外封及函套書籤皆題“天方正學”。

卷首一卷：清咸豐十一年（辛酉 1861）王崇名天方正學序、俞曰政序，咸豐二年（壬子 1852）藍煦序。例言六條。

按，此爲漢語、阿拉伯語對譯。

樂音落　罕音喊　爲去聲　別音鼈

بسم الله الرحمن الرحيم لا اله الا الله محمد رسول الله

天方正學卷三

藍煦甫譯

憑普慈今世獨慈後世眞主尊名起眞主奥樂乎无形眞經略以略赫麿覽納呼穆罕默德勒梳論納吸兩弓一弦不即不離

譯曰眞主奥樂乎普慈今世之人不分賢愚獨慈後世者專爲母明也母明忠信之士也母明明經認主眞主眞一无妄至大至能无有比似原有无始永遠无終先天貴聖穆罕默德爲數一爲萬物靈根隱是眞主顯是貴聖主聖兩間互爲相依猶兩弓一弦分之不開合之有別不即不離須臾不離者也若其可離非道也非其道而造化何有焉非其造化而三才萬物何有焉胥於是乎知眞經之道至大

知斯之謂知道行斯之謂行道學斯之謂學道

術數類

選僧圖　一卷　　曼61

（唐）釋一行撰

清康熙三年（甲辰 1664）序刻本

1册

13.5×10.8。半葉九行，行十四字。四周單邊，白口，單黑魚尾。魚尾上題“選僧圖”，下記葉數。無卷端題名及裏封，外封書簽題“選僧圖”。

清康熙三年（甲辰 1664）半邊道人選僧圖説。

按，晁瑮《晁氏寶文堂書目》（明抄本）有此書，乃算命書。

遝僧圖說

此圖相傳一行禪師作。僧家每以此遝徒。俗亦用之。而流傳本不一。難以稽正。今重加校訂。僅免他惑。然善惡由心。禍福可遷。修善

神相全编　十二卷，首卷一卷　曼45

（宋）陳摶撰，（明）袁忠徹校

清乾隆五十八年（癸丑 1793）芸經堂刻本

6册1本

20.3×13.3。無界，半葉十行，行二十二字。四周單邊，白口，單黑魚尾。魚尾上記書名，下記卷次及葉數。行間有句讀。卷端題“神相全编卷之一”“宋希夷陳摶秘傳 明柳莊袁忠徹訂正”，裏封題“乾隆癸丑年鐫 袁柳莊先生秘傳 神相全编 芸經堂藏板”。

卷首一卷：相説、十觀、五法、切相歌、論形俗、論氣色。

倪岳神像全编序。

按，《藏園訂補郘亭知見傳本書目·子部》未録此書，《中國古籍善本書目·子部》則僅收録了明文明閣刻本。

神相全編卷之二

宋 希夷陳 摶 秘傳

明 柳庄袁忠徹 訂正

達 摩

○五官總論

眉緊鼻端平，耳須聳又明，海口仰弓形，晚運必通亨。

緊者，眉不散疎也。端者，正也。平者，直也。聳者，提起也。明者，稜角分明也。大而有收拾爲海，角朝上弓不露齒曰弓，晚運轉指口言。

○五官說

五官者，一曰耳爲採聽官，二曰眉爲保壽官，三曰眼爲監察官，四曰鼻爲審辨官，五曰口爲出納官。大統賦云：一官

皇極經世書　八卷，卷首一卷　　曼350

（宋）邵雍撰，（清）王植輯

清乾隆二十一年（丙子 1756）刻本（白棉紙，精刻）

16册4函

18.2×12.6。無界，半葉九行，行二十字。四周單邊，白口，無魚尾，版心記篇名及葉數。卷端題“皇極經世書卷之一”“深澤王植輯録”，下鈐“檀尊藏書”朱文方印，“豐府藏書”白文方印（每册首葉皆有此二印）。

王植撰例言五條，目録，卷首一卷（有殘缺）：宋史道學列傳、王植輯録總論、清乾隆二十一年（丙子 1756）年王植所撰書意、纂圖指要，圖十八幅。

按，此本鈐印之藏主爲愛新覺羅·昭槤。考昭槤（1776—1833），字汲修，自號汲修主人，檀尊主人，滿洲貴族，有《嘯亭雜録》十五卷。《清史稿》卷三十有傳。

此本缺第2册，即卷首《陽九陰六用數圖》至《河圖洛書之圖》，凡七圖。

《四庫全書總目》“子部十八·術數類一”收録。云：“其書以元經會，以會經運，以運經世，起於堯帝甲辰，至後周顯德六年己未，凡興亡治亂之迹，皆以卦象推之。厥後王湜作《易學》，祝泌作《皇極經世解起數訣》，張行成作《皇極經世索隱》，各傳其學……至所云‘學以人事爲大’，又云：‘治生於亂，亂生於治，聖人貴未然之防，是謂易之大綱’，則粹然儒者之言，非術數家所能及，斯所以得列於周程張朱間歟？”

《藏園訂補郘亭知見傳本書目·子部》《中國古籍善本書目·子部》皆收録此書，但未録此本。

皇極經世書卷之一

深澤王植輯錄

愚按皇極字。始於洪範建用皇極。皇極者君極。極至也。德之至也。周禮以爲民極。詩莫匪爾極是也。註疏舊說。以大中釋之。如惟皇作極。以爲惟大作中。時人斯其惟皇之極。以爲惟大之中。於理可得通乎。然邵子先天之學。道在三皇。故言皇帝王伯。而曰帝一變至於皇。其無名公傳云。羲軒之書。未嘗去手則皇極非但君極之謂而以三皇之君極

新刻增定邵康節先生梅花觀梅折字數全集五卷 曼407

（宋）邵雍撰，（清）褧繡堂訂正

清末聚錦堂刻本

5册

12.1×8.8。無界，半葉九行，行二十一字。左右雙邊，白口，單黑魚尾，魚尾上題“梅花易數”，下記卷次。卷端題“新刻增定邵康節先生梅花觀梅折字數全集一卷 宋邵雍堯夫著”，卷二題“新訂邵康節先生梅花觀梅折字數全集卷二”，卷三無題名，卷四同卷二，卷五題“觀梅折字數卷五”，各卷卷末皆題“梅花易數卷幾終”。目録題“新刻先天後天梅花觀梅折字數全集目録”“宋邵康節先生著 褧繡堂訂正”，裏封題“邵康節先生手著 梅花易數 一先天梅花數 一後天觀梅數 一續梅花易數 聚錦堂版”。

新鐫增定相字心易梅花數序。

按，聚錦堂所刊書，有清光緒間《批選務本堂塾課》，此本蓋亦在此時。

邵康節先生手著

梅花易數

一先天梅花數
一後天觀梅數
一續梅花易數

聚錦堂版

水鏡集　四卷　　曼45a

（清）范騋撰

清中期寧遠堂刻本

1册

16.6×10.2。半葉十行，大小字不等，行大字二十二字，小字雙行同，行四十四字。四周單邊，白口，單黑魚尾。魚尾上題“水鏡集”，下記卷次及葉數。卷一目録題“水鏡集纂要篇卷之一”（魚尾下題“上卷 纂要目次”），卷二目録題“水鏡集問難編卷之二”，卷三目録題“水鏡集相外别傳卷之三”，卷四目録題“水鏡集增删百問卷之四”，卷端題“用樂百問”“右髻增删重訂”。卷四之前卷端題“水鏡集”“浙西右髻道人著”。裏封題“右髻道人删定 人相水鏡集全編 一選用穴纂要 一選相學辨難 一選相外别傳 一選永樂百問 寧遠堂藏板”。

清康熙十九年（庚申 1680）范騋自序。

按，此本卷端所題“右髻道人”即范騋。考清王士禎《池北偶談》卷二十四云：“范騋者，字文園，善相人……范海寧人。”又，李榕《（民國）杭州府志》卷八十八云：“《水鏡集》四卷，《相宗纂要》三卷，海寧范騋文圃撰。”又，范邦甸《天一閣書目》卷三之一“子部”云：“《相宗纂要》三卷，刊本，國朝康熙庚申范騋著，沈荃序。”據此，我們可以大致瞭解范氏之經歷。

此本“玄”字或缺筆或不缺筆，避諱不嚴。考寧遠堂所刻書，多在乾隆嘉慶間，此本可能是嘉慶時所刊，故暫題作清中期。

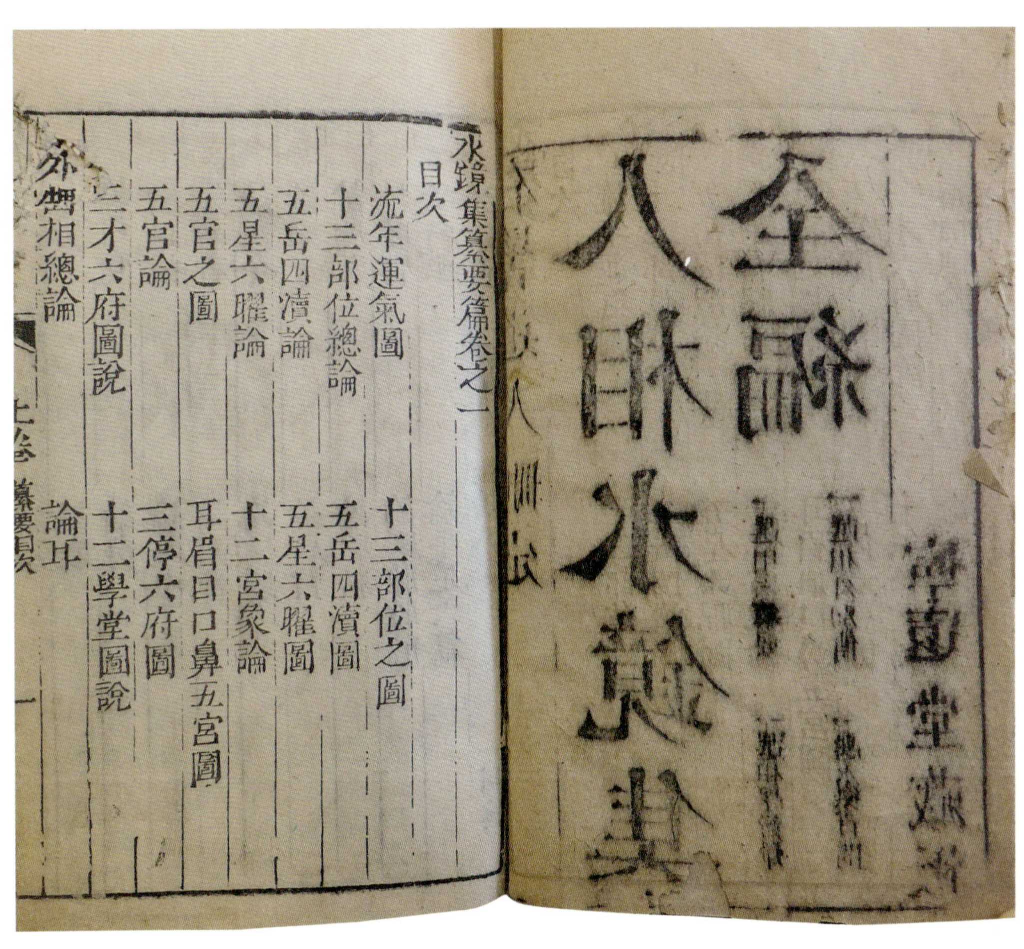
水鏡集纂要篇卷之一
目次
流年運氣圖　十三部位之圖
十三部位總論　五岳四瀆圖
五岳四瀆論　五星六曜圖
五星六曜論　十二宮象論
五官之圖　耳眉目口鼻五宮圖
五官論　三停六府圖
三才六府圖說　十二學堂圖說
外貌相總論　論耳

全編人相水鏡集

增廣玉匣記通書　六卷　曼AC21/曼AC35a

（清）朱説霖重校

清道光二十三年（癸卯 1843）文淵堂重刻本

2册

17×13.4。半葉十二行，行二十七字。左右雙邊，白口，單黑魚尾。魚尾上題“增廣玉匣記通書”，下記卷次及葉數，下書口題“文玉堂”（或“文淵堂”“文□堂”，或有長方墨釘）。卷一、卷端題“增廣玉匣記通書卷之一”“武林 朱説霖雨疇 重校”， 卷二、卷四僅有題名，卷三、卷五卷端題“新鐫許真君玉匣記增補諸家選擇日用通書卷之三”，卷六卷端題“增廣玉匣記迎書卷之六”（“迎書”之“迎”，誤刻）。裏封題“道光癸卯秋重鐫 選擇通書廣玉匣記 新增圖像 文淵堂藏板”。

新增選擇廣玉匣記序。

按，此書本首尾完整，但該館則將之分作兩書進行編號，其中，“曼AC21”爲前二卷，“曼AC35a”爲後四卷。今觀其版式字體皆無二致，故合併著録。

增廣玉匣記通書卷之一

武林 朱說霖雨疇 重校

○許真君玉匣記

真君見世人作福酬愿拜表上章建齋設醮或吉或凶作福作禍有人家祈禳反生灾禍破散子孫者此事不知如何 真君考天曹案內簿看之葢因凡師只取五福利者超薦先祖六甲在日不知六甲旬中天曜或在地府或在人間致令受生殃禍 真君遂錄之名曰玉匣記付國師道士奏

聞見其禍福其法不問天隔地隔神隔鬼隔看此六甲旬中自然並知吉凶也

甲子乙丑日諸神在地若人建醮設愿求男乞女祈福者受福十倍計都星在天上受福若人作福大吉兆也

四民便用不求人萬斛明珠　不分卷　　曼405

（清）佚名編

清末富桂堂刻本

1册

16.5×11.4。二截版，分上下兩欄。上欄無界，半葉十三行，行十四字；下欄有界，半葉十二行，行十四字。四周單邊，白口，單黑魚尾，魚尾上題“解夢”，下書口題“雙桂堂”（僅第1葉）、“富貴堂”（僅第2葉）。卷端總題“四民便用不求人萬斛明珠”。上欄卷端題“解夢全書”，附鎮夢靈符，卷末題“萬斛明珠終”；下欄卷端題“袁天罡時訣”。裏封題“内附袁天罡時 解夢全書 諸葛孔明馬前靈課 省城富桂堂梓”。

無序跋。

按，此書上欄爲《解夢全書》，下欄依次爲《袁天罡時訣》、李淳風《六壬時課》、題諸葛孔明《馬前靈課》、《怪異奇祥》等四篇。

富桂堂所刻書，今存有《十思起解心》一卷，復旦大學圖書館藏；《新刻呼家後代全本南音》五卷，復旦大學圖書館藏；《大明全傳繡球緣》四卷，清咸豐元年（辛亥 1851）富桂堂刻本，北京大學圖書館藏；《新編雷峰塔奇傳》，清道光二十二年（壬寅 1842）富桂堂刻本，北京大學圖書館藏。故據此可以推斷，此書坊所刊書多在清末。

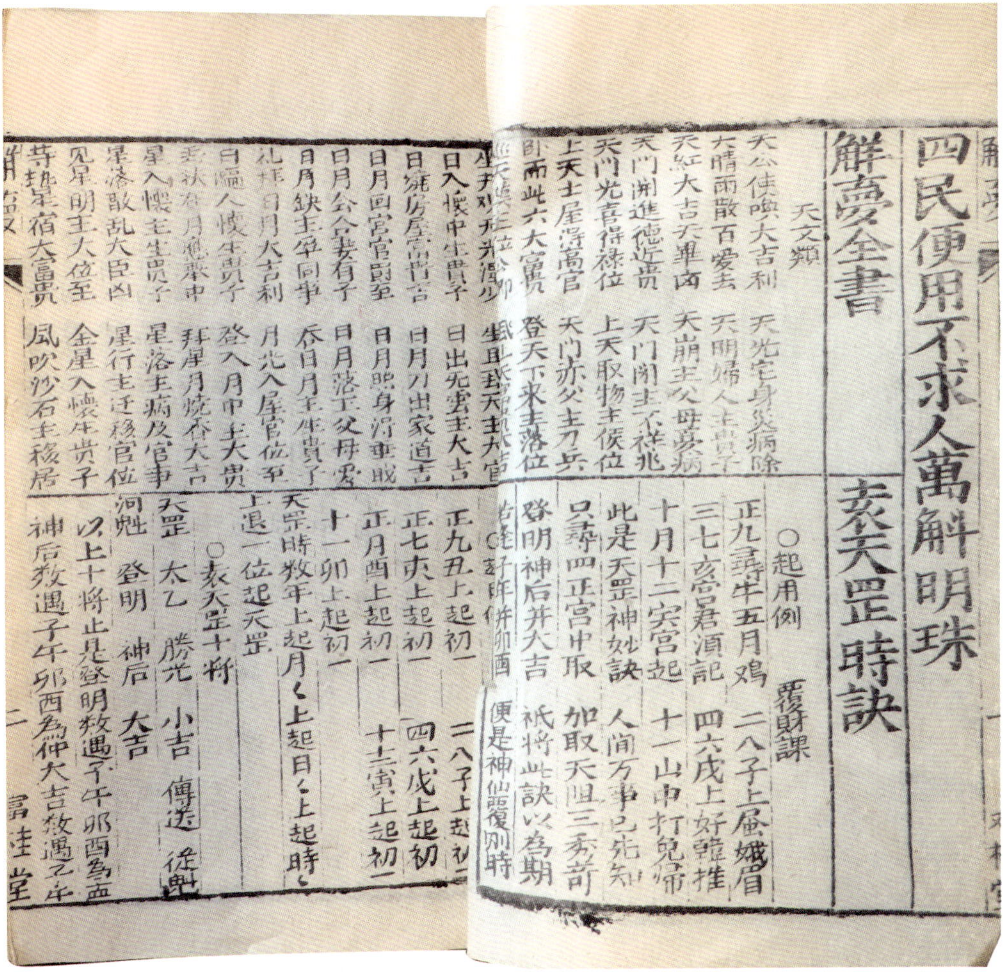

四民便用不求人萬解明珠

解夢全書

天文類

天公使唤大吉利　天光宅身災病除
大晴雨散百憂去　天明婦人主貴子
天紅大吉天車內　天崩主父母憂病
天門開進德近貴　天門開主不祥兆
天門光喜得祿位　上天取物主侯位
上天主屋得高官　天門亦父主刀兵
卧雨此六大富貴　登天下來主落位
坐天對天光滑少　坐且[illegible]天主大官
日入懷中生貴子　日出先雲主大吉
日繞房屋富貴吉　日月刀出家道吉
日月回宮官爵至　日月照身得重職
日月合合妻有子　日月落主父母憂
日月缺主爭同事　吞日月主生貴子
礼拜日月大吉利　月光入屋官位至
日偏入懷生貴子　登入月中主大貴
手扶日月應舉中　拜星月燒香大吉
星入懷主生貴子　星落主病及官事
星落散乱大臣凶　星行主遷移官位
見星明主大位至　金星入懷生貴子
手執星宿大富貴　風吹沙石主移居

袁天罡時訣

○起用例　覆財課

正九寅午五月鸡　二八子上屋娥眉
三七亥宮君須記　四六戌上好韓推
十月十二寅宮起　十一山申打兔[illegible]
此是天罡神妙訣　人間万事已先知
只將四正宮中取　加取天罡三秀奇
登明神后并大吉　祇將此訣以為期
若逢子午并卯酉　便是神仙覆身時

正九丑上起初一　二八子上起初一
正七亥上起初一　四六戌上起初一
正月酉上起初一　十二寅上起初一
十一卯上起初一

天罡時数年上起月，月上起日，日上起時，時上退一位起天罡

○袁天罡十將

天罡　太乙　勝光　小吉　傳送　從魁
河魁　登明　神后　大吉

以上十將止是登明救遇子午卯酉為孟，神后救遇子午卯酉為仲，大吉救遇子午

地學　二卷　曼MM1

（清）沈鎬撰

清末刻本（棉紙）

2册

17.2×27.5。無界，半葉二十四行，行二十一字。四周單邊，白口，單黑魚尾。魚尾上題"地學"，下記卷次、篇名及葉數。文内有墨筆句讀。卷端題"望江沐鎬六圖氏著"，無裏封或闕，外封書籤墨筆題"地理全書卷上/下"（卷上僅殘存"地"字）。

附方位説一篇，目録。卷一末佚總二葉，卷二首缺前十二葉（存穴場木末一葉），末僅至"隨意安葬訣"一葉，尚缺"論方位""論選擇"等六葉。

清康熙五十一年（壬辰 1712）沈鎬自序（闕），江瑞小引。

按，此乃堪輿書。著者沈鎬，字師昌，號新周，安徽望江縣人，曾任四川屏山縣知縣，不久即棄官隱居，善於堪輿，著有《六圃地學》《四民便用字韻》等。此本初刊於康熙五十一年（壬辰 1712），沈氏自序（轉引自《故宫珍本叢刊》第413册）云："歲壬辰，偶遊古歙。江君天玉，豪傑士也。客我欵我，話及山水事，江君矍然曰：'始吾以先生爲道學之士也，今而知先生無所不用其極也。'明日邀遊瑞金，旬月周覽鄰封名勝幾遍。乃偕之邗江，經夏涉秋。江君固欲聞青烏、白鶴之義，予即所聞、所見，圖而説之。君以爲可傳也，謀梓之。予曰：'以是災梨，失我書生本色矣。'君曰：'先生之本色自在。'卒就梓焉。書成，請其名。予曰：'俯察亦學問中一事也，可名之曰"地學"。'"據此可知，其名曰"地學"，最早由江瑞所刊。

此本紙張字體均差於原刻本。且"玄"字不缺筆，"鉉"字時或缺筆，當爲晚清時刻本。

剝石出石移步換分氣合氣各有情于穴百穴也可作
其中必有一穴尊龍突泡鬭小泡大龍貼穴蚧險穴平
四神八將皆拱聚近水遶山秀氣併若還拵得天然穴
富貴長百世名又有藤蘿纏天木龍蛇交合互出沒
龍是土山蛇是石或俱是石分筋骨性情不正生淫亂
即作用神亦非福到倒栽培不令現勿因奇怪惑心目
一種大旺木生花立地花朶各名天葩此是文星極盛格
科第文章號大家爲龍中出穴中結只有作朝嫌獻花
若有遮攔能隱蔽方位又好亦無邪又有一種櫻櫚葉
亦似天花焰欲歛火脚雖兇不焚木只作龍格不作穴
前途穿變好穴成沐曜火曜生縱横定出公侯爲國輔
自非世德不承禁又有一種梅花格大墩小泡聚散結
似塚非塚非八爲就生木身逐枝節梅花本是狀元魁
有時即作花萌穴或爲龍格或餘氣或作包纏亦可觀
尋蹤覓跡求其眞葵愛梅花勉強偪又有千葉芙蓉花
葵花棠花爭榮華諸般花朶與花蕚更有蓮蘭別一家
本木草木同歸木目種水種無爭美凡花是冰蓮是火
火出平地相紛拏根源定是二種木嫦娥婷奔水涯
於中常出藕絲脈渡水穿泥又起冢必作大結生奇士
補天浴日餐雲霞仙行千里不一見地神常守無譏誚
蘭花常生絕髒上曜氣生氣實推查此舌吞舌水火互
探得香心亦可嘉靈芝類是死裏活萌起雲頭吐秀莘
亦富亦貴亦高潔只恐難綿延與瓜又有一種成器木
横安玉尺横放笏一字原宜作益龍工字王字繼其踪

算術類

類經圖翼　十三卷，類經附翼四卷 曼78

（明）張介賓撰

明天啓四年（甲子 1624）自刻本

7册1本

21.5×13.7。半葉九行，行十九字。四周單邊，白口，單白魚尾。魚尾上題“圖翼幾卷”或“附翼幾卷”，下記篇名及葉數。《圖翼》卷端題“類經圖翼一卷”“古會稽通一子景岳張介賓著”（卷二僅題“張介賓著”），《附翼》卷端題“類經附翼一卷”“醫易 張介賓易撰”。無裹封，黄色外封，書籤題“類經圖翼 卷幾”。

類經圖翼張介賓自序。

按，此書自序末題“通一子又序”，頗爲可疑。今檢《四庫全書》“史部”收録此書，實爲《類經》之附。《類經》首有天啓四年（甲子 1624）張氏自序，故此書題“又序”。

《類經》一書，《藏園訂補郘亭知見傳本書目·子部》《中國古籍善本書目·子部》皆收録，前者題作“明天啓重刊本”，後者題作“明天啓四年自刻本”，國内清華大學圖書館、上海圖書館等收藏，但中國人民大學圖書館題作“明天啓四年（甲子 1624）金閶萬賢樓刻本”，其裹封有“金閶萬賢樓梓”，卷一版心下題“會稽謝應魁鐫”，中山大學圖書館則題作“明天啓四年（甲子 1624）天德堂刻本”，略有差異，今依《中國古籍善本書目》著録。

此本第4册爲《類經附翼》四卷，而該册書籤則題“類經圖翼卷三卷四”，實誤。

類經圖翼二卷

運氣下

張介賓著

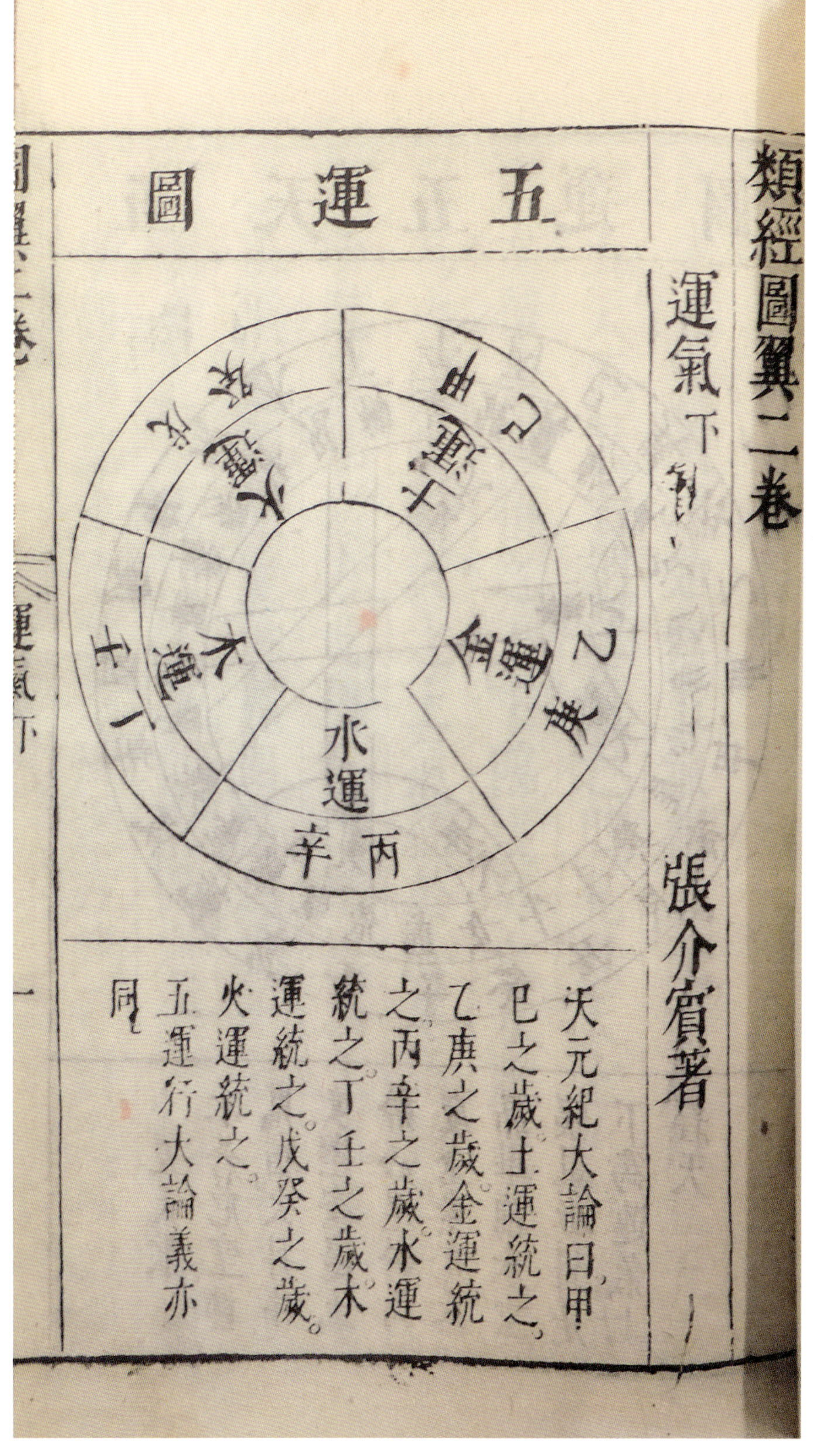

天元紀大論曰：甲己之歲，土運統之。乙庚之歲，金運統之。丙辛之歲，水運統之。丁壬之歲，木運統之。戊癸之歲，火運統之。五運行大論義亦同。

圖翼二卷 運氣下 一

原本直指演算法統宗　十二卷，卷首一卷　　曼318

（明）程大位編

清同治三年（甲子 1864）善成堂刻本

6册1函

18.8×11.5。半葉十一行，大小字不等，行大字約二十四字，小字雙行，字數不等。四周單邊，白口，單黑魚尾。魚尾上題“演算法統宗”，下記卷次、葉數。卷端題“原本直指演算法統宗卷之一 新安 賓渠程大位汝思甫 編”。裏封題“同治三年新鐫 新安程汝思編 新增演算法統宗大全 善成堂藏板”。

原本直指演算法統宗目録首篇一卷：賓渠程君小像及贊，龍馬負圖，總説，河圖，洛書，伏羲則圖作易，洛書釋數，九宫八卦圖，洛書易换數，黄鍾萬事根本圖。

明萬曆二十一年（癸巳 1593）吴繼綬序，原本直指演算法統宗難題附集雜法序。

按，《四庫全書總目》“子部十七·天文算法類”收録此書，但評價頗低，云：“此書專爲珠算而作。其法皆適於民用，故世俗通行。惟拙於屬文，詞多支蔓，未免榛楛勿翦之譏。”《四庫》所收之書題作“算法統宗十七卷”，此本則爲十二卷，二書略有差異。

原本直指算法統宗卷之一

新安　賓渠程大位汝思甫　編

先賢格言　　改調西江月

智慧童蒙易曉　愚頑皓首難聞

世間六藝任紛紛　算乃人之根本

知書不知算法　如臨暗室昏昏

謾同高手細評論　數徹無窮方寸

算法提綱

習學之法

一要先熟讀九數　二要誦歸除歌法

三要知加減定位　四要知量度衡畝

雜家類

墨子　十六卷　　曼Chinese 16

（清）畢沅校注

清乾隆四十八年（癸卯 1783）畢沅靈巖山館刻清光緒三年（丁丑 1877）浙江書局重刻本

4册1函

13.2×18.1。半葉九行，大小字不等，行大字二十一字，小字雙行同，行約四十字。左右雙邊，白口，單黑魚尾，魚尾下題“墨子卷之某”及葉數。卷一卷端題“墨子卷之一　靈巖山館原本”，卷二卷端題“墨子卷之二　靈巖山館原本”“兵部侍郎兼都察院右副都御使巡撫陝西西安等處地方贊理軍務兼理糧餉　欽賜一品頂帶畢沅撰”，諸卷卷末末行題“總校王詒壽分校　某某　校”。裹封題“墨子”，背面牌記“光緒三年浙江書局據畢氏靈巖山館本校刻”。

附墨子篇目考一篇。

清乾隆十八年（己未 1679）畢沅墨子叙，孫星衍後叙。

按，《四庫全書總目》“子部二十七·雜家類一”收録此書，可參看。

《藏園訂補郘亭知見傳本書目·子部》《中國古籍善本書目·子部》皆收録此本之底本。

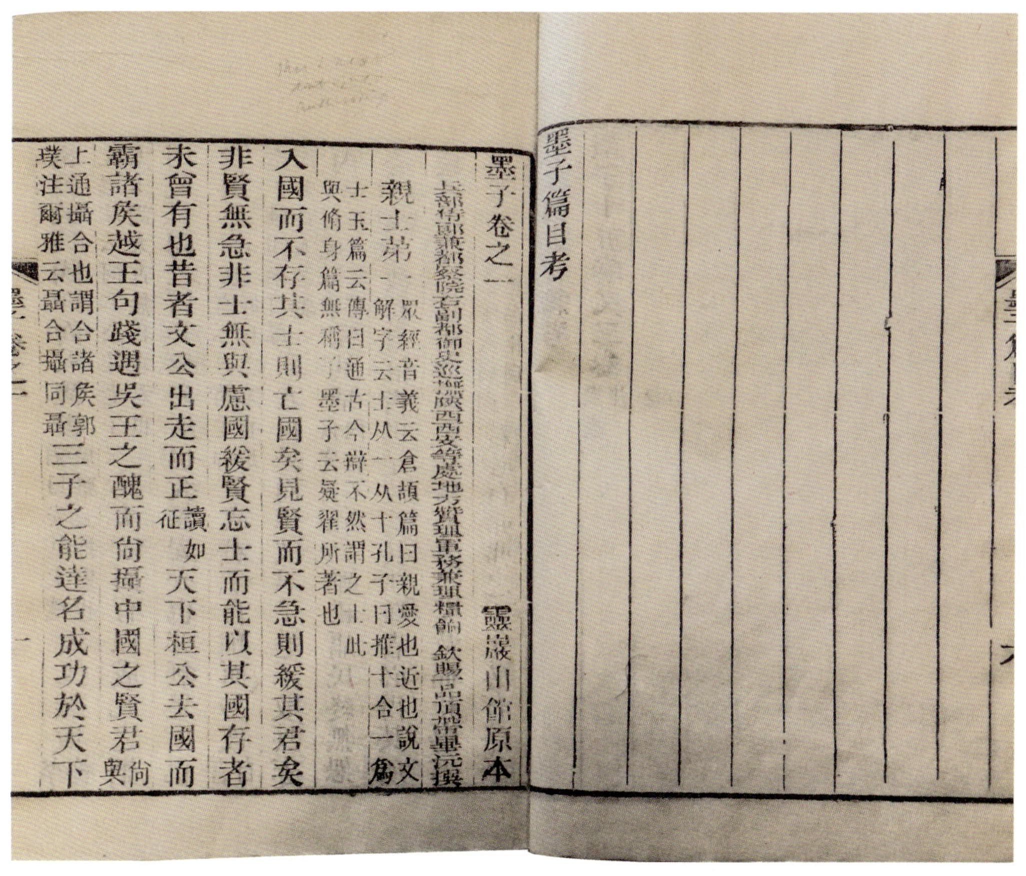

墨子篇目考

墨子卷之一　　靈巖山館原本

兵部侍郎兼都察院右副都御史巡撫陝西等處地方贊理軍務兼理糧餉　欽賜一品頂帶畢沅撰

親士第一　衆經音義云倉頡篇曰親愛也近也說文解字云士从一从十孔子曰推十合一爲士玉篇云傳曰通古今辯不然謂之士此與脩身篇無稱子墨子云疑翟所著也

入國而不存其士則亡國矣見賢而不急則緩其君矣非賢無急非士無與慮國緩賢忘士而能以其國存者未曾有也昔者文公出走而正讀如征天下桓公去國而霸諸侯越王句踐遇吳王之醜而尚攝中國之賢君尚與上通攝合也謂合諸侯郭璞注爾雅云聶合攝同聶三子之能達名成功於天下

墨子卷之一　一

鶡冠子　三卷　　曼285

（宋）陸佃解，（明）王宇評，（明）汪明際、朱養純參評，（明）朱養和訂

清嘉慶九年（甲子 1804）姑蘇王氏聚文堂重刻明天啓間沈鼎新花齋刻本

20.4×13.5。半葉九行，大小字不等，行大字二十字，小字雙行同，行四十字。四周單邊，單白口，單白魚尾。魚尾上題"鶡冠子"，下題"卷上/中/下"及記葉數，下書口題"花齋藏板"。天頭處有評點，行間有圈點。卷端題"鶡冠子卷上 宋陸 佃 解 明閩中王 宇永啓評 嘉定汪明際無際 西湖朱養純元一条評 朱養和元沖訂"，裏封題"嘉慶甲子重鐫 鶡冠子評註 姑蘇聚文堂藏板"。

附陸佃鶡冠子序，韓愈讀鶡冠子，朱養春評鶡冠子，朱養和凡例五條。

按，此爲聚文堂《十子全書》之一，據《管子評注》本諸序可知，此本之底本亦爲明天啓間沈鼎新花齋刻本。

又，《四庫全書總目》"子部二十七·雜家類一"録有此書，云其："惟《漢志》作一篇，而《隋志》以下皆作三卷，或後來有所附益，則未可知耳。其説雖雜刑名，而大旨本原於道德。其文亦博辨宏肆。自六朝至唐，劉勰最號知文，而韓愈最號知道，二子稱之。宗元乃以爲鄙淺，過矣。此本爲陸佃所注，凡十九篇。佃序謂愈但稱十六篇，未覩其全。佃，北宋人，其時古本韓文初出，當得其真。今本韓文乃亦作十九篇，殆後來反據此書以改《韓集》，猶劉禹錫《河東集序》稱編爲三十二通，而今本《柳集》亦反據穆修本改爲四十五通也。佃所作《埤雅》，盛傳於世，已别著録。此注則當日已不甚顯，惟陳振孫《書録解題》載其名，晁公武《讀書志》則但稱有八卷一本，前三卷全同《墨子》，後兩卷多引漢以後事。公武削去前後五卷，得十九篇，殆由未見佃注，故不知所注之本先爲十九篇歟？"

韓愈評陸起甚閎美

王宇評四稽五至之說語

鶡冠子卷上

宋陸佃解 明閩中王宇永啓評

嘉定汪明際無際

西湖朱養純元一 叅評

朱養和元冲訂

博選第一

王鈇非一世之器者厚德隆俊也王鈇法制也賈子曰權執法制人主之斤斧夫專任法制不以厚德將之而欲以持久難哉道凡四稽一曰天二曰地三曰人四曰命命者所以令之權人有五至一曰伯巳百於

淮南鴻烈解　二十一卷　曼51

（漢）劉安撰，（漢）高誘注

明末刻本

6册1本

20.1×13.6。半葉九行，大小字不等，行大字二十字，小字雙行同，行四十字。左右雙邊，白口，單白魚尾。魚尾上題“淮南”，下記卷幾及葉數。卷端題“淮南鴻烈解卷一”“漢淮南王劉安著 高誘註”，裏封題“淮南鴻烈觧”。

附淮南總評一篇，總目。

高誘淮南鴻烈序。

按，此本國内多館有藏，但版本著録却有差異，如復旦大學圖書館題作“清嘉慶間刻本”，北京大學圖書館題作“明末刻本”，厦門大學圖書館、香港中文大學圖書館題作“清刻本”等。然今觀此本，“玄”等不缺筆，字有歐風，應非清中期之刻本。

《藏園訂補郘亭知見傳本書目·子部》收録此書，但未録此本。

入雲蜺，游微霧，騖怳忽，歷遠彌高以極往，經霜雪而無迹，照日光而無景（古影字）。扶搖抮（音紾）抱羊角而上（扶搖動抮抱了戾也扶搖抮如羊角如曲縈而上也），經紀山川，蹈騰崑崙，排閶闔，淪天門（經行紀通蹈踊騰上也崑崙山名排斥淪入也閶闔始升天之門也）。末世之御，雖有輕車良馬，勁策利鍛（音煆），不能與之爭先（勁強策箠也）。是故大丈夫恬然無思，澹然無慮，以天爲蓋，以地爲輿，四時爲馬，陰陽爲御（騁御也），乘雲陵霄，與造化者俱，縱志舒節以馳大區（區宅謂天），可以步而步，可以驟而驟，令雨師灑道，使風伯掃塵（雨師畢星風伯箕星），電以爲鞭策，雷

淮南子　原二十一卷，殘存三卷　曼Chinese 27

（漢）劉安撰，（漢）高誘注，（清）莊逵吉校

清嘉慶九年（甲子 1804）寶慶經綸堂重刻本

1册1函

17.9×13.5。無界，半葉十一行，大小字不等，行大字二十一字，小字雙行同，行約四十字。四周單邊，上下細黑口，無魚尾，版口題“淮南子卷某”及葉數。卷端題“淮南子卷一 武進莊逵吉校刊”“漢涿郡高誘注”，叙目題“叙目 武進莊逵吉校刊”，裹封題“嘉慶甲子重鐫 淮南子箋釋 寶慶經綸堂藏板”。

原二十一卷，殘存三卷：卷一至卷三。

清乾隆五十三年（戊申 1788）莊逵吉叙目。

按，此爲《十子全書》之零種，具體參看“曼Chinese 24”。其底本爲清乾隆五十三年（戊申 1788）莊氏刻本。

《藏園訂補郘亭知見傳本書目·子部》收録此本之底本。

淮南子卷一　武進莊逵吉校刊

原道訓　漢涿郡高誘注

原本也本道根眞包裹天地以歷萬物故曰原道因以題篇

夫道者、覆天載地、道無形而大也廓四方、柝八極、廓張也柝開也八極八方之極也言其遠柝讀車門擘柝之柝也高不可際、深不可測、際至也度深曰測一曰盡也包裹天地、稟授無形、稟給也授予也無形萬物之未形者皆生於道故曰稟授無形也原流泉浡、沖而徐盈、混混滑滑、濁而徐清、原泉之所自出也浡湧也沖虛也始出虛徐流不止能漸盈滿以喻於道亦然也滑讀曰骨也故植之而塞于天地、橫之而彌于四海、施之無窮、而無所朝夕、植立也塞滿也彌猶絡也施用也用之無窮竭也無所朝夕盛衰舒之幎於六合、卷之不盈於一握、舒散也幎覆也孟春與孟秋爲合仲春與仲秋爲合季春與季秋爲合孟夏與孟冬爲合仲夏與仲冬爲

淮南子　二十一卷　　曼285

（漢）劉安撰，（漢）高誘注、（清）莊逵吉校

清乾隆五十三年（戊申 1788）武進莊氏刻清嘉慶九年（甲子 1804）姑蘇王氏聚文堂重刻本

册數不明

17.4×13.3。半葉十一行，大小字不等，行大字二十一字，小字雙行同，行四十二字。四周單邊，上下粗黑口，無魚尾，版口題“淮南子卷幾”及葉數。卷端題“淮南子卷一 武進莊逵吉校刊”“漢涿郡高誘注”，叙目題“叙目 武進莊逵吉校刊”，裏封題“嘉慶甲子重鐫 淮南子箋釋 姑蘇聚文堂藏板”。

清乾隆五十三年（戊申 1788）莊逵吉叙目。

按，此本之底本爲清乾隆五十三年（戊申 1788）武進莊氏刻本，屬聚文堂刻《十子全書》之一。而莊氏之底本，據其序可知爲錢坫所藏之道藏本。

又，《藏園訂補郘亭知見傳本書目·子部》收録此本之底本。

周禮質人珍異之有滯者注故書滯或作廛廛之言纏故廛有止訓滯之音義皆從之水流而不
止與萬物終始風興雲蒸事無不應應當也雷聲雨降竝
應無窮窮已也鬼出電入龍興鸞集鬼出言無蹤迹也電入言其疾也鈞
旋轂轉周而復帀鈞陶人作瓦器法下轉旋者一曰天也已彫已琢還反
於樸無爲爲之而合于道無爲言之而通乎德言二三之化無
爲爲之也而自合于道也無所爲言之而適自通于德也恬愉無矜而得於和恬愉無所
好愉也無矜不自大也有萬不同而便於性萬事不同能于便性者不欲也神託
於秋豪之末言微眇也而大宇宙之總宇宙論天地總合也其德優天
地而和陰陽優柔也和調也節四時而調五行五行金木水火土也呴諭
覆育萬物羣生呴諭溫恤也育長也潤於草木浸於金石禽獸碩
大豪毛潤澤羽翼奮也奮壯也角觡生也角鹿角也觡麋角也觡讀曰挌

改正淮南鴻烈解　二十一卷　曼Chinese 26

（漢）高誘注，（明）茅坤批評

日本寬政十年（戊午 1798）浪花書林刻本

10册2函

22.7×14.7。二截版，分上下兩欄。上欄爲評語，下欄半葉九行，行二十字，小字雙行同，行約四十字。四周雙邊，白口，單黑魚尾。魚尾上題“改正淮南鴻烈解”，下記卷次及葉數。行間記假名。卷端題“改正淮南鴻烈解卷第一 漢河東高誘注 歸安鹿門茅坤批評”，末卷末題“浪花書林 寬政十戊午四月 炭屋五郎兵衛 敦賀屋九兵衛 秋田屋太右衛門 河内屋茂兵衛”。裏封題“兼山先生考 築水先生閲 東山先生著 再刻改正 淮南子”，外封書籤題“再刻改正 淮南鴻烈觧 一（册數）”。

首附改正淮南鴻烈解總目，末襯葉附諸國發行書肆。

日本寬政七年（乙卯 1795）久保愛標注淮南子序，王宗沐重刊淮南鴻烈批評序，陸時雍淮南鴻烈解序，高誘淮南鴻烈舊序。

按，據諸序可知，此本之底本爲明王宗沐刻本。

改正淮南鴻烈解總目

第一卷原道訓　第二卷俶眞訓

第三卷天文訓　第四卷地形訓

第五卷時則訓　第六卷覽冥訓

第七卷精神訓　第八卷本經訓

第九卷主術訓　第十卷繆稱訓

第十一卷齊俗訓　第十二卷道應訓

第十三卷氾論訓　第十四卷詮言訓

第十五卷兵略訓　第十六卷說山訓

校訂困學紀聞集證　二十卷　　曼165

（宋）王應麟撰，（清）萬希槐集證

清嘉慶二十四年（已卯 1819）山壽齋胡氏重刻本

12册2本

18.5×13.5。半葉十一行，大小字不等，行大字二十五字，小字雙行字數不等。左右雙邊，下細黑口，單黑魚尾。魚尾上題書名“困學紀聞五箋集證”，下記卷次及葉數。天頭有諸家批注。每卷又分上下二子卷。卷端題“校訂困學紀聞集證卷之一上”“浚儀 王應麟 伯厚”，下雙行小字題“潛邱閻氏 謝山全氏 易田程氏 義門何氏 樸山方氏 蔚亭萬氏 辛楣錢氏”，大字題“四明屠繼序 仝較補”，裏封題“嘉慶已卯年春季新鐫 何義門 方樸山 閻潛邱 程易田 全謝山 錢辛楣 箋本 翻刻必究 困學紀聞集證合注 山壽齋胡氏藏板 萬希槐蔚亭氏輯證校本附”。

附欽定四庫全書總目提要一篇。

清嘉慶十二年（丁卯 1807）陳嵩慶序，陳運鎮序，嘉慶十八年（癸酉 1813）仲振履序，元泰定二年（乙丑 1325）袁桷序，清乾隆七年（壬戌 1742）全祖望序，元至治二年（壬戌 1322）牟應龍序。

按，陳運鎮序云：“自國朝閻百詩、何義門諸人從而考訂之，援引辨論，讀者悉得其源委矣。至蔚亭萬氏又廣爲集證，益補諸家所不逮，而讀一書若讀無數書，則有裨于厚齋，爲功尤大。南城胡香海先生，海内名進士也。早歲解組，嗜書成癖，獨謂兹書便於來學，取萬氏本重鋟梓以行世。”據此，此本是胡氏據萬氏刻本而重刊。萬氏《清史稿》列傳二百七十三有傳，云其“字蔚亭，黄岡人。以廩膳生官南漳訓導，通經史百家言，著《十三經證異》《困學紀聞集證》。陳嵩慶推爲王氏功臣。”

《四庫全書總目》“子部二十八·雜家類二”録有《困學紀聞》一書，可參看。

《藏園訂補郘亭知見傳本書目·子部》未録，《中國古籍善本書目·子部》則收録了此本的名家批校本。

有關《困學紀聞》及《困學紀聞集證》的相關版本情況，可參考張驍飛《〈困學紀聞〉版本源流考述》（《中國典籍與文化》，2009年第2期）一文。

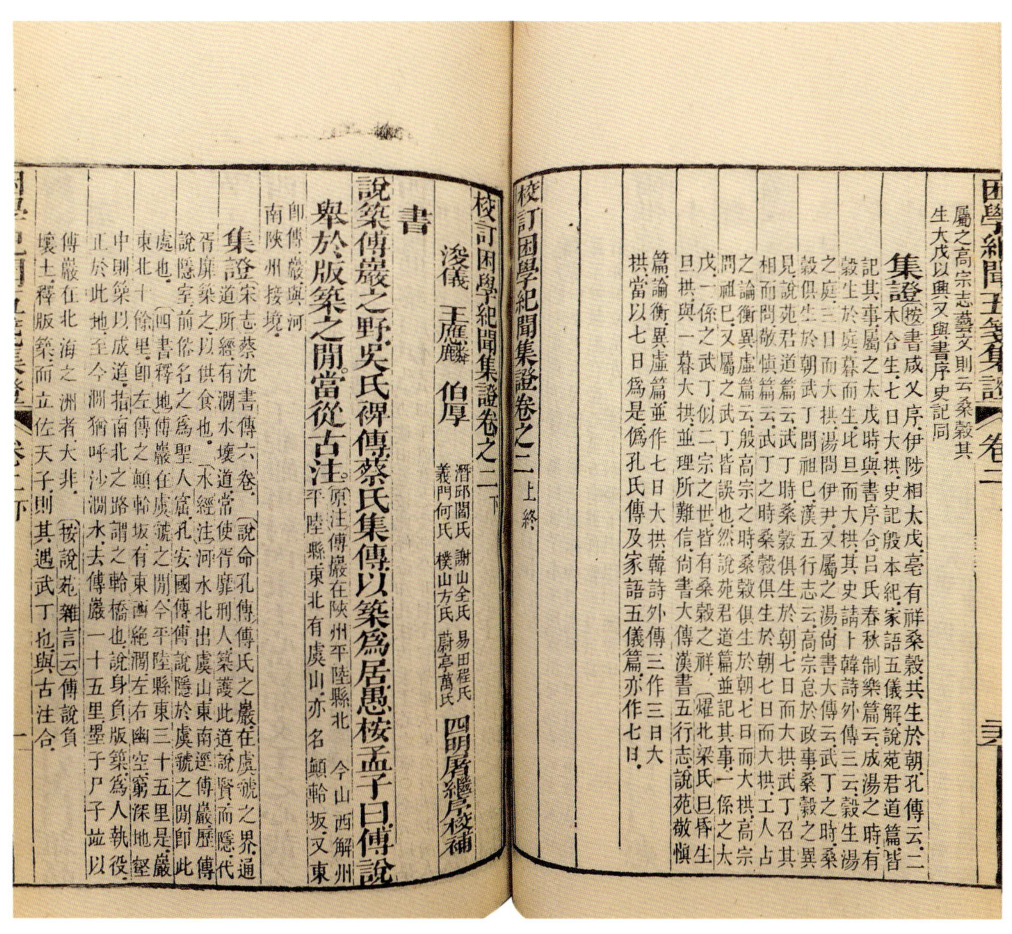

新鍥四民便用不求人萬斛明珠　二十二卷　曼176

（明）徐心魯編

明萬曆元年（癸酉 1573）正祖文雅堂刻本

6册1本

16.8×11.7。二截版，分上下兩欄。半葉十二行，上欄行十六字，下欄行十七字。四周單邊，白口，單黑魚尾。魚尾上題"不求人"，下記"某門某卷"及葉數。諸卷卷端題名不一：卷一至卷三、卷十九、卷二十一、卷二十二題"新鍥四民便用不求人萬斛明珠卷之一""豫撫金 徐心魯 精輯 文雅堂 仝 梓"，末題"萬斛明珠一卷"；卷四至卷十七題"四民便用不求人萬斛明珠幾卷"，卷十八、卷二十題"新鍥四民便用"；卷二十二末附牌記"龍飛　歲仲冬月 書林正祖文雅堂梓行"，目録題"新鍥四民便用不求人萬斛明珠"，末題"萬斛明珠目録畢"，裏封題"諸名家合選 大萬寶全書 正祖文雅堂梓行"。

無序跋。

按，卷三歷代聖君云："自此傳來，今立萬曆，求祝皇圖無盡竭。"又小注云："今之皇穆宗，皇帝太子也，改元萬曆於癸酉。"可知該書成於明萬曆年間。又，此本清諱不避，竹紙刊印，字迹不清，當爲明代坊刻。末牌記題作"龍飛　歲仲冬月 書林正祖文雅堂梓行"，"龍飛"者，當爲隆慶皇帝駕崩，萬曆改元之年也。

徐心魯所訂之書，有《新刻訂正家傳秘訣盤珠算法士民利用》二卷，日本内閣文庫有藏；《萬錦書言故事大全》八卷，東京大學圖書館收藏；《鼎雕燕臺校正評譯注解金璧故事》五卷，香港中文大學圖書館藏；《新鍥燕臺校正天下通行文林聚寶萬卷星羅》四十卷，日本蓬左文庫收藏；《歷朝故事》十卷，日本米澤市立圖書館收藏，這些書皆通俗適用著作，與此書同。

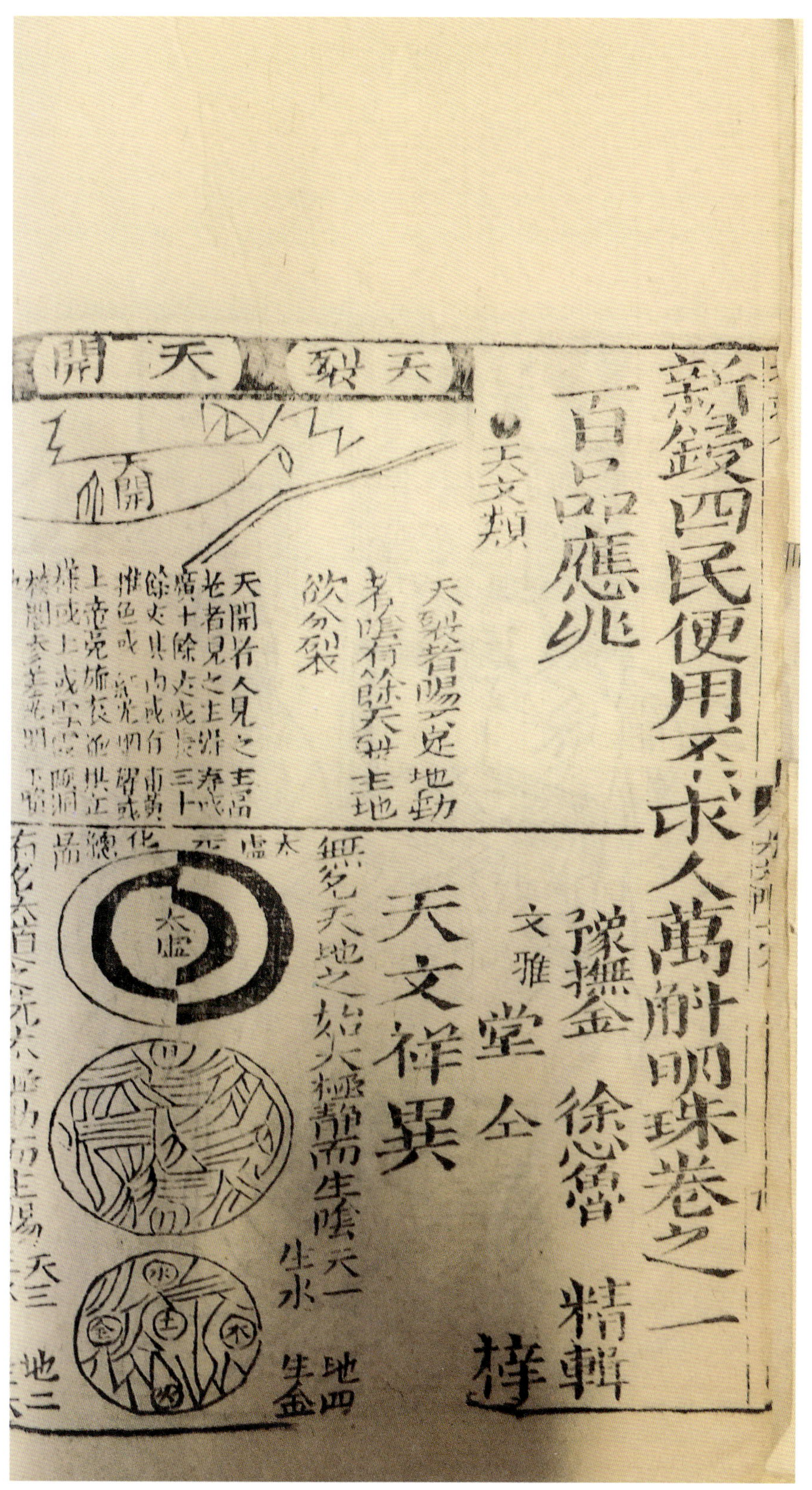

新鍥四民便用不求人萬斛明珠卷之一

豫攖金 徐心魯 精輯

文雅堂 仝 梓

天文祥異

無名天地之始太極靜而生陰 天一生水 地四生金

有名[illegible]

百品應兆

●天文類

天裂 天開

天裂着陽不足地動老陰有餘天裂主地欲分裂

天開若人見之主富老者見之主[illegible]

諸子彙函　二十六卷　　曼40

（明）歸有光輯，（明）文震孟參訂

明天啓間達古堂刻本

20册4本

17.5×13.3。二截版，分上下兩欄。上欄録諸家評點，下欄無界，半葉九行，大小字不等，行大字十八字，小字雙行同，行約三十五字。四周單邊，白口，單黑魚尾。魚尾上記書名，下記卷次、諸子名、篇名及葉數。卷端題“諸子彙凾卷之一”“崑山歸有光熙甫　蒐輯　長洲　文震孟文起叅訂”。裏封題“合諸名家批點　達古堂藏板　諸子彙函　太僕歸震川先生精研老莊沉酣子集手集玄晏有功來學文太史特爲標顯先梓老莊踵刻諸子名曰彙函堪開玄悟之津梁用廣文人之胸次”。

附諸子彙凾凡例，諸子評林姓氏，諸子彙凾談藪。

明天啓五年（乙丑 1625）文震孟序。

按，《中國叢書綜録》第693葉收録此書，題“明天啓六年序刊本”，今據此著録版本。但因其子目内容不全，故歸之“雜家”。

《四庫全書總目》“子部四十一　雜家類存目八”收録。云：“是編以自周至明子書，每人采録數條，多有本非子書而摘録他書數語稱以子書者。且改易名目，詭怪不經，如屈原謂之玉虚子，宋玉謂之鹿谿子，江乙謂之囂囂子，魯仲連謂之三柱子，淳于髡謂之波弄子，孔求謂之子家子，張孟談謂之歲寒子，頓弱謂之首山子，甘羅謂之潼山子，貌辨謂之雲幌子，陸賈謂之雲陽子，賈誼謂之金門子，董仲舒謂之桂巖子，韓嬰謂之封龍子，東方朔謂之吉雲子，劉向謂之青藜子，崔實謂之嵖岈子，桓譚謂之荆山子，王充謂之委宛子，黄憲謂之慎陽子，仲長統謂贊山子，王符謂之回中子，桓寬謂之貞山子，曹植謂之鏡機子，束皙謂之白雲子，嵇康謂之靈源子，劉勰謂之雲門子，陸機謂之于山子，劉晝謂之石匏子，李翺謂之協律子，羅隱謂之靈擘子，石介謂之長春子，皆荒唐鄙誕，莫可究詰，有光亦何至於是也。”

《藏園訂補郘亭知見傳本書目·子部》未録，《中國古籍善本書目·子部》則收録之，題作"明天啓刻本"，國内首都圖書館、中國人民大學圖書館等19館收藏。

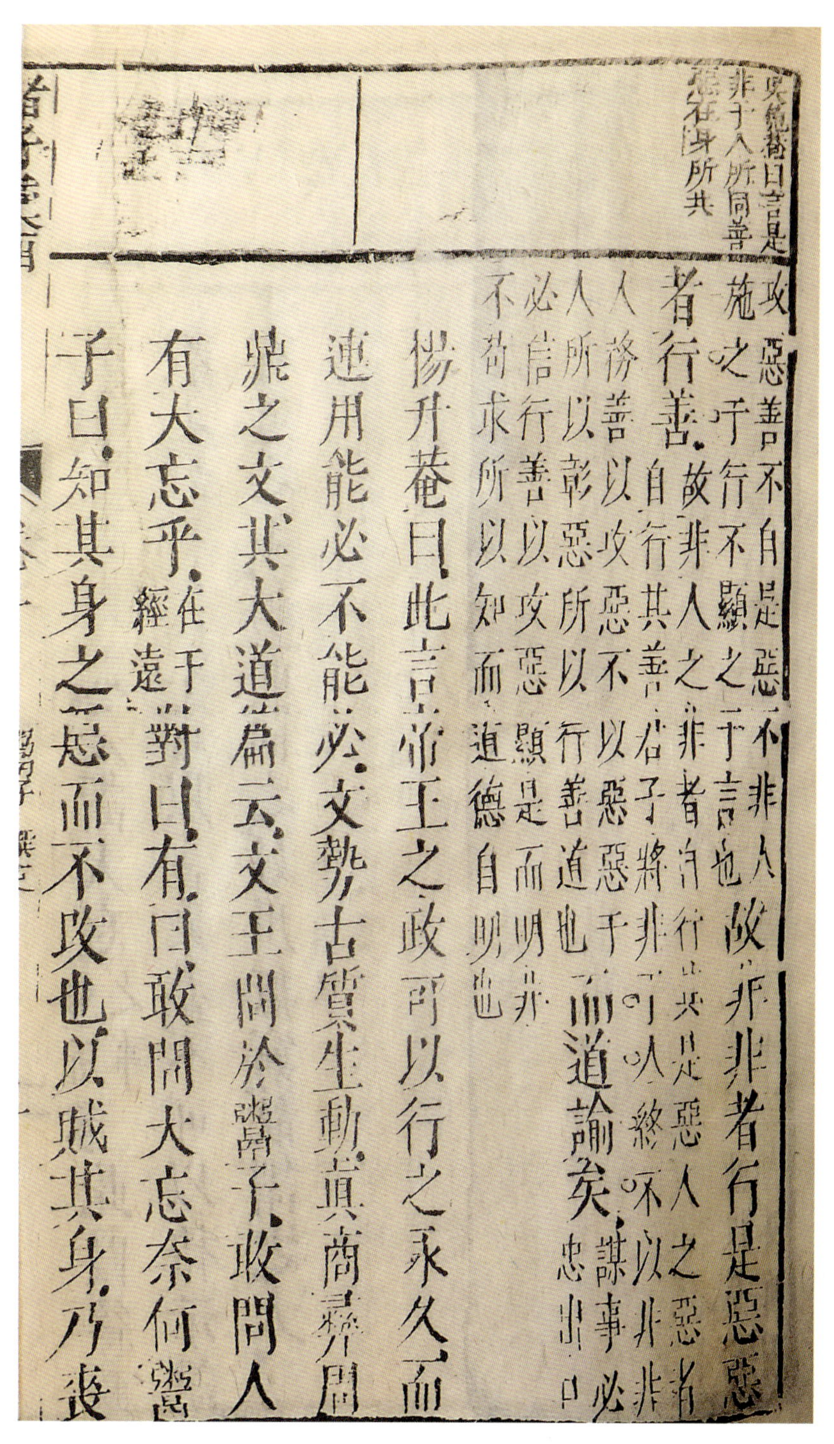
東鶴菴曰言是非于人所同善惡在身所共
攻惡善不自是惡不非人故非非者行是惡惡
施之于行不顯之于言也
者行善故非人之非者自行其是惡人之惡者
自行其善君子將非可以終不以非非
人務善以攻惡不以惡惡于而道諭矣謀事必
人所以彰惡所以行善道也忠
必信行善以攻惡顯是而明非
不苟求所以知而道德自明也
楊升菴曰此言帝王之政可以行之永久而
速用能必不能必文勢古質生動直與商彝周
鼎之文其大道篇云文王問於鬻子敢問人
有大忘乎在于經遠對曰有曰敢問大忘奈何鬻
子曰知其身之惡而不改也以賊其身乃喪

七修類稿　五十一卷，附續稿七卷　　曼172

（明）郎瑛著

清乾隆四十年（乙未 1775）耕煙草堂重刻本

18册3本

12.7×9.8。半葉九行，行二十字。左右雙邊，上下細黑口，綫魚尾。版心記書名、卷次、篇類名及葉數等。卷端題“七修類藳卷一 明仁和郎瑛仁寶著述”，裏封題“仁和郎仁寶著 七脩類稾 耕烟草堂開雕”。

所附《七修續稿》版式與之同，卷端題“七修續藳卷一 明仁和郎瑛仁寶著述”。

清乾隆四十年（乙未 1775）周棨重刊七修類稿序，陳仕賢七修類稿原序，陳善七修續稿原序。

按，周序云：“惜其書鏤版散佚，藏弆家購覓舊本，珍如拱璧。余家敝篋悉先大父殿撰留貽，插架無多，皆霑祖澤。自分才薄不足以應當世之務，閉門危坐，玩索是書，亥豕之訛，重加校勘，授之梓人，以公世好。”據此，此本乃周氏據家藏之本，重加校讎而刊行的，惜其未云所據底本。

《四庫全書總目》“子部三十七·雜家類存目四”收録，云：“是編乃其筆記，凡分天地、國事、義理、辨證、詩文、事物、奇謔七門。所載如《杭州宋官署考》，則《咸淳臨安志》及西湖各志所未詳。又紀明初進茶有‘探春’‘先春’‘紫筍’諸名，及漕河開鑿工程，皆《明會典》及《明史》諸志所未及，亦間有足資考證者。然采掇龐雜，又往往不詳檢出處，故踳謬者不一而足。”

《藏園訂補郘亭知見傳本書目·子部》收録此本，《中國古籍善本書目·子部》則收録此書，未録此本。

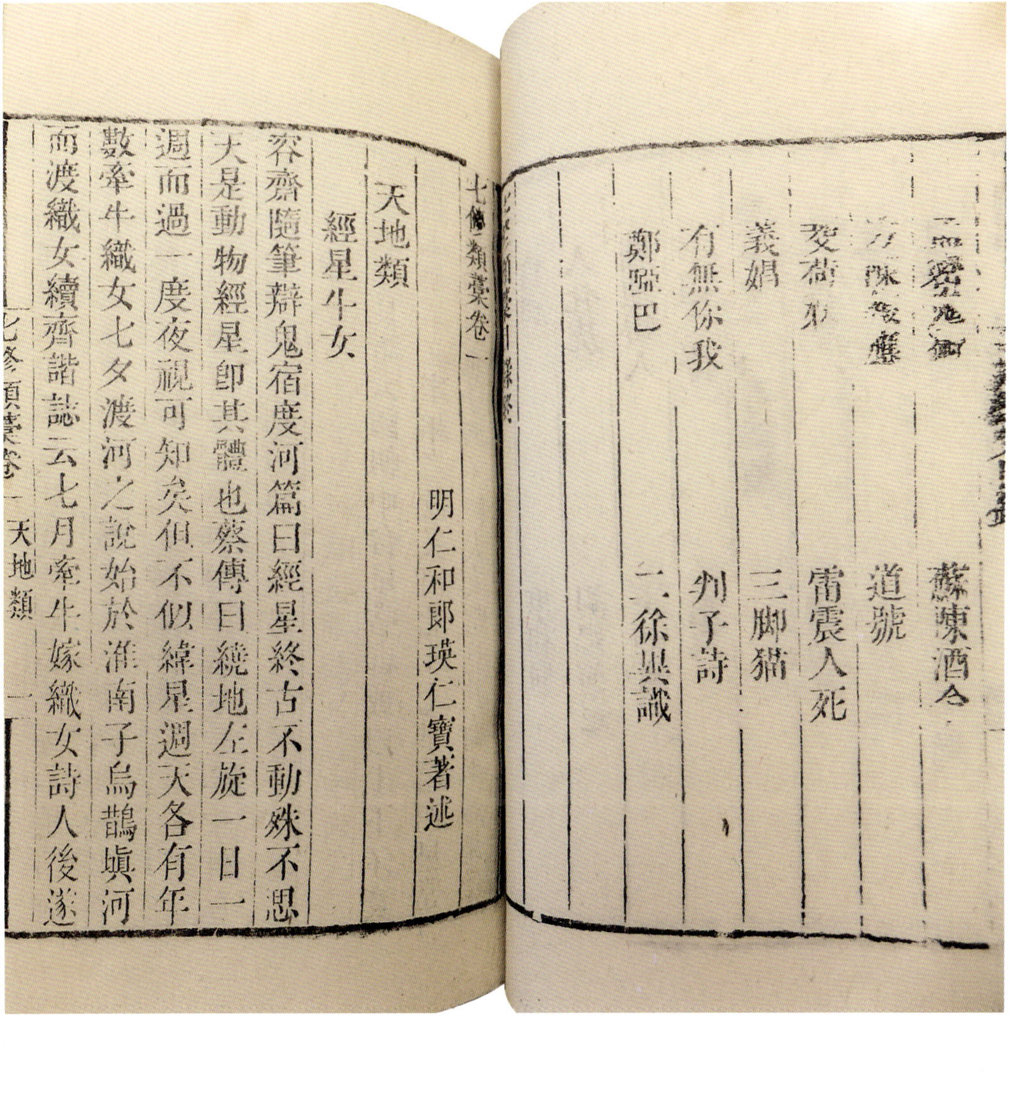

[illegible] 蘇東酒令
[illegible]陳[illegible] 道號
芰荷[illegible] 雷震入死
義娟 三脚猫
有無你我 判子詩
鄭啞巴 二徐異識

七修類藁卷一

明仁和郎瑛仁寶著述

天地類

經星牛女

容齋隨筆辯鬼宿度河篇曰經星終古不動殊不思天是動物經星即其體也蔡傳曰繞地左旋一日一週而過一度夜覩可知矣但不似緯星週天各有年數牽牛織女七夕渡河之說始於淮南子烏鵲塡河而渡織女續齊諧誌云七月牽牛嫁織女詩人後遂

新刻天如張先生精選石渠彙要萬寶全書三十二卷

曼177

（明）張溥彙編

清乾隆間劉鴻鏞刻本

6册1本

18.4×11.6。二截版（或三截版），分上下兩欄（卷一爲上中下三欄，上圖，中下爲文）。半葉十一行（或九行，或十二行），上欄行十四字（或十一行，或爲圖），下欄大小字不等，大字行十七字，小字雙行同，行三十四字（或行大字十七字）。四周單邊，白口，無魚尾。上書口題“万宝全書”，中記卷數及葉數，下題“中”。文内有墨釘。諸卷卷端題名詳略不一，如卷一卷端題“新刻天如張先生精選石渠彙要萬寶全書卷之一”“太倉 天如 張溥 彙編 書林 金揚 刘鴻鏞 梓行”，卷三題“清堂增補萬寶全書卷之三”，卷四題“增補萬寶全書四卷”，卷十題“新刻增補士民備覽萬寶全書侑觴卷之十”，卷十一題“万宝全書卷之十一”，卷二十八題“新刻万宝全書琴譜廿八卷”，卷二十九題“新刻增補万宝全書卷之廿九”，卷三十一題“新刻天如張先生精選 口 渠萬寶全書卅一卷”，卷三十二題“新刻天如張先生精選方宝卷之三十二”，目録題“新鐫增補萬寶全書古本目録”，裏封題“諸名家合選 大萬寶全書 正祖文雅堂梓行”。

清乾隆二十三年（戊寅 1758）萬卷樓萬寶全書序。

按，此書卷三《大清紀》云“乾隆皇帝在位萬萬年”，可知編者當在乾隆時期，且在早期。

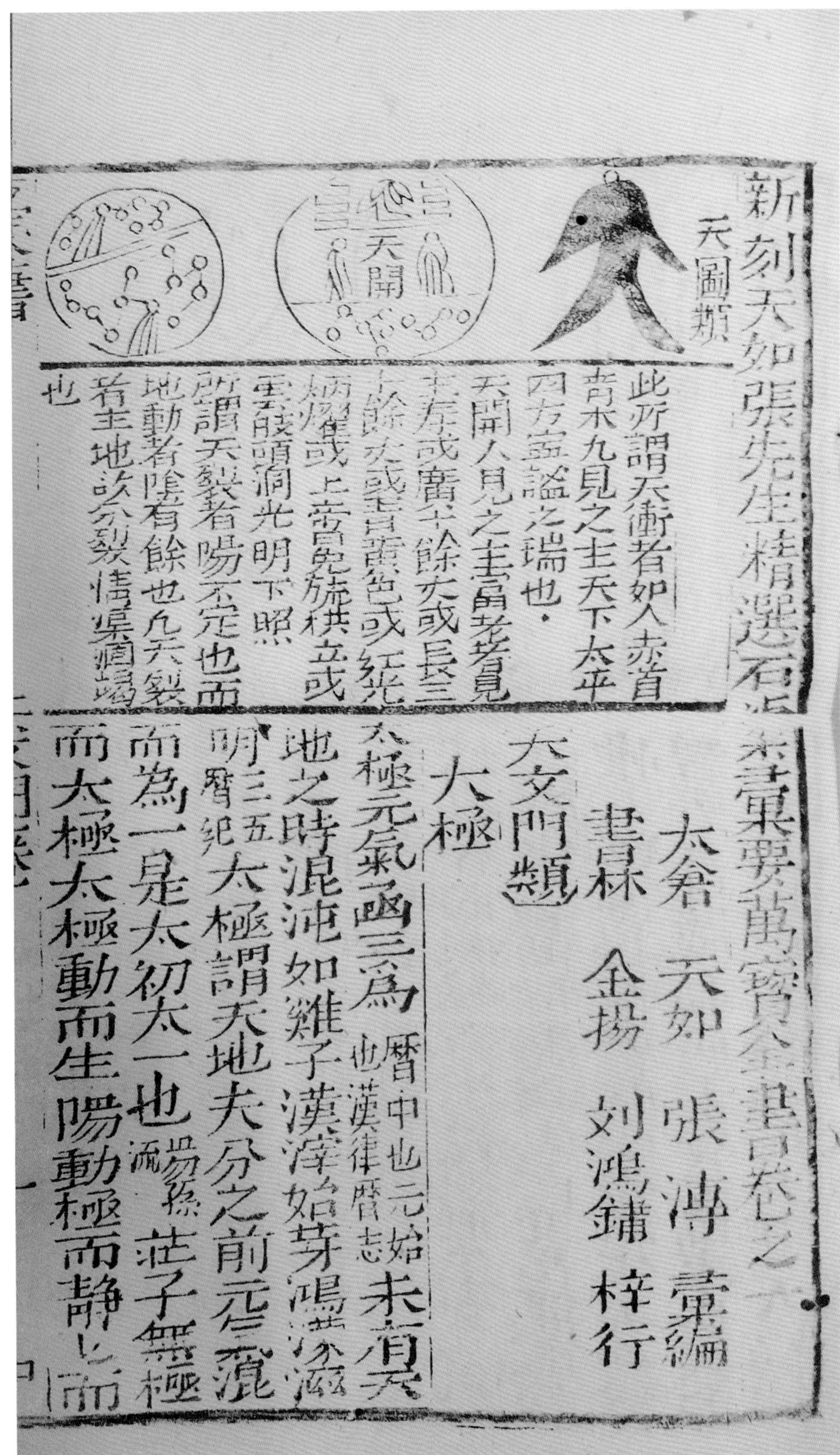
新刻天如張先生精選石渠彙要萬寶全書卷之一
天圖類
天開
此所謂天衝者如人赤首
奇木九見之主天下太平
四方寧謐之端也
天開人見之主富者貴見
主存或廣千餘丈或長三
十餘丈或青黄色或紅光
炳爛或上帝冕旒拱立或
雲暗頭洞光明下照
所謂天裂者陽不足也而
地動者陰有餘也凡天裂
者主地或分裂傷損適竭
也
太倉　天如　張溥　彙編
書林　金揚　刘鴻鏞　梓行
天文門類
太極
太極元氣函三爲一曆中也元始也漢律曆志未有天
地之時混沌如雞子溟涬始芽鴻濛滋
萌曆紀三五太極謂天地未分之前元氣混
而爲一是太初太一也流易孫莊子無極
而太極太極動而生陽動極而静静而

新鐫增補萬寶全書　原卷數不明，殘存五卷

曼AC25

（明）陳繼儒纂輯

清道光間刻本

2册

19.5×11.8。上圖下文。二截版，分上下兩欄。下欄半葉十二行，行十七字。四周單邊，白口，無魚尾。上書口題“增補萬寶全書”，並記篇名及卷次。殘存卷三卷端題“新鐫增補萬寶全書卷之三”。裏封已佚。

原卷數不明，殘存五卷：卷三至五、十六至十七。

序佚。

有複本一：索書號同上，殘存2册。

按，卷三“人紀”所記道光間狀元至壬午科，據此可知其刊刻年大概亦在此時，即清道光二年（壬午 1822）。

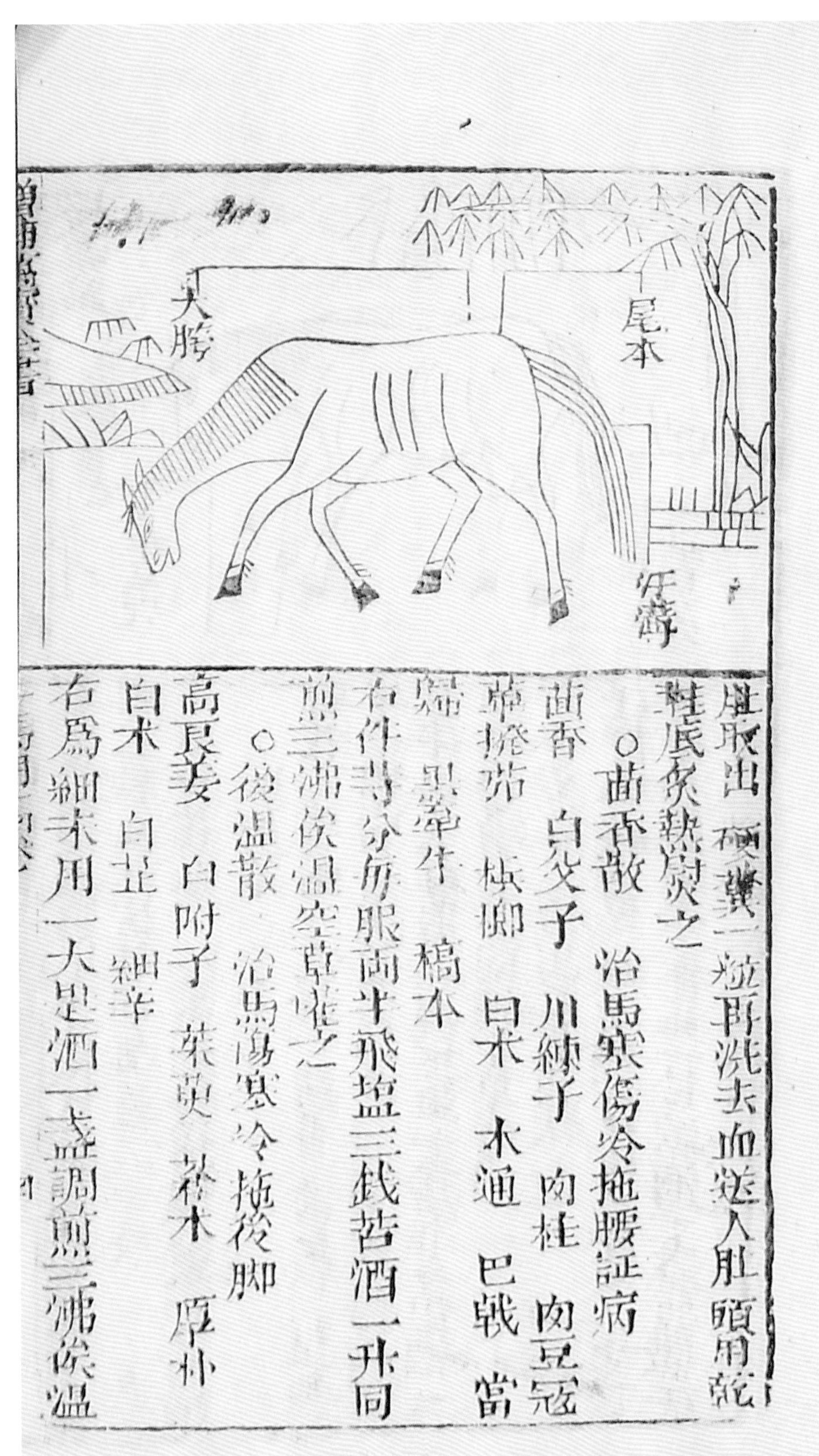

腰取出硬糞一塊再洗去血送入肚頭用乾鞋底炙熱熨之

○茴香散 治馬腰傷冷拖腰証病

茴香 白芨子 川練子 肉桂 肉豆蔻 蓽澄茄 檳榔 白朮 木通 巴戟 當歸 黑牽牛 稿本

右件等分每服兩半飛塩三錢苦酒一升同煎三沸候溫空草喂之

○後溫散 治馬傷寒冷拖後脚

高良姜 白附子 茱萸 蒼木 厚朴 白朮 白芷 細辛

右為細末用一大匙酒一盞調煎三沸候溫

鬱岡齋筆麈　四卷

（明）王肯堂撰

民國十九年（庚午 1930）國立北平圖書館據明萬曆刻本鉛印

2册

17.2×9.8。半葉十一行，行三十字。四周單邊，上白口，下細黑口，單黑魚尾。魚尾上題“筆麈”，下記卷次（乙/二/三/四）及葉數。天頭處有注釋。卷端題“鬱岡齋筆麈第一册”“金壇王肯堂宇泰甫”，末題“鬱岡齋筆麈第幾册終”，裏封題“王損庵先生著 筆麈 于衙藏板”，背面題“民國十九年六月國立北平圖書館印行”。封底版權票題“鬱岡齋筆麈四卷 明王肯堂撰 十九年六月國立北平圖書館據明萬曆刻本排印 每部二册實價三元”。

明萬曆三十年（壬寅 1602）王肯堂自序。

有複本一：索書號爲“R73131”。

按，此書爲《北京圖書館珍本叢書》之一。

局主大小將井太一提挾
□將井客大將于四宮

	六十四	六十五	六十六	六十七	六十八	六十九	七十	七十一	七十二
太歲	卯	辰	巳	午	未	申	酉	戌	亥
計神	亥	戌	酉	申	未	午	巳	辰	卯
合神	戌	酉	申	未	午	巳	辰	卯	寅
太一	坤	坤	坤	坎	坎	坎	巽	巽	巽
天目	寅	卯	辰	巽	巳	午	未	坤	坤
主算	十六	十五	十二	廿五	十七	十六	卅	廿九	廿九
地目	巽	未	申	戌	子	艮	卯	巳	午
客算	十一	一	卅四	二	八	卅二	四	卅二	卅一
計目	坤	戌	丑	辰	午	酉	子	寅	巽
計算	七	廿八	十九	廿六	十六	七	十五	五	九
四神	巳	巳	巳	申	申	申	寅	寅	寅
天一	艮	艮	艮	震	震	震	中	中	中
地一	兌	兌	兌	坤	坤	坤	坎	坎	坎
直符	離	離	離	艮	艮	艮	震	震	震
臣基	寅	寅	卯	卯	卯	辰	辰	辰	巳
民基	亥	子	丑	寅	卯	辰	巳	午	未

酬世錦囊全書　十九卷　　曼167

（清）鄒景揚輯

清乾隆三十六年（辛卯 1771）會文堂刻本

10册2本

子目：

1.書啓合編八卷；

2.家禮集成七卷；

3.帖式稱呼二卷；

4.類聯新編二卷。

12.8×9.8。無界，二截版，分上下兩欄。半葉十行，大小字不等，上欄行八字，小字雙行同，行十六字，下欄行十八字，小字雙行同，行三十六字。四周單邊，白口，單黑魚尾。前三種魚尾上題“酬世錦囊”及上欄之類目（或篇名），下記卷次及下欄之篇名、葉數，下書口題“初/二/三集”（按，四集無）。第四種版式同上，惟魚尾上題“酧世全書”及篇名，下記卷次及聯類名。

第一集卷端題“雲林别墅新輯酧世錦囊書啓合編初集卷之一 清溪謝梅林硯傭霧閣鄒可庭涉園 定 男鄒景揚克襄輯”（第1册），裏封題“清溪謝梅林 霧閣鄒可庭仝訂 翻刻必究 酧世錦囊全書 一集書啓合編 二集家禮集成 三集帖式稱呼 四集類聯新編 禪山會文堂梓”，背面題“四民便覽 碧峰鄒景揚輯 酬世錦囊書啓合編 尺牘碎錦 四六大小啓 麗句 稟帖 仕途要規”。

第二集卷端題“雲林别墅新輯酧世錦囊書啓合編二集卷之一 清溪謝梅林硯傭霧閣鄒可庭涉園 定 男鄒景揚克襄輯”（第5册），裏封題“酬世錦囊二集 碧峰鄒景揚輯 家禮集成 冠禮 婚禮 喪禮 祭禮 慶壽詩文 聘啓 姓氏 祭文 輓詩 人事摘聯 壽文傳文 像贊”。

第三集卷端題“雲林别墅新集酬世錦囊 帖式二集卷之一”（按，“二集”蓋爲

“三集”之誤）（第9册），裹封題“酬世錦囊三集 霧閣鄒可庭輯 應酬賓要 往來帖式 序坐圖説 晋接常儀 課童常禮 交接稱呼 接見常談 應酧佳話 律例精言 敦請碎錦 儀仗碎錦 饋貽短扎 賓筵酒令 物類别名 契約成規 呈詞定式 各項祝文”。

第四集卷端題“雲林别墅新集酧世全書 採輯新聯卷之一”（第10册），裹封題“碧峰鄒克襄輯 採輯新聯圖章佳句 雲林别墅藏板 增訂採輯新聯”。

每集前附本集總目。

清乾隆三十六年（辛卯 1771）鄒景揚酬世錦囊全集序，鄒景揚書啓合編序，鄒景揚尺牘碎錦弁言（卷一上欄），鄒景揚輯錦成書小引（卷一下欄），以上爲第一集；鄒景揚家禮集成序（第5册第二集），鄒景揚序（第9册第三集），鄒景揚序（第10册第四集）。

按，據各集卷端題名及裹封可推知，此本蓋據“雲林别墅藏板”本重刻。

《藏園訂補郘亭知見傳本書目·子部》《中國古籍善本書目·子部》皆未録此書。

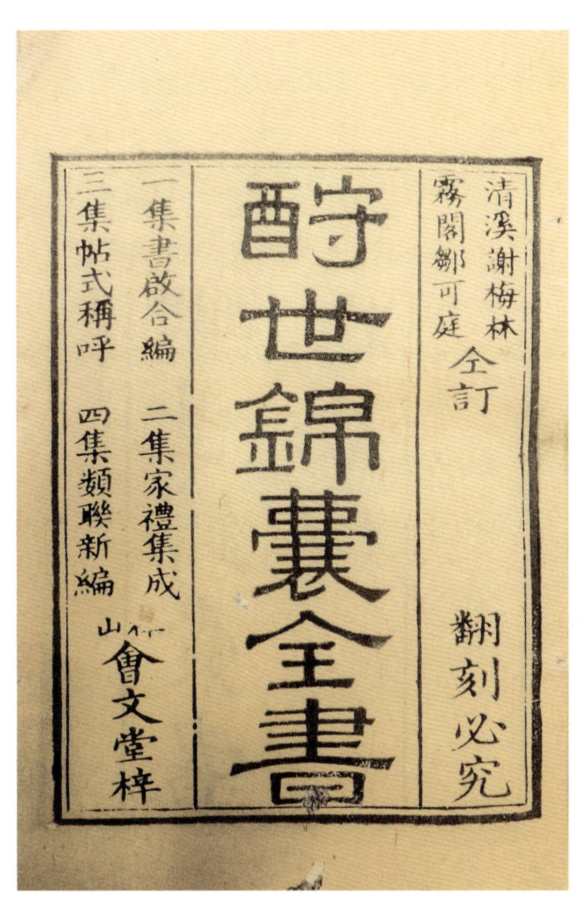
清溪謝梅林
霧閣鄒可庭 仝訂
翻刻必究
酧世錦囊全書
一集書啟合編 二集家禮集成
三集帖式稱呼 四集類聯新編
山林
會文堂梓

笑海新聲　原卷數不明，殘存上卷　曼162

（清）題江湖寄傲編

清中期京都永魁齋刻本

1册

13×8.7。無界，半葉九行，行二十字。四周單邊，白口，單黑魚尾（或無魚尾），魚尾上題"笑海新聲"（或題"笑海新聲上"）。卷端題"笑海新聲 江湖寄傲編輯"，目録題"新鐫笑海新聲目録初集 永魁齋梓行"（上書口題"笑海新聲上"），裏封題"時興笑談 笑海新聲初集 京都永魁齋梓行"。

無序跋。

按，考京都永魁齋，在康熙、乾隆間多有刊刻，如北京師範大學圖書館藏的清康熙四十九年（庚戌 1670）京都永魁齋刻本《滿漢合璧西厢記》，北京大學圖書館藏的清康熙四十六年（丁亥 1707）刻本《滿漢合璧潘氏總論》，中國人民大學圖書館藏的清乾隆六年（辛酉 1741）京都打磨厰永魁齋刻本《玉堂集》等均如是，故據此題該書之版本爲清中期。

《藏園訂補郘亭知見傳本書目·子部》《中國古籍善本書目·子部》皆未録此書。

孤身。送去西天極樂世界。問道婆作何生理。答曰。吃素念經。閻王判曰。吃素念經。佛口蛇心。一百竹板。打斷脊筋。道婆忙哀告曰。大王我也帶做私窠子的。

認話嘲扒灰老

一老者過街。衆小兒拍手笑曰。扒灰老兒過去了。老者罵曰。雜種。小兒曰。街上人走的多。那个就罵的是你老人家。老者又罵曰。雜種。除了我老人家。還有那一个。

尺牘輯要　八卷，卷首一卷　　曼234

（清）虞世英輯

清末振賢堂刻本

4册1本

12.7×8.3。半葉九行，行十七字。左右雙邊，白口，單黑魚尾。魚尾上記書名，下記卷次及葉數。卷端題“尺牘輯要卷之一”（次葉以後題“尺牘”）、“吴門虞世英學圃輯”，末題“卷一終”，裏封題“繡虎軒定 吴郡虞學圃輯 應酬彙選 書柬合璧 江湖尺牘彙函輯要 振賢堂梓行”。

有總目，各卷又有詳細子目。

卷首一卷：蕭廷祚路程規略、路程十要、買賣機關事宜、行船宜忌。

無序跋或已佚。

尺牘輯要卷之一

吳門虞世英學圃輯

時俗啟法

古今名啟中詞意各有不同敘其情景事物隨心變動固無一定之法也而近時作啟扎若惟以直捷痛快為之應酬而已如詞句艷麗之啟什無二三游子六云嘗閲古今名啟亦無一定之章法語句每有突然而起者或有先敘景物而後道問故作扎語句無一定

農家類

農政全書　六十卷　曼274

（明）徐光啓著

清道光二十三年（癸卯 1843）曙海樓重刻本

24册4本

20×14.5。半葉九行，行二十字。左右雙邊，白口，單黑魚尾。魚尾上題“農政全書”，下記卷次篇名及葉數。卷端題“農政全書卷之一 明 上海徐光啓原本 東陽張國維 穀城方岳貢原刻 上海太原氏重刊”。裏封題“道光癸卯重刊 農政全書 曙海樓藏板”，外封書籤題“農政全書卷幾”。

欽定四庫全書總目，徐文定公傳，陳子龍凡例十七條，王壽康重刻凡例八條，農政全書總目。

清道光二十三年（癸卯 1843）潘曾沂重刻徐文定公農政全書序，道光二十二年（壬寅 1842）徐如璋序，明崇禎十二年（己卯 1639）張國維原序，方岳貢序，王大憲序，張溥序。

按，潘序云：“全書版已漫漶殘缺，王君壽康校覈重梓而乞序于余。”又，徐序云：“……而《農政全書》六十卷則刻於公歿之後六年。今其版亦久失。如璋於公爲七世孫，嘗欲糾族人重梓之，貧不能也。同邑王君二如績學好義，尤喜古經濟書……遂以道光十八年十月獨資開彫，屬如璋與君所嘗受業者鍾丈霖溥與校勘。如璋義不容以鄙陋辭，獨念此書係前明張方爾公屬陳忠裕刪潤發刻，而《明史》稱公歿久之，莊烈帝念公，索其家遺書，得農書若干卷，詔令有司刊布。本朝《四庫全書提要》又稱原書賅備，則知《四庫》所收者，必公之原書，或即詔刊之本與？抑即明季進呈之遺書與？惜乎，家集不載其詳，不可得聞。而海上藏書家亦無原書可據以校今本之異同得失，俾悉反其舊觀也。然即忠裕刪潤之書行之，其利益亦正甚大，奚必盡出於公哉？如璋嘗考《後樂堂集序》，農書既成實在天啓五年以後，崇禎元年之前，其時公方以禮部右侍郎被奄黨劾罷閒住，則公著書之意本非專爲一時也。近得王君重刻以廣其傳，幸何如之？”又，《重刻凡例》第一條云：“是書爲鄉先達徐文定公所撰，版藏其家。吾鄉藏書家存者已尠，壽康欲刷印以廣其傳，訪諸其裔孫璩堂茂才如璋，知版已漫漶殘缺。借觀其家藏本，與壽康所藏者覈之，無少異。懼久而流傳者益少也，遂與璩堂同校覈之，重付之梓。悉遵原刻，不敢一字增損也。”第二條云：“是書共六十卷，采入《欽定四庫全書》。謹按，《總目》載有《别本農政全書》四十六卷，爲前明吾鄉陳忠裕公删定本，有傳抄而無刊版。《四庫》録原書而别本附存其目，今並將《總目提要》恭録簡端。”第四條云：“是書悉遵原本重刊，其中有文理奥衍及引用删改處，亦有字畫可疑，音義墨考者，悉仍其舊。”第六條云：“圖式概照原書摹刻，注明某卷某號，以便編次。舊有空幅，今仍留出。”第八條云：“同校覈者，璩堂外爲寶山鍾霖溥師，同里劉明府樞。校刻者，兒子慶勲、慶均也。”綜合以上諸條，我們可以較爲詳細地瞭解此本的刊刻情況。(1)此本所據底本爲明崇禎十二年(己卯 1639)張國維、方岳貢刻本(一般稱之爲“平露堂本”)，其卷端所題即其證，前附張、方二序所言亦甚明。(2)此本刊刻之時，王壽康原打算借徐如璋家藏舊版刊刻，但時版已漫漶，故其取原本校對並刊行於世。校對者有徐如璋、鍾霖溥、劉樞三人，校刻者有王壽康、王慶勲、王慶均父子三人。(3)此本刊刻時，一遵原書摹刻，字畫圖式一仍其舊，故準確點説，應該是屬於仿刻本。(4)以上諸序及凡例言，此書在明清之際除崇禎本六十卷之外，另有陳子龍删節四十六卷本。前者爲刻本，後者則無刻版。可是張氏序云：“雲間陳卧子以彌綸巨手，羽翼經術，博綜群雅，而尤留心於經濟之書。是帙則其手加闡潤，提要鈎玄，農扈之言，纖悉備具。余同年方君守松，扶衰起敝，治以驗方，欲公之同志，謀梓之於余。余讀之而矡然喜，僭爲叙數言以付剞劂氏。”再結合陳子龍凡例后兩條，似乎崇禎本就是以陳子龍手訂本爲底本的，而陳氏是以徐光啓之稿本爲底本的，所以明代僅有此一個刻本。而四庫館臣所謂的删節本應該就是一個傳抄本而已，即便是有删節，也非陳氏之所删。

《四庫全書總目》“子部十二·農家類”收録，云：“是編總括農家諸書裒爲一集，凡農本三卷，皆經史百家有關民事之言，而終以明代重農之典；次田制二卷，一爲井田，一爲歷代之制；次農事六卷，自營制開墾以及授時占候，無不具載；次水利九卷，備録南北形勢，兼及灌溉器用諸圖譜；後六卷則爲泰西水法考……次爲農器四卷，皆詳繪圖譜，與王楨之書相出入；次爲樹藝六卷，分穀蓏蔬果四子目；次爲蠶桑四卷，又蠶桑廣類二卷，廣類者，木棉蔴苧之屬也；次爲種植四卷，皆樹木之法；次爲牧養一卷，兼及養魚養蜂諸細事；次爲製造一卷，皆常需之食品；次爲荒政十八卷：前三卷爲備荒，中十四卷爲救荒本草，末一卷爲野菜譜，亦類附焉。其書本末咸該，常變有備。蓋合時令農圃水利荒政數大端，條而貫之，彙歸於一。雖采自諸書，而較諸書各舉一偏者，特爲完備。”

《藏園訂補郘亭知見傳本書目·子部》收録此本，《中國古籍善本書目·子部》收録了其底本。

關於此書版本的流傳，可參看肖克之《〈農政全書〉版本説》一文（《古今農業》，2001年第1期）。

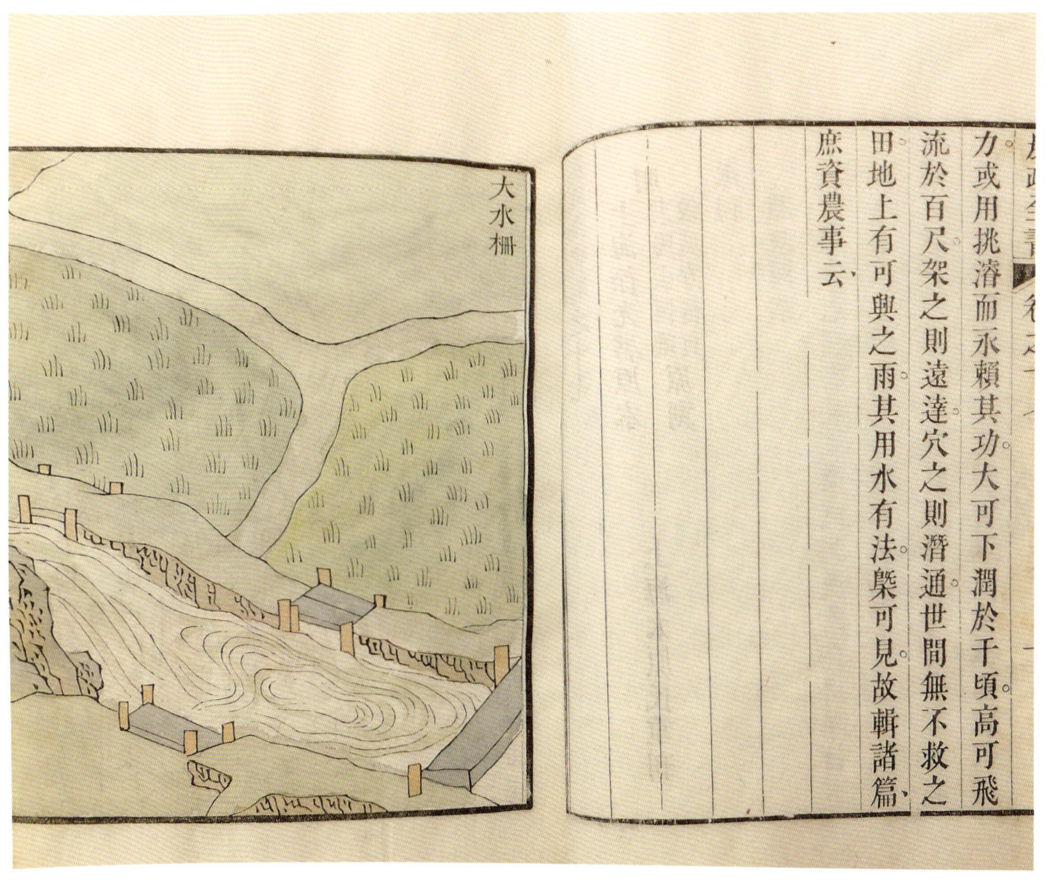

力或用挑濬而永賴其功大可下潤於千頃高可飛流於百尺架之則遠達穴之則潛通世間無不救之田地上有可與之雨其用水有法槩可見故輯諸篇庶資農事云

耕織圖　不分卷　曼423

（清）焦秉貞繪

清刻本

1册

24.2×24。圖文並茂，先圖後文，每圖上均有題詩，圖後亦有題詩。文半葉八行，行約十八字。圖上或題“欽天監臣焦秉貞畫”。

清康熙三十五年（丙子 1696）御製序（末鈐“稽古右文之章”朱文方印，“康熙宸翰”白文方印）。

按，此書分耕二十三幅，織二十三幅，凡四十六幅。大方册。原爲清康熙間内府彩繪本。此本則無論從紙張、裝幀，還是插圖，皆與原彩繪本及之後流傳的諸本不同。惟字體上近清代中期内府之風，當爲據之摹刻之本，故暫定爲清刻本。

《藏園訂補郘亭知見傳本書目·子部》收録此本之底本，題作“御製耕織圖詩一卷”，有“清康熙三十五年刊本。陶湘影印行世”。《中國古籍善本書目·子部》題作“清康熙三十五年内府刻本”。

耕第一圖 浸種

暄和節候肇農功自此勤勞處處同早辨東田穜稑種褰裳涉水浸筠籠

百穀遺嘉種先農著懋功春暄二月後香浸一溪中重穋隨宜辨筠籠用力同每多賢父老占節識年豐

氣布青陽造化功東郊俶載萬方同溪流浸種如油綠生意含春秀色籠

小 説 類

山海經　十八卷，山海經圖十五卷　曼49

（晋）郭璞注，（明）吴申玠校

清嘉慶二十三年（戊寅 1818）老會賢堂刻本

4册1本

13.4×9.8。半葉九行，大小字不等，行大字十二字，小字雙行同，行約二十四字。左右雙邊，白口，單黑魚尾。魚尾上題“山海經”，下記卷數及葉數。卷端題“山海經第一”“晋郭璞傳 明吴申玠校”。裹封題“嘉慶戊寅歳録 仁和吴志伊注 新安汪士漢校 圖像山海經詳注 老會賢堂梓”。

附吴任臣山海經雜述。

清康熙六年（丁未 1667）九月柴紹炳山海經廣注序，郭璞山海經序。

按，據裹封所題，此書當爲清人吴承仕所注之《山海經廣注》，但檢其正文，並無吴氏之按語，僅有郭氏注，故頗疑其非吴氏之作。而是取郭注本刊刻之後，又將吴氏之圖附於前，且僞作了裹封。

《四庫全書總目》“子部五十二·小説家類三”收録。云：“書中序述山水，多參以神怪，故《道藏》收入‘太元部·競字號’中。究其本旨，實非黄老之言。然道里山川，率難考據。案以耳目所及，百不一真。諸家並以爲地理書之冠，亦爲未允。核實定名，實則小説之最古者爾。”

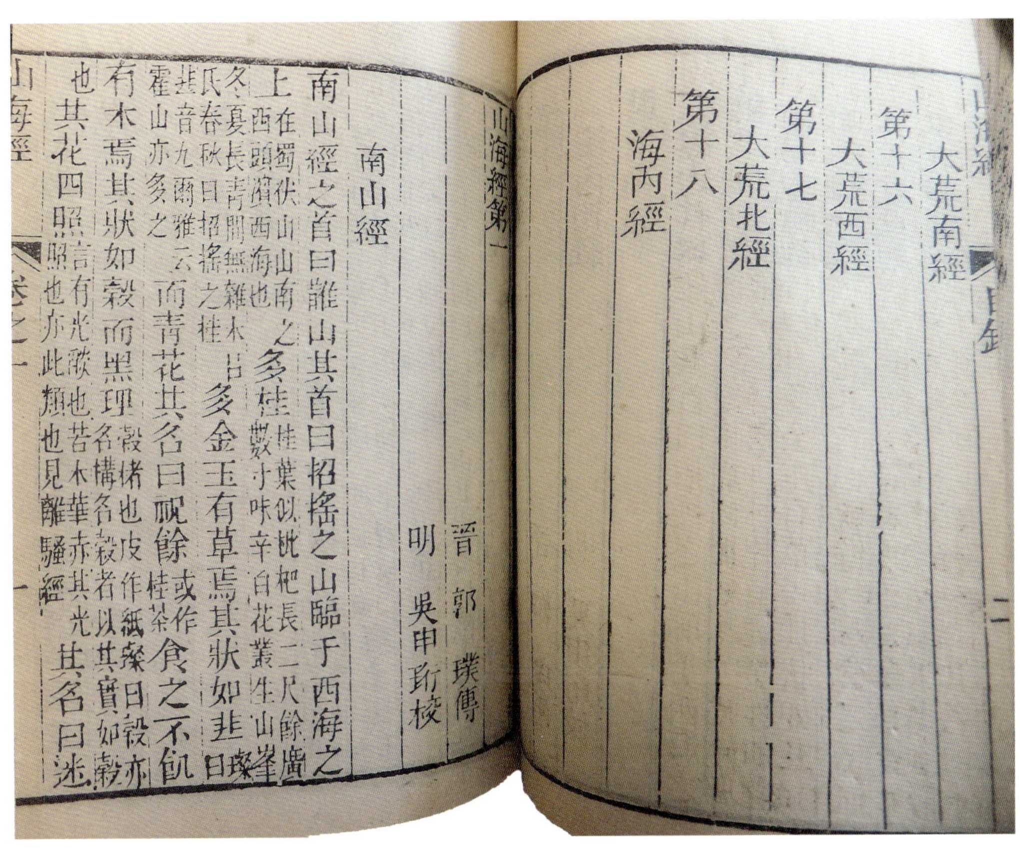
大荒南經
第十六
大荒西經
第十七
大荒北經
第十八
海内經
山海經第一
晉 郭 璞傳
明 吳中珩校
南山經
南山經之首曰䧿山其首曰招搖之山臨于西海之上
多桂
多金玉有草焉其狀如韭
其名曰祝餘
食之不飢
有木焉其狀如穀而黑理
其花四照
其名曰迷
山海經 卷之一

山海經　十八卷

曼NN1

（晋）郭璞注

清咸豐元年（辛亥 1851）文會堂刻本

4册

18.3×14.5。半葉九行，大小字不等，行大字二十字，小字雙行同，行約四十字。四周單邊，白口，單黑魚尾。魚尾上記經名，下記卷次及葉數。卷端題“山海經第一 晋記室粲軍郭璞傳”，末卷末第四行題“廣陵蔣應鎬武臨父繪圖”，末二行題“同陵李文孝布禹鐫”，末行題“第七十四回終止”，目録各卷下題“本××字、注××字”，裏封題“咸豐元年新鐫 晋粲軍郭璞撰 繪圖山海經廣注 文會堂藏板”，外封墨筆題“山海經 江/淮/河/漢”。

附山海經目及西漢劉歆上山海經表。

郭璞山海經序，楊慎山海經後序。

按，《藏園訂補郘亭知見傳本書目·子部》收録此書，但未録此本。

山海經第一

晉記室參軍郭璞傳

南山經

南山經之首曰鵲山其首曰招摇之山臨于西海之上在蜀伏山山南之西頭濱西海也多桂桂葉似枇杷長二尺餘廣數寸味辛白花叢生山峯冬夏常青間無雜木呂氏春秋曰招摇之桂多金玉有草焉其狀如韭璞曰韭音九爾雅云霍山亦多之而青花其名曰祝餘祝餘或作桂茶食之不饑有木焉其狀如穀而黑理穀楮也皮作紙璞曰穀亦名構名穀者以其實如穀也其花四照言其有光燄也若木華赤其光照地亦比類也見離騷經其名曰迷

搜神記　二卷

曼46

（晋）干寳撰，（清）鼓出重增

清嘉慶二十四年（己卯 1819）一經堂刻本

3册1本

14×10.5。無界，半葉十行，行二十四字。四周單邊，白口，單魚尾。魚尾上題“搜神記”及記篇名，下題“上/下卷”及葉數。卷端無正題名，開篇題“儒氏源流”。目録題“重增三教源流聖帝佛帥搜神大全目録”“晋大梁干寳手著 清鼓出如林重增”，裏封題“繡像大全三教源流聖帝佛帥搜神記 嘉慶己卯年鎸 一經堂藏板”。附繡像1册。

王謨搜神記序。

按，《小説書坊録》（北京圖書館出版社，2002年）第56葉“一經堂”條下無此書，《中國古代小説總目（文言卷）》（山西教育出版社，2004年）第433葉下收録此書，但無此本。

《四庫全書總目》“子部五十二·小説家類三”收録，其底本爲毛氏《津逮秘書》本，即原胡震亨《秘册彙函》所收之本。

《藏園訂補郘亭知見傳本書目·子部》《中國古籍善本書目·叢部》收録此書，但未録此本。

重增三教源流聖帝佛師搜神大全目錄

晉　大梁干寶　手著

清　鼓山如林　重增

第一卷

儒氏源流　釋氏源流　道教源流

玉皇上帝　聖祖尊號　聖母尊號

東華帝君　西靈王母　后土皇地祇

玄天上帝　梓潼帝君　三元大帝

至聖炳靈王　佑聖真君　東嶽

南嶽　中嶽　西嶽

穆天子傳注補正　六卷　曼141

（晉）郭璞注，（清）陳逢衡補正

清道光二十三年（癸卯 1843）陳氏自刻本

4册

17.4×12.3。半葉九行，大小字不等，行大字二十二字，小字雙行同，行四十四字。左右雙邊，上下粗黑口，雙對黑魚尾，版口記卷次及葉數。卷端題“穆天子傳卷一 晋郭璞注 江都陳逢衡補正”，裏封題“穆天子傳注補正 㝢甫署檢 道光癸卯開雕”。

凡例十條，檀萃輯穆傳人姓名，末附洪頤煊輯附録一卷。

荀氏原序，清道光十一年（辛卯 1831）陳逢衡序，元至正十年（庚寅 1350）王漸序，清嘉慶五年（庚申 1800）洪頤煊序，末附清道光二十年（庚子 1840）陳逢衡後序。

按，裏封題“癸卯”，即清道光二十三年（1843），凡例第十條末題“道光壬寅”（道光二十二年 1842），云“適因坊友請開雕，予難却其意”，則此書爲坊間所刻，且僅花費一年便刊刻完畢了。

此爲《江都陳氏叢書》之一。據陳氏後序可知，《竹書紀年集證》成書於嘉慶九年（甲子 1804），十年之後即嘉慶十九年（甲戌 1814），《逸周書補注》亦完成，自此之後家境凋零，藏書漸散。《穆天子傳注補正》初稿完成於道光十年（庚寅 1830），至道光十六年（丙申 1836）館於黄氏之後，生活才開始穩定，並於道光二十年（庚子 1840）重訂完《穆天子傳注補正》。

《藏園訂補郘亭知見傳本書目·子部》收録此本。

第二十卷

莊子休鼓盆成大道

富貴五更春夢，功名一片浮雲。眼前骨肉亦非真，恩愛翻成仇恨。莫把金枷套頸，休將玉鎖纏身。清心寡欲脫凡塵，快樂風光本分。

這首西江月詞是個勸世之言，要人割斷迷情，逍遥自在。且如父子天性，兄弟手足，這是一本連枝，割不斷的。儒釋道三教雖殊，總抹不得孝弟二字。至於生子生孫，就是下一輩事，十分周全不得了。常言道得好：

兒孫自有兒孫福，莫與兒孫作馬牛。

若論到夫婦，雖說是紅線纏腰，赤繩繫足，到底是剜肉粘膚，可離

太平廣記　五百卷　　曼190

（宋）李昉等奉敕編，（清）黄晟校

清嘉慶十一年（丙寅 1806）姑蘇聚文堂重刻本

48册8本

12×9.4。半葉十二行，行二十二字。四周雙邊，白口，單黑魚尾。魚尾上題“太平廣記”，下記卷次篇類名及葉數。卷端題“太平廣記卷一 天都黄 晟曉峰氏校刊”，卷一目録題“太平廣記卷一目録”“宋翰林學士中順大夫户部尚書上柱國賜紫金魚袋李昉等編 明資善大夫都察院右都御史談愷校刊 姚安府知府秦汴德州知州强仕石東山人唐詩同校”，裏封題“嘉慶丙寅年重鐫 天都黄曉峰校刊 太平廣記 姑蘇聚文堂藏板”。

宋太平興國三年（978）李昉進表，太平廣記引用書目。

清乾隆十八年（癸酉 1753）黄晟重刻太平廣記序（首行鈐“黄晟鑒定”墨印，末題“乾隆十八年歲次癸酉秋八月天都黄晟曉峰氏校刊於槐蔭草堂”），明嘉靖四十五年（丙寅 1566）談愷校書序。

按，黄氏序云：“北宋太平興國時，敕置崇文院，積書八萬卷有奇，耑命儒臣纂修編輯，自經史子集以及百家之言，博觀約取，集成千卷，賜名曰‘太平御覽’。又以道藏、釋藏、野史、稗官之類廣采兼收，集爲五百卷，賜名曰‘太平廣記’，詔鋟板頒行。言者謂《廣記》非後學典要，束板藏太清樓，故後世《御覽》盛行而《廣記》之流傳獨鮮。迨自有明中葉，十山譚氏得其抄本，始梓行之。長洲許氏重刊於後，海内好古敏求者胥快覩之矣……兹以卷帙浩繁，便於廣厦細旃，不便於奚囊行笈，因爲校讐翻刻，而易以袖珍窄本。至於闕文闕卷，悉仍其舊。”又，談氏序云：“近得《太平廣記》觀之，傳寫已久，亥豕魯魚，甚至不能以句，因與二三知己秦次山、强綺塍、唐石東互相校讐，寒暑再更，字義稍定，尚有闕文闕卷，以俟海内藏書之家慨然嘉惠補成全書……”據此可知，此書之底本爲清乾隆十八年黄晟槐蔭草堂重刻本（巾箱本），黄氏之底本爲明嘉靖四十五年談愷校刻本。而談氏本在明代則另由長洲許氏重刊過。此爲《太平廣記》在嘉慶之前的大致刊刻情況。

《四庫全書總目》“子部五十二·小説家類三”收録，云其底本爲“明嘉靖中右都御史談愷所刊，卷頁間有闕佚”，則其底本亦爲談氏刻本。

《藏園訂補郘亭知見傳本書目·子部》《中國古籍善本書目·子部》收録此書，但未録此本。

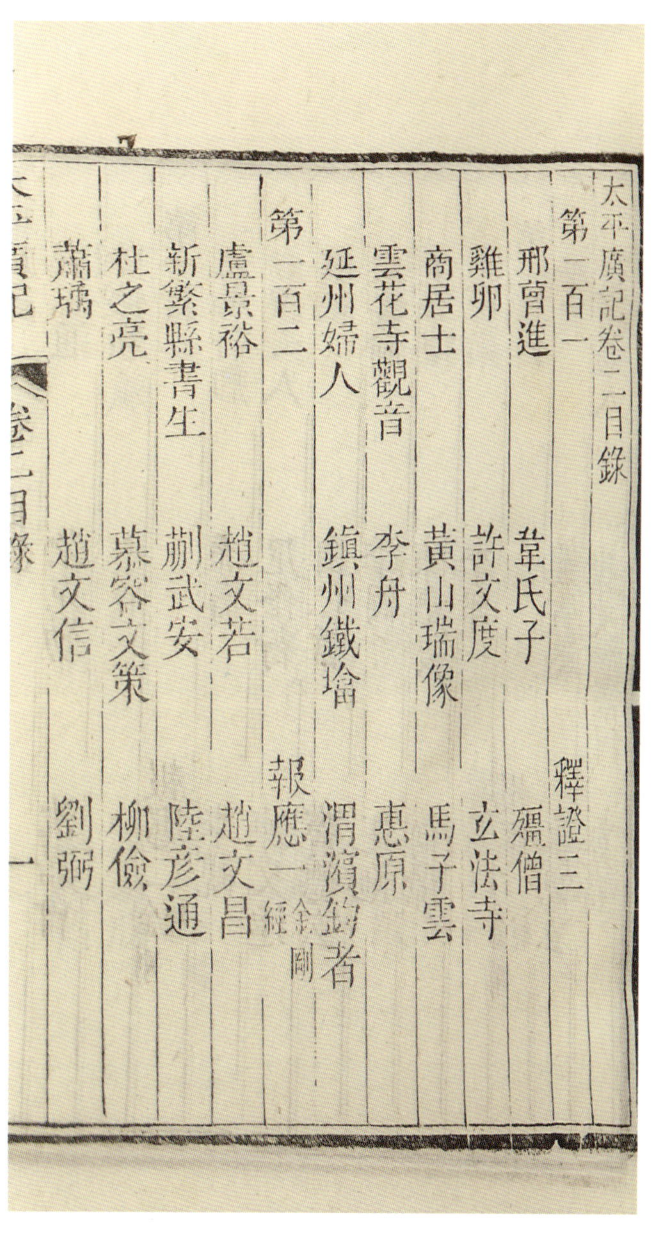
太平廣記卷一百一目錄
第一百一　釋證三
邢曹進　韋氏子　瘋僧
雞卵　許文度　玄法寺
商居士　黃山瑞像　馬子雲
雲花寺觀音　李舟　惠原
延州婦人　鎮州鐵塔　渭濱釣者
第一百二　報應一金剛經
盧景裕　趙文若　趙文昌
新繁縣書生　蒯武安　陸彥通
杜之亮　慕容文策　柳儉
蕭瑀　趙文信　劉弼
太平廣記　卷一百一目錄　一

擇繙聊齋志異　二十四卷　　曼367

（清）扎克丹譯，（清）薩霖校正，（清）穆齊賢、德音泰覆校，（清）慶錫、祥圃參訂

清道光二十八年（戊申 1848）刻本（白棉紙）

24册3本

18.7×15.2。無界，半葉滿漢文各七行，行字數不一。四周雙邊，白口，雙對黑魚尾。上魚尾上記篇名，版口記書名，下魚尾下記卷次及葉數。每卷目録背面題“正紅旗滿洲扎克丹秀峰繙譯 鑲白旗滿洲薩霖潤塘校正 山東蓬萊穆齊賢禹範覆校 正紅旗滿洲德音泰惟一 鑲紅旗滿洲慶錫熙臣參訂 正紅旗滿洲長興祥圃”。卷端題“擇譯聊齋志異”。無裏封。

無總目，而諸卷前附分目。

扎克丹（五費居士）自識，清道光二十八年（戊申 1848）慶錫序、穆齊賢識，長興德音泰識，扎克丹題，扎克丹又識，禹範小傳一篇，扎克丹三識，扎克丹滿文自序，末卷有扎克丹題。

按，扎克丹，字秀峰，號五贇主人。據《禹範小傳》云“余有《繙譯聊齋》底稿，因求考訂，慨然許諾，不憚寒暑，細心丹黄，而余受益實多，今付之剞劂，故列書首以示同好者。”又扎克丹末卷題云：“《擇繙聊齋志異》，灾梨半部告成，工料價昂難繼，權將是役暫停。”據此，此書乃未竟之書。

《世界滿文文獻目録（初編）》第50葉著録了此本及另外兩個版本，《全國滿文圖書資料聯合目録》（0565）第139葉亦著録，但題作“合璧聊齋志異”。

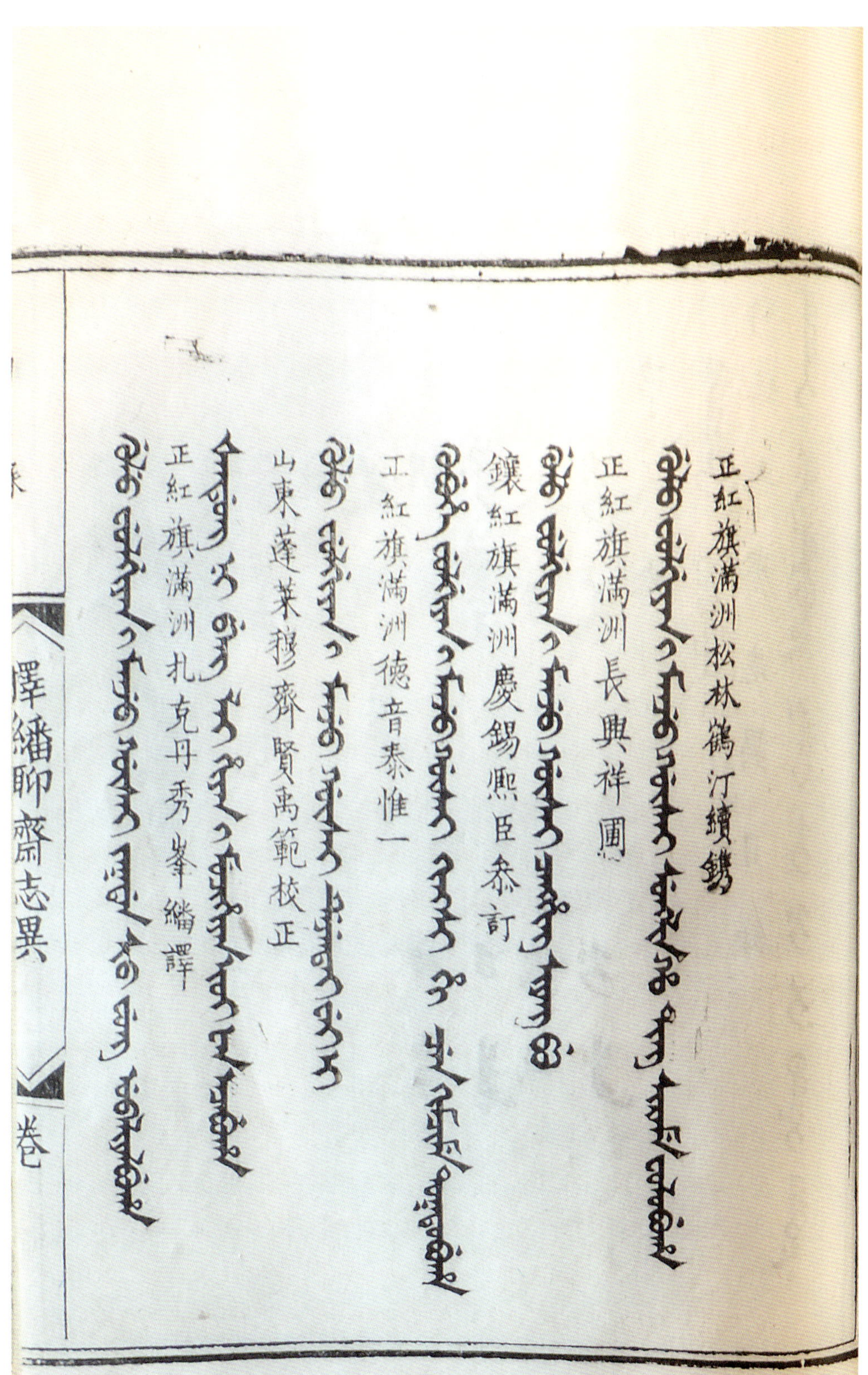

正紅旗滿洲松林鶴汀續鐫

正紅旗滿洲長興祥圃

鑲紅旗滿洲慶錫熈臣叅訂

正紅旗滿洲德音泰惟一

山東蓬萊穆齊賢禹範校正

正紅旗滿洲扎克丹秀峯繙譯

譯繙聊齋志異 卷

繡像今古奇觀　四十卷　　曼141

（明）題抱甕老人編

清末福文堂據芥子園重刻本

10册2本

11.7×9.1。無界，半葉十一行，行二十五字。四周單邊，白口，單黑魚尾。魚尾上題“今古奇觀”，下記卷次及葉數，下書口或有題作“芥子園”（如卷四十）。卷端題“第一卷”，裏封題“墨憨齋手定 繡像今古奇觀 福文堂藏板”。

附像20幅。

笑花主人今古奇觀序。

按，此本卷端無題名，今據裏封定正題名。

此本版式與《繡像東周列國全志》同。考福文堂，《中國古代小説總目（白話卷）》（山西教育出版社，2004年）第160葉著録了《二度梅全傳》清嘉慶五年版，裏封題“嘉慶五年春鐫 福文堂藏板”；此坊在光緒二十八年刻過《新刻天花藏批評平山冷燕》四卷，北京大學圖書館藏；又刻過《繡像漢宋奇書》，南京師範大學圖書館藏；《異説征西演義全傳》六卷，吉林大學圖書館收藏，可知此堂所刻書多爲通俗小説，大概也在嘉慶至光緒年間。其底本爲芥子園刻本，《小説書坊録》第28葉“芥子園”條收録。

孫楷第《中國通俗小説書目》（人民文學出版社，1982年）第59葉僅收録明刻本和通行本兩種，卷端題“姑蘇抱甕老人輯 笑花主人閲”，有姑蘇笑花主人序。而《中國古代小説總目（白話卷）》第160葉則收録有多個書坊刊刻的四十卷本《今古奇觀》，其中有芥子園本，但無此本。《小説書坊録》第44葉“福文堂”條收録“咸豐六年刻《今古奇觀》四十卷”。

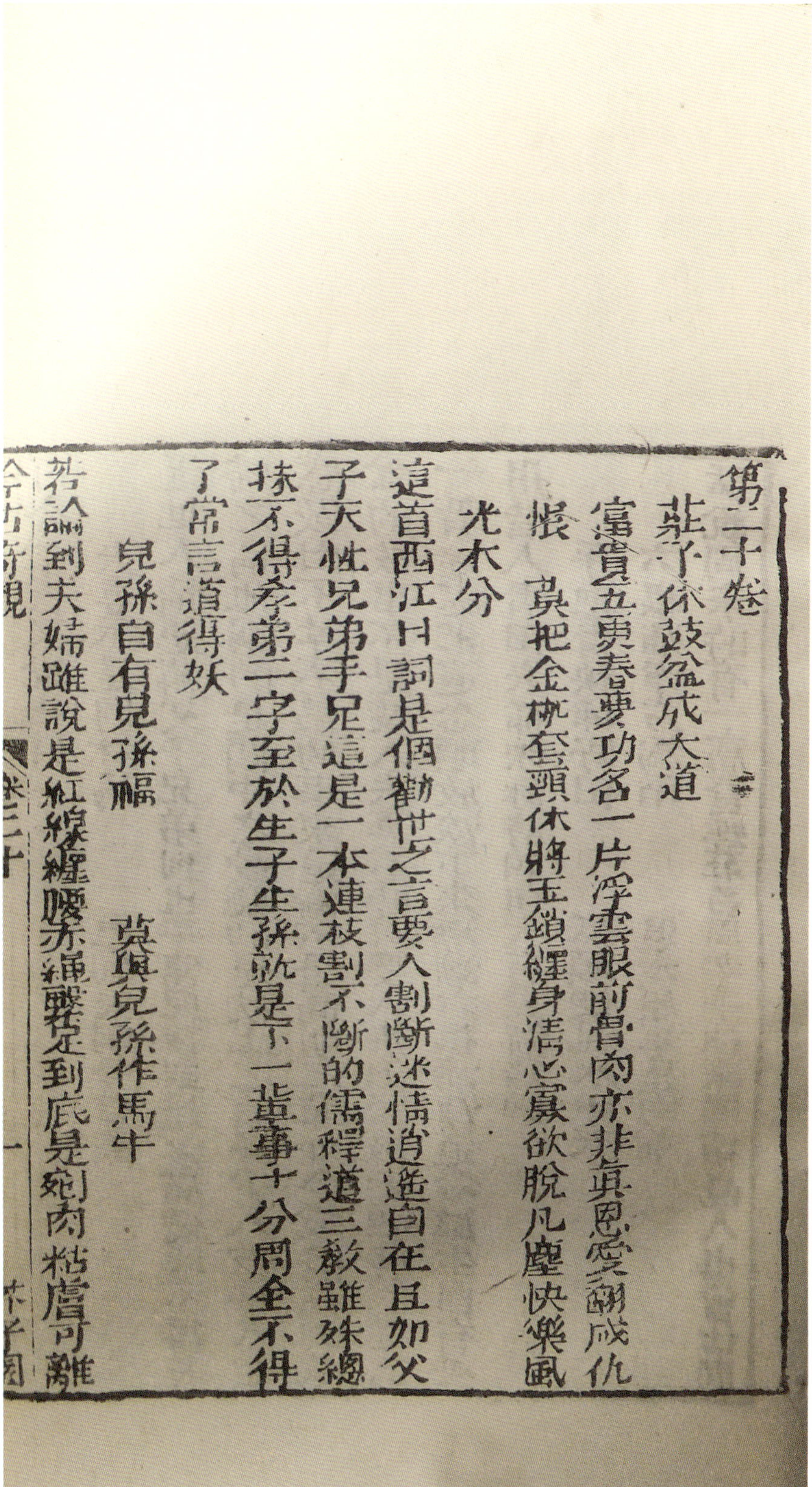

第二十卷

莊子休鼓盆成大道

富貴五更春夢功名一片浮雲眼前骨肉亦非真恩愛翻成仇恨　莫把金枷套頸休將玉鎖纏身清心寡欲脫凡塵快樂風光本分

這首西江月詞是個勸世之言要人割斷迷情逍遙自在且如父子天性兄弟手足這是一本連枝割不斷的儒釋道三教雖殊總抹不得孝弟二字至於生子生孫就是下一輩事十分周全不得了常言道得好

兒孫自有兒孫福　莫與兒孫作馬牛

若論到夫婦雖說是紅線纏腰赤繩繫足到底是剜肉粘膚可離

新刻全像演義三國志傳　二十卷　　曼277

（晉）陳壽志傳，（明）羅貫中演義

清康熙二十四年（乙丑 1685）德馨堂重刻本

1本（原册數不明）

19.7×12。無界，半葉十七行，行三十七字。四周單邊，白口，單黑魚尾。魚尾上題“新刻三國志傳”，下題“某卷”，下書口題“喬”字。卷端題“新刻全像演義三國志傳一卷 晉平陽陳壽志傳 元東原羅貫中演義 書林鄭喬林梓行”，卷末或題“一卷終”，或“卷之十八終”，或“三國志三卷終”，或“新刻演義全像三國英雄志傳卷之二十終”，裏封題“康熙廿三年新鐫 李卓吾先生評 全像古本三國誌傳 德馨堂藏板”。

外史李漁序。

按，該書各葉均有圖文，行狹字密，字迹不清，紙張亦劣，比嘉慶、道光間坊刻小説的刻印質量還差。

又，此本屬於《三國演義》版本之志傳系統，檢孫楷第《中國通俗小説書目》第37—44葉收録了多種此系統的版本，其中，二十卷且卷端題“晉平陽陳壽志傳”者亦有數種，但並未收録此本。《中國古代小説總目（白話卷）》第298—305葉亦收藏了多種二十卷本，亦無此本。《小説書坊録》第71葉收録了該堂，但未收録此書。

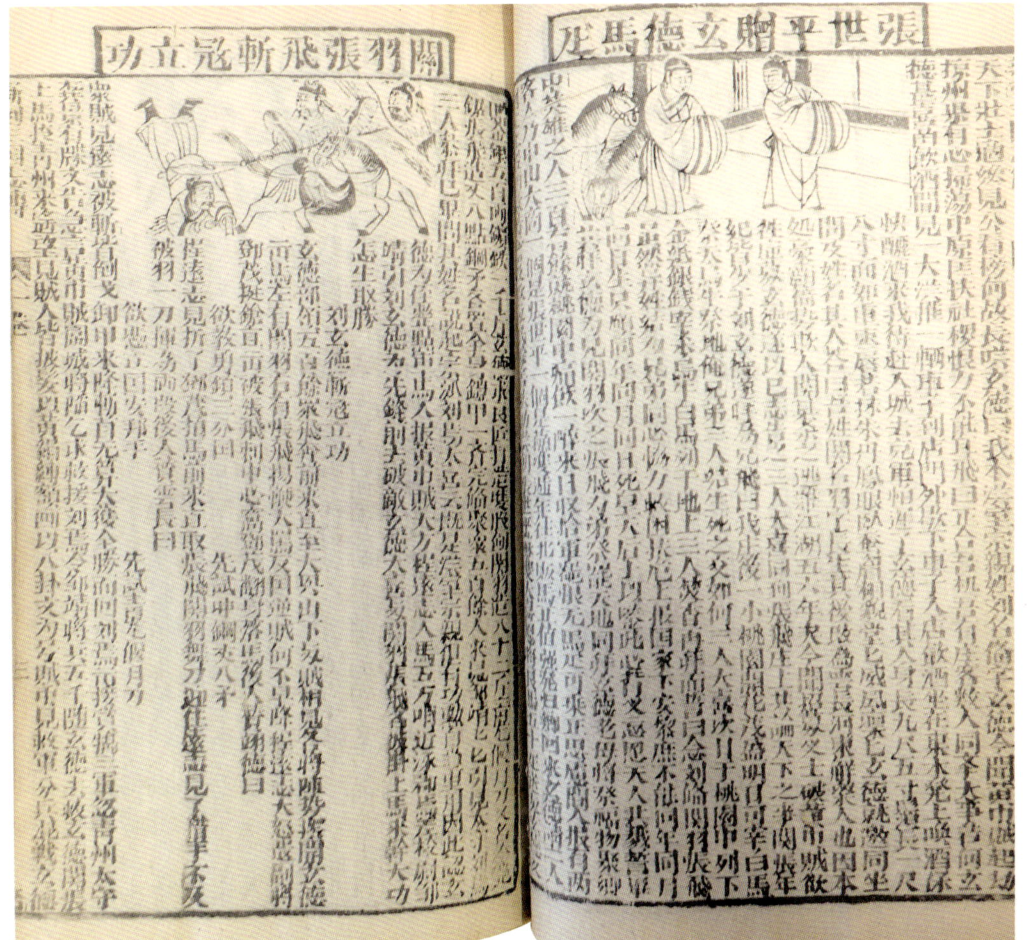
關羽張飛斬寇立功
張世平贈玄德馬疋

四大奇書第一種　六十卷一百二十回　曼R45433

（清）毛宗崗評，（清）杭永年定

清道光二十一年（辛丑 1841）玉山樓刻巾箱本

20册

12.2×9.2。無界，半葉十行，行二十五字。四周單邊，白口，單黑魚尾。魚尾上題“第一才子書”，下題“卷幾”及記葉數。每回前皆有金聖嘆評論，文内有雙行細字批點。卷端題“四大奇書第一種卷之一”“聖嘆外書 茂苑毛宗崗序始氏評”，目録題“四大奇書第一種書目 茂苑毛宗崗序始氏評 吴門杭永年資能氏定”，裏封題“道光廿一年重鐫 金聖嘆批點 繡像第一才子書 玉山樓藏板”。

卷首一卷：清順治元年（甲申 1644）年金人瑞序，凡例十條，總目，讀三國志法。附圖40幅。

按，金聖嘆序云：“故余序此數言付毛子，授剞之日，弁於簡端。”據此可知，金聖嘆評點本最早爲順治元年（甲申 1644）刻本。

孫楷第《中國通俗小説書目》第44葉著録“毛宗崗評三國志演義六十卷一百二十回”，清康熙刻本，但云題作“第一才子書”之坊間刻本未見，今此本即孫氏之未見之本。《中國古代小説總目（白話卷）》第293葉亦著録此書，而《小説書坊録》未録此坊。

此本卷六十末五葉略殘。

四大奇書第一種卷之二

聖嘆外書　　茂苑毛宗崗序始氏評

第三回

議溫明董卓叱丁原

餽金珠李肅說呂布

天子者日也曰而借光於螢火不成其爲日矣後人以孔明在蜀耿耿如長庚之照一方夫長庚則固勝於螢光百倍也李肅說呂布一段文字花團錦簇凡勸人皆致勸人弑逆是最難啓齒之事今偏不說出偏要教他自說妙不可言矣在君側有除之賈容貫逆董卓上表以暴其威是不容也頓兵以觀其變是不速也何進不知當斷其事則知之而故爲不容

四大奇書第一種　六十卷一百二十回　曼142

（清）毛宗崗評，（清）杭永年定

清末坊間刻本

20册3本

11.7×9.1。半葉十一行，行二十五字。四周單邊，白口，單黑魚尾。魚尾上題“第一才子書”，下記卷次及葉數。卷端題“四大奇書第一種卷之一 茂苑毛宗崗序始氏評”，每回首皆有聖嘆外書。目録題“四大奇書第一種書目”“茂苑毛宗崗序始氏評 吴門杭永年資能氏定”。無裏封。諸卷下書口或有刊刻者，二十幅圖下皆題“敬業堂”，正文則大致卷四十三之前或題“芥子園”，卷四十三第12葉題“寶華堂”、第16葉題“芥子園”，第47回題“芥子園”，卷五十第1—2葉題“敦德堂”，第17葉題“積秀堂”，卷五十二第21葉題“敦德堂”，卷六十第1葉題“寶華堂”。

卷首一卷：清順治元年（甲申 1644）金人瑞序，凡例十條，總目，讀三國志法。圖像20幅，每幅有題詞。

按，據諸書口所題，可推斷此書乃諸坊間聯合刊刻，但底本應該是芥子園刻本（《小説書坊録》第28葉“芥子園”條收録）。《中國古代小説總目（白話卷）》第293葉著録此書。

四大奇書第一種卷四十二

聖歎外書　　茂苑毛宗崗序始氏評

第八十三回

戰猇亭先主得讎人

守江口書生拜大將

關公顯聖不一而足前文既追呂蒙此卷又擒潘璋或疑爲演義粧點未必其事之果然而不知無庸疑也即公之不沒於今日可以信其不沒於當年以爲有關公何處是關公以爲無關公何處非關公豈必拜像瞻圖見赤面長鬚者而後謂之關公哉是氣所磅礴凜烈萬古存殆無日不有一關公在天地無日不有一關公在人心耳

四大奇書第一種　原十九卷一百二十回，殘存十卷六十三回　曼R72294

（清）毛宗崗評

清末刻本

殘存9册1函

18.3×13.5。無界，半葉十二行，行二十四字。四周單邊，單黑魚尾，魚尾上題“第一才子書”，下題“卷之幾”及葉數。行間有雙行細字評點，卷前皆有聖嘆批評。殘存卷卷端題“四大奇書第一種卷之十 聖嘆外書 茂苑毛宗崗序始氏評”，闕裹封，函套書籤題“三國志下”。

原十九卷一百二十回，殘存十卷六十三回：卷十五十八回至十九卷一百二十回。

序已佚。

按，此本刊刻較上一本好些，屬於毛宗崗評點本系統之一。雖首函已佚，但從文中“玄”字或缺或不缺，“曆”作“歴”，“琰”字不缺，“寧”字作“寕”，從整體上看，避諱並不嚴密，應該屬於晚清刻本。

孫楷第《中國通俗小説書目》第44葉著録“毛宗崗評三國志演義六十卷一百二十回”，但無此本。《中國小説總目（白話卷）》第308葉“毛宗崗本”下云“毛評本最早的版本大概是醉耕堂所刊《四大奇書第一種》六十卷”，且云清代出版的毛評本大概有六個系統，其中第三個即“四大奇書第一種十九卷首一卷”本，此種系統有同文堂、聚錦堂、懷德堂、壽經堂、掃葉山房等多種版本（見上田望《毛綸、毛宗崗批評“四大奇書三國志演義”版本目録（稿）》，《中國古典小説研究》第4號，1998年），此本蓋其中之一，惜有殘缺，無法窺見原貌。

四大奇書第一種卷之廿

聖歎外書　　　　茂苑毛宗崗序始氏評

第五十八回

馬孟起興兵雪恨

曹阿瞞割鬚棄袍

周瑜在而孫劉離周瑜死而孫劉合曹操去而孫劉離曹操欲至而孫劉又合此兩家離合之機也乃孫方借劉以拒操而劉忽借馬以救孫則奇劉方約馬以拒操而操忽約韓以取馬則更奇韓不爲操以攻馬而馬得合韓以攻曹則愈奇至於劉不助馬而助馬者乃是韓劉不約韓而約韓者乃是操馬非救孫而救孫者實是馬馬非應劉而借馬者實是劉是又事之最巧而文之至約者矣

繡像春秋列國　十六卷　　曼R45426

（清）蔡㚒批評

清道光十七年（丁酉 1837）福文堂刻巾箱本

16册

12.4×9.7。無界，半葉十二行，行二十二字。四周單邊，白口，單黑魚尾。魚尾上題“列國志”，下記卷次及葉數。文内有雙行細字批語。目録前所附圖下書口題“芥子園”。卷端題僅有回目名曰“蘇妲己驛堂被魅”，卷末或題“終”，或題“春秋列國卷之幾終”，或題“列國志卷之幾終”，目録題“新刻史綱總會列國志傳目録卷之一”（魚尾上題“列國志”，下題“卷一目録”），陳繼儒序末題“乾隆四十九年仲春新鐫”，裏封題“道光拾柒年鐫 秣陵蔡元放批 繡像春秋列國 福文堂藏板 新增西周演義”。

附東周列國全志封建地圖考。附圖5幅。

陳繼儒列國志序。

按，據序末及繡像下書口題字可知，此本之底本爲清乾隆四十九年芥子園重刻本。

孫楷第《中國通俗小説書目》卷一第39葉，《中國古代小説總目（白話卷）》第54葉録有此書的很多版本，但無此本及其底本。《小説書坊録》第44葉“福文堂”條未收録此書。

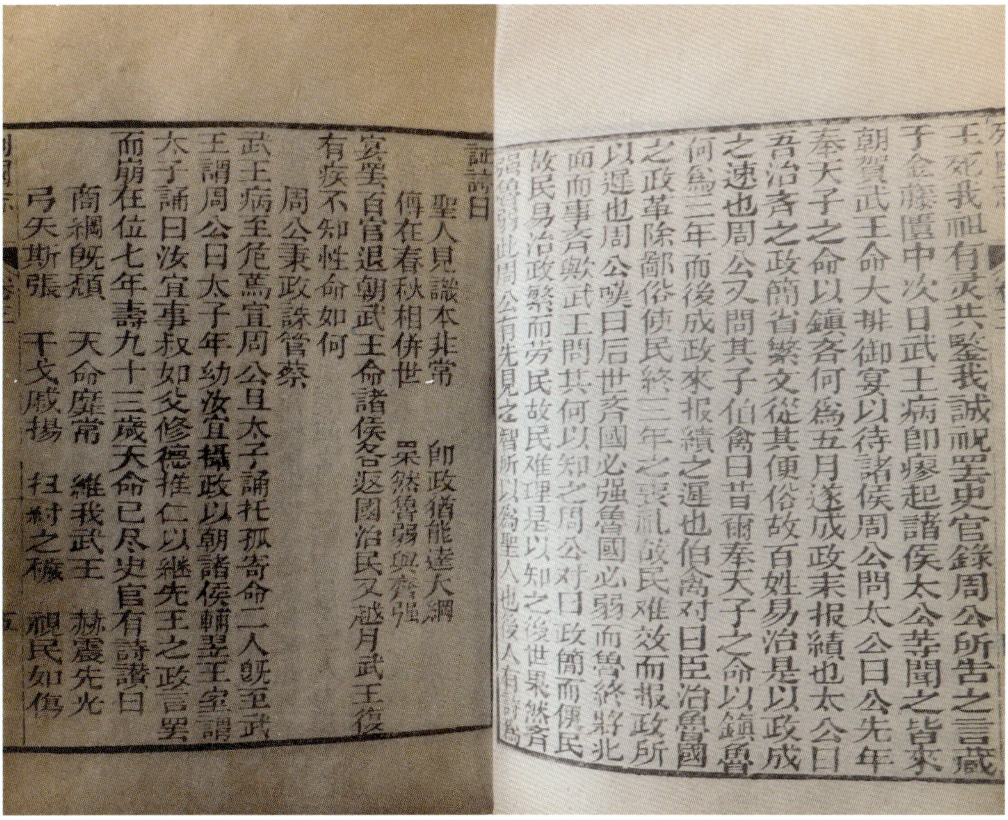

王死我祖有灵共鍳我誠祝罢吏官錄周公所告之言藏于金縢匱中次日武王病即瘳起諸侯太公等聞之皆來朝賀武王命大排御宴以待諸侯周公問太公曰公先年奉天子之命以鎮斉何爲五月遂成政来報績也太公曰吾治斉之政簡省繁文從其便俗故百姓易治是以政成之速也周公又問其子伯禽曰昔爾奉天子之命以鎮魯何爲三年而後成政來報績之遲也伯禽对曰臣治魯國之政革除鄙俗使民終三年之喪亂故民難效而報政所以遲也周公嘆曰后世斉國必强魯國必弱而魯終將北面而事斉歟武王問其何以知之周公对曰政簡而便民故民易治政繁而劳民故民难理是以知之後世果然斉强魯弱此周公有先見之智所以爲聖人也後人有詩爲証詩曰

聖人見識本非常　即政猶能達大綱
傳在春秋相併世　果然魯弱與斉强

宴罢百官退朝武王命諸侯各返國治民又越月武王復有疾不知性命如何

周公秉政誅管蔡

武王病至危篤宣周公旦太子誦托孤寄命二人既至武王謂周公曰太子年幼汝宜攝政以朝諸侯輔翌王室謂太子誦曰汝宜事叔如父修德推仁以繼先王之政言罢而崩在位七年壽九十三歲天命已尽史官有詩讚曰

商綱既頽　天命靡常　維我武王　赫震先光
弓矢斯張　干戈戚揚　扫紂之穢　視民如傷

繡像東周列國全志　二十三卷一百八回　曼R45424

（清）蔡界批評

清末福經堂刻巾箱本

24册

12.3×9.3。無界，半葉十一行，行二十五字。四周單邊，白口，單黑魚尾。魚尾上題“東周列國全志”，下記卷次及葉數，每葉下書口皆題“芥子園”。每回前皆有批評，文内有墨筆細字批語。卷端題“東周列國全志卷之一 白下蔡界元放甫批點”，目録題“東周列國全志目録 七都夢夫蔡元放批評”，裏封題“秣陵蔡元放批評繡像東周列國全志 福經堂藏版”。

附東周列國全志封建地圖考，東周列國全志讀法。附圖24幅。

清乾隆十七年（壬申 1752）蔡界（元放）序。

按，此本下書口題“芥子園”，裏封題“福經堂藏版”，顯然福經堂本是根據芥子園本翻刻的。福經堂的資料相對較少，《小説書坊録》未收此坊。觀其版式，與本目所收《繡像今古奇觀》同，故可推測兩書刊刻時間亦相近。

《中國通俗小説書目》第30葉、《中國古代小説總目（白話卷）》第54葉皆收録此二十三回本，但未收此版本。《小説書坊録》第44葉“福文堂”條下收録此書，惜無版本信息。

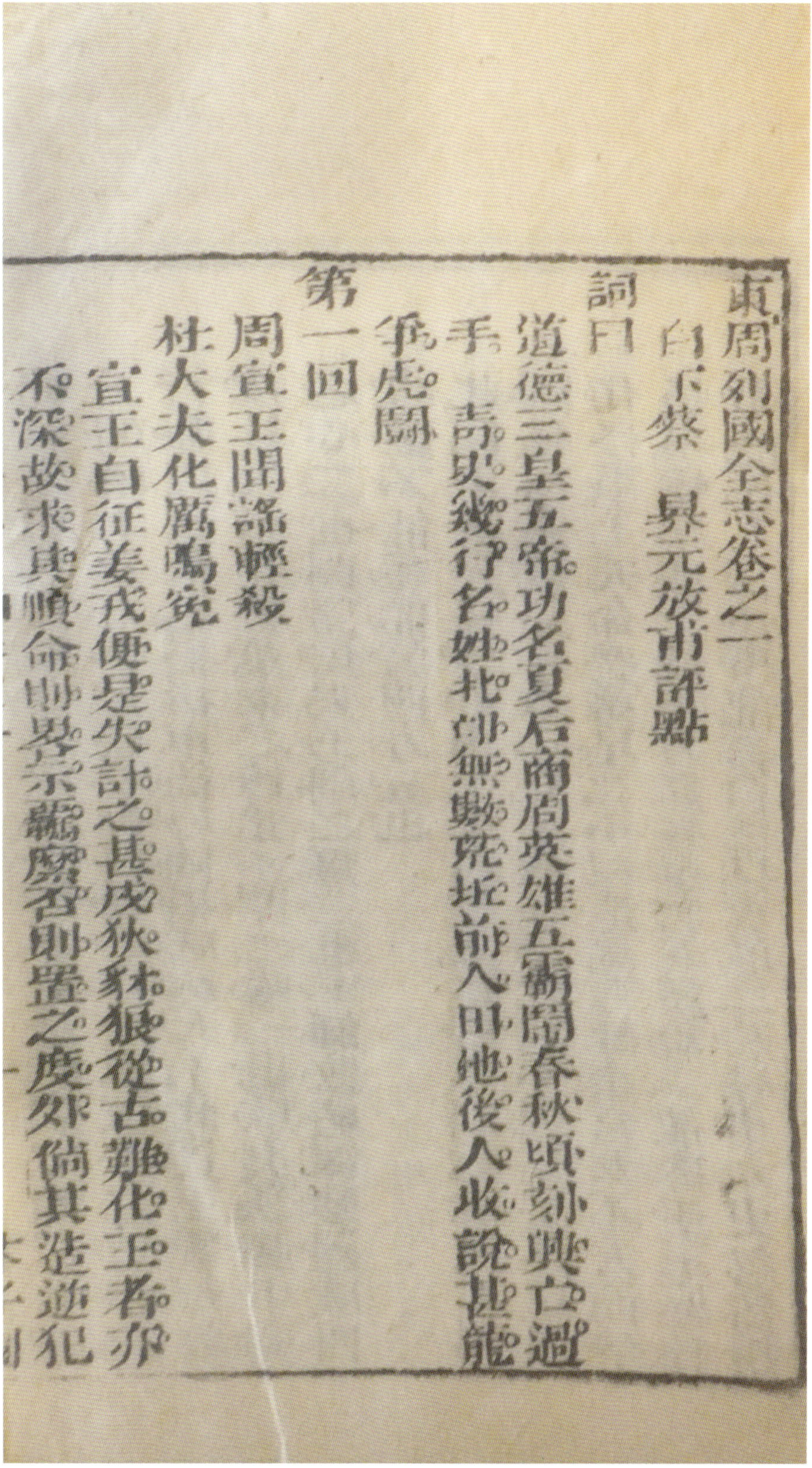

東周列國全志卷之一

白下蔡　奡元放甫評點

詞曰

道德三皇五帝功名夏后商周英雄五霸鬧春秋頃刻興亡過手青史幾行名姓北邙無數荒坵前人田地後人收說甚龍爭虎鬬

第一回

周宣王聞謠輕殺

杜大夫化厲鳴冤

宣王自征姜戎便是失計之甚戎狄豺狼從古難化王者亦不深故求其順命則畧示羈縻否則置之度外倘其造逆犯

新刻異説反唐演傳　十卷一百回　　曼R45427

如蓮居士編次

清乾隆六十年（乙卯 1795）刻本

5册

11.9×8.4。無界，半葉十行，行二十五字。左右雙邊，白口，單黑魚尾。魚尾上題“反唐演傳”，下記卷次、回目及葉數。文内有細字批點。卷端題“新刻異説反唐演傳卷之一 姑蘇如蓮居士編次”，卷末題“異説反唐演傳卷之一終”，或“反唐演傳卷之某終”，或“新刻異説反唐演傳卷之某終”，目録題“新刻異説反唐演傳目録 姑蘇如蓮居士編輯”，裏封題“鐵丘墳續南唐 乙卯秋新鐫 繡像反唐前後合集”。

按，《中國通俗小説書目》第53葉“異説反唐演傳”條收録的十卷一百回本爲清嘉慶二十一年（丙子 1816）重刻本，卷端題“新刻異説反唐演義傳 姑蘇如蓮居士編輯”，首有清乾隆十八年（癸酉 1753）如蓮居士序。與嘉慶本相較，此本在版式上與之相近，但刊刻時間顯然要早些。此本裏封題“乙卯秋新鐫”，嘉慶朝無“乙卯”，“乙卯秋”蓋清乾隆六十年（乙卯 1795）秋。《中國古代小説總目（白話卷）》第491—492葉“異説反唐全傳十四卷一百四十回”條下云：“本書以十卷一百回的簡本爲流行本”，則此本爲簡本之早期刻本。

新刻異說反唐演傳卷之一

姑蘇如蓮居士編次

第一回

兩遼王安葬白虎山　狄仁傑拒色臨青店

詩曰開卷遺篇演大唐　忠良奸佞詐和賢

巍巍薛氏留青史　幹藝皇家取後綿

道部書乃是薛剛大鬧花燈打死皇子驚崩聖駕三祭鐵丘墳保駕廬陵王中興大唐天下全部傳記話說征西元帥兩遼王薛丁山同夫人樊梨花平了西涼收拾人馬擇日班師先一日親唐國王納羅大排筵席餞行衆功勳皆入席飲酒

增異説唐秘本全傳　十四卷六十八回　　曼153

（清）題鴛湖漁叟編

清末刻本

14册2本

11.6×9。無界，半葉十二行，行二十一字。四周單邊，白口，單黑魚尾。魚尾上題“説唐全傳”，下記卷次及葉數。卷端題“增異説唐秘本全傳卷之一”，卷八題“新刻增異説唐全傳卷之八”，目録題“新刻增異説唐全傳目録”，裏封題“評點唐集全備 説唐演傳 堂藏板”（堂號已被剜去）。

鴛湖漁叟序。

按，《中國通俗小説書目》第51葉和《中國古代小説總目（白話卷）》第358葉皆收録了《説唐演義全傳》六十八回，未收此本。考題作“新刻增異説唐全傳”者凡十四卷，今殘卷藏倫敦圖書館；題作“增異説唐秘本全傳”者有維京堂刻本，藏天津圖書館。此本兼有二題名，刊刻蓋在清末，惜刊刻地已被剜去一部分。

新刻增異説唐全傳卷之八

第三十六回　氷打瓊花識天運　劍誅異果避凶星

詩曰

謾道瓊花仙卉奇　隋煬淫樂蹈危機
不知忘國皆因色　蕭后風流豈得宜

當下秦叔寶失去虎頭鎗不覺大驚下馬叫道千歲恕小將之罪元覇也下了馬連忙扶住叔寶叫道恩公休得吃驚承蒙恩公救了我一家性命生死不忘豈敢害恩公恩公快去取鎗來叔寶應道是走上前數步方纔望見拋去不覺有數十步遠忙去取來拾在手中猶如彎弓一般將來遞與元覇元覇接來將手一勒就必直

新刻增異説唐後傳　十一卷五十五回　曼159/157

（清）無名氏編

清嘉慶間福文堂刻本

11册2本

子目：

1.羅通掃北前後傳三卷十五回；

2.仁貴征東説唐後傳八卷四十回。

11.9×9。無界，半葉十二行，行二十一字。四周單邊，白口，單黑魚尾。魚尾上題“説唐後傳”，下記卷次及葉數。此書由兩部分組成：《羅通掃北》（即本書卷一至卷三）：卷端題“增異説唐秘本後傳卷之一”，末題“新增異説唐後傳第”；卷二、卷三題“新刻增異説唐後傳卷之二”，末題“新刻增異説唐后傳卷之三 第十五回”；目録題“新刻大唐後傳羅通掃北全本演義目録”，末題“新鑑羅通掃北目録終”，裹封題“後唐演義 内附困揚城 羅通掃北前後傳 福文堂藏板”。《仁貴征東》（卷四至卷十一）：卷端題“新刻增異説唐後傳卷之四”，目録題“新刻薛仁貴征東説唐後傳演義目録”，圖像下書口或題“福文堂”。裹封題“内附蓋蘇文 仁貴征東説唐後傳 □□堂藏板”（堂號已失）。

《仁貴征東》首清乾隆元年（丙辰 1736）如蓮居士後序。附像5幅。

按，從内容上看，此書由《羅通掃北》和《仁貴征東》兩部分組成，但該館却分别配以“曼159”“曼157”兩個索書號，今將之合併著録。

《中國通俗小説書目》第52葉“新刻增異説唐後傳五十五回”條下收録了清乾隆三十三年（戊子 1768）鴛湖最樂堂發兑本，乾隆四十八年（癸卯 1783）観文書屋刻本，嘉慶六年（辛酉 1801）會文堂刻本、桐石山房刻本等四個版本，並云：“清無名氏撰，封面署‘鴛湖漁叟較訂’。”《中國古代小説總目（白話卷）》第357葉“説唐演義後傳（説唐後傳、後唐全傳）五十五回 清鴛湖漁叟撰”條下除收録以上鴛湖最樂堂、觀文書屋、桐石山房等刻本外，還收録了清乾隆三年（戊午 1738）姑蘇緑慎堂刻本、咸裕堂刻本等兩個版本。《小説書坊録》第44葉“福文堂”條僅收録了道光十八年（戊戌 1838）刻的六卷四十二回本《薛仁貴征東全傳》。以上三本書目皆未收録此本。

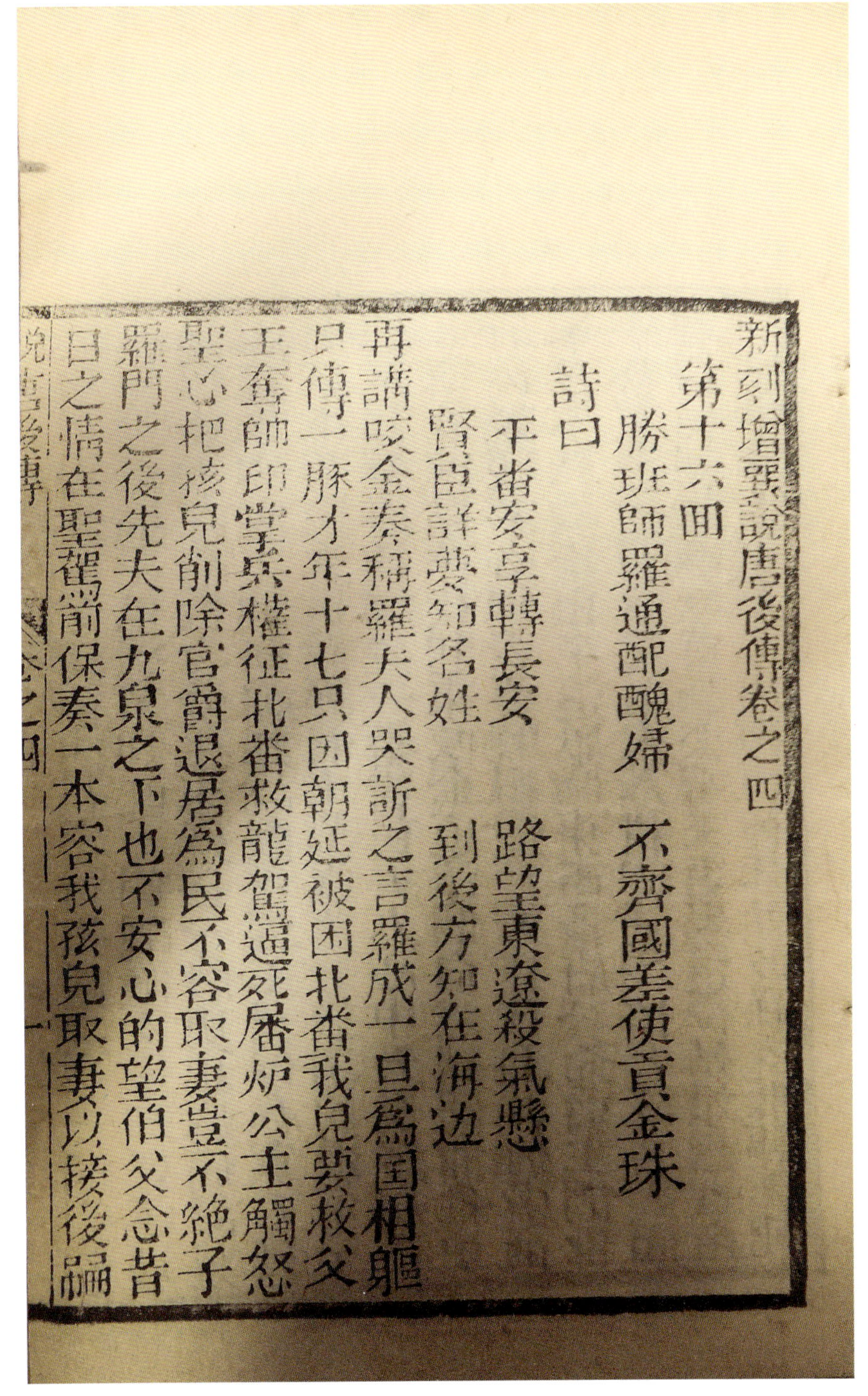

新刻增異說唐後傳卷之四

第十六回

勝班師羅通配醜婦　不齊國差使貢金珠

詩曰

平番安享轉長安　路望東遼殺氣懸

賢臣詳夢知名姓　到後方知在海边

再講咬金奏稱羅夫人哭訴之言羅成一旦爲国相軀只傳一脉才年十七只因朝廷被困北番我兒要救父王奪帥印掌兵權征北番救龍駕逼死屠炉公主觸怒聖心把孩兒削除官爵退居爲民不容取妻豈不絕子羅門之後先夫在九泉之下也不安心的望伯父念昔日之情在聖駕前保奏一本容我孩兒取妻以接後嗣

說唐後傳　卷之四　一

異説後唐三集薛丁山征西樊梨花全傳 十卷九十回 曼158

（清）無名氏編，（清）題中都逸叟編

清嘉慶二十年（乙亥 1815）福文堂刻本

10册1本

11.9×9。無界，半葉十二行，行二十三字。四周單邊，白口，單黑魚尾。魚尾上題“三唐征西演義”，下記卷次及葉數。卷端題“異説後唐三集薛丁山征西樊梨花全傳卷一”，末題“異説後唐傳三集卷之一終”（卷五末題“説唐三集卷之五終”，卷十末題“新刻異説反唐征西全傳十卷終”），目録題“新刻異説後唐傳三集薛丁山征西樊梨花全傳”，裏封題“嘉慶二十年鐫 内附梨花掛帥 仁貴征西説唐三傳 福文堂梓 後續反周爲唐”。

如蓮居士三唐征西演義序。

按，此書首回云：“前言續成二回，仁貴大小團圓，今略叙後回，不能細還，諸君觀者請改整之。”據此可知該書是續仁貴征東而來，應該刊刻在“曼159”與“曼157”兩書之後。

序云：“前本因坊家失序，以致差訛，且自廬陵王以其具不列載，余于是乎搜尋原刻，更正增補，使聞者無憾於胸膈。今春告成，是爲序。”據此可知，此本是如蓮居士所刻，且爲重刻，其中“前本”即是明證。

《羅通掃北》中目録雖然標爲元貞利亨四集四卷十五回，但是正文却僅有三卷十五回，在回目安排上二者是有異的。

《中國通俗小説書目》第53葉和《中國古代小説總目（白話卷）》第528葉皆收録了《征西説唐三傳》（一名“異説後唐傳三集薛丁山征西樊梨花全傳”）十卷八十回本，未録此十卷九十回本。《小説書坊録》第44葉“福文堂”條收録了此本，但版本題作“嘉慶十二年刻”，可能是把“二十”誤作“十二”了。

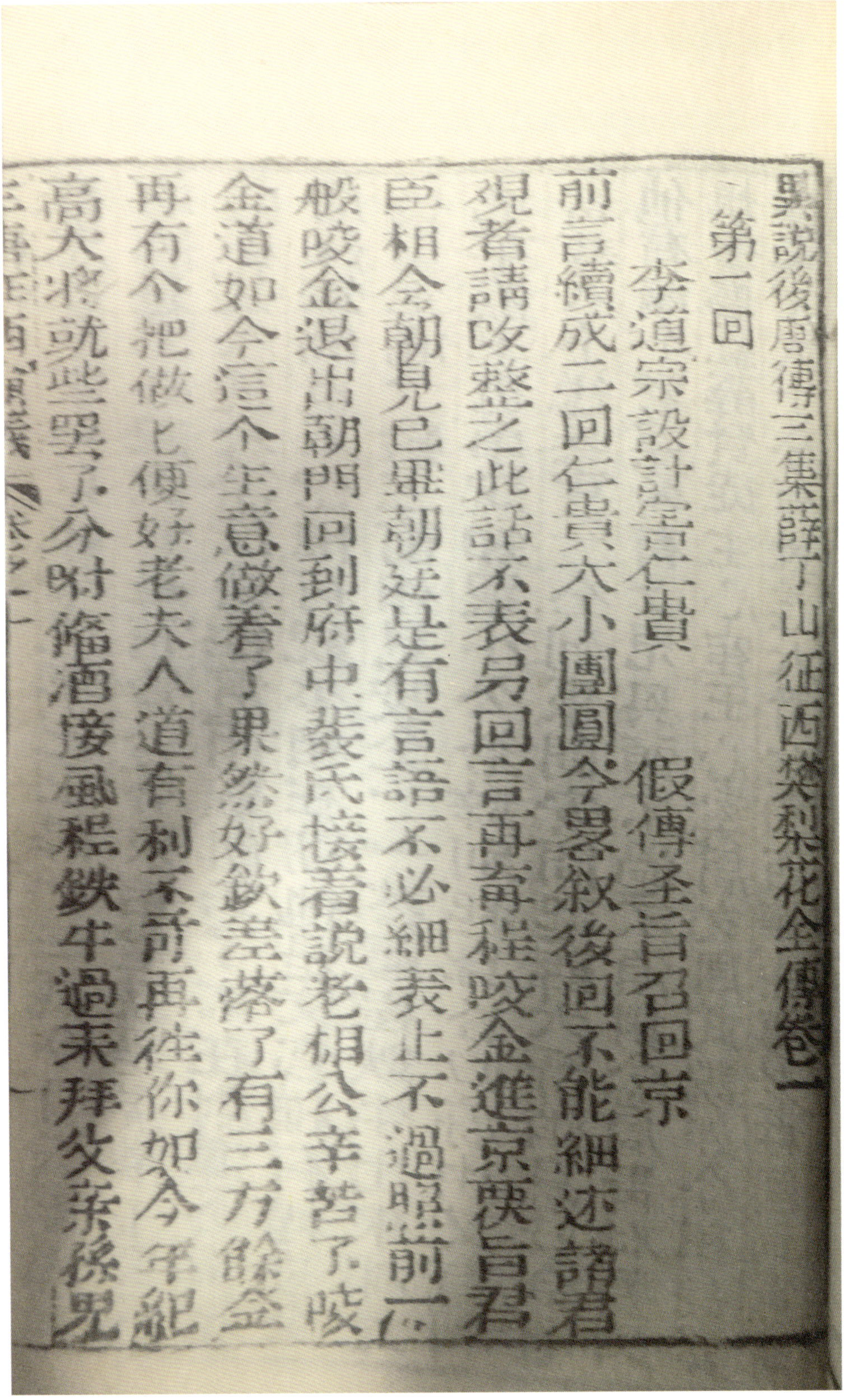

異說後唐傳三集薛丁山征西樊梨花全傳卷一

第一回

李道宗設計害仁貴　假傳圣旨召回京

前言續成二回仁貴大小團圓今畧叙後回不能細述諸君觀者請改整之此話不表另回言再有程咬金進京與旨君臣相会朝見已畢朝廷是有言語不必細表止不過照前一般咬金退出朝門回到府中裴氏接着說老相公辛苦了咬金道如今這个生意做着了果然好歡喜落了有三方餘益再有个把做乜便好老夫人道有利不可再往你如今年紀高大將就些罷了吩咐備酒接風程鐵牛過来拜父亲孫兒

新鍥後續繡像五虎平南狄青演傳六卷四十二回 曼161

（清）無名氏編

清道光二年（壬午 1822）會文堂翻刻清聖德堂本

6册1本

12.4×9。無界，半葉十行，行二十字。四周單邊，白口，單黑魚尾。魚尾上題"五虎平南傳"，下記卷次及葉數，下書口或題"正祖聖德堂"。文中有墨釘。卷端題"新鍥後續繡像五虎平南狄青演傳卷之一 桃"，卷二題"新鍥後續繡像五虎平南狄青後傳卷之二 紅"，卷三題"新鍥繡像五虎平南狄青後傳卷之三 復"，卷四題"新鍥繡像後續五虎平南狄青演傳之四 含"，卷六題"新鍥後續繡像五虎平南狄青演義卷之六 雨"，卷六末題"五虎平南狄青後傳卷之六終"；像魚尾上題"五虎平南"，下題"像"及葉數，下書口題"聖德堂"，目録題"新鍥繡像五虎平南狄青後傳目録一""禪山聖德堂梓行"，裏封題"道光壬午年鐫 内附楊文廣掛帥 繡像五虎平南後傳 會文堂梓"。

附像贊14幅。

卷六末有識語。

按，此本下書口題"正祖聖德堂"，蓋即此本之底本，南京大學圖書館有藏，題"清聖德堂刻本"。然檢《小説書坊録》第226葉於"正祖聖德堂"下僅收録《新刻增異説唐全傳》十四卷，未收此本。

《中國通俗小説書目》第61葉收録了同文堂刻本和寶華順刻本，未録此本。《中國古代小説總目（白話卷）》第403葉"五虎平南後傳六卷四十二回"條下收録了此本，爲大英博物館所藏。此外還收録了此書存世最早的版本即清嘉慶十二年（丁卯 1807）聚錦堂刻本，日本東京大學東洋文化研究所倉石文庫藏。《小説書坊録》第50葉"會文堂"條僅收録此本。

新鍥後續繡像五虎平南狄青演傳卷之一　桃

第一回

南天國差臣進表　平西王夜燕觀星

詩曰

暴戾邊夷屢不和　貪吞疆土動干戈
擾攘未息兵遭困　征役無休將士磨

却說前書五虎將征服西域邊夷奏凱班師回朝見
主論功賜爵俱受王封當時各將士仝告駕榮旋謁
祖仁宗天子准奏各賜榮歸故土限以三年爲滿期
期滿之日仍復回朝伴駕仝保江山後話休題再考

福文堂批點殘唐五代史演義傳 六卷六十回

曼154

（明）羅本編，（明）湯顯祖評

清嘉慶七年（壬戌 1802）禪山書坊福文堂刻本

6册1本

12.5×9。無界，半葉八行，行二十一字。四周單邊，白口，單黑魚尾。魚尾上題"殘唐五代傳"，下記卷次及葉數。卷端題"福文堂 批點殘唐五代史演義傳卷之一""貫中羅本編輯 若士湯顯祖批評"，卷二題"鐫玉茗堂批點殘唐五代史演義傳卷之二"，目録題"玉茗堂批點殘唐五代史演義傳目録"（魚尾上題"殘唐傳"），序末題"乾隆四十七年孟秋禪山書坊福文堂新刻"，裏封題"玉茗堂批評 壬戌年新鐫 繡像殘唐五代全傳 福文堂藏板"。

每回末有卓吾子評語，蓋委託。附像10幅。

周之標殘唐五代史傳序。

按，裏封題"壬戌年新鐫"，而序末題"乾隆四十七年孟秋禪山書坊福文堂新刻"，考乾隆四十七年（1782）爲壬寅年，壬戌年爲嘉慶七年（壬戌 1802），故知此本乃福文堂據乾隆四十七年（壬寅 1782）本重刊，故云"新鐫"。

孫楷第《中國通俗小説書目》第54葉著録該書，其中云"坊刻十二卷本 題貫中羅本編輯，首長洲周之標君建序"，此本爲六卷本，與之略異。《小説書坊録》第43葉著録該坊，但無此書，《中國古代小説總目（白話卷）》第24葉著録該書多種版本，未及此本。

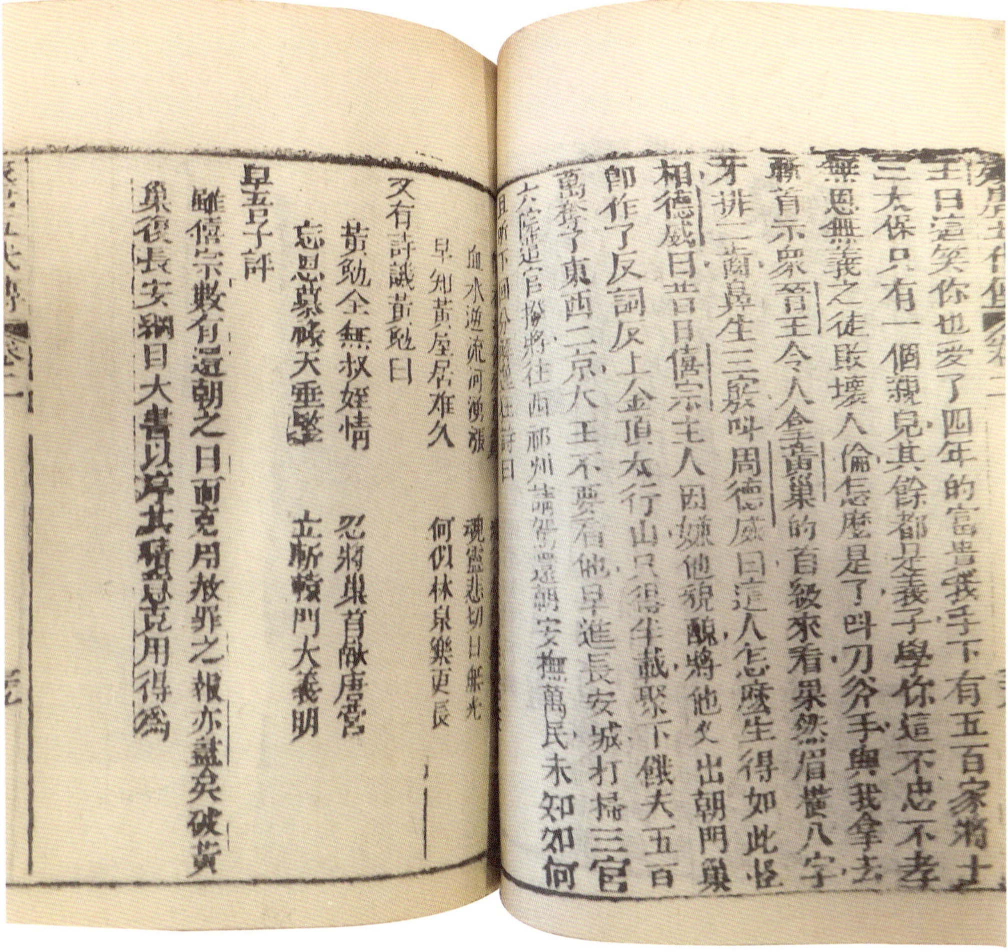

王曰這笑你也受了四年的富貴我手下有五百家將士三太保只有一個親兒其餘都是義子學你這不忠不孝無恩無義之徒敗壞人倫怎麽是了叫刀斧手與我拿去斬首示衆晉王令人拿黃巢的首級來看果然眉豎八字牙排二齒鼻生三竅叫周德威曰這人怎麽生得如此惡相德威曰昔日僖宗主人因嫌他貌醜將他叉出朝門巢郎作了反詞反上金頂太行山只得半載聚下傑夫五百萬奪了東西二京大王不要看他早進長安城打掃三宮六院迎官接將往西邠州請駕還朝安撫萬民未知如何且聽下回分解　後人有詩曰

血水逆流河漲張　魂靈悲切日無光
早知黃巢居難久　何似林泉樂更長

又有詩譏黃巢曰

黃巢全無叔姪情　忍將巢首獻唐宮
忘恩辜義天垂鑒　立斬轅門大義明

卓吾子評

雖僖宗數有還朝之日而克用赦罪之報亦盡矣破黃巢復長安綱目大書以存其績是克用得爲

南北宋志傳　二十卷一百回　　曼R45429a/R45429b

（清）題研石山樵訂正，（清）題織里畸人校閲

清雍正十二年（甲寅 1734）翰香堂刻巾箱本

10册

子目：

1.新鐫玉茗堂批評按鑑參補出像南宋志傳十卷五十回；

2.新鐫玉茗堂批評按鑑参補出像北宋志傳十卷五十回。

11.5×8.8。無界，半葉十行，行二十三字。左右雙邊，白口，單黑魚尾。魚尾上題“南宋志傳”或“北宋志傳”，下記卷次及葉數。文内有墨筆細字批點。《南宋志傳》：卷端題“新鐫玉茗堂批評按鑑叅補出像南宋志傳卷一”“研石山樵訂正 織里畸人校閲”；《北宋志傳》：卷端題“新鐫玉茗堂批評按鑑叅補出像北宋志傳卷一”“研石山樵訂正 織里畸人校閲”。裏封題“甲寅年新鐫 南北宋志傳 翰香堂藏板”。

織里畸人於玉茗堂所書南宋志傳序，明萬曆四十六年（戊午 1618）玉茗主人北宋志傳序。

按，孫楷第《中國通俗小説書目》卷二第55葉著録的“明葉崐池刊玉茗堂批點本”，撰者姓氏及序文均同此本，惟書名及每葉行數有異。孫氏云：“此爲蘇州刊本，今通行本皆從此本出”，據此，此本亦出自蘇州刻本。《中國古代小説總目（白話卷）》第236葉著録此書。《小説書坊録》有“翰香樓”，但無録此堂號。

此本“玄”“鉉”“胤”皆缺筆，“弘”字不缺，故知其爲雍正間刻本，裏封所題“甲寅”，蓋爲清雍正十二年（1734）。

《南宋志傳》之目録誤將“卷之十”刻成了“卷之六”。

此二書爲合刻書，故不能依卷端定題名，今據裏封確定正題名。

行程数日已望汴京不遠朱之君臣預聞提音帝先着柴玉一派文臣出郭迎接宗保望柴玉來到下馬候問柴玉近前手携上馬並轡入城翼日乃朝見真宗真宗面慰之曰卿為朕遠涉風塵成功不易宗保頓首奏曰臣賴陛下洪福平定西番以取圖與以献屬州十四縣二百戶口一萬八千租賦四百石珍奇異物三十餘車帝顏大悅以所献俘俱發無佞府處置因謂侍臣曰楊門女將俱有功于朝廷朕當論功陞賞以旌其忠柴玉曰此国家之盛典理合施行帝遂下勅加封楊宗保上柱国大將軍呼延顯等俱封興禁節度使周夫人忠国副將軍八娘九妹等俱封翊運副將軍仍令有司于

南北宋志傳　二十卷一百回　曼160

（清）題研石山樵訂正，（清）題織里畸人校閲

清嘉慶二十三年（戊寅 1818）年永聯堂刻本

10册2本

子目：

1.新鐫玉茗堂批評按鑑參補出像南宋志傳十卷五十回；

2.新鐫玉茗堂批評按鑑參補出像北宋志傳十卷五十回；

11.5×8.9。無界，半葉十行，行二十三字。左右雙邊，白口，單黑魚尾。魚尾上題"南宋志傳"或"北宋志傳"，下記卷次及葉數。行間有細字批語。《南宋志傳》：目録題"新鐫玉茗堂批點按鑑叅補出像南宋志傳總目"，卷端題"新鐫玉茗堂批評按鑑叅補出像南宋志傳卷一""研石山樵訂正 織里畸人校閲"，卷二題"新鐫玉茗堂批點按鑑叅補出像南宋志傳卷二"，末題"鐫玉茗堂批點按鑑叅補出像南宋志傳卷二"；《北宋志傳》：目録題"新鐫玉茗堂批點按鑑叅補出像北宋志傳總目"，卷端題"新鐫玉茗堂批評按鑑叅補出像北宋志傳卷一""研石山樵訂正 織里畸人校閲"，末題"北宋志傳卷一終"，卷二題"新鐫玉茗堂批點按鑑叅補出像北宋志傳卷二"。裏封題"戊寅年新鐫 南北宋志傳 永聯堂"。

織里畸人南宋志傳序，明萬曆四十六年（戊午 1618）玉茗主人北宋志傳序。

按，南宋志傳目録葉題作六卷，誤。

觀此本之版式字體，大概亦清嘉慶道光間所刊，裏封題"戊寅"，當即嘉慶二十三年（戊寅 1818）。中山大學圖書館藏有"歷朝詠五條詩選箋注"一書，裏封題"道光三年重鐫 永聯堂行板"亦是其證。

《中國通俗小説書目》第55葉收録的"明業崐池刊玉茗堂批點本"，書名題作"新刻玉茗堂批點繡像南北宋傳"，爲"研石山樵訂正，織里畸人校閲"，"半葉十行，行二十字。南宋序署'織里畸人書於玉茗堂'，北宋序署'萬曆戊午玉茗主人

題'。"孫氏云："此爲蘇州刻本，今通行本皆從此本出。"本目所録之本撰者、書名及行款與之略同，或祖是本。《中國古代小説總目（白話卷）》第236葉"南北宋志傳二十卷"條下收録了多種版本，但未收此嘉慶永聯堂刻本，《小説書坊録》亦未收"永聯堂"這一書坊。

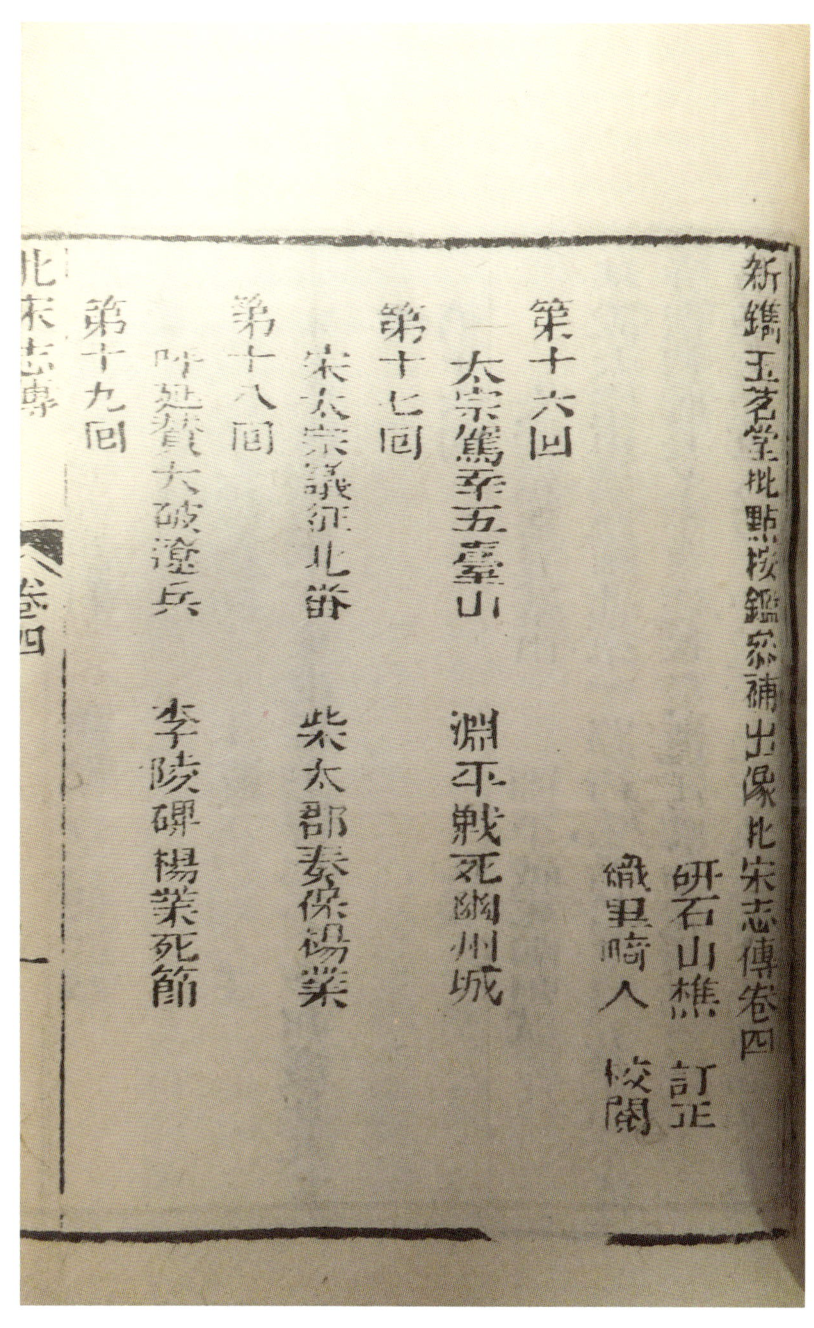
新鐫玉茗堂批點按鑑參補出像北宋志傳卷四

研石山樵 訂正

織里畸人 校閲

第十六回

太宗駕幸五臺山 淵平戰死幽州城

第十七回

宋太宗議征北番 柴太郡奏保楊業

第十八回

呼延贊大破遼兵 李陵碑楊業死節

第十九回

北宋志傳 卷四

第五才子書水滸傳　七十五卷七十回　曼146

（明）施耐庵撰，（清）金聖嘆評

清雍正十二年（甲寅 1734）芥子園重刻本

20册3本

12.5×9。無界，半葉十一行，行二十三字。左右雙邊，白口，單黑魚尾。魚尾上題"第五才子書"，下記卷次及葉數，下書口題"芥子園"。卷端題"第五才子書水滸傳卷之一"，卷一末題"雍正拾貳年七月中元日重刊"，裹封題"聖嘆外書 施耐庵先生水滸傳 繡像第五才子書 芥子園藏板"。

每回前有聖嘆外書，文内有聖嘆葉批。附像贊40幅。

清雍正十二年（甲寅 1734）句曲外史序。

此書凡七十五卷：卷一爲金聖嘆三序，卷二宋史綱和宋史目，卷三讀第五才子書法，卷四施耐庵水滸傳序（第三行云"貫華堂所藏古本水滸傳前自有序一篇今録之"），卷五楔子，卷六至卷七十五正文。附像贊44幅。

按，據句曲外史序可知，該本之底本爲明崇禎十四年（辛巳 1641）貫華堂刻本。

孫楷第《中國通俗小説書目》第216葉"金人瑞删定水滸傳七十回"條下云："芥子園袖珍本有雍正甲寅勾曲外史序"，其中"甲寅"即清雍正十二年（甲寅 1734），其實即本目所收之本。《中國古代小説總目（白話卷）》第355葉亦有收録。從版本上看，此本並不精良。

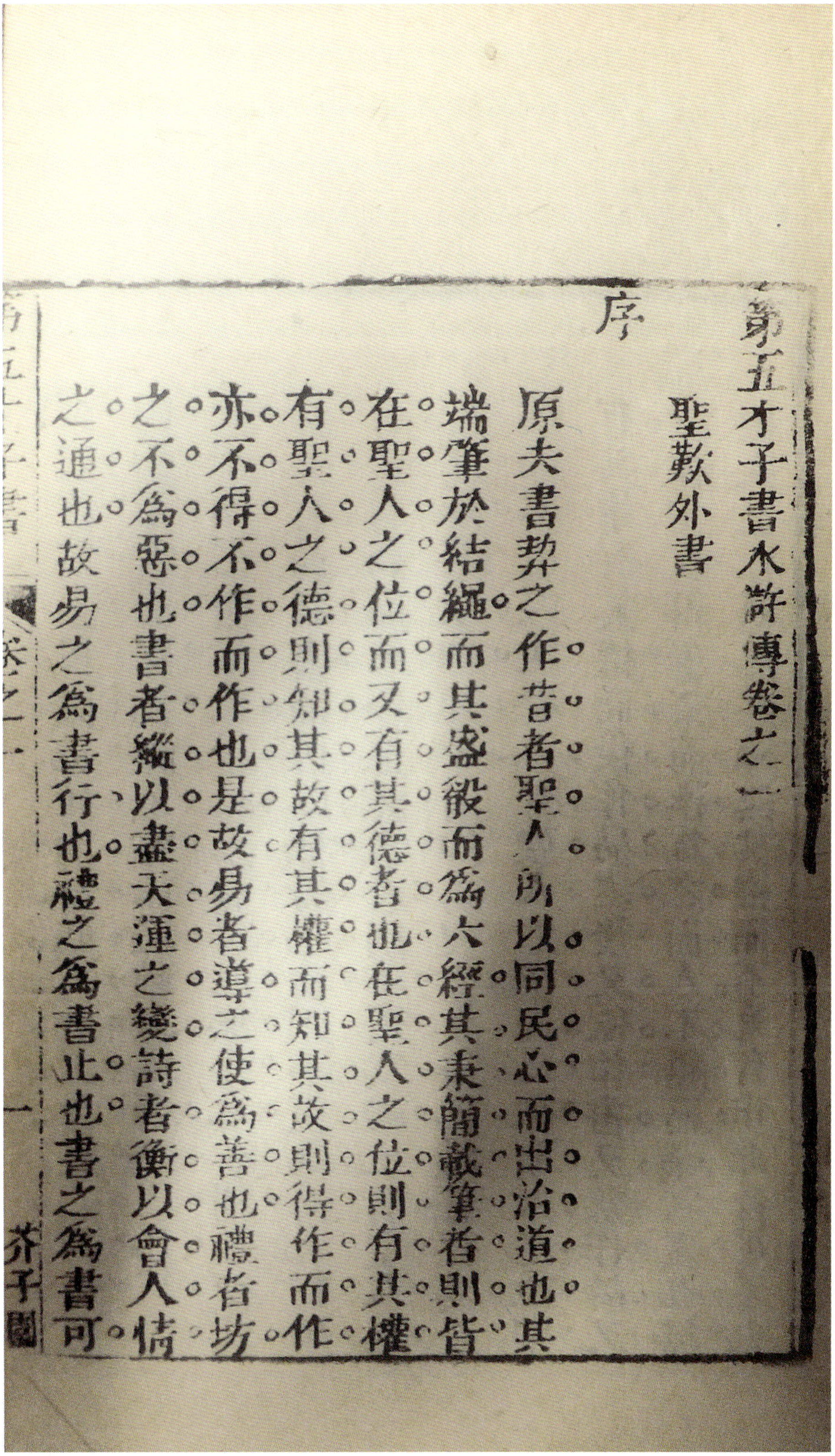

第五才子書水滸傳卷之一

聖歎外書

序

原夫書契之作昔者聖人所以同民心而出治道也其端肇於結繩而其盛殽而爲六經其秉簡載筆者則皆在聖人之位而又有其德者也在聖人之位則有其權有聖人之德則知其故有其權而知其故則得作而作亦不得不作而作也是故易者導之使爲善也禮者坊之不爲惡也書者縱以盡天運之變詩者衡以會人情之通也故易之爲書行也禮之爲書止也書之爲書可

增訂精忠演義説本全傳　九集八十回　曼152

（清）錢彩撰

清嘉慶六年（辛酉 1801）福文堂刻本

10册1本

11.6×8.8。無界，半葉十二行，行二十一字。四周單邊，白口，單黑魚尾。魚尾上記書名，下記卷次（或“卷幾幾集”或“幾回”）及葉數，下書口或題“福文堂”（如卷一第一回、第十一回）。卷一卷端題“增訂精忠演義説本全傳卷之一”，以下諸卷題名不一：卷二至四卷端僅題“第幾回”，卷五卷端題“第三十九回　五卷一集”，卷六卷端題“增訂精忠演義説本全傳六卷一集”，末題“新訂精忠演義説本全傳六卷之十四終”，卷七卷端題“增補精忠演義説本全傳”，卷八、九卷端題“增訂精忠演義説本全傳八卷一集”。裏封題“嘉慶辛酉新鐫　仁和錢彩先生編次　説岳全傳　福文堂藏板”。

清乾隆九年（甲子 1744）金豐序。

按，《中國通俗小説書目》第60葉所録爲二十卷八十回本，有通行大字本和石印本兩個版本，未録此本。《小説書坊録》第44葉“福文堂”條著録了此本，惜無藏地。《中國古代小説總目（白話卷）》第359葉亦未收此本，但據稱此書所存最早刻本爲清嘉慶三年（戊午 1798）本衙藏板本，半葉十行，行二十字，國家圖書館藏。此本則較之略晚，亦屬罕見。

增訂精忠演義說本全傳卷之一

第一回

天遣赤鬚龍下界
佛謫金翅鳥降凡

三百餘年宋史中間南北縱橫鬬將二帝事許論忠義堪悲堪歎。忠義炎天霜露奸邪秋月痴蠅忽榮忽辱總虛名怎奈黃粱不醒 右調西江月

詩曰

五代干戈未肯休　黃袍加體始無憂
那知南渡偏安主　不用忠良萬姓愁

自古天運循環有興有廢在下這一首詩却引起一部南宋精忠武穆王盡忠報國的話頭且說那殘唐五代

續英烈傳　五卷三十四回　曼R45432

（明）紀振綸編

明末勵園書室刻本

5册

17.3×11.4。無界，半葉九行，行二十一字。左右雙邊，白口，單黑魚尾。魚尾上記書名，下記卷次、章回次及葉數。卷端題“續英烈傳卷之一”“空谷老人編次”，裏封題“秦淮墨客編輯 續英烈傳 玉茗堂批點 勵園書室梓”。

秦淮墨客序。

按，秦淮墨客、空谷老人皆爲明人紀振綸之號，他曾改編、刊印過《楊家通俗演義》《三桂記》等。裏封所題“玉茗堂”，蓋即校閲《南北宋志》的織里畸人、玉茗主人。

《中國通俗小説書目》第68葉，《中國古代小説總目（白話卷）》第468葉皆著録此書。

此本《古本小説集成》收録，乃影印自大連圖書館藏本。

續英烈傳卷之一

空谷老人編次

第一回

幸城南面試皇孫　承聖諭沮止傳賢

詩曰。治世從來說至仁。至仁治世世稱淳。
誰知一味仁之至。轉不如他殺伐神。
又曰。稱帝稱王自有真。何須禮樂與彝倫。
可憐正統唐虞主。翻作無家逝逸人。

嘗聞一代帝王之興。必受一代帝王之天命而後膺一

繡像京本雲合奇蹤玉茗英烈全傳十卷八十回 曼151

（明）徐渭編

清道光間福文堂刻本

10册1本

12.8×9.7。無界，半葉十二行，行二十四字。左右雙邊，白口，單黑魚尾。魚尾上題“雲合奇蹤”，下記卷次及葉數。卷端題“繡像京本雲合奇蹤玉茗烈全傳卷一”“稽山徐渭文長甫編”，末題“英烈全傳卷一终”，卷二題“繡像京本雲合奇蹤玉茗英烈全傳卷二”，目録題“新刻玉茗堂英烈全傳目録”，序下題“雲合奇踪”，裹封題“英烈演義 徐文長先生編輯 雲合奇蹤 繡像洪武全傳 板藏佛山鎮 福文堂發兑”。

附像贊44幅。

清道光十三年（癸巳 1833）蒲溪隱者洪武全傳序。

有複本一：索書號爲“曼R45434”，10册。

按，《中國通俗小説書目》第65—66葉“雲合奇蹤”條下云題作“徐渭文昌甫編”者有二本：一甲本，凡二十卷八十則。每回標題七言雙句，半葉十行，行二十字。存世者有明刻本。二乙本，凡十卷八十回。每回標題七言雙句，目録七言聯句，有東山主人序（末鈐“東山”“墨憨”兩印）。存世者有清懷德堂刻本、英德堂刻本、道光十七年（丁酉 1837）務本堂刻本等，其中前兩種皆有像無圖，半葉十行，行二十二字。又，《中國古代小説總目（白話卷）》第494葉收録了以上乙本中的三個本子，但略有出入，如孫氏云“七言雙句”，此則云“七言只句”。其又云：“又有改‘則’爲‘回’，改四言對句標題爲七言只句回目的本子。”此本即是。《小説書坊録》第43葉“福文堂”條收録此書，但未録此本。今觀此本皆不在以上諸本之内，雖爲十卷八十回，標題爲七言雙句，但無東山主人序而僅有蒲溪隱者序，末鈐“東山”“墨憨”兩印，行款亦異，故知此本是將原“東山主人”剜改爲“蒲溪隱者”，然鈐印並未删去，其或亦爲道光間刻本。末題“癸巳”或爲道光十三年（癸巳 1833）。又，序云：“《雲合奇蹤英烈傳》者，明人會稽徐文長之所排續而成者也……余改既爲校訂訛字，付諸剞劂，以供當代之采擇。”據此，此本爲蒲溪隱者所刊，其底本蓋即玉茗堂批點本。

繡像京本雲合奇蹤玉茗烈全傳卷一

稽山徐渭文長甫編

第一回　元順帝荒淫失政　地裂山崩倒太華

龍興虎奮居淮甸　際會風雲除僞亂　手提寶劍定山河
長驅鐵馬清民患　殺氣遮籠濠泗城　帝星正照鳳陽縣
四海英雄逐義起　萬國諸侯連策献　百戰功勞建大勲
千場汗馬征兇叛　血汗兩浙縛姦邪　尺滿三江擒賊漢
掃動妖氛天下寧　施張清氣乾坤變　功業皆從翰苑編
賢臣都入餅賢贊

却說從古到今。萬千餘年。變更不一。三皇五帝而後漢除秦暴赤手開基方得十代。有王莽自稱假皇帝敢行篡逆。幸有光武中。興建及靈献之朝。又有三分鼎足之事。五代之間。朝君暮仇

雲合奇蹤　卷之一　一

西遊真詮　一百回

曼226

（明）吴承恩撰，（清）陳士斌詮解
清芥子園刻本

4册20本

12.2×9.2。無界，半葉十行，行二十四字。左右雙邊，白口，單黑魚尾。魚尾上題“西遊真詮”，下記回數，下書口題“芥子園”。卷端題“西遊真詮 山陰悟一子陳士斌允生甫詮解”。裏封題“繡像 悟一子批評 金聖歎加評西遊真詮 芥子園藏板 丘長春真人證道書”。

圖像20幅，每圖有解説。

清康熙三十五年（丙子 1691）尤侗序。

按，孫楷第《中國通俗小説書目》第191葉著録“清乾隆庚子（四十五年）刊本，芥子園小本”等四種，並云“清陳士斌撰。首康熙丙子尤侗序。士斌字允生，號悟一子，浙江紹興府山陰縣人。”《中國古代小説總目（白話卷）》第418—419葉著録此書，云其略晚於《西遊證道書》，爲清代主要版本，但是並未著録此本。《小説書坊録》“芥子園”條第28葉收録此本，認爲是清雍正間刻本。今此本無明確刊刻時間，故暫時如是題版本。

繡像

悟一子批評

金聖歎加評西遊真詮

芥子園藏板

丘長春真人證道書

新刻鍾伯敬先生批評封神演義二十卷一百回 曼403

（明）許仲琳編輯，（明）題鍾惺撰

清乾隆四十七年（壬寅 1702）茂選樓刻巾箱本

20册1捆

12×8.7。無界，半葉十一行，行二十三字。四周單邊，白口，單黑魚尾。魚尾上題“封神演義”，下記卷次、回數及葉數。回目爲七言單句，每回末皆有“總批”“又批”字。卷端題“新刻鍾伯敬先生批評封神演義卷之一”，裏封題“鍾伯敬先生原本 乾隆壬寅新鐫繡像封神演義 茂選樓藏板”。

附圖像40幅。

清康熙三十四年（乙亥 1695）褚人獲序。

按，《中國通俗小説書目》第198葉“四雪草堂訂正本封神演義一百回”條收有此本，蓋爲四雪草堂之翻刻本。《中國古代小説總目（白話卷）》第77葉、《小説書坊録》第39葉皆收録此本。

第七回　費仲計廢姜皇后

詩曰

紂王無道樂温柔　日夜宣淫興未休
月色已西重進酒　清歌纔罷奏箜篌
養成讒虐三綱絶　釀就酗妝萬姓愁
諷諫難回流下性　至今餘恨鎖西樓

話言姜皇后听得音樂之声問左右知是紂王與妲已飲宴不覺點首歎曰天子荒淫萬民失業此取亂之道昨外臣諫諍竟遭慘死此事如何是好眼見成湯天下變更我身爲皇后豈有坐視之理姜皇后乘輦兩边排列宫人紅燈閃灼簇擁而來前

新刻鍾伯敬先生批評封神演義二十卷一百回　曼198

（明）題鍾惺撰

清嘉慶十八年（癸酉 1813）萬卷樓重刻本

20册3本

12×9.5。無界，半葉十一行，行二十三字。四周單邊，白口，單黑魚尾，魚尾上題“封神演義”，下記卷次、回數及葉數。回目爲七言單句，每回末皆有“總批”“又批”字。卷端題“新刻鍾伯敬先生批評封神演義卷之一”，裏封題“嘉慶癸酉重訂 萬卷樓梓行 繡像封神演義全傳”。

附像40幅。

清康熙三十四年（乙亥 1695）褚人獲序。

《中國通俗小説書目》第198葉“四雪草堂訂正本封神演義一百回”條云：“題‘鍾伯敬先生原本，四雪草堂訂正’……首康熙乙亥褚人獲序。”本目録有兩個版本屬於此版本系統。一爲“曼403”茂選樓本，見前條；一爲此萬卷樓本。兩本版式、行款及所附圖像、序文多同，前者刊印乾隆五十七年，較此本早，故頗疑其即此本之底本。又，《中國古代小説總目（白話卷）》第77葉“封神演義二十卷一百回”條收録了《封神演義》的多種版本，但無此版本。《小説書坊録》第43葉“金陵 萬卷樓”條未録此書。

新刻鍾伯敬先生批評封神演義卷之八

第三十六回　張桂芳奉詔西征

奉詔西征剖玉符　旛幢飄颻映長途
驚看黃鉞翻錢豹　再羨水花拂劍凫
張桂搶軍稱號異　風林打將仗珠殊
縱然智巧皆亡敗　無奈天心惡獨夫

話說晁雷離了西岐星夜進五關過澠池渡黃河往朝歌非止一日進了都城先至聞太師府來太師正在銀安殿閒坐忽報晁雷等令太師急令至簷前相問西岐光景晁雷答曰末將兵至西岐彼時有南宮适搦戰末將出馬大戰三十合未分勝敗兩家鳴金次日晁田大戰辛甲辛甲敗回連戰數日勝敗未分

全像金瓶梅第一奇書　一百回　曼147

（明）題蘭陵笑笑生著，（清）張竹坡評

清光緒間崇經堂翻刻康熙三十四年（乙亥 1695）謝氏刻本

20册4本

12.2×9.2。無界，半葉十一行，行二十五字。四周單邊，白口，單黑魚尾。魚尾上題“第一奇書”，下書口或題“崇經堂”（寓意、大略、讀法首葉或次葉下書口皆題，正文則或有題）。每回前皆有批評，文内皆有小字批注。無卷端題名，目録及上書口題“第一奇書”，“大略”題“皋鶴堂批評第一奇書金瓶梅”，裏封題“全像金瓶梅 彭城張竹坡批評 第一奇書 本衙藏板”。

附金瓶梅寓意説，西門慶家人名數附雜録，第一奇書非淫書論，竹坡閒話，雜録小引，第一奇書金瓶梅趣談，批評第一奇書金瓶梅讀法。附像贊20幅。

清康熙三十四年（乙亥 1695）謝頤皋鶴堂序。

按，此本無卷端，今據裏封題正題名。

《中國通俗小説書目》第132葉“張竹坡評金瓶梅一百回”條著録了“十一行，行二十五字本”，版心題“第一奇書”，有謝氏序，當即本目録所收之本。《中國古代小説總目（白話卷）》第167葉收録的張評本，除行款版式外，裏封、序文等皆與此本同，故知以上兩本當屬同一版本系統，惟刊印時間有先後之别而已。檢鄭州大學圖書館所藏張評本，半葉十一行，行二十二字，白口，四周單邊，裏封題“彭城張竹坡批點第一奇書金瓶梅姑蘇藏板皋鶴草堂梓行”。其中，“皋鶴草堂”爲謝頤（即張潮托名）室名，而謝氏又是惟一爲張評本作序之人，故知謝氏刻本應爲張評之第一刻本，以後諸本皆據之翻刻。此本亦不例外，其下廲口所題“崇經堂”便是最好的證據。《小説書坊録》第117葉“崇經堂”條下收録了此書和光緒十年刻《雙鳳奇緣》八卷，北京大學圖書館藏有此坊所刻的《好逑傳》，故可推知此本或亦刊於光緒年間。

第一回

此書單重財色故卷首一詩上解悲財下解悲色

一部炎涼書乃開首一詩並無熱氣信乎作者注意在下半部而看官益當知看下半部也

二八佳人一絕色也借色說人則色的利害比財更甚下文一朝馬死二句財也三杯茶作合二句酒也三寸氣在二句氣也然而酒氣俱串入財色內講故詩亦串入小小一詩句亦章法井井如此其文章爲何如

開講處幾句話頭乃一百回的主意一部書總不出此幾句然却是一起四大股四小結股臨了一結齊齊整整一篇文字斷落皆詳批本文下

金瓶梅　一百回　　曼369

（明）題蘭陵笑笑生著，（清）佚名譯

清康熙四十七年（戊子 1708）刻本（白棉紙，滿漢對譯）

40册5本

19.3×13.7。無界，半葉九行，行滿文九字。四周雙邊，白口，單黑魚尾。魚尾上記滿文書名，下題“第幾回”。卷端題“金瓶梅”及滿文對譯題名。無裹封。

清康熙四十七年（戊子 1708）序（滿文）。

按，此書從左往右翻閱。《全國滿文圖書資料聯合目録》第138葉，《世界滿文文獻目録（初編）》第49葉皆收有“金瓶梅一百回 康熙四十七年刻本 滿文 四十册”，當即此本。

洞

酒色財氣

七情六慾

純陽子祖師

呂岩

四部洲 上 八洞

唐國

第一回 二

新刻天花藏批評玉嬌梨　四卷二十回　　曼143

（清）題荻岸散人編

清乾隆四十七年（壬寅 1782）振賢堂刻本

4册1本

12.5×9。無界，半葉十一行，行二十一字。四周單邊，白口，單黑魚尾。魚尾上題“第三才子”，下記卷次、回目及葉數，下書口題“振賢堂”。文内行間有細字批注。卷端題“新刻天花藏批評玉嬌梨卷一”“第一回 荻岸散人編次”，裏封題“新刻玉嬌梨 批評玉嬌梨全傳 壬寅重訂 繡像第三才子書 振賢堂珍臧”。

附像10幅。

無序跋。

按，據《小説書坊録》第42葉可知，該書坊於清乾隆四十七年（壬寅 1782）曾刻過《玉嬌梨》。孫楷第《中國通俗小説書目》第152葉收録了“玉嬌梨小傳四卷二十回”凡三個版本，但無振賢堂本。《中國古代小説總目提要》第566葉收録此本，《中國古代小説總目（白話卷）》第508葉收録“乾隆四十七年禪山振賢堂《天花藏》合刊本，壬寅振賢堂藏板《天花藏》合刊本”，可能爲同一版本，其合刊書即《平山冷燕》，遼寧圖書館收藏。此本裏封題“壬寅重訂”，疑即所謂“壬寅振賢堂藏板”本。

天花藏批評玉嬌梨卷二

第五回

窮秀才辭婚富貴女

詩曰閒採青史弔千秋誰假誰真莫細求達者兒談皆可喜痴人說夢亦生愁事關聖賢偏多闕話引齊東轉不休但得自留雙耳在是非明朗在心頭

話說蘇友白自從考得一個案首又添了許多聲名人家見他年少才高人物俊秀凡是有女之家無不願他爲壻蘇友白常自嘆道人生有五倫我不幸父母早亡（自不幸論然必真才子可作此想）又無兄弟五倫中先失兩倫君臣朋友間遇合有時若不娶個絕色佳人爲婦則是我蘇友白爲人在世一塲

新鐫批評繡像玉嬌梨小傳　二回　曼144

（清）題荻岸散人編

1829年勒瓦瑟刻石堂石印本

1册

17.4×10。半葉九行，行二十四字。四周雙邊，白口，單黑魚尾。魚尾上記書名，下記回目及葉數。天頭另加一欄記正文中俗字、異體字之正字等。卷端題"新鐫批評繡像玉嬌梨小傳 荑秋散人編次"，裹封題"己丑年鐫 欒城臣子筆 玉嬌梨 刻石堂藏板"。外封及襯葉皆有法文，可識者有"IU KIAO LI""PARIS,1829."等。

清道光九年（己丑 1829）勒瓦瑟寫的法文出版前言。

按，李曉非、王若《新發現刻石堂版〈玉嬌梨〉》（《明清小説研究》，1991年第3期）對此書版本有詳細論述，可參考。該本大連圖書館收藏。

處二燒七願十兒二十三臨二十四
美十二塊十五顔十六
然十六
歡一愛三眞十四眉十六
聰四歲九
隨十四寫二十著十五
氣四陰九陽十爽十二
能九書八
酒一家二十

各處求神拜佛、燒香許願、直到四十四上、方生得一個女兒、臨生這日、白公夢一神人賜他美玉一塊、顔色紅赤如日、因取乳名叫做紅玉、白公夫妻因晚年無子、雖然生個女兒、却也十分歡喜愛惜。這紅玉生得姿色非常、真是眉如春柳、眼湛秋波、更兼性情聰慧、到八九歲、便學得女工針指、件件過人、不幸十一歲上、母親吳氏先亡過了、就每日隨着白公讀書寫字、果然是山川秀氣所鍾、天地陰陽不爽、有百分姿色、自有百分聰明、到得十四五時、便知書能文、竟已成一個女學士、因白公寄情詩酒、日日吟咏、故紅玉小姐于詩詞一道、尤其所長、家居無事、往

新刻天花藏批評平山冷燕　四卷二十回 曼145

（清）題荻岸散人編

清末福文堂翻刻乾隆四十七年（壬寅 1782）振賢堂刻本

4册1本

12.5×9。無界，半葉十一行，行二十一字。四周單邊，白口，單黑魚尾。魚尾上題“第四才子”，下記卷次、回目及葉數，下書口題“振賢堂”。卷端題“新刻天花藏批評平山冷燕卷一”“第一回　荻岸散人編次”，卷四末題“新刻第四才子平山冷燕卷之四終”，外封題“平山冷燕　天花藏批評全傳　壬寅新鋟　繡像第四才子書　福文堂珍臧”。

附像10幅。

無序跋。

按，此本版式同“曼143”，下書口題“振賢堂”，故知其爲翻刻本。

《中國通俗小説書目》第152葉“平山冷燕二十回”條下和《小説書坊録》“福文堂”條下皆未收此本。《中國古代小説總目（白話卷）》第257葉收録，云：“乾隆四十七年禪山振賢堂刊本《天花藏》（與《玉嬌梨》合刻）四卷二十回，有圖，藏遼寧圖書館。振賢堂刊本題‘《天花藏》四卷二十回’，圖五葉，正文半葉十一行，行二十一字，藏日本東京大學東洋文化研究所倉石文庫。”

新刻天花藏批評平山冷燕卷一

第一回　　荻岸散人編次

太平世才星降瑞

詩曰

富貴千秋接踵來。古今能有幾多才。
靈通天地方遺種。秀奪山川始結胎。
兩兩雕龍誠貴也。雙雙咏雪更奇哉。
人生不識其中味。錦繡衣冠土與灰。

又曰

道德雖然立大名　風流行樂要才情
花看潘岳花方艷　酒醉青蓮酒始靈

義俠好逑傳　六卷十八回　曼432

（清）題名教中人編，（清）題游方外客批評
清嘉慶十一年（丙寅 1806）福文堂刻本

4册

12×9。無界，半葉十一行，行二十二字。四周單邊，白口，單黑魚尾。魚尾上題“好逑傳”，下題“第幾卷”（或卷幾、幾卷）及葉數，卷二首兩葉下書口題“福文堂”，卷三首兩葉下書口題“聖德堂”。卷端題“義俠好逑傳”“名教中人編次 游方外客批評”，目録題：“義俠好逑傳目録”（上書口題“好逑傳”，下書口題“福文堂”），外封題“精刊古本兩才子書 好逑傳 嘉慶丙寅年鐫 福文堂藏板”。

按，此書目録與正文回目有出入，正文第一至三回爲第一卷，第四至六回爲第二卷，第七至九回爲第三卷，第十至十二回爲第四卷，第十三至十五回爲第五卷，第十六至十八回爲第六卷，目録則僅有四卷，頗疑此爲翻刻時出現的錯誤。此本疑即翻刻自聖德堂本，卷三首兩葉下書口所題並未被抹去。

《中國通俗小説書目》第152葉“玉嬌梨小傳四卷二十回”條下，《中國古代小説總目（白話卷）》第103葉皆未收録此本。《小説書坊録》第43葉“福文堂”條，第226葉“聖德堂”條皆無此書。由此可知，此本雖然刊刻不精，但却是該書的稀見之本。

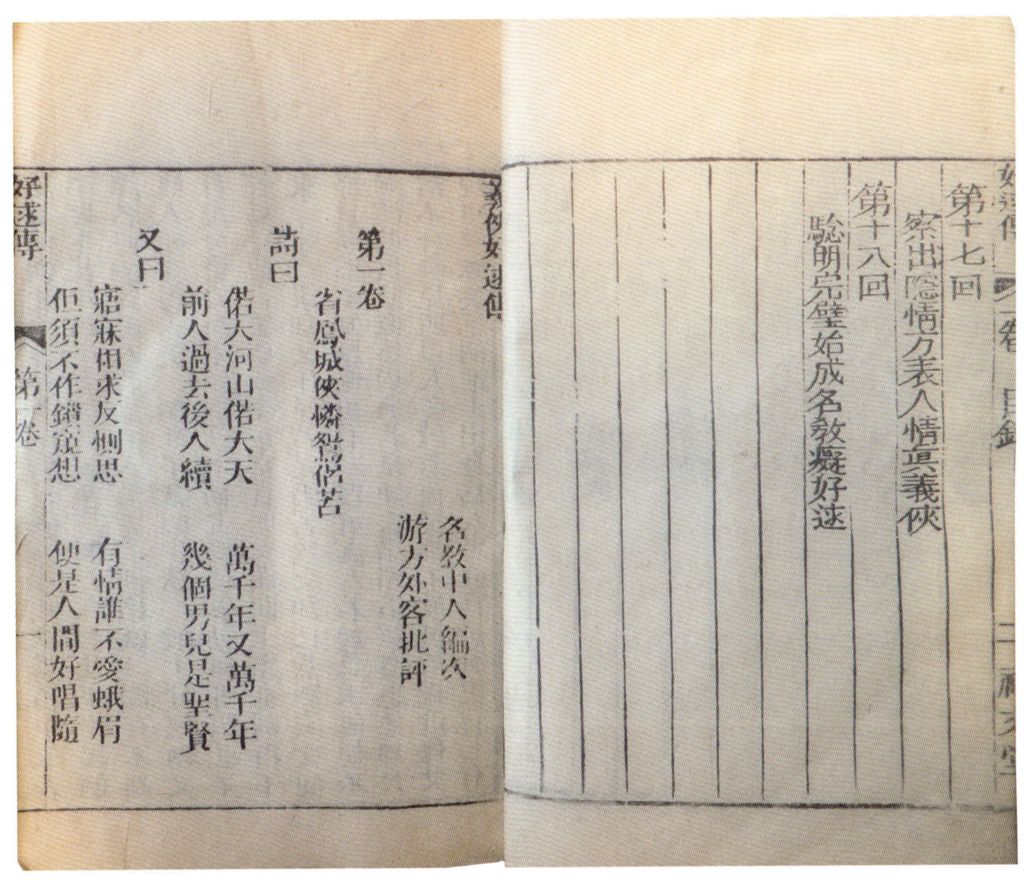

紅樓夢　一百二十回　　曼149

（清）曹雪芹撰

清道光二年（壬午 1822）東觀閣刻道光十年（庚寅 1830）儲英堂重刻本

20册5本

13.7×9.5。無界，半葉十行，行二十二字。四周單邊，白口，單黑魚尾。魚尾上題“紅樓夢”，下記回目及葉數。行間有圈點、批注。卷端題“紅樓夢第一回”，裏封題“道光庚寅重鐫 東觀閣梓行 儲英堂藏板 新增批評繡像紅樓夢”。

附像贊24幅。

東觀主人識，清乾隆五十六年（辛亥 1791）高鶚序，程偉元序。

按，《中國通俗小説書目》第137葉“高鶚增補一百二十回本紅樓夢”條僅云：“坊刻百二十回本，多從此本出。”《小説書坊録》第49葉“儲英堂”條收録了“清道光十年刻《紅樓夢》一百二十回”本，疑即此本。《中國古代小説總目（白話卷）》第115葉云“程甲本系統的白文本，主要有東觀閣刊本、藤花榭刊本……東觀閣刊本，一百二十回……此是程甲本最早的翻刻本……屬於東觀閣刊本的系統的，有本衙藏板、抱青閣刊本、東觀閣重刊本……東觀閣重刊本有三種：（1）嘉慶十六年（辛未 1811）重刊本，（2）嘉慶二十三年（己卯 1818）重刊本，（3）道光二年（壬午 1822）重刊本”，而在屬於清道光二年（壬午 1822）重刊本系統的諸本中並未收録此本。但是據此，我們知道，此本之底本也應該爲清道光二年（壬午 1822）重刊本，而重刊本的底本爲清乾隆五十六年（辛亥 1791）萃文書屋木活字本（程甲本）。有東觀主人識語可證，其云：“《紅樓夢》一書，向來祇有抄本，僅八十回。近因程氏搜輯刊印，始成全璧。但原刻係用活字擺成，勘對較難。書中顛倒錯落，幾不成文，且所印不多，則所行不廣。爰細加釐定，定訛正舛，壽諸梨棗，庶幾公諸海内，且無魯魚亥豕之誤，亦閲者之快事也。”

紅樓夢第一回

甄士隱夢幻識通靈　賈雨村風塵懷閨秀

此開卷第一回也作者自云曾歷過一番夢幻之後故將真事隱去而借通靈說此石頭記一書也故曰甄士隱云（現身說法是開卷大宗旨）云但書中所記何事何人自己又云今風塵碌碌一事無成忽念及當日所有之女子一一細考較去覺其行止見識皆出我之上我堂堂鬚眉誠不若彼裙釵我實愧則有日悔又無益大無可如何之日也當此日欲將已往所賴天恩祖德錦衣紈袴之時飫甘饜肥之日背父兄教育之恩負師友規訓之德以致今日一技無成半生潦倒之罪

紅樓夢　一百二十回，音釋一卷　　曼402

（清）曹雪芹撰，（清）王希廉評

清道光十二年（壬辰 1832）雙清仙館重刻本

20册4函

13.2×10。半葉十行，行二十二字。四周雙邊，白口，單黑魚尾。魚尾上題“紅樓夢”，下記回目及葉數。書内有朱筆圈點。卷端題“紅樓夢卷一”“洞庭王希廉雪香評”。裏封題“新評繡像紅樓夢全傳”，背面牌記題“道光壬辰歲之暮春上浣開雕”，函套書籤題“紅樓夢”。

大觀園圖説，目録，紅樓夢問答，題讀花人戲編的紅樓夢論贊，王希廉紅樓夢總評，紅樓夢題詞並序。附像128幅。

清道光十二年（壬辰 1832）王希廉紅樓夢批序，程偉元原序。

按，《中國通俗小説書目》第138葉“高鶚增補一百二十回本紅樓夢”條收録的清乾隆五十六年（辛亥 1791）程偉元活字印本爲此書第一個印本（程甲本），孫氏云：“坊刻百二十回本，多從此本出。”《中國古代小説總目（白話卷）》第116葉著録之本與本目録所收之本同，屬於程甲本系統。該目云：“雙清仙館刊本，一百二十回。道光十二年（壬辰 1832）刊行。扉葉題‘新評繡像紅樓夢全傳’‘道光壬辰歲之暮春上浣開雕’。有王希廉序（末署‘道光壬辰花朝日吴縣王希廉雪薌氏書於雙清仙館’）、程偉元序。繡像六十四葉，各配‘西厢’及花名，前人後花。有讀花人《紅樓夢論贊》七十四首，《紅樓夢問答》二十三則，《大觀園圖説》，周綺《紅樓夢題詞》十首，王希廉《紅樓夢總評》，‘音釋’。正文每半葉十行，每行二十二字。回首題‘洞庭王希廉雪香評’，回末有評語。”《小説書坊録》第69葉“雙清仙館”條亦著録此本。

紅樓夢卷一

洞庭王希廉雪香評

甄士隱夢幻識通靈　賈雨村風塵懷閨秀

此開卷第一回也作者自云曾歷過一番夢幻之後故將眞事隱去而借通靈說此石頭記一書也故曰甄士隱云云但書中所記何事何人自己又云今風塵碌碌一事無成忽念及當日所有之女子一一細考較去覺其行止見識皆出我之上我堂堂鬚眉誠不若彼裙釵我實愧則有餘悔又無益大無可如何之日也當此日欲將已往所賴天恩祖德錦衣紈袴之時飫甘饜肥之日背父母教育之

紅樓夢　一百二十回　曼R45425

（清）曹雪芹撰

清嘉慶十六年（辛未 1811）東觀閣刻本

20册

13.9×9.5。無界，半葉十行，行二十二字。四周單邊，白口，單黑魚尾。魚尾上題“紅樓夢”，下記“第幾回”及葉數。行間有墨筆細字批語。卷端題“紅樓夢第一回”，裹封題“嘉慶辛未重鐫 東觀閣梓行 文畬堂藏板 新增批評繡像紅樓夢”。

附圖24幅。

清乾隆五十六年（辛亥 1791）高鶚識、程偉元識。

按，此本爲竹紙巾箱本。《中國通俗小説書目》第137葉云“坊刻覆辛亥本”，所謂“辛亥本”，即清乾隆五十六年（辛亥 1791）程偉元萃文書屋木活字本。此本之底本亦爲“辛亥本”，惜其未收録。而《中國古代小説總目（白話卷）》第115葉、《小説書坊録》第49葉“東觀閣”皆收録。

此本裹封所題“文畬堂藏板”，蓋爲此堂重印之本，《小説書坊録》第216葉雖收録此堂，但並未收録此書。

各有丫嬛用小茶盤捧上茶来當日林家教女以惜福養身毎飯後必過片時方吃茶不傷脾胃今黛玉見了這裡許多規矩不似家中亦只得隨和着些接了茶又有人捧過漱盂来黛玉也漱了口又盥手畢然後又捧上茶来這方是吃的茶賈母便說你們去罷讓我們自在說話兒王夫人聽了忙起身說了兩句閒話方引李鳳二人去了賈母因問黛玉念何書黛玉道剛念了四書黛玉又問姊妹們讀何書賈母道讀什麽書不過認幾個字罷了一語未了只聽外面一陣脚步响丫嬛進来報道寶玉来了黛玉心中想這個宝玉不知是怎生個憊懶人物及至進来原

娱目醒心編　十六卷三十八回　曼148

（清）杜綱撰，（清）許寶善評

清乾隆五十七年（壬子 1792）刻本

4册1本

13.5×9。無界，半葉九行，行二十字。左右雙邊，白口，單黑魚尾。魚尾上記書名，下記卷次及葉數。卷端題"娱目醒心編卷一""玉山草亭老人編次 茸城自怡軒主人評"，裹封題"玉峰草亭老人編 娱目醒心編 雲間自怡軒主人評"。

每卷卷末皆有自怡軒主人評語。

清乾隆五十七（壬子 1792）年自怡軒主人序。

按，草亭老人，原名杜綱，字草亭，生卒年不詳，江蘇昆山人，著有《南北史演義》。評者自怡軒主人，即許寶善，字穆堂，曾評訂《南北史演義》。

孫楷第《中國通俗小説書目》第120葉收録此本及其翻刻本。《中國古代小説總目（白話卷）》第500葉亦收録此本，版式一般無二，中國社會科學院文學研究所、華東師範大學圖書館、鄭州大學圖書館、日本東北大學狩野文庫等館收藏，《古本小説集成》據華東師範大學圖書館藏本影印。

卷十四
遇賞音窮途吐氣　酬知巳獄底抒忠
卷十五
識奸謀險遭屠劊　感夢兆巧脱網羅
卷十六
方正士活判幽魂　惡孽人死遭冥責

雙目醒心編目録終

雙鳳奇緣傳　八卷八十回　曼R45430

（清）題雪樵主人編

清嘉慶二十一年（丙子 1816）兆敬堂刻本

8册

11.7×8.8。無界，半葉十行，行二十字。左右雙邊，白口，單黑魚尾。魚尾上題“昭君傳”，下記卷次，回目及葉數，漢帝、林皇后及卷一前三葉下書口皆題“兆敬堂”。卷端題“雙鳳奇緣傳卷之一”，末或題“昭君傳卷幾終”“卷之某終”，雪樵主人序末題“嘉慶十四年春月上浣之三日雪樵主人梓定”，總目下題“兆敬堂藏板”，裏封題“嘉慶丙子年鐫 説漢奇書 繡像雙鳳奇緣昭君傳 兆敬堂藏板”。

附圖16幅。

清嘉慶十四年（己巳 1809）雪樵主人昭君傳序，某人序。

按，據雪樵主人序末題，可知該本的底本爲清嘉慶十四年（己巳 1809）雪樵主人刻本。此本爲竹紙巾箱本。《中國通俗小説書目》第34葉、《中國古代小説總目（白話卷）》第339葉皆著録此書。《小説書坊録》第58頁不僅著録此書此書坊，第61葉還著録了該書的清嘉慶二十四年（己卯 1819）玉茗堂刻本。

昭君傳卷之八

第七十一回

土金渾入冠雁門　漢李廣大破番兵

詩曰

番人忽又起干戈　只爲兵驕喚奈何
一勝之中防一敗　逞强自惹是非多

話說土金渾夢中被李陵一劍欲來躲閃不及跌在地下只叫我命休矣嚇出一身冷汗驚醒南柯連称奇梦耳聽樵楼正轉四更晴想此梦乃不祥之兆欲待退兵又因王命在身不能自主欲待進兵又怕于

繡像二度梅傳　六卷四十回　曼R45428

（清）惜陰堂主人編輯，（清）繡虎堂主人訂閲
清道光元年（辛巳 1821）刻巾箱本

4册

11.6×9。半葉十一行，行二十一字。左右雙邊，白口，單黑魚尾。魚尾上題“二度梅”，下記“卷之幾”及葉數。卷端題“忠孝節義一度梅全傳卷之一”，卷二至卷六皆題“新註二度梅奇説全集卷之幾”，卷末或題“卷幾終”“一卷終”“二度梅卷之三終”，目録題“忠孝節義二度梅全傳目録”“惜陰堂主人編輯 繡虎堂主人訂閲”，裏封題“道光元年春鐫 惜陰堂主人編輯 繡像二度梅傳 藏板”。

附圖14幅。

無序跋。

按，孫楷第《中國通俗小説書目》卷四第168葉著録了兩個版本“益秀堂刊本”（按，北京大學圖書館藏，題“新註二度梅奇説全集”）和“五雲堂刊本”，題“惜陰堂主人編輯 繡虎堂主人訂閲”，封面又題“天花主人編”，但並未著録此本。又，《中國古代小説總目（白話卷）》第58葉著録此書，亦未録此本。今觀此本裏封僅存“藏板”，不知究竟是何人所刊。

此本卷端題名不類，今據裏封所題定正題名。

場。而散。次日陳東初府中也。是請客也。是請的各位夫人小姐並各位老爺。兩處叫暢演戲飲宴。朕后邬府邱府次第。而請朝歡暮樂。天下太平。天子每每追悔。前用盧杞屈害了。不知多少忠良。今日馮梅陳三人兼且秉性忠心爲國。輔佐皇上。朝野肅靜。人民安樂。那一班原由忠良。更加了十分忠正廉明。就連往日盧杞那些官員也化得清良也。正是。

君正臣賢堯舜日。　萬民樂業保安康。

後來梅璧夫妻三。人寿至古稀。陳杏元連生三子。邬云英也生三子。陳春生與兩個夫人俱寿逾八旬。周玉姐連生二子。又生一女。邱云仙也生二子。兩家俱世代聯

三分夢全傳　十六卷十六回　曼150

（清）張士登撰，（清）何芳苡評

清道光三年（癸未 1823）刻本

4册1本

12.8×8.9。無界，半葉八行，行十八字。四周雙邊，上下粗黑口，單黑魚尾，版口題“三分夢卷之幾”及葉數。文内有小字批注及圈點。目録及卷端題“新鐫三分夢全傳”“瀟湘仙史張士登著 羅浮僑客何芳苡評”，裏封題“道光三年新鐫 翻刻必究 三分夢全傳 板藏衙内”。

凡例九條。

清嘉慶二十四年（己卯 1819）繆艮題辭，清嘉慶二十四年（己卯 1819）黎成華序，清嘉慶二十三年（戊寅 1818）張士登（瀟湘仙史）自序。

按，此本裏封題“道光三年”，且正文第一回云“道光聖主當陽，君臣協和民治，四海安康”，可見演繹的是清道光間事。

《中國古代小説總目（白話卷）》第290葉著録了“清道光十五年（乙未 1835）刊本”“道光二十八年刊本”兩種，皆半葉八行，行十八字。孫楷第《中國通俗小説書目》第166葉除此兩種外，另有“光緒乙未上海石印本改題醒夢録”。此本與前兩本行字數皆同，可知其乃是此書之早期刊本，惜諸目皆未收録，可謂稀見之本。

信并銀子。即差人去請金守備來兩下施禮坐定。天峻便叫家人將銀子捧出對着金公說道小弟已代措銀七百五十兩另程儀二十兩吾兄一併收明可速料理公項即可榮旋金守備聽了。着實驚愕此四字不但寫出大喜若狂神理并寫出金公出于意外神理不覺站起身來含淚說道。不覺兩字好有不期然而然之意含淚兩字又好不獨感激張公還有許多悲憤在內如下文所云是也金某在仕途三十餘年。惶恐相與了許多人。現有多少換帖同

大明正德皇遊江南傳　七卷四十五回　　曼R45436

（清）何夢梅撰

清道光二十二年（壬寅 1842）聚經堂刻本

7册

12.7×9.4。半葉十行，行二十字。左右雙邊，白口，單黑魚尾。魚尾上題“遊江南傳”，下記卷次及葉數。卷端題“大明正德皇遊江南傳卷之一”，目録題“大明正德皇遊江南傳總目”，序題“游龍幻志序”，裏封題“道光壬寅年新鐫繡像正德遊江南全傳 聚經堂藏板”。

大明正德皇遊江南傳總目，附圖28幅。

清道光十二年（壬辰 1832）黄逸峰游龍幻志序，清道光十二年（壬辰 1832）何夢梅序。

按，《中國通俗小説目録》第80葉，《中國小説總目（白話卷）》第37葉，《小説書坊録》第73葉“聚經堂”條下並著録此本。孫楷第云：“首道光壬辰黄逸峰序，又同時自序。演正德遊幸遇李鳳姐事。書甚陋。夢梅字雪莊（？），廣東順德人。”今檢此本，確如其説，刊刻並不精。

大明正德遊江南傳卷之七

第四十回

驅象陣賊衆逞能

對棋盤山中聞報

詩

奸佞徒勞枉費心　總由天命不須尋

可怜勢敗遭擒曰　贏得征衣血染衿

話説奪爺被周勇之兵殺敗一路逃回王守仁驅兵掩殺趕至山東界口守仁見兩便高山樹木陰翳恐有埋伏遂令鳴金收兵就退回十里住劄梁儲與王守仁郭如龍兄妹等衆及各縣官員叅見聖主各各

新編雷峰塔奇傳　五卷十三回　　曼R45435

（清）題玉花堂主人校訂
清末刻本

4册

11.3×8.4。半葉八行，行十七字。四周單邊，白口，單黑魚尾。魚尾上題“雷峰塔”，下記卷次及葉數。卷端題“新編雷峰塔奇傳卷一”“玉花堂主人校訂”，卷末題“雷峰塔奇傳卷一終”，目録題“新編雷峰塔奇傳總目”“玉花堂主人校訂”，裏封題“玉花堂主人輯 新編雷峰塔奇傳 依姑蘇原本”。

新編雷峰塔奇傳總目，附圖16幅。

清嘉慶十一年（丙寅 1806）吴炳文書序。

按，《中國通俗小説書目》未録此書。《中國小説總目（白話卷）》第198葉“雷峰塔奇傳五卷十三回”條下收録的清嘉慶十一年（丙寅 1806）一經堂寫刻本，版式、題名皆同此本，蓋即此本所説的“姑蘇原本”，今國家圖書館收藏。此外，該目又收録了經國堂本、益和堂本等多種版本。

正是悲傷王員外聞知走來看視漢文看見員外更加悲痛員外也流淚道賢侄老漢不料你有這場禍事也是你命該如此老漢几兩薄意送你路上費用蘇州我有個結義兄弟姓吳名人傑他在吳家巷也開藥材店我今脩書一封與你帶去他見我書自然照顧你漢文道深感員外大恩沒齒不忘員外遂寫書一封付與漢文相辭去了不一日上司

檮杌閑評　五十卷五十回，卷首一卷　　曼R45431

（明）佚名撰

清乾隆間刻本

10册

12.1×8.5。無界，半葉九行，行二十字。左右雙邊，白口，單黑魚尾。魚尾上題“檮杌閑評”，下記“卷幾 第幾回”及葉數。卷端題“檮杌閑評卷一”，目録題“檮機閑評總目”，裹封題“檮杌閑評”。

卷首一卷：總論。附圖16幅。

無序跋。

按，此本“玄”作“元”，“弘”字右邊“厶”作“口”，“寧”則不缺筆，故暫定爲清乾隆間刻本。

此本爲竹紙巾箱本，《中國通俗小説書目》第76葉，《中國古代小説總目（白話卷）》第376葉皆著録此書。

檮杌閒評卷四十六

第四十六回

陳元朗幻化點奸雄　魏忠賢行邊殺邊

詞曰

忌念不復强滅真如何必營謀本原自性佛前修迷悟豈居前後悟即刹那成正迷雖萬劫沉流若能一念返真求迷盡恒沙罪過

話說魏忠賢生辰富傾山海榮極古今足忙了個月都是人爲他上壽尚未復席直至四月中旬才出來

意拾秘傳　原四卷，殘存三卷　曼426

［英］羅伯聃譯

清道光十八年（戊戌 1838）石印本

3册1板

16.3×11。無界，半葉九行，卷一、卷二行二十二字，卷三行二十字。四周單邊，白口，單黑魚尾。殘存三卷皆無卷端題名，開篇即篇名。卷一外封書籤題“意拾古語”；卷二末題“道光戊戌蒲月吉旦”“鶯吟羅伯呐述”，即清道光十八年（戊戌 1837），外封書籤題“意拾秘傳 卷二”；卷三末題“鶯吟羅伯呐”，外封書籤題“意拾秘傳 卷三”。以上諸外封皆有英文，不識。

此書原四卷，今殘存三卷：卷一（4 葉），卷二（9葉），卷三（12葉）。

卷三附英文目録（首題“Esop' s FABLES No.3. Containing”，末有手寫簽名）。

序佚。

按，據郭延禮《中國近代〈伊索寓言〉的翻譯》（《東岳論叢》，1996年第5期）、熊先傑《試論〈伊索寓言〉的早期中國版本》（《蘭臺世界》，2009年第16期）、王輝《翻譯與救國：林譯〈伊索寓言〉析論》（《英語研究》，2011年第1期）、趙利峰《1840年澳門版〈意拾秘傳〉成書與出版問題叢考》（《澳門理工學報》人文社會科學版，2013年第4期）等文介紹，早在明天啓五年（乙丑 1625），《伊索寓言》已經由法國金尼閣口述，中國張賡筆録在西安出版了第一個漢譯本，名曰“況義”，凡38篇。

該書的第二個漢譯本（全漢文版），題作“意拾秘傳”。該譯本由英國人羅伯聃和他的中文老師“蒙昧先生”完成，於清道光十八年（戊戌 1838）至十九年（己亥 1839）在廣州刊行。書雖凡四卷，却是分卷出版的。趙利峰轉引内田慶市《談〈遐邇貫珍〉中的伊索寓言》之文云：“該書封面的標題爲‘意拾秘傳’，共分爲4卷，12cm×21cm，竪寫，綫裝本。其中的卷一（没有標出）缺英文目録，正文4葉，每葉9行，每行22字。卷二（從本卷開始，封面上都標有卷數）有英文目録，正文9葉，每葉9行，每行22字，最後的一葉寫有‘道光戊戌（1838年）蒲月（即農曆五月）吉旦鶯吟羅伯聃述’。卷三有英文目録，正文12葉（無第1張），每葉9行，每行20字，最後寫有‘鶯吟羅伯聃’。卷四有英文目録，正文11葉，每葉9行，每行20字。另外，卷一、二和卷三、四所使用的鉛字不同。”描述該書版式甚詳，可參看。

在清道光二十年（庚子 1840）《意拾秘傳》遭到廣州官方查禁之後，此書又經過增訂在澳門出版。此次出版更名爲“意拾喻言”，共82則，英漢對譯。之後19世紀末至20世紀出版的各種本子，大多以此版爲底本翻印。清光緒二十九年（癸卯 1903）林紓譯本出版，首次把書名改爲“伊索寓言”。

由上可知，從最初的《况義》，到《意拾秘傳》《意拾喻言》，再到最後的《伊索寓言》，此書走了一段坎坷的翻譯歷程。而《意拾秘傳》在其中發揮了承上啓下的作用，惜其流行不廣，故存世亦無多。

據趙利峰文，大英博物館、劍橋大學圖書館、荷蘭萊頓大學漢學院圖書館（殘存第三卷）等館藏有此本。

自己無能反說他人沒用世間無日不如是也

孩子打蛤

水塘邊有小蛤玩跳適來小童一隊遊玩到此見而取石擲之老蛤出而勸之曰衆小官懇勿擲石此係汝等玩意倒係吾等性命矣俗云無心放炮玉石俱焚亦云萬物傷殘衹供一笑是也

蛤𠬆水牛

蛤仔在田玩耍見水牛来羡曰大水牛来矣其𠬆好高自大乃蠱其氣以為大似水牛問其仔曰汝說大水牛比我

類書類

古香齋鑒賞袖珍初學記　三十卷　　曼170

（唐）徐堅等奉敕纂

清刻巾箱本

14册3本

9.7×8。半葉九行，大小字不等，行大字十八字，小字雙行同，行約三十六字。四周雙邊，白口，單黑魚尾。魚尾上題“古香齋初學記”，下記卷次、葉數。卷端題“古香齋鑒賞袖珍初學記卷第一 光禄大夫行右散騎常侍集賢院學士副知院事東海郡開國公徐堅等奉 敕撰”，目録題“古香齋鑒賞袖珍初學記目録”“唐光禄大夫行右散騎常侍集賢院學士副知院事東海郡開國公徐堅等撰”，裏封題“古香齋鑒賞 初學記”。

南宋紹興四年（甲寅 1134）劉本古香齋鑒賞袖珍初學記序。

按，此本之底本爲清乾隆間武英殿所刻《古香齋袖珍十種》本。

《四庫全書總目》“子部四十五·類書類一”收録此書，可參看。

《藏園訂補郘亭知見傳本書目·子部》《中國古籍善本書目·叢部》皆收録其底本。

古香齋鑒賞袖珍初學記序

聖人在上而經制明聖人在下而述作備經制之明述作之備皆本於天地之道聖人體天地之道成天地之文出道以爲文因文以駕道達而在上舉而措之其見於刑名度數之間者禮樂之文所以明經制也窮而在下卷而懷之其藏於編籍簡冊之間者詩書之文所以備述作也禮樂之文炳若丹青詩書之文潤於金石非吾聖人直爲是炳炳琅琅者以誇耀於千萬世

太平御覽　一千卷　　曼280

（宋）李昉等奉敕纂，（清）鮑崇城校

清嘉慶二十三年（戊寅 1818）鮑崇城刻本

96册16本

18.8×12.8。半葉十三行，行二十二字。左右雙邊，白口，單黑魚尾。魚尾上記書名，下記卷次及葉數。卷端題"太平御覽卷第一 歙鮑崇城重挍""翰林學士承旨奉大夫守工部尚書知制誥上柱國隴西縣開國伯食邑七百户賜金魚袋臣李昉等奉 敕纂"。無裏封。

附總目一卷，分目録十五卷，太平御覽經史圖書綱目一卷（版心題"引書目"，卷末題"太平御覽引書目終"）。

清嘉慶十七年（壬申 1812）阮元仿宋刻太平御覽叙，清嘉慶二十三年（戊寅 1818）鮑崇城仿宋刻太平御覽序。

按，阮元序云"惜世所行者，自明人刻本外，鮮有善册。吴門黄蕘圃主事有刊本三百六十六卷，乃前明文淵閣宋刻殘本，又五百廿卷，亦依宋鐫所抄，其餘缺卷，並從各家舊抄過録。予乙丑、丙寅間，在雷塘庵取明黄正色本，屬友人密加讎校，知黄本顛倒脱落，至不可讀，與明活字板相似。其偏旁之訛，更無論矣……故余所讎校者，以全依宋本，不改一字爲主。今鮑君崇城此刻，又皆全依余所校者付梓，且精校再三，不滋舛誤脱，足使藝林稱快，後世委心。"鮑序云："嘉慶丙寅秋，余從宫保阮芸臺假得是書。每遇暇日，細爲讎校。凡閲二載，而始畢。"據此可知，此本是據宋刊本仿刻的，故凡宋諱如"鏡""真""敬""桓""徵""慎"皆缺筆，從其舊也。而其書"玄"作"元"，"弘"作"宏"，亦避清諱也。

《四庫全書總目》"子部四十五·類書類一"收録。其引萬曆元年（癸酉 1573）黄正色序，言該書刊刻源流甚備，云："……宋世刻本俱已湮滅。近世雲間朱氏僅存者，亦殘闕過半。海内抄本雖多，輾轉傳寫，譌舛益甚。吾錫士大夫有好文者，因閩省梓人，用活字校刊。始事於隆慶二年，至五年，纔印其十之一二，閩人散去。於是浙人倪炳伯文謀於郡邑二三大夫，協力鳩工，鋟諸梨棗。孫國子虞允一元力任校讎，忽於隆慶六年捐館，弗克終事，今復苦於舛譌。薛憲副應登有校得善本，藏諸家塾。其仲子名逢者，俾倪氏繕寫付梓云云。”《提要》又云：“然此書行世，實有二本：一爲活字印本，其版心稱共印五百部，則正色所云印十之一二散去者，其說不確；一即倪氏此本。二本同出一稿，脱誤相類，而校手各别，字句亦小有異同。”

《藏園訂補郘亭知見傳本書目·子部》收録此本，但題作“嘉慶十三年鮑氏刊，今通行”，蓋將“二十三”誤作了“十三”。《中國古籍善本書目·子部》收録了此本的名家批校本。

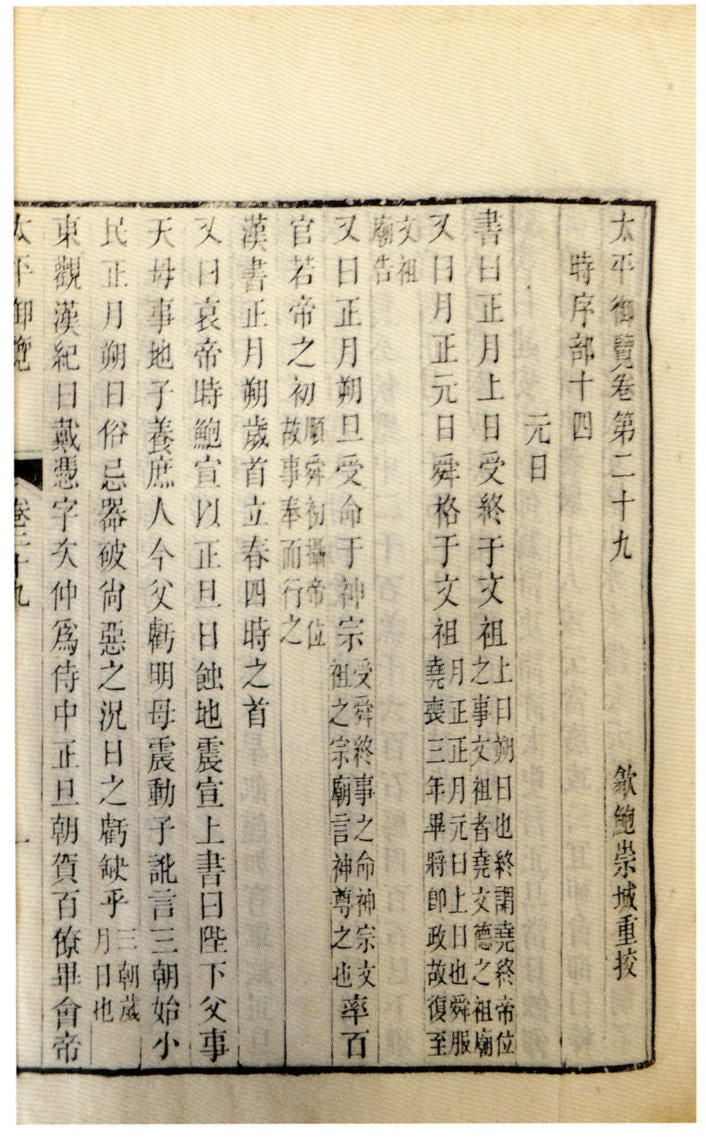
太平御覽卷第二十九　歙鮑崇城重校
時序部十四
元日
書曰正月上日受終于文祖（上日朔日也終謂堯終帝位之事文祖者堯文德之祖廟）
又曰月正元日舜格于文祖（月正正月元日上日也舜服堯喪三年畢將即政故復至文祖廟告）
又曰正月朔旦受命于神宗（受舜終事之命神宗文祖之宗廟言神尊之也）率百
官若帝之初（順舜初攝帝位故事奉而行之）
漢書正月朔歲首立春四時之首
又曰哀帝時鮑宣以正旦日蝕地震宣上書曰陛下父事
天母事地子養庶人今父虧明母震動子訛言三朝始小
民正月朔日俗忌器破尚惡之況日之虧缺乎（三朝歲月日也）
東觀漢紀曰戴憑字次仲爲侍中正旦朝賀百僚畢會帝
太平御覽　卷二十九　一

玉海　二百卷，辭學指南四卷，附刻十三種　曼186

（宋）王應麟撰

清嘉慶十一年（丙寅 1806）江寧藩署刻本

100册18本

子目：

1.詩考一卷；

2.詩地理考六卷；

3.漢藝文志考證十卷；

4.通鑑地理通釋十四卷；

5.周書王會一卷；

6.漢制考四卷；

7.踐阼篇集解一卷；

8.急就（篇）四卷；

9.姓氏急就篇上下二卷；

10.小學紺珠十卷；

11.六經天文編上下二卷；

12.周易鄭康成注一卷；

13.通鑑答問五卷。

20.4×12.5。半葉十行，大小字不等，行大字二十字，小字雙行同，行四十字。四周單邊，白口，單黑魚尾，魚尾下題"玉海卷幾"及葉數。卷端題"玉海卷第一 浚儀王應麟伯厚甫"，卷二百一至二百四爲《辭學指南》，卷端題"玉海卷第二百一 浚儀王應麟伯厚甫"，三行題"辭學指南"。闕裹封。

所附諸書版式皆同上，惟卷端題名和魚尾下所題不一。《詩考》：魚尾下題"玉海卷詩考一"，卷端題"詩考"，次行題"韓詩"，目録題"詩考 浚儀王應麟伯厚甫"；

《詩地理考》：魚尾下題“詩地卷幾”，卷端題“詩地理考卷第一 浚儀王應麟伯厚甫”；《漢藝文志考證》：魚尾下題“志考卷幾”，卷端題“漢藝文志考證卷一 浚儀王應麟伯厚甫”；《通鑑地理通釋》：魚尾下題“通釋卷幾”，卷端題“通鑒地理通釋卷第一 浚儀王應麟伯厚甫”；《周書王會》：魚尾下題“王會卷一”，卷端題“周書王會 浚儀王應麟伯厚甫補注”；《漢制考》：魚尾下題“漢制卷幾”，卷端題“漢制考卷一 浚儀王應麟伯厚甫”；《踐阼篇集解》：魚尾下題“踐阼篇”，卷端題“踐阼篇集解 浚儀王應麟伯厚甫”；《急就篇》：魚尾下題“急就卷幾”，卷一卷端題“急就卷第一”，卷三卷端題“急就篇卷第三 浚儀王應麟伯厚甫補注”；《姓氏急就篇》：魚尾下題“姓氏卷上/下”，卷端題“姓氏急就篇上 浚儀王應麟伯厚甫”，《小學紺珠》：魚尾下題“紺珠卷幾”，卷端題“小學紺珠卷第一 浚儀王應麟伯厚甫”，《六經天文編》：魚尾下題“天文卷上/下”，卷端題“六經天文編卷上 浚儀王應麟伯厚甫”，《周易鄭康成注》：魚尾下題“易康成注卷一”（末葉魚尾下題“玉海答問卷一”），卷端題“周易鄭康成注 浚儀王應麟伯厚甫”，《通鑑答問》：魚尾下題“玉海問答卷幾”，卷端題“通鑑答問卷第一 浚儀王應麟伯厚甫”。

附宋史本傳（已佚），元至元三年（丙寅 1266）玉海指揮一篇，玉海目録。

清嘉慶十一年（丙寅 1806）康基田序（朝代已經殘缺），元至元四年（戊寅 1338）胡助玉海序，李桓玉海序，元至正十一年（辛卯 1351）阿殷圖玉海序，王介玉海序，明萬曆十七年（己丑 1589）趙用賢玉海引，清康熙二十六年（丁卯 1687）李振裕玉海序，清乾隆三年熊本序，張華年玉海序；辭學指南序。

所附諸書：《詩考》首詩考序，末附王應麟詩考後序，《詩地理考》首王應麟詩地理考序，詩地理考總説一篇，《漢制考》首元至元十八年（辛巳 1281）漢制考序（末鈐“伯厚甫”“深寍居士”二墨文方印），《踐阼篇集解》末附王應麟識，《姓氏急就篇》末王應麟姓氏急就篇題辭；《六經天文編》末王應麟識，《小學紺珠》首方回小學紺珠序，王應麟序，《周易鄭康成注》首王應麟《易》康成注序，末附南宋度宗咸淳九年（癸酉 1273）王應麟識（題“癸酉季夏哉生明汲古堂書”）。

按，此書《中國叢書綜録》（上海古籍出版社，1982年，第472葉）收録，但其實非叢書，而是附刻了多種著作。

《四庫全書總目》“子部四十五·類書類一”收録，其云版本流變云：“其書元時嘗刊於慶元路，版已久佚。今江寧有南京國子監刊本，以應麟所著《詩考》《詩地理考》《漢藝文志考》《通鑑地理通釋》《王會篇解》《漢制考》《踐阼篇解》《急就篇解》《小學紺珠》《姓氏急就篇》《周易鄭注》《六經天文編》《通鑑答問》等書附梓於後。案，明貝瓊《清江集》有所作《應麟孫王厚墓志》稱‘應麟著《玉海》，未脱稿而失，後復得之，中多闕誤。厚考究編次，請於閫帥鋟梓，並他書十二種以傳’。據此，則諸書附梓，實始於元代。惟瓊稱慶元初刻之時，附書十二種，而今爲十三種。慶元刊書原序亦言‘公書鋟於郡學者凡十有四，《玉海》其一’，則十三種爲不誤，或《清江集》傳寫之譌歟？又卷首載浙東道宣慰司刊書牒文稱《玉海》實二百卷，而今本乃合《辭學指南》爲二百四卷，婺郡文學李桓序所列卷目已與今同，疑即當時校刊者所附入。相沿已久，今亦仍之。”

據此，此書最早刊本爲元至元六年（庚辰 1340）慶元路儒學刻本，今國家圖書館等4館藏有殘本。次元至正十一年（辛卯 1351）王厚補刻本，今已不知是否存世。入明之後，明正德、嘉靖、萬曆南京國子監相繼有所補修，今浙江省圖書館收藏。而據此本諸序可知，入清之後，又相繼有清康熙二十六（1687）李振裕補刻本，清乾隆三年（戊午 1738）張華年補刻本。此本之底本即後者。另外，此書之詳細刊刻源流，請參考楊萬兵《〈玉海〉版本流傳考述》一文（《大學圖書情報學刊》，2008年第2期）。

《藏園訂補郘亭知見傳本書目·子部》收録此本，《中國古籍善本書目·子部》則收録此本之底本。

玉海卷第一

浚儀王應麟伯厚甫

天文

天文圖

天道隱而難測可見莫如象天象遠而難究可考莫如圖

中宮

漢天文志史天官書同中宮天極星其一明者泰一之常居也旁三星三公或曰子屬後句四星末大星正妃餘三星後宮之屬也環之匡衛十二星藩臣皆曰紫

廣博物志　五十卷　曼298

（明）董斯張撰

明萬曆間高暉堂刻本

22册4函

20.5×15.5。半葉九行，大小字不等，行大字十八字，小字雙行同，行約四十字。四周單邊，白口，單黑魚尾。魚尾上題“廣博物志”，下記卷次及葉數，下書口題“高暉堂”，三字上或記大小字數，或記刻工名，如卷一首葉下書口題“吴興蔣禮梓”，第二葉下書口題“孟魁刊”等。卷一末行雙行小字題“西吴蔣文英寫 蔣禮孟魁刻”。卷端題“廣博物志卷之一 隴西董斯張纂 武陵楊鶴訂”。諸卷卷端所題訂者不一，如卷二題“古汭夏儀訂”，卷三題“上海高士煌訂”，卷四題“故鄣丁元薦訂”，卷五題“高陽韓敬訂”，卷六題“西陵耿汝忞訂”，卷七題“古歙鮑應鰲訂”，卷八題“太原温體仁訂”，卷九題“雲間董其昌訂”，卷十題“溧陽宋拱宸訂”，卷十一題“松陵周叔宗訂”，卷十二題“清溪稽之楚訂”，卷十三題“江都金嘉量訂”，卷十四題“防風茅元儀訂”，卷十五題“吴郡須之彦訂”，卷十六題“茂苑吴晋卿訂”，卷十七題“郡人沈聖岐訂”，卷十八題“吴趨馮夢桂訂”，卷十九題“郡人沈演訂”，卷二十題“閩中陳一元訂”，卷二十一題“太原王穉登訂”，卷二十二題“郡人范汭訂”，卷二十三題“吴趨馮夢龍”，卷二十四題“吴郡范允臨訂”，卷二十五題“豫章鄒匡明訂”，卷二十六題“莆中黄光訂”，卷二十七題“虎林楊士綬訂”，卷二十八題“昭武謝兆申訂”，卷二十九題“姑蘇王留訂”，卷三十題“□□訂”，卷三十一題“虎林黄汝亨訂”，卷三十二題“秀州包衡訂”，卷三十三題“虎林鄭之惠訂”，卷三十四題“秀水李衷純訂”，卷三十五題“豫章丁立表訂”，卷三十六題“西陵田弘慈訂”，卷三十七題“郡人吴夢暘訂”，卷三十八題“莆中宋玨訂”，卷三十九題“雲間陳繼儒訂”，卷四十題“秀水楊瑞枝訂”，卷四十一題“郡人□□訂”，卷四十二題“閩中曹學佺訂”，卷四十三題“郡人唐世濟訂”，卷四十四題“莆中周嬰訂”，卷四十五題“武陵華士嶟訂”，卷四十六題“高陽韓漪訂”，卷四十七題“當湖劉廷元訂”，卷四十八題“武唐姚士麟訂”，卷四十九題“何如寵訂”，卷五十題“玉峰張大復訂”。無裏封或闕。

明韓敬廣博物志叙。

按，《四庫全書總目》“子部四十六·類書類二”收録，可参看。

《藏園訂補郘亭知見傳本書目·子部》《中國古籍善本書目·子部》皆收録此本，北京大學圖書館等55館收藏。

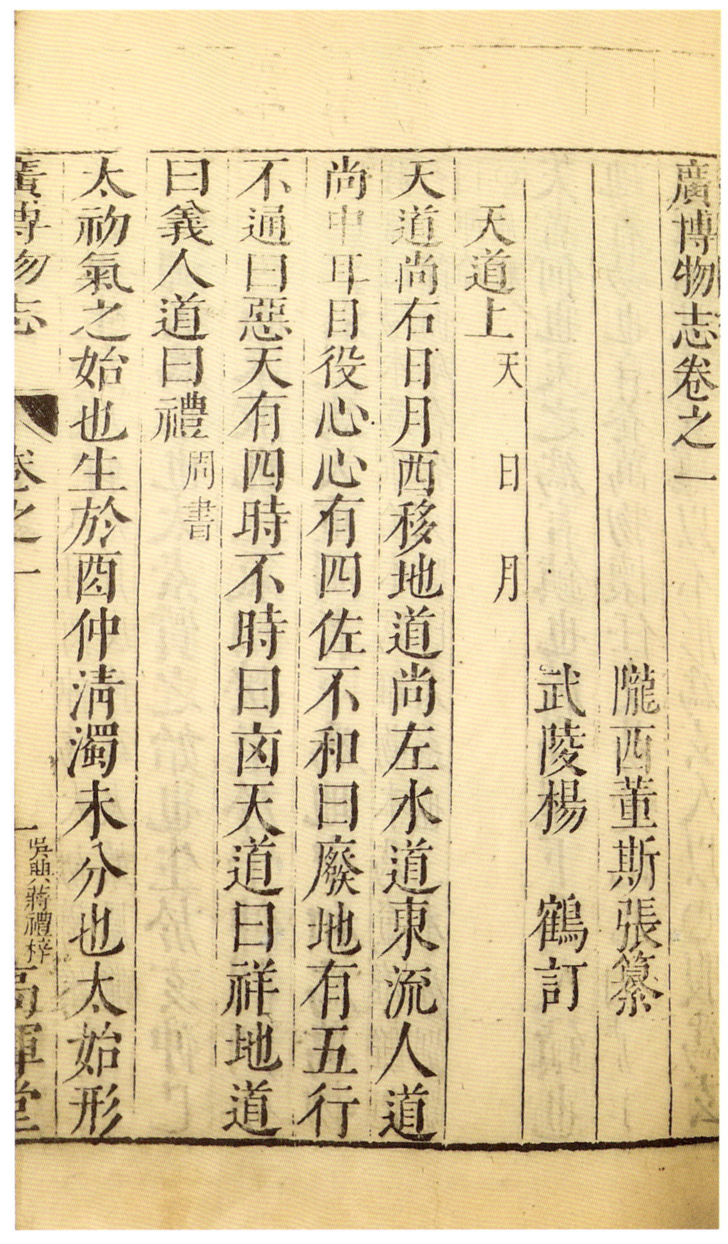
廣博物志卷之一
隴西董斯張纂
武陵楊　鶴訂
天道上 天 日 月
天道尚右日月西移地道尚左水道東流人道
尚中耳目役心心有四佐不和曰廢地有五行
不通曰惡天有四時不時曰凶天道曰祥地道
曰義人道曰禮 周書
太初氣之始也生於酉仲清濁未分也太始形
廣博物志 卷之一 一 吳興蔣禮梓 高暉堂

新刻徽郡原版釋義經書雜字士民便用世事通考三卷，首一卷 曼178

（明）徐三省編

明崇禎十三年（庚辰 1640）潭邑書林徐象山刻本

1册

19.5×11.5。二截版，分上下兩欄（或天頭另起一小欄批注）。半葉十行，大小字數不等。上欄無界，行大字六字，小字六字；下欄有界（或無界），行大字十四字，小字雙行同，行約二十五字。四周單邊或雙邊，白口，無魚尾。上書口題“增補世事通考”（卷一前六葉上書口題“二刻增補世事通考”），中記卷次，下記葉數（或記刻工名及大小字，如卷一第一葉題“旌邑劉甫 九百七十一”）。文内或有朱筆句讀。卷一卷端題“二刻徽郡原板釋義經書雜字士民便用世事通考卷之一 徽郡 益吾 徐三省 編輯 潭邑 書林 徐象山 梓行”，卷二、卷三題“新刻徽郡原板釋義經書雜字士民便用世事通考卷之一”，目録題“二刻簡堂訂補直音雜字世事通考目次”，外封墨筆題“世事通考 不求人”，旁鈐“蒙靦之印”白文方印，背面有拉丁文。

首一卷：新刊項橐小見論一篇（上書口題“幼學須知”，中題“鰲頭雜字 首卷”），圖1幅。

無序跋。

按，此本上欄有《歷代帝王總紀》一篇，其稱明王朝爲“國朝”，稱崇禎皇帝爲“當今皇帝”，且雙行小字云“名諱由檢，崇禎元年戊辰萬万年”。繼而爲《國朝歷科狀元》一篇，於“崇禎”下雙行小字注最後一條云“庚辰魏□德比直隸人”。據此諸條可知，此本當刊於明崇禎十三年（庚辰 1640）。

此書凡三卷，后兩卷題名一致，今據后兩卷所題而定其正題名。

《藏園訂補郘亭知見傳本書目·子部》未録，《中國古籍善本書目·子部》收録此書，題作“新刻增訂釋義經書便用通考雜字士民便用世事通考雜字二卷外一卷”，爲清康熙黄惟質刻本，國家圖書館藏。此本當爲稀見之本。

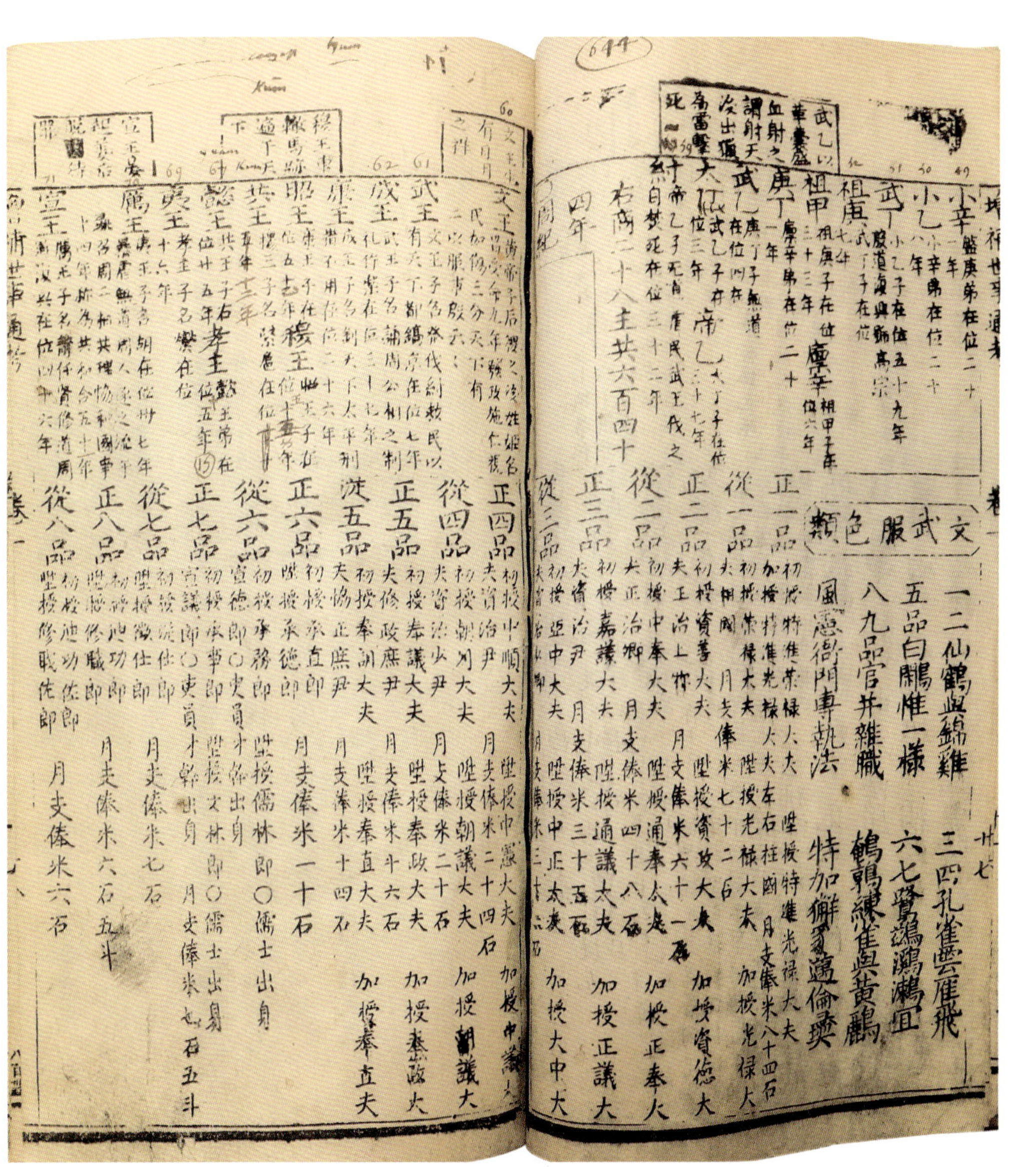

三才圖會　一百六卷　　曼444

（明）王圻纂，（清）黄晟校

清乾隆間槐蔭草堂刻本

107册14本

21×14。半葉九行，行約二十二字。四周單邊，白口，無魚尾。上書口題“三才圖會卷之某”，中記篇名，下記葉數，下書口或有刻工名，如顧序首葉下書口題“金陵吴雲軒刻”，地理圖會序首葉下書口題“秣陵陶國臣刊”等。卷端題“三才圖會卷之一 雲間元翰父王圻纂集 潭濱黄晟東曙氏重校”（地理卷端題“三才圖會一卷”，人物卷端題“三才圖會”等），襯葉題“第一函 天文圖會 一至四卷”（其他篇目以此類推），裏封題“雲間王元瀚先生纂輯 潭濱黄曉峰重校 類書三才圖會 内分十四集 槐蔭草堂藏板”。

三才圖會凡例十條，三才圖會總目。

明萬曆三十七年（己酉 1609）周孔教三才圖會序，陳繼儒三才圖會序，顧秉謙三才圖會序，何爾復三才圖會序，明萬曆三十五年（丁未 1607）王圻三才圖會引，李庭對天文圖序，唐國士地理圖會序。

按，此書第三集“人物圖會”卷首之“歷代帝王授總圖”末曰“大清萬萬世”，則此爲清刻本無疑。北京大學圖書館著録爲“清乾隆間槐蔭草堂刻本”，當即此本，今暫據此著録。又王圻引云“友人李聞斯、何采之，皆博雅君子也，相與校讐成帙，交口請梓而余因引其端。”據此，此書最早在明萬曆間由王圻自刻，此本爲其翻刻之本。《藏園訂補郘亭知見傳本書目·子部》著録有“明萬曆二十七年刊本”，當爲“明萬曆三十七年”之誤，蓋據周孔教序而題版本年代。

《四庫全書總目》“子部四十八·類書類存目二”收録。云：“是書彙輯諸書圖譜共爲一編，凡天文四卷，地理十六卷，人物十四卷，時令四卷，宫室四卷，器用十二卷，身體七卷，衣服三卷，人事十卷，儀制八卷，珍寶二卷，文史四卷，鳥獸六卷，草木十二卷，采摭浩博，亦有足資考核者，而務廣貪多，冗雜特甚。其人物一門，繪畫古來名人形像，某甲某乙，宛如目睹，殊非徵信之道，如據蒼頡四目之説，即畫一面有四目之人，尤近兒戲也。”

藏園訂補郘亭知見傳本書目·子部》收録此本，題作“清槐蔭草堂刊本”，《中國古籍善本書目·子部》收録了此本之底本。

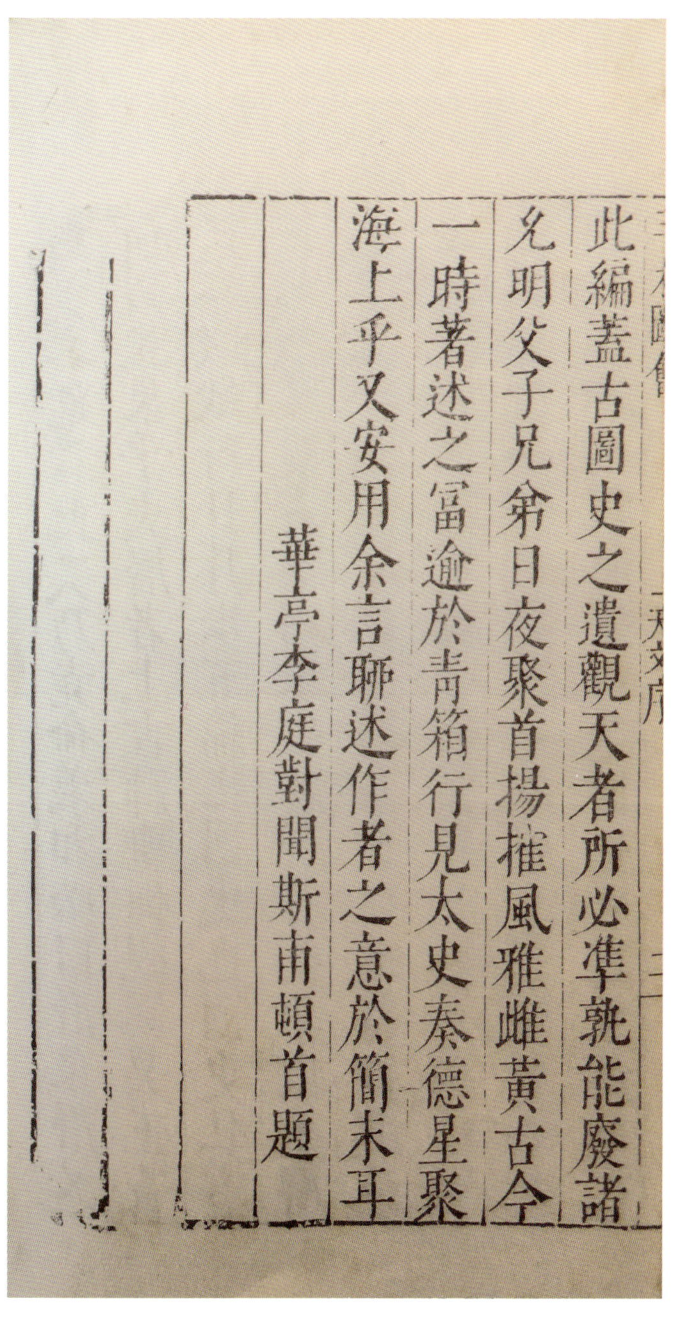
此編蓋古圖史之遺觀天者所必準孰能廢諸
允明父子兄弟日夜聚首揚搉風雅雌黄古今
一時著述之富逾於青箱行見太史奏德星聚
海上乎又安用余言聊述作者之意於簡末耳
華亭李庭對聞斯甫頓首題

淵鑑類函　四百五十卷，目録四卷　　曼182

清康熙四十九年張英等奉敕纂

清康熙間清吟堂重刻本

32册

17.5×11.5。半葉十行，大小字不等，行大字二十一字，小字雙行同，行約四十字。四周雙邊，上下粗黑口，雙順黑魚尾。上魚尾上記部類名，版口記書名、卷次及篇名，下魚尾下記葉數。卷端題“淵鑑類函卷一”，裏封題“御定淵鑑類函奉旨刷印頒行 板藏清吟堂”。

附凡例四條，清康熙四十年（辛巳 1701）張英等淵鑑類函進表，校勘職名。

清康熙四十九年（庚寅 1710）御製淵鑑類函序。

按，此本之底本當爲清康熙四十九年（庚寅 1710）武英殿刻本。雖然二本字體、行款一般無二，凡遇“玄燁”二字亦皆缺筆，但觀前者紙張、版式等皆不類殿版，當爲翻刻之本。清吟堂爲高士奇之堂名，戴建國《〈淵鑑類函〉康熙間刻本考》（《圖書館雜志》，2012年第12期）一文認爲，此本是在高氏卒後，其子高輿“以清吟堂鐫刻清初首部大型官修類書《淵鑑類函》，故署‘板藏清吟堂’”。此本具体刊刻年代已難以考定，故本目籠統題作“清康熙間清吟堂重刻本”。

《四庫全書總目》“子部四十八·類書類存目二”收録。其云：“類書自《皇覽》以下，舊本皆佚。其存於今者，惟《北堂書抄》《藝文類聚》《初學記》《六帖》爲最古。明俞安期刪其重複，合併爲一，又益以韓鄂《歲華紀麗》，而稍采杜佑《通典》，以補所闕，命曰‘唐類函’。六朝以前之典籍，頗存梗概。至武德貞觀以後，僅見題詠數篇，故實則概不及焉……是以我聖祖仁皇帝特命儒臣，因安期所編，廣其條例，博采元明以前文章事迹，臚綱列目，薈爲一編，務使遠有所稽，近有所考，源流本末，一一燦然。計其卷數，雖僅及《太平御覽》之半，然《御覽》以數葉爲一卷，此則篇帙既繁，兼以密行細字，計其所載，實倍於《御覽》。自有類書以來，如百川之歸巨海，九金之萃鴻鈞矣，與《佩文韻府》《駢字類編》皆亘古所無之巨製，不數宋之四大書也。”

《藏園訂補郘亭知見傳本書目·子部》《中國古籍善本書目·子部》皆收録此本之底本。

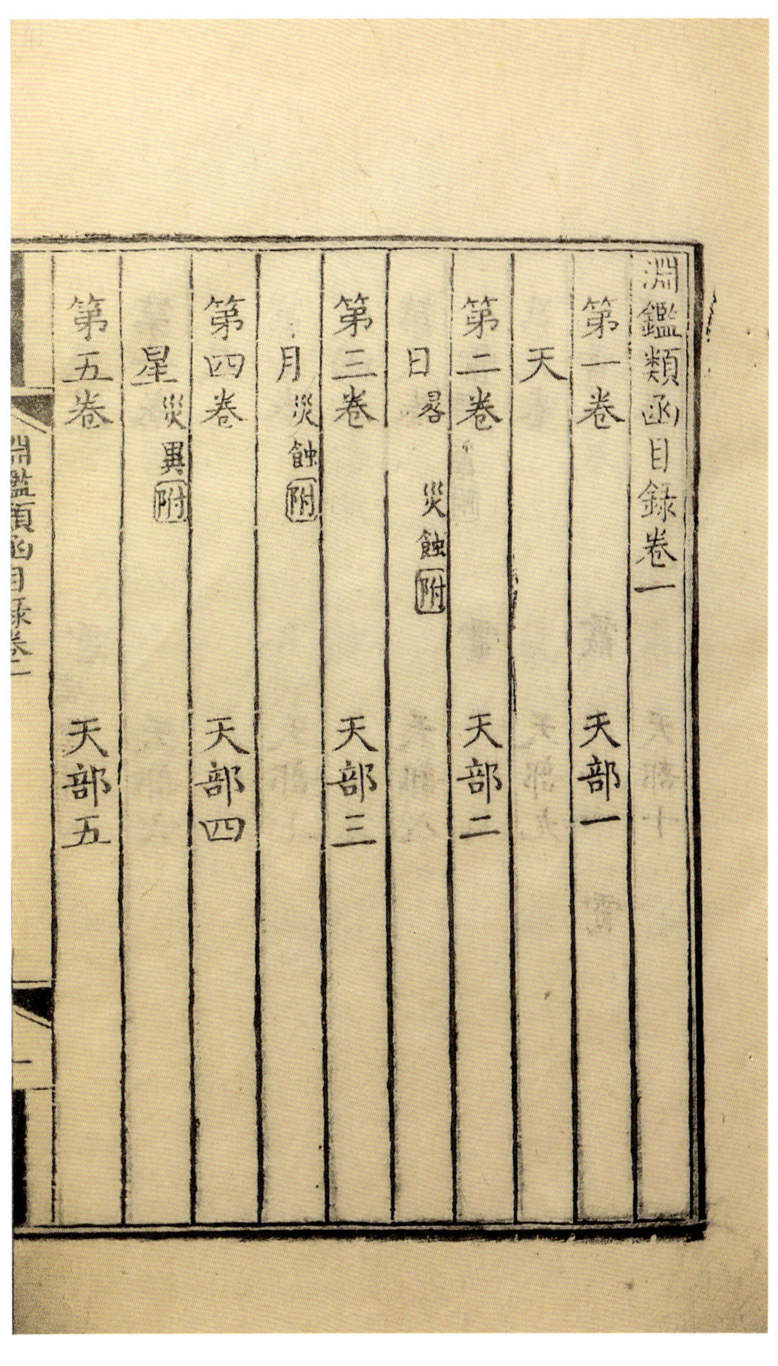

淵鑑類函目録卷一

第一卷　天部一

天

第二卷　天部二

日　暑　災蝕附

第三卷　天部三

月　災蝕附

第四卷　天部四

星　災異附

第五卷　天部五

藝術類

自遠堂琴譜　十二卷　曼276

（清）吴灴仕輯，（清）張敦仁、李廷敬、喬鍾吴訂
清嘉慶七年（壬戌 1802）自遠堂刻本

8册1本

18.6×13.2。半葉八行，行十八字。左右雙邊，白口，單黑魚尾。魚尾上題"琴譜"，下記卷次、篇名及葉數，下書口題"自遠堂"，諸卷末題"真州經嘉會南溪校字"，喬序末題"吴中有耀齋王鳳儀刻字"。卷端題"自遠堂琴譜卷一 廣陵吴灴仕柏彙輯 濩澤張敦仁古餘 長蘆李廷敬寧圃 㡳濆喬鍾吴鷗邨 仝鑒訂 "（卷四僅題"長蘆李廷敬寧圃"），裹封題"澄鑒堂秘本自遠堂琴譜"。

附總目，卷一前附凡例七條，卷三又分上下二子卷，卷四以後皆有分目録。

清嘉慶七年（壬戌 1802）張敦仁自遠堂琴譜序，李廷敬自遠堂琴譜序，喬鍾吴跋。

按，喬跋云："先生復爲鑒定焉，附以《指法》，薈萃成編付之梓，亦永其傳。"據此，此本爲吴氏自刊之本。

《藏園訂補郘亭知見傳本書目·子部》收録了"清嘉慶六年自遠堂刊本"，當即此本，《中國古籍善本書目·子部》未録此書。

自遠堂琴譜卷一

廣陵吳　灴仕柏彙輯

濩澤張敦仁古餘

長蘆李廷敬寧圃全鑑訂

扈瀆喬鍾吳鷗邨

凡例

一琴爲絲樂要領與律吕管音生聲取分𢊁自不同後人誤讀管子吕氏春秋諸書以十二律吕溷入琴音分配愈巧去之愈遠

牌統孚玉　四卷　　曼93

（明）題鍾離栖筠子著,（明）胡正言校

明崇禎間刻本

2册1本

18.3×12.5。半葉九行，行二十字。四周單邊，白口，單白魚尾。魚尾上題“牌統孚玉”，下記卷次及葉數。卷端題“牌統孚玉一卷 鍾離栖筠子著 海陽胡正言較”，裏封題“宣和牌譜大全 適情雅趣二集”。

凡例六條，卷四末附歌訣二十一首、四牌評論（論宣和賞采六條、論大全賞采二十四條、論宣和取牌四條、論大全成牌十二條）。

裏封左欄有小字識語，明崇禎十三年（庚辰 1640）錢棅牌統孚玉引，明崇禎十二年（己卯 1639）鍾離迂士自序。

按，裏封小字云：“《適情雅趣》，棊譜也。兹‘二集’者，乃牌譜也……故顔其譜曰‘適情雅趣二集’。”又，錢氏云：“《牌統》一書，成於余友栖筠氏……乃慮觀者望洋，更爲摘粹以作前旌，先是，集《元英》矣……更取全書備加采輯……屬余題之名……乃遂名之曰‘孚玉’。是書先後三集，有若楚軍。《元英》，前矛也；《孚玉》，中權也；言其後勁，則有《集統全書》在矣。”據此，此書裏封之名似乎因“適情雅趣”而來的。《適情雅趣》爲棋譜，此爲牌譜，故名曰“二集”，其似又名“牌統”，細分三集：第一集《元英》，第二集《孚玉》，第三集《集統全書》，此《牌統孚玉》即其第二集。

《藏園訂補郘亭知見傳本書目·子部》未録此書，《中國古籍善本書目·子部》收録此本。

牌統孚玉一卷

鍾離栖筠子著
海陽胡正言較

牌統四牌總論

今夫牌之爲數小數也宣和製之導樂宫中傳人沿之都成惡趣自宋迄今循其數昧其理逐其流忘其源者有日矣栖筠子養疴山中偶探及之爲究其義因盡其制推明理數之原備極參伍之妙補偏盡變製大全二牌增益其舊共爲四牌夫不習其道未有

適情雅趣　十卷

曼92

（明）徐芝精選，（明）陳學禮校正

清末五雲樓、會賢堂翻刻明隆慶四年（庚午 1570）刻本

5册1本

18.1×12。半葉十一行，行二十五字。四周單邊，白口，單黑魚尾。魚尾上題“適情雅趣”，下記卷次及葉數。卷六前純爲棋局，卷七卷端題“適情雅趣卷之七”“金陵玉川徐芝精選 會稽養真陳學禮校正”，目録題“金鵬十八變前/後集目録”，裏封題“神怡心爽 金鵬十八變 適情雅趣 五雲樓 會賢堂 藏板”。

附棋經論一篇，金鵬十八變前集目録及后集目録。

明隆慶四年（庚午 1570）拙逸道人適情雅趣引。

按，此書前六卷爲棋局，第七至八卷爲對棋局棋子走法的解釋，第九至十卷爲棋局破法。每兩卷1册。又據序云“爰題曰‘適情雅趣’，請壽梓以廣其傳”，可知此書名爲“適情雅趣”。該書最早爲明隆慶四年（庚午 1570）刻本，而此本五雲樓、會賢堂皆爲清末咸豐、同治間的書坊，則此本爲清人翻刻本無疑。其刊印不精，版心縱綫時見歪斜。

《藏園訂補郘亭知見傳本書目·子部》《中國古籍善本書目·子部》皆未録此書。

《續修四庫全書·子部》第1105册有影印本，其底本爲北京大學圖書館藏清刻敦化懷德堂印本。

馬四進二　士六退五　馬二進四　士五進六　馬四進五
士六退五　馬五進三　將六進一　馬三退五　將六退一
馬五退四　士五進六　馬四進三　士六退五　馬三進二
將六進一　馬二退四　將六進一　卒三平四

○羝羊觸藩

卒三平四　包四平六　卒六平五　將五平四　卒五進一
將四進一　車八平六　馬二退四　馬九進七　將四進一
卒八平七　將四退三　車八進四　車二進一　卒七平八
將四進一　砲九進三

○良將安邊

馬三進二　帥六進一　馬二進二　帥六退一　馬三退二
帥六進一　車八退一　象三進五　包五平一　車九退二
馬二退三　帥六退一　車八平五　馬七進八　車五平四
士五進六　馬三進五　帥六平五　包一平五

○淮陰遇漢

車三進一　將六進一　馬四進一　將六進一　車三退二
將六退一　車三進一　將六進一　馬二退三　將六平五
馬三進五　將五平四　車三退一　相三進五　車三平五
相三退五　砲五平六　馬四退二　馬一進六　馬二退四
馬六進七　馬四進三　砲六退二　馬二進四　馬七進八

方氏墨譜　六卷

曼269

（明）方于魯編

明萬曆間刻本（白棉紙）

8册2本

24×15。此書皆爲圖。四周單邊，白口，單白魚尾。魚尾上題“方氏墨譜國寶”，下記卷次及葉數，下書口題“美蔭堂集”。卷端無題名，目録前題“方氏墨譜目録”，裏封題“方氏墨譜”。

卷一、三、六前有分目録。附汪道貫撰墨書，王穉登墨譜書，王世懋墨譜書，汪道會墨賦兼叙，明泰昌元年（庚申 1620）馮珣墨賦，墨表。

明萬曆十一年（癸未 1583）汪道昆、方于魯墨譜引，李維楨序，莫雲卿題方氏墨雜言六則，屠龍方建元傳，萬曆十七年（己丑 1589）王穉登方建元墨譜序，萬曆二十四年（丙申 1596）潘之恒受光室畫一墨序並銘，王世貞墨贊，王敬美墨評，汪伯玉墨譜評，萬曆十年（壬午 1582）汪道昆識，來相如墨譜離合詩，朱多炡銘，徐桂墨譜行，徐懋吴墨譜評，俞策（安期）于魯墨歌，錢允治與汪仲淹索墨譜歌及信函一封，萬曆十二年（甲申 1584）朱多炡記事，萬曆十五年（丁亥 1587）袁福徵墨按十則並序。末卷附明萬曆十六年（戊子 1588）鄭象位書泰茅氏遺建元書，方宇後序、潘之恒水母泉記、王世貞序，萬曆十五年（丁亥 1587）汪道貫序，及某人來信。

有複本一：索書號爲“曼AC11”，8册1函。此本卷一前僅有王世貞序，萬曆十五年（丁亥 1587）汪道貫序，末卷附萬曆十六年（戊子 1588）方宇後序。此本卷一目録左下角題“守言刻”。

按，《四庫全書總目》“子部二十六·譜録類存目”收録。云：“明方于魯撰。于魯初名大激，後以字行，改字建元，歙縣人。初亦頗學爲詩。汪道昆與之聯姻，招入豐干社，獎飾甚至。後得程君房墨法，乃改而製墨，與君房相軋，彎弓射羿，世兩譏焉。此編乃所作墨譜，首列同時諸人投贈之作，下分國寶、國華、博古、博物、法寶、鴻寶六類。上自符璽圭璧，下至雜佩，凡三百八十五式，摹繪精細，各系題贊。亦備列真草隸篆之文，頗爲工巧。然其意主於炫耀以求名，故所繪僅墨之形製，與程氏争勝於刻鏤間耳，於墨法未嘗一講也。”

《藏園訂補郘亭知見傳本書目·子部》未録此書，《中國古籍善本書目·子部》收録此本。

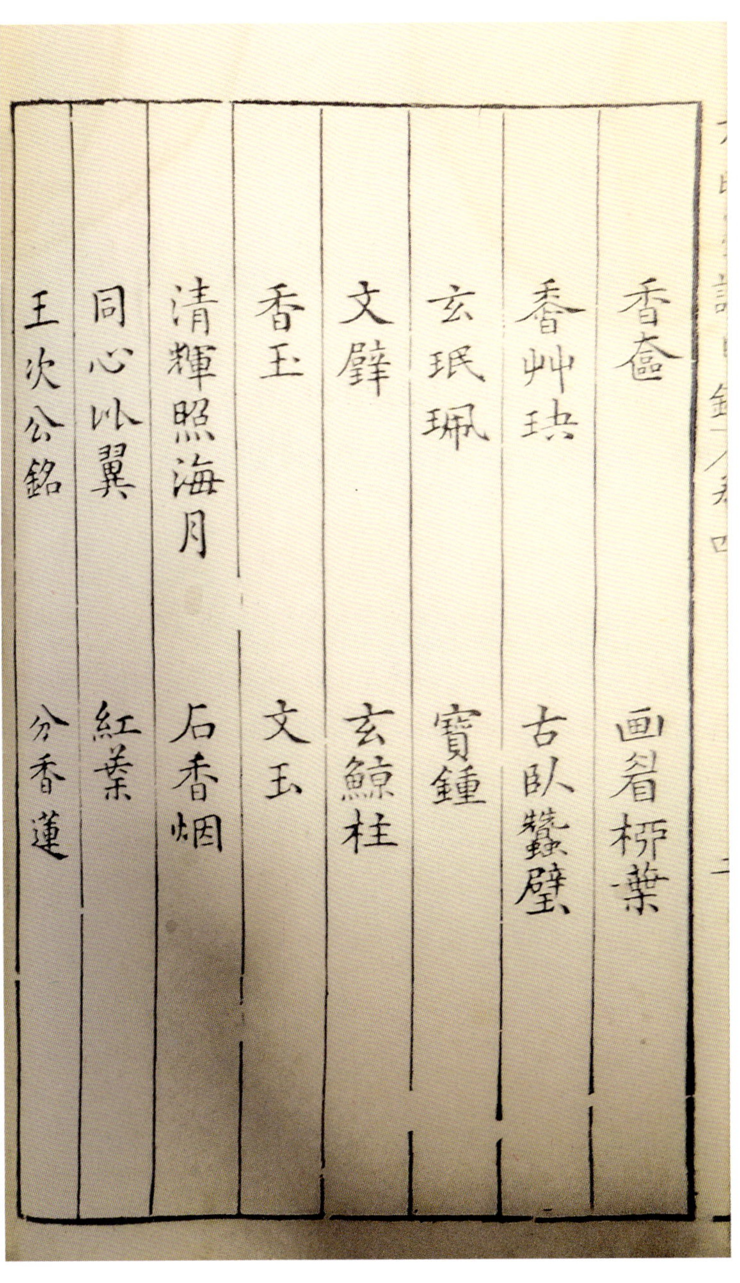
香奩　画眉柳葉
香艸玦　古臥蠶璧
玄珉珮　寶鍾
文璧　玄鯨柱
香玉　文玉
清輝照海月　石香烟
同心比翼　紅葉
王次公銘　分香蓮

篆隸心畫　二卷，首一卷　　曼104

（明）王世懋編

明末刻本

1册

16.5×9.3。半葉五行，行距寬窄不一，寬行三行寫篆書或隸書，窄行寫楷書。四周雙邊，白口，單白魚尾。魚尾上記卷次，下記葉碼。卷端題“隸書十濾”，末題“金谿王世茂爾培臨撰 句容蔣時機無謀較梓”；卷一爲“篆訣謌”，首題“吏部侍郎協理詹事府兼翰林院學士朱之蕃考 南京禮部考中儒士門人虞獻廷 王應登校”，裹封題“篆隸心畫”，外封題“篆隸心畫”，下鈐“光月樓藏書”朱文方印。

無序跋。

按，此書總題名爲“篆隸心畫”，其實由諸多不同的書組成，稱之爲叢書亦無不可。該書《販書偶記》卷四著録爲“篆隸心畫二卷，首一卷，明金谿王世茂撰，無刻書年月，約天啓間梅墅石渠閣刊”。今觀其版式字體及諸撰者也可定爲明代後期刻本。

《藏園訂補郘亭知見傳本書目》《中國古籍善本書目》未録此書。

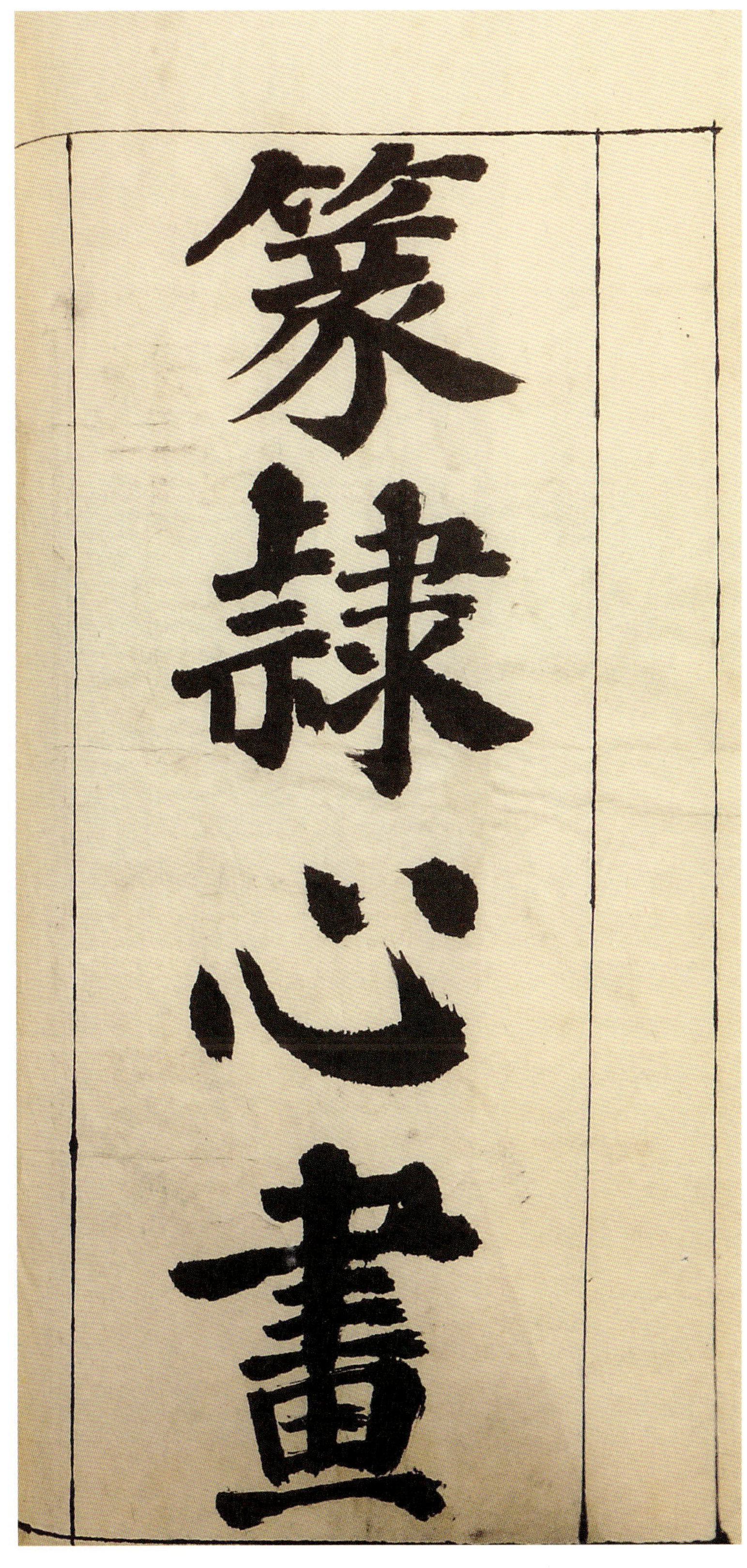
篆隸心畫

增廣四體字瀍 五卷 曼97

（清）鄭漢編

清嘉慶二十五年（庚辰 1820）昭德堂重刻本

2册1本

14.8×10.3。無界，半葉八行，行約八字。四周單邊，白口，無魚尾。上書口記書名，下記葉數。

此書包括以下幾個部分：

1.正千字文不分卷，明李登編、清丁庚校、清鄭漢訂梓。

2.歷代字法心傳不分卷，清丁康輯，清馬晋錫校，

（1）艸訣百韻歌不分卷（草書字法），明周亮登撰，

（2）歷代字瀍心傳不分卷（楷書字法），清丁康輯述，清馬晋錫校閲，

（3）漢隸源流統略歌（篆書字法）不分卷，清陳紀校書、清鄭漢音釋，

（4）篆瀍偏旁點畫辯不分卷（篆書字法），清陳紀校書、清鄭漢音釋。

諸書行字數及上書口題名不一。

《正千字文》，字旁及下方注音及異體，卷端題"正千字文"，下小注"傍註譌字下註音釋""上元李登如真編輯 鐘山丁庚駭老校書 莆陽鄭漢濯之訂梓"。

《楷書字法》：半葉八行，行大字十七字，上書口題"楷書字法"，卷端題"歷代字法心傳""鐘山丁康西明父輯述 皋城馬晋錫于藩氏校閲"。

《草書字法》：草楷字相間，半葉各四行，行各十字，上書口題"草書字法"，卷端題"艸訣百韻歌"。

《隸書字法》：隸楷相間，半葉各四行，行各十字，卷端題"漢隸源流統略歌""鐘山陳紀振綱較書 莆陽鄭漢濯之音釋"。

《篆書字法》：篆楷相間，半葉各四行行各四字，字下或注音，上書口題"篆書字法"，卷端題"篆瀍偏旁點畫辯""鐘山陳紀振綱較書 莆陽鄭漢濯之音釋"。裹封題

“嘉慶庚辰年新鐫 名論 執筆圖訣 八法真諦 增廣四體字瀍 體從覈正 注釋無譌 昭德堂藏板”。

清嘉慶七年（壬戌 1802）岑憨叟《新録字法引》，《草書字法》末附周亮登識，《隸書字法》末附鄭漢識。

按，據周亮登識云：“今茂予長兄集刊篆隸楷草行世，囑余作草”，鄭漢識云：“丙子仲春見其所書篆隸謌訣……余珍愛之，攜歸付梓”，蓋爲嘉慶二十一年（丙子 1816）年刊。此書蓋爲鄭漢刊，此本則爲重刊之本。

此書北京大學圖書館藏有殘本，存《正字千文》、《隸書字法》兩種，題“清岑憨叟編”“清嘉慶間刻本”。

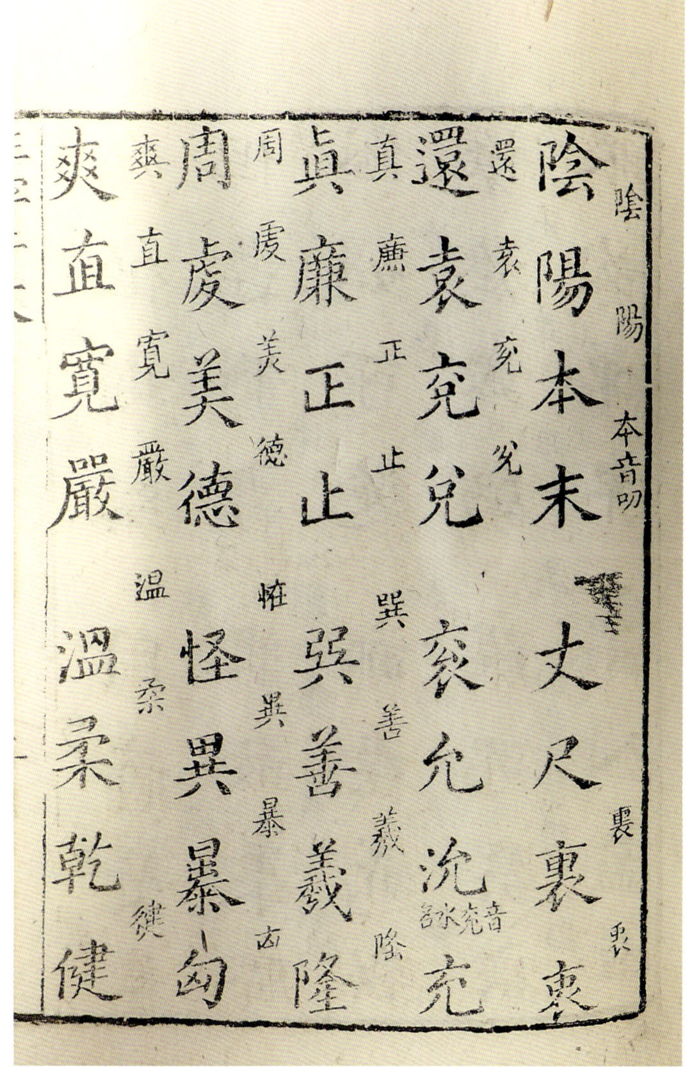
陰陽本末丈尺裏
還袁兗兌衮允沇充
貞廉正止巽善羲隆
周虔美德怪異暴匈
爽直寬嚴溫柔乾健

增訂字學津梁　十三卷 曼99

（清）傅起儒輯並書

清康熙二十六年（丁卯 1687）自刻本

1册

22×15。無版心，版框外由上至下依次題篇名及葉數。裹封題"錢唐傅汝爲輯書 增訂字學津梁 一歷代名論 一草書歷朝應制詩 一四體歌訣 一百家姓類音正聲"。

此書包括以下幾個部分：

1.歷代名論一卷，（清）傅起儒輯；

2.四體歌訣七卷：

（1）篆法歌行一卷，（清）傅起儒輯；篆瀘偏旁點畫辯（篆書歌訣）一卷，（元）應在撰、（清）傅起儒書；

（2）漢隸源流統略歌（隸書歌訣）一卷，（魏）李登撰、（清）傅起儒書；

（3）楷法歌行一卷，（清）傅起儒輯；正千字文（楷書歌訣）一卷，（魏）李登撰、（清）傅起儒書；

（4）草法歌行一卷附行書法，草書歌訣一卷，草書應制詩四卷，（清）傅起儒書；

（5）百家姓類音正聲一卷，（清）胡湞輯，（清）傅起儒訂。

諸篇目版式或有不一者，其中：

《歷代名論》：無界，半葉十行，行二十三字。四周雙邊，版框外上方題“歷代名論”。卷端題“字學津梁”“錢唐傅起儒汝爲輯”“六義”。

《篆法歌行》：無界，半葉十行，行二十三字。四周雙邊，卷端題“字學津梁”“錢唐傅起儒汝爲輯”“篆法歌行”。

《篆書歌訣》：無界，半葉六行，行大字八字，小字十六字。四周單邊，版框外上方題“篆書歌訣”。卷端題“字學津梁”“錢唐傅起儒汝爲書”“篆瀍偏旁點畫辯 應在”。

《隸書歌訣》：無界，半葉七行，行十字。隸楷字相間，四周單邊，版框外上方題“隸書歌訣”。卷端題“字學津梁”“錢唐傅起儒汝爲書”“漢隸源流統略歌 李登”。

《楷法歌行》：無界，半葉十行，行二十三字。四周雙邊，卷端題“字學津梁”“錢唐傅起儒汝爲輯”“楷法歌行”。

《楷書歌訣》：無界，半葉七行，行十字，大小字相間。四周單邊，版框外上方題“楷書歌訣”。卷端題“字學津梁”“錢唐傅起儒汝爲書”“正千字文 李登”。

《草法歌行》：無界，半葉十行，行二十三字。四周雙邊，卷端題“字學津梁”“錢唐傅起儒汝爲輯”“草法歌行附行書法”。

《草書歌訣》：無界，半葉七行，行十字，楷草字相間。四周單邊，卷端題“字學津梁”“錢唐傅起儒汝爲書”“草書訣”。

《草書應制詩》：五言律詩一卷，七言律詩

一卷，五言絶句一卷，七言絶句一卷；無界，半葉六行，行十字，四周單邊。首目録題“草書應制詩目録”，卷端題“歷代應制詩”。

《百家姓類音正聲》：有界，半葉十行，行大字二十三字，小字雙行同，行四十六字，正聲卷端題“百家姓類音正聲”“虎林胡湞龍川輯錢唐傅起儒汝爲訂”。裏封鈐“龍之硯旁虎活筆底”朱文圓印、“摹古得其奥下筆如有神”白文方印。

清康熙二十六年（丁卯 1687）自序。傅起儒百家姓類音正聲序，王大成傅子草書應制詩小序。

按，據序稱：“余更以字學源流登諸梨棗”云云，故知爲自刻本。

《藏園訂補郘亭知見傳本書目》《中國古籍善本書目》未録此書。

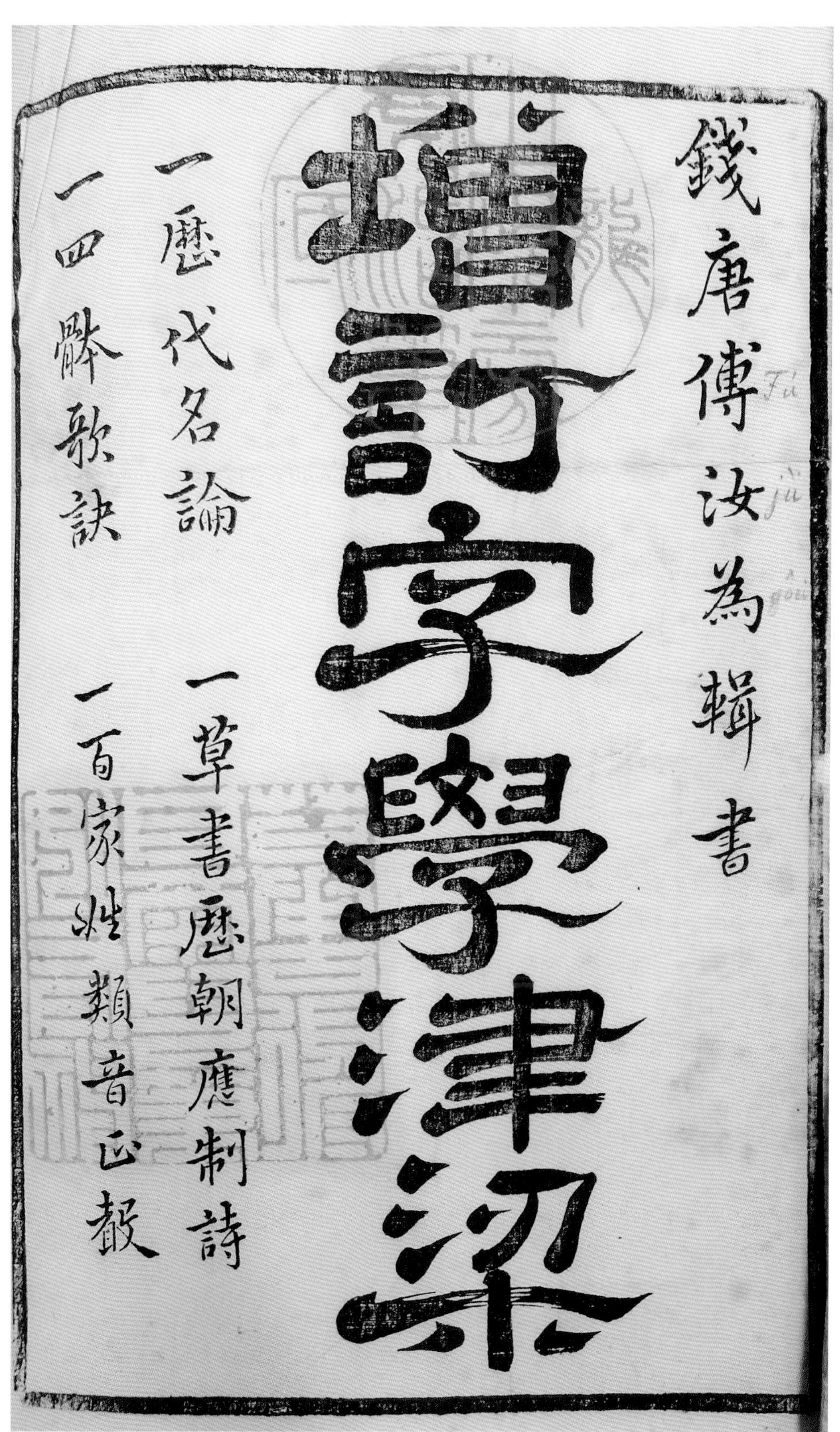

錢唐傅汝爲輯書

增訂字學津梁

一歷代名論
一四體歌訣
一草書歷朝應制詩
一百家姓類音正翻

懷仁集王羲之書聖教序
大唐三藏聖教序　一卷　　曼R159174

（唐）釋懷仁集

拓本

1册1板

24.8×13。經摺裝。半版四行，行十字，有界欄無版心。卷端題“大唐三藏聖教序 太宗文皇帝制 弘福寺沙門懷仁集晋帖 將軍王羲之書”，夾板書籤題“大唐三藏聖教序 晋王羲之書”。

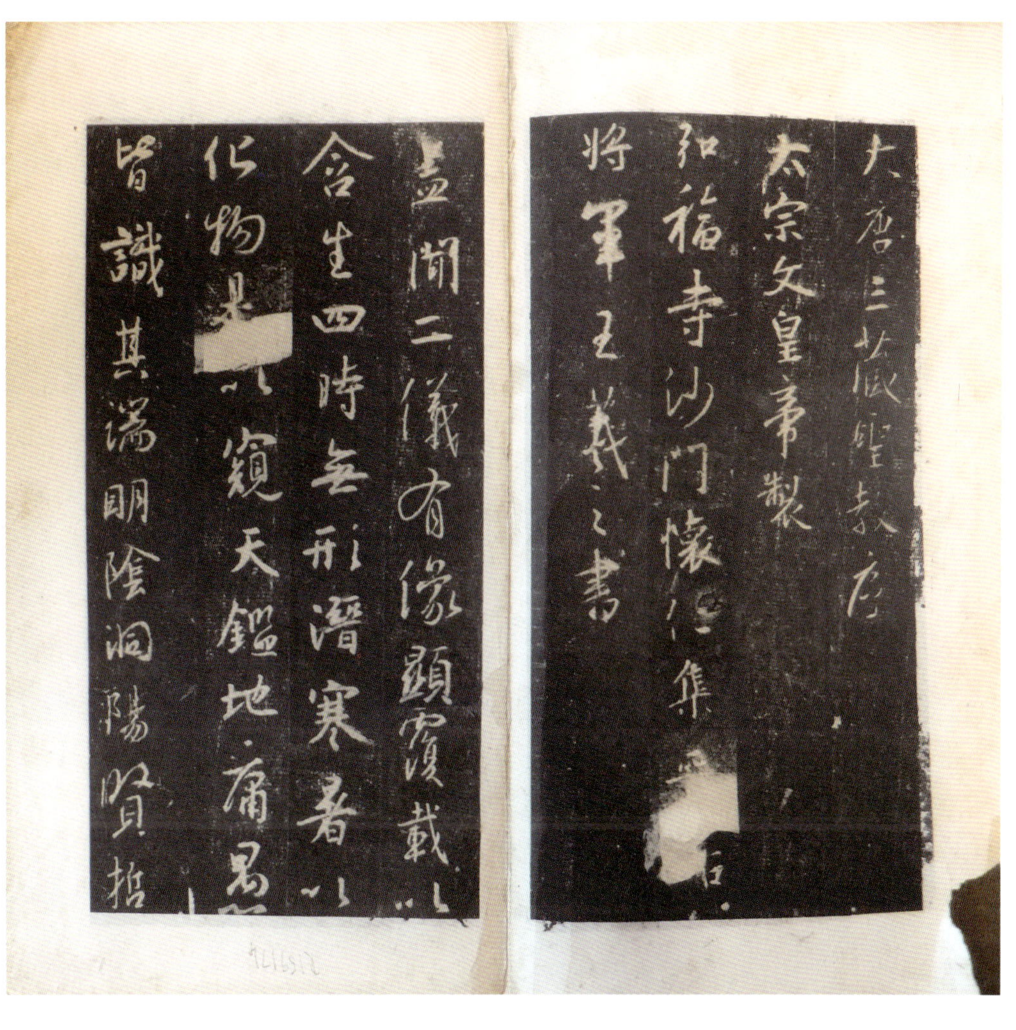

大唐三藏聖教序
太宗文皇帝製
弘福寺沙門懷仁集
將軍王羲之書

蓋聞二儀有像顯覆載以
含生四時無形潛寒暑以
化物是以窺天鑑地庸愚
皆識其端明陰洞陽賢哲

丹山集帖　四卷　　曼101

（清）江浩然彙選，（清）江斌、江健資訂

清嘉慶十四年（己巳 1809）成文堂刻本

4册1本

17.5×12.3。半葉八行，行二十字。左右雙邊，白口，單黑魚尾。魚尾上題“丹山集帖”，下記篇名及葉數。天頭上或另起一長方小框批注。卷端題“丹山集帖卷之一 成文堂梓行”“清漳丹詔養齋江浩然榮詔氏彙選 受業姪 斌遜亮 男健資秉剛 仝参訂”，目録下題“丹山集帖目録 成文堂梓行”，裏封題“嘉慶己巳秋鐫 成文堂梓行 丹山集帖 養齋江浩然彙選”，有墨印三方。

清嘉慶十五年（庚午 1810）江浩然丹山集帖序。

按，江序稱：“……幸閭汀鄒君與愚父子爲世交，前以彙纂《家禮》狥其請，繼而覽玆《丹山集帖》，忝蒙垂請，並求選於古書法中合訂以付梨棗，而予辭焉，彊乃許之。於是據先哲法門，采諸家名翰，間亦附拙筆，奉爲海内善書者鑒。”據此，此書是在鄒氏的建議下，重新修訂而刊行之作，其刊刻者應該即江氏。

《藏園訂補郘亭知見傳本書目·子部》《中國古籍善本書目·子部》皆未録此書。

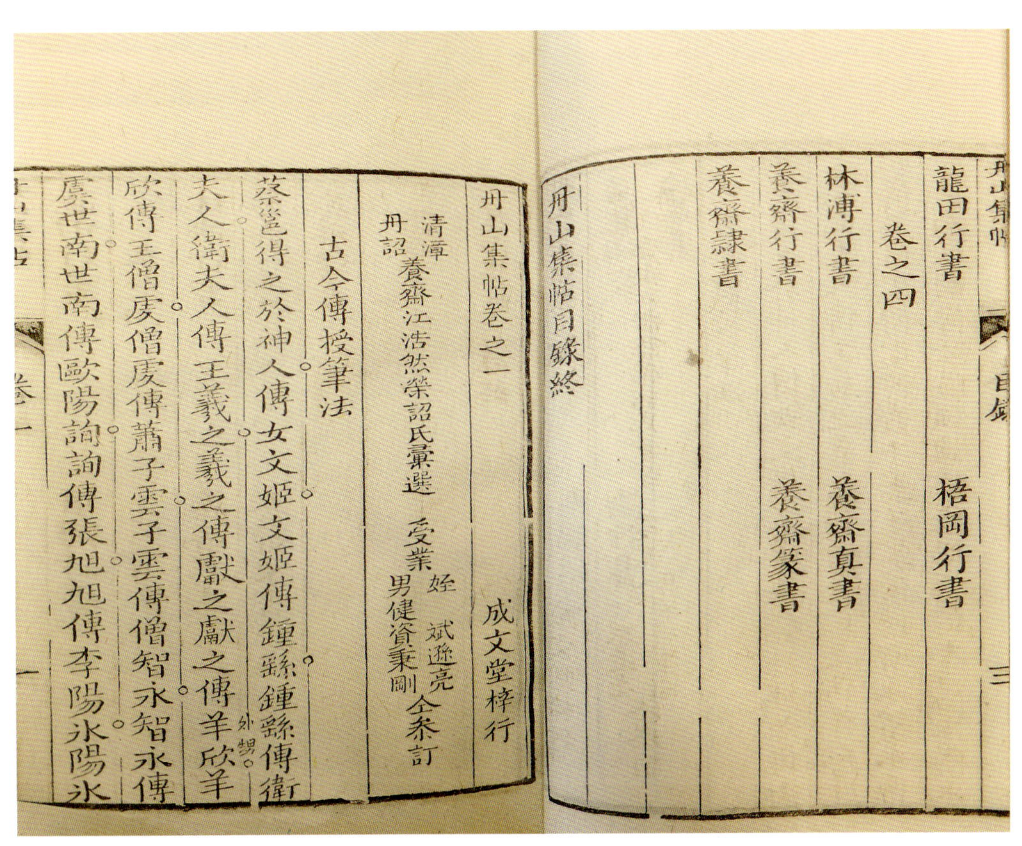
龍田行書 梧岡行書
卷之四
林溥行書 養齋真書
養齋行書 養齋篆書
養齋隸書
丹山集帖目錄終
丹山集帖卷之一 成文堂梓行
清潭養齋江浩然榮詔氏彙選 姪斌遜亮受業
丹詔 男健資秉剛仝參訂
古今傳授筆法
蔡邕得之於神人傳女文姬文姬傳鍾繇鍾繇傳衛夫人衛夫人傳王羲之羲之傳獻之獻之傳羊欣羊欣傳王僧虔僧虔傳蕭子雲子雲傳僧智永智永傳虞世南世南傳歐陽詢詢傳張旭旭傳李陽氷陽氷

漢曹景完碑　不分卷　曼R159175

佚名摹拓

拓片

1册

23.5×14.5。經摺裝。每葉四行，行六字。首葉右下角與末葉左下角鈐“岳特坌印”朱文方印。

按，此書一名“漢郃陽令曹全碑”，東漢中平二年十月立。

此書原與《中研院概況》等合用一個編號，今將後者歸入“曼AC16”複本内，而將此獨立爲一條。

君諱全字景完
敦煌效穀人也
其先蓋周之胄
武王秉乾之機
翦伐殷商既定
爾勳福祿攸同
封弟叔振鐸于
曹國氏焉秦

十竹齋畫譜　不分卷　　曼AC1

（明）胡正言編

明崇禎十七年（甲申 1644）南京胡氏十竹齋彩色套印本

16册1函

27×28.6（一版）。蝶裝。此爲畫册，無版心及邊欄。每畫皆有題記及鈐印。裹封題“十竹齋畫譜”。

胡正言識，明崇禎十六年（癸未 1643）蘭珍居士題十竹齋畫册小引，芷碭山人王三德胡曰從書畫譜引，《翎毛譜》首明天啓七年（丁卯 1627）楊文驄序，《墨華譜》首乘槎子滂十竹齋墨華題辭，《果譜》首韓文鏡弁十竹齋果譜，《竹譜》首有胡正言寫真竹譜（寫竹要語、寫竹括、寫竹説）、程憲識，《蘭譜》首卷石山人涂日昌蘭譜序，《梅譜》首董氏梅帙序，《石譜》首王三德閱石譜題字、朱萬鐘石譜題辭。

有複本一：索書號爲“曼AC33”，殘存1册11幅圖，皆散葉。

按，胡正言（甲申 1584–甲寅 1674），字曰從，别號十竹主人、默菴老人，徽州休寧人。此本初印時用開花紙，已流傳不多，國家圖書館有藏。清康熙五十四年（1715），清乾隆年間，清嘉慶二十二年（1817）芥子園等皆有重刊。此本刊刻很精良，但仔細看來，其紙張潔白但較粗糙且有簾紋，各畫題字末印章較爲昏暗，疑爲翻刻本。今暫如此著録。

《藏園訂補邵亭知見傳本書目·子部》未録此書，《中國古籍善本書目·子部》收録此本。

鶯喚繡出意而途對渡紫燕喜而關
之情非日候之至而根株以現花實以繁擷
芳者何必入都房遊金谷挑芝徒登蘭
雲蜂窟至妙紙尺幅展玩恍若措身旖
旎縈馥中挹穩滑與花卉葩木爭等競
我以丹從心靈之靡靈漢泳之神巧耳名之
曰墨華不直揮毫綴色間詩詞已矣蓋花
吐其氣造物有時消沉氣生於畫神色永在
代謝地幻矣仍踪其求幻曰從幻矣究不測其
幻之矣擬之開窗有云真花易老畫樓長春
之細惟斯語實獲我心願之海内杜與共珍
穀水栗樸子謝書於閬月樓中

芥子園畫傳　四集

曼90

（清）王概等輯

清嘉慶五年（庚申 1800）芥子園刻朱墨套印本

14册4本

此書凡四集，子目如下：

1.第一集五卷，前二卷爲畫法，後三卷爲圖畫；

2.第二集不分卷：蘭竹梅菊四譜，每譜皆分上下兩册，皆附淺説，卷首一卷（畫傳合集例言十條、本集總目）；

3.第三集不分卷:草蟲花卉譜、畫傳翎毛花卉譜兩譜，每譜皆分上下兩册，皆附淺説，末附設色諸法；

4.第四集四卷：卷一爲寫真秘訣，卷二爲列仙，卷三爲賢俊，卷四爲美人，皆前爲人物圖，後爲人物傳記。首附丁皋寫照提綱，末附李漁所撰圖章會纂一卷及續一卷。

此書尺寸不一，第一集：文字20.5×13.7，畫22.8×14；第二集：文字20.7×14.3，畫22×28（一版）；第三集：文字21.1×14.4，畫22.8×14.4（一版），無版框者22.6×36（一版）、22.2×15；第四集：文字20.5×13.7，畫20.2×13.7（半身）、21.1×13.6（全身）不等。

此書皆爲畫册，每集圖文並茂，版式不一。

第一集：四周單邊，白口，單黑魚尾。魚尾上記篇名，下記卷次及葉數。闕卷端題名，裏封題“李笠翁先生論定 繡水王安節摹古 芥子園畫傳 本衙藏板”。

二集：四周單邊，無版心，無魚尾。上書口題“某譜”，下書口題“某册幾”。闕卷端題名，諸譜目録題“青在堂某譜上/下册目”，諸譜裏封題“某譜”，例言末題“嘉慶庚申清和月金陵芥子園重鐫珍藏”，菊譜末題“嘉慶庚申孟春芥子園焕記重鐫”（鈐“芥子園”朱文圓印、“李氏圖章”朱文方印），裏封題“宇内諸名家合訂 繡水王宓艸 安節 司直 摹古 畫傳二集 蘭譜 竹譜 梅譜 鞠譜 金陵芥子園重鐫”，鈐“芥子園珍藏”白文方印，外封書籤題“芥子園畫傳二集 某譜”；

三集：四周單邊，無魚尾，無版心，版框外有書耳，上書耳題“某式”，下書耳題“某册幾”。諸譜目録題“青在堂某譜上/下册目”，諸譜裏封題“某譜”，裏封題“宇内諸名家合訂 繡水王宓艸 安節 司直 摹古 畫傳三集 艸虫華卉譜 翎毛華卉譜 金陵芥子園重鐫”，鈐“芥子園珍藏”白文方印。

四集：四周單邊，白口，無魚尾，上書口題“畫傳四集 某圖”，下書口記葉數及題“芥子園”。無卷端題名，末卷末行小字題“江寧甘雨朝鋟”，附録：無界，半葉十行，行二十一字，四周單邊，白口，無魚尾。上書口題“圖章會纂”，下書口記葉數及“芥子園”。卷端題“芥子園圖章會纂”“湖上笠翁李漁纂輯”，目録題“芥子園畫傳四集卷之幾目録”，裏封題“芥子園畫傳四集 寫真秘傳 仙佛圖 賢俊圖 美人圖 附圖章彙纂 金陵抱青閣珍藏”。

第一集：清康熙十八年（己未 1679）李漁序，末有康熙十八年（己未 1679）新亭客樵識，此集末有武林陳扶摇識；第二集：蘭竹梅菊四譜：芥子園識（末鈐“芥子園”朱文圓印、“李氏圖章”朱文方印），康熙四十年（辛巳 1701）王槩畫傳合編序，蘭竹譜首康熙二十一年（壬戌 1682）諸昇序，下册清康熙四十年（辛巳 1701）王蓍識；梅譜首康熙四十年（辛巳 1701）余椿序，下册康熙四十年（辛巳 1701）王蓍識，末附王質跋；菊譜下册康熙四十年（辛巳 1701）王蓍識。第三集：芥子園識語，康熙四十年（辛巳 1701）王澤弘序，草蟲花卉譜首編者識語，康熙四十年（辛巳 1701）秀水王蓍序；翎毛花卉譜首編者識語，次康熙四十年（辛巳 1701）王蓍序；第四集：嘉慶二十年（戊寅 1818）倪模芥子園人物畫譜叙，丁臯自序。

有副本二：索書號爲“曼AC26”，殘存2册（水、土）；“曼AC36a”，附芥子園圖章會纂，殘存一卷1册（四集卷四）。

按，此書前三集刊刻較早，故風格一致，第四集刊刻較晚，故下書口題“芥子園”，且體例與前三者不類，爲清嘉慶間新刊。二集、三集有“嘉慶庚申年芥子園重鐫”題字，故知此本實爲嘉慶時重刻本，其底本爲康熙間芥子園刻本。

《藏園訂補郘亭知見傳本書目·子部》《中國古籍善本書目·子部》收録此書，但未録此本。

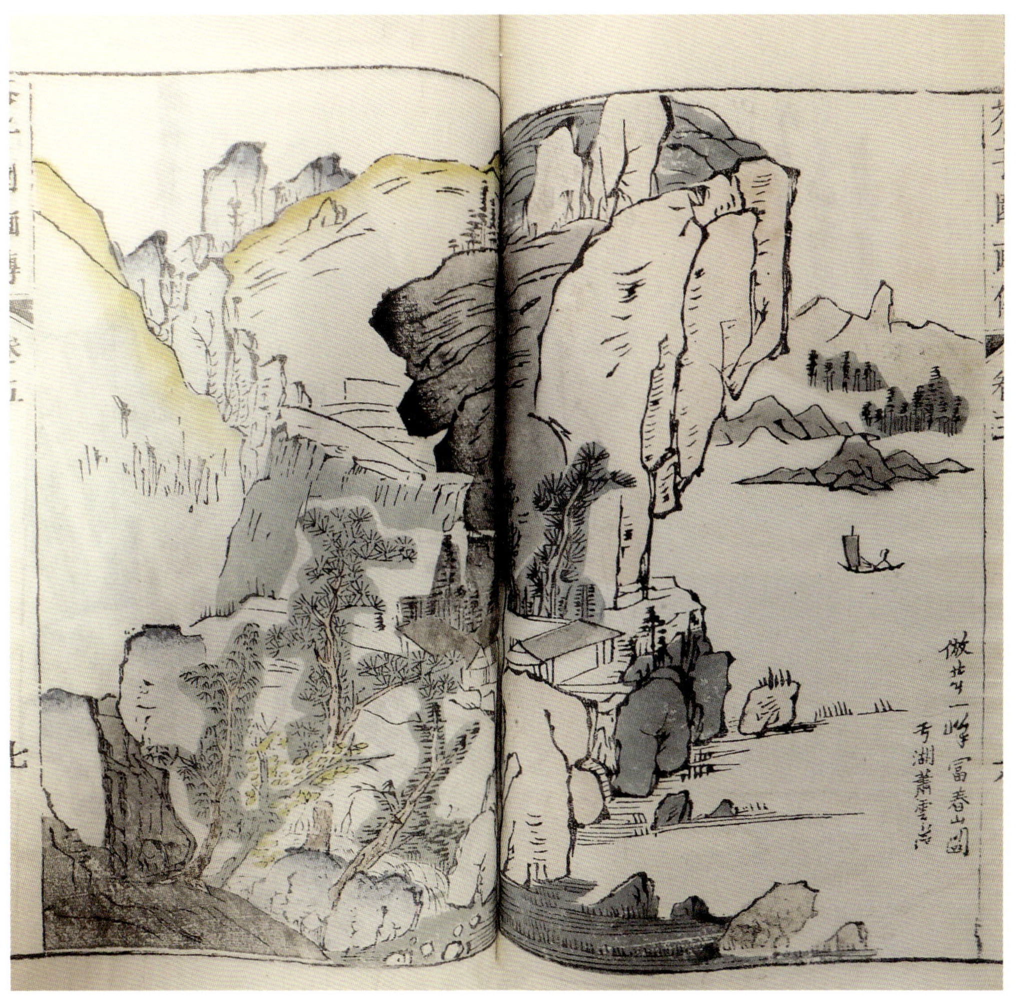
倣黄一峰富春山圖
秀湖蕭雲

二如亭群芳譜　四集三十卷，卷首一卷　曼451

（明）王象晋撰，（明）陳繼儒、毛晋、姚元台校，（明）王與敕、王士鵠詮次
明末汲古閣重刻本

16册4本

此書分元亨利貞四集三十卷（原每集7册，凡28册），子目如下：

1.元集七卷：天譜三卷，歲譜四卷；

2.亨集七卷：穀譜一卷，蔬譜二卷，果譜四卷；

3.利集九卷：茶譜一卷，竹譜一卷，桑譜一卷，棉譜一卷，藥譜三卷，木譜二卷；

4.貞集七卷：花譜四卷，卉譜二卷，鶴魚譜一卷。

20.7×14。半葉八行，行十八字。左右雙邊，白口，單黑魚尾。魚尾上題“群芳譜”，下記卷次（僅一卷者或題“卷一”）、篇名及葉數。天頭處另起一欄注音釋義。諸部卷端皆題“二如亭群芳譜某部卷之一（或‘某部卷全’）”“濟南 王象晋藎臣甫 纂輯 松江 陳繼儒仲醇甫 虞山毛鳳苞子晋甫 寧波 姚元台子雲甫 仝較”，裏封題“重鐫二如亭群芳譜 汲古閣藏板”。

附二如亭群芳譜義例七條，二如亭群芳譜總目，卷首一卷（魚尾下題“芳踪”），分往哲芳踪二十九條，言志二首；王象晋又識，王象晋天

譜小序，王象晋往哲芳踪小序。

毛晋小序，王象晋二如亭群芳譜叙，貞集末卷附明天啓元年（辛酉 1621）王象晋（好生居士）跋。

按，諸集具體分卷如下：

1.元集：（1）天譜三卷（原分3册）：卷首一卷（有論太極兩條，劉禹錫天論、鶡冠子度量、孫思邈疾喻等四篇），每卷前有分目録；（2）歲譜四卷（原4至7册）：卷首一卷（歲紀、熊大古歲差兩篇），王象晋歲譜小序，每卷皆有分目録，但卷三目録已佚。

2.亨集：（1）穀譜一卷（第1册）：卷首一卷（凡九篇），穀譜小序，目録；（2）蔬譜二卷（原第2至3册）：卷首一卷（凡五篇），蔬譜小序，每卷前皆有目録；（3）果譜四卷（原第4至7册）：卷首一卷（凡二十一篇），果譜小序，每卷皆有分目録。

3.利集：（1）茶譜一卷（原第1册）：卷首一卷（陸羽茶經一篇），首茶譜小序，目録。（2）竹譜一卷：卷首一卷（凡兩篇），首竹譜小序，目録；（3）桑譜一卷（首桑麻葛譜小序，目録）、棉譜一卷（首棉譜小序），以上原第2册；（4）藥譜三卷（原第3至4册）：卷首一卷（凡五篇），首藥譜小序，每卷皆有分目録；（5）木譜二卷（原第6至7册），卷首一卷（凡八篇），首木譜小序，每卷前皆有分目録。

4.貞集：（1）花譜四卷（原第1至4册）：卷首一卷（凡十五篇），首花譜小序；（2）卉譜二卷（原第五至六册）：卷首一卷（凡九篇），首卉譜小序, 每卷皆有分目録;（3）鶴魚譜一卷（原第7册）: 卷首一卷（相鶴經、養魚經）, 首鶴魚譜小序, 目録。

《藏園訂補郘亭知見傳本書目·子部》《中國古籍善本書目·子部》皆未録此書。

二如亭群芳譜天部卷之一

濟南　王象晉藎臣甫　纂輯
松江　陳繼儒仲醇甫
虞山　毛鳳苞子晉甫　仝較
寧波　姚元台子雲甫
濟南　男王與胤　孫王士禛　詮次

天譜一

天　積陽之精群物之祖也周環無端其形渾然

佩文齋廣群芳譜　一百卷　曼82

（明）王象晋撰，（清）汪灝等奉敕增編

清同治七年翻刻清康熙四十七年（戊子 1708）武英殿刻本

38册7本

16.8×11.3。半葉十一行，行二十一字。左右單邊，白口，雙對黑魚尾，上魚尾上題“廣羣芳譜”，版口記篇類名及葉數。卷端題“佩文齋廣羣芳譜卷第一”。

凡例四條，分目録上下二卷。清康熙四十七年（戊子 1708）劉灝進表。

康熙四十七年（戊子 1708）御製序，王象晋群芳譜原叙。

按，此本里封及總目皆佚，今據存世之本可知，裹封題“同治七年夏五月廣群芳譜姑蘇亦西齋藏版”，總目題“佩文齋廣群芳譜總目”。

《藏園訂補郘亭知見傳本書目·子部》未録此書，《中國古籍善本書目·子部》收録此本之底本，題作“清康熙四十七年内府刻本”，國家圖書館等20館收藏。

佩文齋廣羣芳譜刊成進
呈表
原任掌河南道事河南道監察御史加七級臣劉
灝恭承
勅旨校刊
佩文齋廣羣芳譜今已成書謹奉
表上
進者臣灝誠惶誠恐稽首頓首
上言伏以三才並建資參贊以成能庶物芸生賴神
靈而利用神農首出甞草木之滋后稷誕生郎
識方苞之種蓋將開物以成務必先辨類而知名

佩文齋書畫譜　一百卷 曼317

（清）孫岳頒、宋駿業等奉敕纂

清康熙四十七年（戊子 1708）刻宋氏静永堂印本

64册8函

16.5×11。半葉十一行，行二十一字。左右雙邊，白口，單黑魚尾，魚尾下記篇名及葉數。卷端題“佩文齋書畫譜卷第一”，裏封題“賜板通行 欽定佩文齋書畫譜 静永堂藏”。

附凡例七條及編纂校勘姓氏、纂輯書籍，總目。每卷前皆有分卷目録。

清康熙四十七年（戊子 1708）御製佩文齋書畫譜序。

按，清邵懿辰、邵章《增訂四庫全書簡明目録標注》卷十二（上海古籍出版社，1959年，第486頁）收録了内府刻本、康熙静永堂刻本等。温肇炘、温肇涵《漫談〈佩文齋書畫譜〉的静永堂同治年重印本》（《圖書館雜志》，2003年第6期）一文以爲靜永堂本並非刻本，而是重印本。此説甚是。考清馮桂芬《（同治）蘇州府志》卷四十五（清光緒九年刊本）云：“宋少司馬駿業宅在西百花巷，有静永堂，駿業爲兵科給事時聖祖仁皇帝御書賜額。”据此可知，“静永堂”一名被賜正當宋氏任兵科給事之時。而檢此書《凡例》末所列編纂諸官姓名，其時宋氏已出任“通正使司左通政使，今陞都察院左副都御史”了，所以，賜堂號的時間必然比賜書版要早。

那麽，宋氏在得到賜版之後何時重印的呢？考清蔣良騏《東華録》卷二十二（清乾隆刻本）云：“（康熙五十二年）閏五月，禮部題兵部侍郎宋駿業、詹事史夔身故，應請照例賜卹。上諭曰：‘漢人中史夔、宋大業、宋駿業、張志棟皆甚無耻。宋駿業以能畫，在内廷行走，乃一陰險小人，專事結黨而學問不及。朕知而遠之，姑念内庭効力，給與半葬。’”康熙五十二年宋氏卒，康熙皇帝斥之爲“陰險小人”，顯然對之早已懷恨在心。假設康熙四十七年内府刊行此書之後，隨即便將書版賞賜於他。那時正是其春風得意之時，所以如果宋氏要印行，當在康熙四十八年至五十二年之間了。今雖不知此本具體的刊印時間，但宋氏的重印當在康熙年間無疑，今據此進行著録。

《四庫全書總目》“子部二十三·藝術類二”收録，云：“我聖祖仁皇帝久道化成，游心翰墨，御製書畫題跋，輝煌奎藻，册府垂光。復詔發中祕之藏，蒐羅編輯，一一親爲裁定，勒成是編。凡論書十卷，論畫八卷，歷代帝王書二卷、畫一卷，書家傳二十三卷，畫家傳十四卷，無名氏書六卷、畫二卷，御製書畫跋一卷，歷代帝王書跋一卷、畫跋一卷，歷代名人書跋十一卷、畫跋七卷，書辨證二卷，畫辨證一卷，歷代鑒藏十卷。分門列目，徵事考言，所引書凡一千八百四十四種。每條之下，各注所出，用張鳴鳳《桂故》《桂勝》、董斯張《吴興備志》之例，使一字一句，必有所徵，而前後條貫，無所重複，亦無所牴牾。又似吕祖謙《家塾讀詩記》，裒合衆説，各别姓名，而鎔貫翦裁，如出一手。非惟尋源竟委，殫藝事之精微，即引據詳賅，義例精密，抑亦考證之資糧，著作之軌範也。"

《藏園訂補郘亭知見傳本書目·子部》收録，《中國古籍善本書目·子部》未録。

者也是時秦大發隸卒興役戍官獄職務繁初有隸書以趣約易而古文由此絶矣自爾秦書有八體一曰大篆二曰小篆三曰刻符四曰蟲書五曰摹印六曰署書七曰殳書八曰隸書 說文序

漢六體書

六體者古文奇字篆書隸書繆篆蟲書皆所以通知古今文字摹印章書幡信也 漢書藝文志

漢孔安國隸古

孔安國尚書序曰科斗書廢已久時人無能知者以所聞伏生之書考論文義定其可知者爲隸古定更以竹簡寫之孔穎達正義云就古文體而從隸定之故曰隸

晚笑堂竹莊畫傳　不分卷　　曼AC2

（清）上官周撰

清乾隆八年（癸亥 1743）上官惠廣州刻本（白棉紙 精刻）

2册1函

22.6×14.9。無界，半葉十三行，行二十二字。左右雙邊，白口，單黑魚尾。魚尾上記書名（末明四十四幅題“明太祖功臣圖”），下記時代名如“漢”“唐”“唐詩”等。無卷端題名，裹封題“晚咲堂竹莊畫傳”，函套書籤題“晚笑堂竹莊畫傳全”。

楊于位序，清乾隆八年（癸亥 1743）上官周自序，末有清乾隆八年（癸亥 1743）劉杞跋。

有複本一：索書號爲“曼AC22a”。

按，此畫册可分五部分，一爲漢至明諸明君賢臣圖傳：漢人16幅，晋人4幅，唐人7幅，宋人9幅，明人2幅，凡38幅；二爲漢唐詩人：晋詩1，漢詩1，唐詩16人，共18人；三爲唐宋散文家，唐文2人，宋文6人，共8人；四爲宋儒12人；五爲明太祖功臣圖44幅。以上共計120幅。

楊氏序云：“今先生重遊粤嶠，訪得名手，乃擇其尤者拜輩鍥之于板，以示後世。”上官周序云：“日者天復假吾以年，擕卷入粤。小孫惠不欲没老人之微勤，請付剞劂，以詔來兹，余出所藏而授之。”據此，此本是在廣州由其孫上官惠請人刊刻的。

《藏園訂補郘亭知見傳本書目·子部》《中國古籍善本書目·子部》皆未録此書。

民國時期涉園陶氏曾據之重印過，分上中下三册，裹封背面題“庚午春日 涉園重印”，刊刻頗爲精緻。

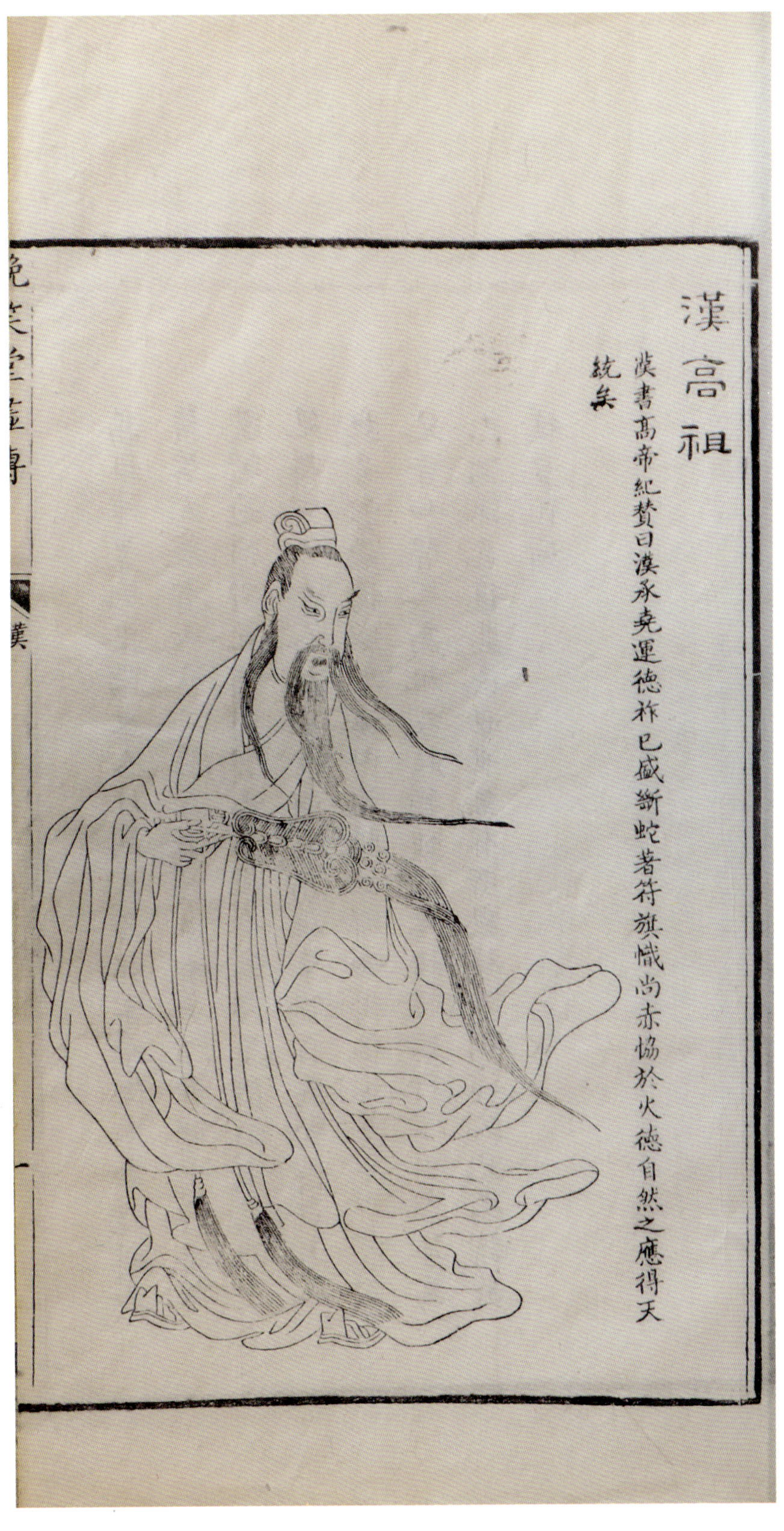
漢高祖
漢書高帝紀贊曰漢承堯運德祚已盛斷蛇著符旗幟尚赤協於火德自然之應得天統矣
漢

萬壽盛典圖　一幅 曼419

（清）王原祁等繪

清康熙五十六年（丁酉 1717）武英殿刻本（白棉紙，精刻）

2軸1盒

500×28。卷末題"經筵講官户部左侍郎臣王原祁"（下鈐"選"白文方印）"日講官起居注詹事府詹事臣王奕清謹校刊"。覆背由上至下鈐"於斯堂珍藏章"白文方印、"宜子孫"朱文方印。

按，此圖所記爲慶賀清聖祖康熙帝六十大壽的盛况。

《四庫全書總目》"史部三十八·政書類二"於"萬壽盛典一百二十卷"下云："康熙五十二年三月，恭逢聖祖仁皇帝六旬萬壽，内直諸臣所纂録也。凡六門：一曰宸藻，分詔諭爲一卷，御製詩文賦頌爲一卷。二曰聖德，分孝德謙德保泰教化四目。三曰典禮，分朝賀鑾儀祭告頒詔養老大酺六目。四曰恩賚，分宗室外藩臣僚耆舊蠲賦開科賞兵恤刑八目。五曰慶祝，則有圖有記以及名山祝釐，諸臣朝貢之儀備列焉。六曰歌頌，則内外祝釐之詞靡不采録焉。仰惟我聖祖仁皇帝德盛道隆，福祚悠久。其時臣民泳涵醲化。敷天率土，普洽懽心。衢歌巷舞之盛，實爲從古所未有。而伏讀詔諭，每以萬姓安，天下福爲兢兢。是書之成，非徒以紀昇平之鉅典，正可以俾萬世臣民仰見至聖持盈保泰之盛心，爲景命延洪之大本也。書中圖二卷，於遐邇臣庶迎鑾呼祝之儀，纖悉具備，亦自有圖繪以來所罕覯。其稿本初爲宋駿業所創，後王原祁等重加修潤而成。一展卷而閭閻殷阜之象，童叟歡躍之忱，恍若目接而身遇之，今悉依原本鈎摹，故幅度視他卷稍贏焉。"其中，"書中圖二卷"云云，蓋即此圖。

圓明園圖景　二十幅　　曼457

（清）佚名繪

清乾隆間手繪本

1册

569×550。圖20幅。

諧奇趣北面二

泛槎圖　六集 曼270

（清）張寶著

清嘉慶二十四年至清道光十一年（己卯 1819-辛卯 1831）羊城尚古齋刻本

6冊1本

子目：

1.泛槎圖（初集）不分卷；

2.續泛槎圖二集不分卷；

3.續泛槎圖三集不分卷；

4.艤槎圖四集不分卷；

5.灕江泛槎圖五集不分卷；

6.續泛槎圖六集不分卷。

22×16.5。圖文並茂。無界，四周單邊，無版心和魚尾，版框外左上角題書名。無卷端題名。首册裏封題“泛槎圖 羊城尚古齋張太占刻”，第2册裏封題“續泛槎圖”，王泉之序末小字題“羊城尚古齋張太占刻”，第3册裏封題“續汎查圖三集”，左右各四墨印，第4册裏封題“艤槎圖四集”，左右各鈐五墨印。第5册裏封題“灕江汎櫂圖五集 金陵劉文楷刻”。第6册裏封題“續汎查圖六集”。

《泛櫂圖》首附成親王題“遊、目、騁、懷”四個墨字，乘槎破浪自題小像一幅，末附清嘉慶十九年（甲戌 1814）翁方綱題辭，陳希祖題詩等12家。《續泛槎圖》首附許乃濟題“鴻、雪、留、痕”四個墨字，末附王政治絶句六首及跋文。《續泛槎圖三集》首附許乃普題“偹、然、意、遠”四個墨字，英奎題“身、是、衆、星”四個墨字，末附清道光二年（壬午 1822）芮筠題辭。《艤槎圖四集》末附何夢題詩等2家。

第1册首嘉慶二十四年（己卯 1819）張寶自序；第2册裏封有嘉慶二十五年（庚辰 1820）張寶自序，首嘉慶二十四年（己卯 1819）年王泉之序；第3册首道光五年（乙酉 1825）張寶自序，道光三年（癸未 1823）杜堮序；第4册首道光六年（丙戌 1826）張寶自序，道光五年（乙酉 1825）吴嵩果序，道光四年（甲申 1824）朱應坊序，末附道光六年（丙戌 1826）元明善跋；第5册首道光十一年（辛卯 1831）張寶自序，道光十年（庚寅 1830）陳鑾序，道光十一年（辛卯 1831）金鎮序；第6册首道光十一年（辛卯 1831）張寶自序，道光十一年（辛卯 1831）金鰲偉序，後附道光十二年（壬辰 1832）張寶七十自壽詩八首。

按，第1册張寶自序云：“爰不揣固陋，手自鈎勒，付之梓人，藉質海内。其曰：乘槎破浪者，自寫小影見志也。始於‘秦淮留别’，而止於‘帝城春色’，志入都之始也。續將五嶽及名勝各圖並授剞劂，留俟諸君子再加品題，以志弗喧，而此特爲其先聲云爾。”第2册張寶序云：“此册五嶽及各省名勝圖二十三幅，合前册共成三十六圖……余成此圖以供静養藏修，未遠行諸君子之卧遊也。至於各名人題咏書法，皆出親手鈎摹付梓，亦是以爲後世楷模。”第

3册張寶序云："次年人日還家，彙囊中諸勝迹二十七圖，又擬添《艤槎圖》十八册，共成四集。惜題咏尚少，難以成帙，因於甲申春再入都門，此人文輻輳之區，且多舊交。謁見之際，無不欣然，分册爲題。秋日蒙福竹也，鹺使邀往津門署中，盤桓數月，今春復入都門索詩題者甚富。"第4册張寶序云："迨遍前刻《泛槎圖初集》及《續泛槎圖二集》《三集》，得圖六十三幅，以次告成。今思歸老林泉，復將六朝山水並素性之所好者譜爲十八册，名曰'艤槎'，共成八十一圖。"第5册張寶序云："道光丁亥長至後五日，余在桂林客飯，曾寫《灕江泛棹圖》，卷約長三丈餘，自昭州至桂林二百餘里，萬峰排列，灕水環繞其間，諸名公題咏甚富。今改爲十二册，續於《艤槎圖》後，以志遊踪。"第6册張寶序云："尚有甘肅、四川、滇、黔等省屐齒未到，前五集已有圖九十三幅。今將四省著名之山，並五臺、武當、五指人所共知者，擬作七圖，刻於篇首，共成百幅。"據以上諸序，我們可以知道：此書是隨刊隨印之本，於嘉慶二十四年（己卯 1819）刻完第一集，至道光十一年（辛卯 1831）刻完第六集，中間四集也非連續刊刻的。但是爲了描述方便，我們暫時如上題版本項。

《藏園訂補郘亭知見傳本書目·史部》收録此本，題作"清嘉慶二十四年至道光六年羊城尚古齋刊本"，爲傅增湘舊藏，但僅有四集4册，實是殘本。《中國古籍善本書目·史部》未録此書。

名勝圖　一摺　　曼409

（清）佚名繪

清刻本

1册1盒

25×16.5。經摺裝，繪各地名勝78幅。

無序跋。

按，此書無題名。觀其所繪之圖，有長白山、五嶽、西湖全景、雷峰塔、南屏山净慈寺等，有諸多名山，亦有一些古寺，皆爲一時名勝，故暫定爲“名勝圖”。

西鎮吳山圖
鎮西峯
珍珠娘々廟
道院
白松嶺

百美新咏　不分卷　　曼351

（清）顔希源編

清嘉慶間文德堂刻本（白棉紙）

4册1函

子目：

1.百美新咏100句，詩100首；

2.百美新咏圖100幅，傳100篇，一圖一傳；

3.百美新咏集咏不分卷，共169首。

18.7×11.5。無界（或有界），半葉八行，行十八字。四周雙邊，白口，單黑魚尾。魚尾上題“百美新咏”，下題“新咏幾”（或“圖傳幾”“集咏幾”），《圖傳》下書口題咏美七言句。卷端題“百美新咏”，《集咏》卷端題“百美新咏集咏”，裏封題“百美圖新咏 文德堂梓”，函套書籤墨筆題“百美圖”。

附百美新咏題詞，録時人20人所作詩詞凡54首。百美新咏圖傳詩絶句三首並序。

清乾隆五十五年（庚戌 1790）袁枚序，乾隆五十二年（丁未 1787）張道渥序，乾隆五十五年（庚戌 1790）黄德成序，孫奎序，史積容序，吴經元序，嘉慶九年（甲子 1804）阮元和序，熊璉序，乾隆五十二年（丁未 1787）顔希源序。《圖傳》：嘉慶九年（甲子 1804）法式善序。《集咏》：首乾隆五十七年（壬子 1792）顔希源序，末附譚大經跋，邵飄跋，嘉慶九年（甲子 1804）伊秉綬跋，吴廷瑞跋，嘉慶十年（乙丑 1805）王子音跋，顔希源自跋。

按，法式善序云：“顔鑑堂先生以所刊《百美圖詩》問序於余。”顔希源序云：“固亦因亟梓而傳之，以公同好云。”邵飄跋云：“壬子春仲，余攝崇川篆黄海，海將軍出示鑑塘先生《百美圖新咏》，並代求題識。”據此三條，我們可推知，乾隆五十七年（壬子 1792）此書應該剛剛編好，還没刊刻，尚在求序，故而顔氏有“固亦因亟梓而傳之”之説。而至嘉慶九年（甲子 1804）此書應該已經刊畢，故法序有“以所刊《百美圖詩》問序於余”之説。據此，此本應當刊刻在清嘉慶間。

此書正文分三個部分：（1）《百美新咏》的詩句，又分兩小部分：首先是一百句咏唱歷代美人的七言句（無界），其次以每句所咏美人爲題目，創作了一百首七言絶句（有界）。（2）《百美新咏》的圖傳，前圖後傳。先繪出前一部分所列的諸美人，既而引文獻述其生平。（3）《百美新咏》諸家題詩。將當時文人所作的有關諸美人的詩皆收集在了一起。

《百美新咏題詞》作者有吕燕昭、饒慶捷、孫方僅、曹星谷、朱洪寅、吴廷理、夏佑節、王慕蘭、徐邦殿、李華、江干、靳光宸、許清猷、吴鵬孫、江棻、冒玉鐘、羅正墀、吴文祥、管濤、徐存幹共20人；《百美新咏集咏》爲袁枚、羅青植、江干、周澍、吴麐、吴鵬孫、朱洪寅、何瑩、汪懷信、靳光宸、曹湯鼎、熊璉、黄蕙等13人的作品。

《藏園訂補郘亭知見傳本書目·子部》未録此書，《中國古籍善本書目·叢部》收録了稿本《一瓻筆存》，其子部中收録了此書。

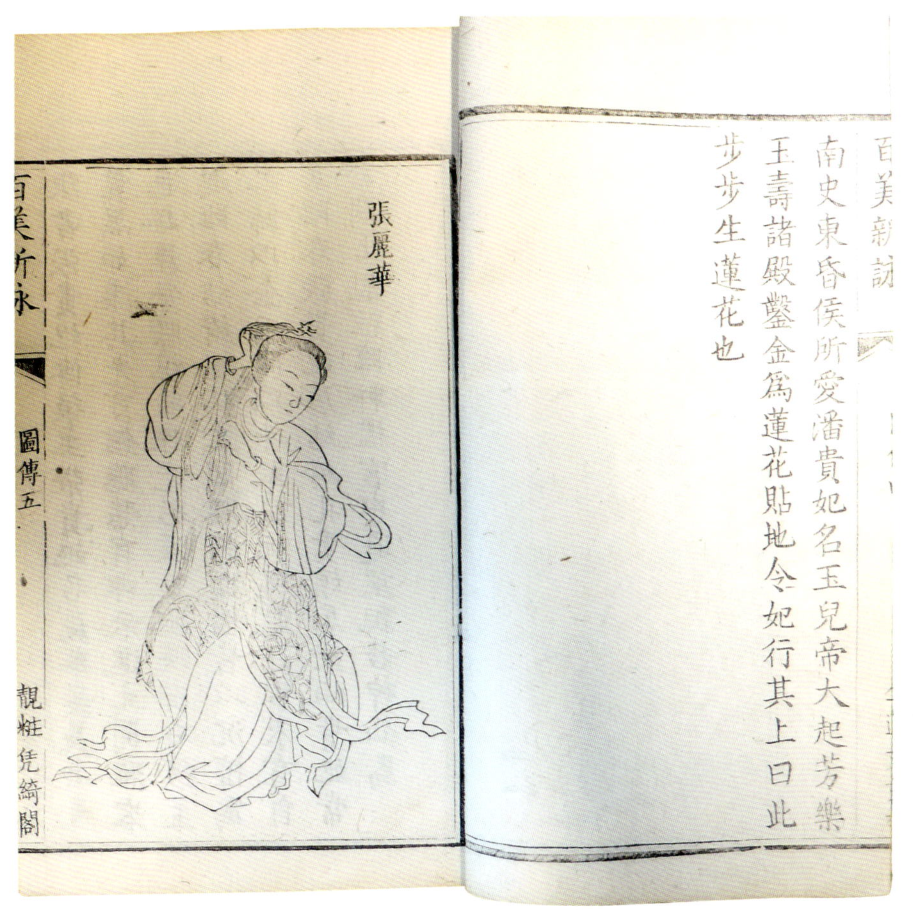
百美新詠
南史東昏侯所愛潘貴妃名玉兒帝大起芳樂
玉壽諸殿鑿金爲蓮花貼地令妃行其上曰此
步步生蓮花也

張麗華

百美新咏 圖傳五 靚粧凭綺閣

無雙譜　不分卷　曼AC34

（清）金古良撰繪

清康熙間刻本

1册

19.5×12.3。每葉有圖有文，圖文並茂，字數不等。無界欄與版心。裏封題“於越金古良撰 無雙譜”，鈐“古良之印”白文方印。

金古良無雙譜自叙（首鈐“南陵”朱文橢圓印、末鈐“金古良”朱文橢圓印），盧詢題詞（有二鈐印，其一印模糊不識，第一印鈐“舜徒”朱文方印），董良橚讀無雙譜引（鈐“董良橚印”朱文方印、“長幷”朱文圓印），王士禎讀無雙譜復言（鈐“阮亭”朱文方印、“王士禎印”白文方印），清康熙二十九年（庚午 1690）宋俊弁言（鈐“宋俊之印”白文方印、“長白”朱文方印），陶式玉序（鈐“陶式玉印”白文方印、“上白”朱文方印），徐咸清序（鈐“徐”白文圓印），毛奇齡序（首鈐“毛奇齡印”“大可”二白文方印，末鈐“陶式玉印”白文方印、“上白”朱文方印）。

按，《藏園訂補邵亭知見傳本書目·子部》未録此書，《中國古籍善本書目·子部》收録，題作“清康熙刻本”，中國歷史博物館等5館有藏。

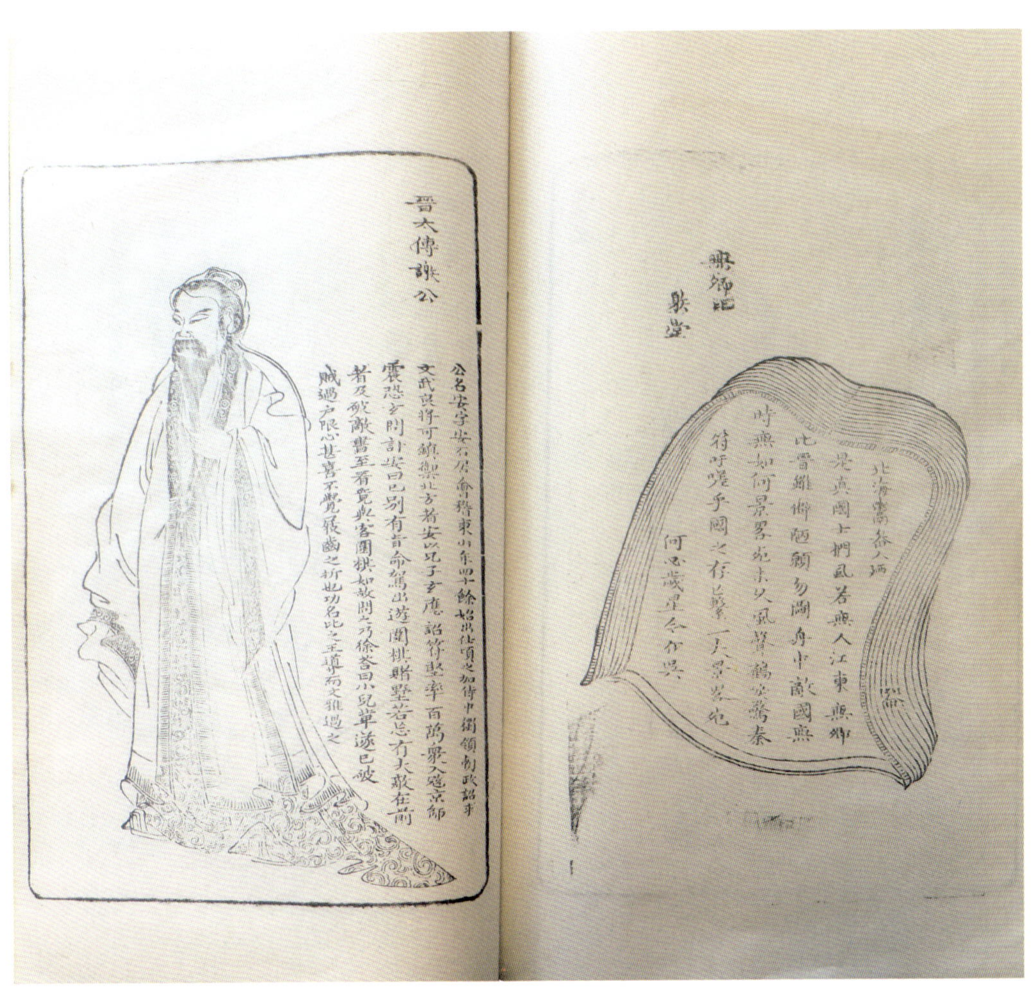
晉大傅謝公

圖繪寶鑑　八卷，補遺一卷　　曼312

（元）夏文彦撰，（明）韓昂補，（清）毛大倫、藍瑛、謝彬等增訂
清怡堂刻本

4册1函

12.3×9.5。半葉九行，行二十字。左右雙邊，細黑口，上下綫魚尾，版口題“圖繪寶鑑卷幾”及葉碼。書内有朱筆句讀。卷端題“圖繪寶鑑卷一 吴興夏文彦士良纂 賓山吴麟子仁録 山陰馮仙湜沚鑑 檇李顧銘仲書 後學武林藍瑛田叔 錢塘謝彬文侯 蕭山張振嶽崧高 廣陵陳申蠖菴 重訂”，裏封題“圖繪寶鑑 怡堂藏板”。卷五首行下鈐“冰雨彗史印”朱文方印，“崔氏文姬”“埜屾堂”二白文方印。

元楊維禎序，元至正二十五年（乙巳 1365）夏文彦夏士良先生序。

按，此書原五卷，收録金元以前畫家三百多人。卷六至卷八爲後人增補，其中，卷六收録明代畫家一百多人，卷端題“山陰馮仙湜沚鑑鑒閲 武林毛大倫善叔 增補 新安程鶴昭黄 華亭吴賓魯公 蕭山張振嶽崧高 廣陵陳申蠖菴 校訂”；卷七收録清代畫家四百多人，卷端題“山陰馮仙湜沚鑑鑒閲 錢塘藍瑛田叔 武林謝彬文侯 纂輯 仁和戴大有書年 較訂”；卷八爲女史，收録歷代女畫家九十多人，卷端題“山陰馮仙湜沚鑑鑒閲”；卷八補遺一卷，卷端題“吴興夏士良纂”。由此可見，此書是經過多次編輯才完成的。

今考《四庫全書總目》“子部二十二·藝術類一”著録此書爲“五卷，續編一卷”，稱其：“每代所列不以先後爲次，往往倒置，體例亦未爲善。然蒐羅廣博，在畫史之中最爲詳贍……續編一卷，

明欽天監副韓昂所纂。起明初，迄正德，一百五十年間，采輯得一百七人，而冠以宣宗、憲宗、孝宗三朝御筆，成於正德十四年。然核其書中，如文彭、陸治、錢穀等以下，皆嘉靖時人，殆後來有所增補，非昂之舊歟。”

今取《影印文淵閣四庫全書》本與此本相校，可知此本之卷六實大致即《四庫全書》本之《續編》一卷。但從其所録諸人看，前者止於張鵬，後者止於杜山狂，所録人數並不相等。二本所録亦多有重複之人，但排列次序並不一致，傳記亦有詳略之分。如同樣是記載張譽，後者僅十一字，前者增至六十一字。所以從這一點上看，二本的明代那一卷應該同出一源，而且在時間上前者可能還晚於後者。前引四庫館臣云："續編一卷，明欽天監副韓昂所纂"，但又云："适後來有所增補，非昂之舊歟。"可見自韓昂編纂之後，另有人進行過續補，但其姓名就無從得知了。今參考諸家資料，可以梳理出該書的大致流傳經過：此書最初由元人夏文彦所編，共五卷，補遺一卷，今上海圖書館藏有元至元二十六年（丙午 1366）刻本，爲此書之最早刻本（五卷本），已於2005年由北京圖書館出版社影印入《中華再造善本》内。明初，韓昂在夏氏的基礎上，輯録明代諸家一百多人，增爲一卷。其始於宣宗等御筆，止於朱端。《津逮秘書》第七集所收即此本，共六卷，補遺一卷（六卷本），卷端題"玉泉韓昂孟顒續纂 海虞毛晋子晋訂"。此本除了上面的楊、夏二序外，另有滕霄圖繪寶鑑續編序，明正德十四年（己卯 1519）韓昂序（卷六末），補遺末有正德十四年（己卯 1519）釋宗林題重刊圖繪寶鑑跋。

綜合以上諸序跋，我們可以推知此本的刊刻經過：據滕序可知，明初由錦衣衛都指揮苗增（字益之，號巽齋）"取自國初以至今日能畫者若干人彙爲一卷，以續夏氏之編，爰命工重刊，總爲六卷"。此蓋爲明代第一次重刊，爲韓昂所補，且更名爲"圖繪寶鑑續編"；又據林跋可知，正德年間苗氏刻本由於"殘編敗缺""舊版湮微"，所以宗林又出資重刊，蓋爲明代第二次重刊；而毛氏汲古閣所刊《津逮秘書》本爲明代第三次重刊。考《津逮秘書》刊行於明崇禎三年，此時卷六卷端題作“山陰馮仙湜沚鑑鑒閲 武林毛大倫善叔增補”的《圖繪寶鑑》八卷本尚未出現，則毛大倫增補本應該在此之后才出現的。考清黄丕烈《士禮居藏書題跋記》卷三（光緒十年滂喜齋刻本）於“《圖繪寶鑑》六卷”條下云“夏文彦《圖繪寶鑑》五卷，載於《讀書敏求》者，爲得其真。他如《津逮》所刻，已合明欽天監玉泉韓昂續纂者而並爲六卷，又何論近刻之八卷者乎？”又，清劉錦藻《清續文獻通考》卷二百七十五之經籍考十九（民國景十通本）著録有“《重編圖繪寶鑑》八卷，馮仙湜撰。仙湜，字沚鑑，浙江山陰人”。

據此可以推知，八卷本的《圖繪寶鑑》應該出現在清代。余紹宋《書畫書録解題》（西泠印社出版社，2012年）卷一收録有“圖繪寶鑑五卷，元夏文彦撰”“圖繪寶鑑續編一卷，明韓昂撰”“增廣圖繪寶鑑八卷，舊題明毛大倫、清藍瑛、謝彬撰”三種，其中，最後一種即此本，其題作“增廣圖繪寶鑑”者，蓋因八卷本中卷六以後爲毛大倫等增補故也。但“增廣”二字，據何慶先《〈四庫全書〉載〈圖繪寶鑑〉底本考原》（《古籍整理研究學刊》，2004年第6期）一文可知，今傳世諸八卷本皆無此題名。何氏云：“余紹宋頗疑其或有單行增廣本，但迄未見著録”，則此二字乃余氏所加。又，八卷本在清代有多個版本，詳見上引何慶先之論文。較出名者如借緑草堂刻本，北京大學圖書館、華東師範大學圖書館等收藏。今將此本與該本相校，二本内容相同，行款亦同，惟在版式上，該本爲單黑魚尾，魚尾上記書名，下記卷次，下書口題“借緑草堂”，裏封題“借緑草堂梓”。從字體上看，該本應該較早一些。

又，《藏園訂補郘亭知見傳本書目·子部》《中國古籍善本書目·子部》收録此書，但未録此八卷本。

圖繪寶鑑卷一

吳興夏文彦士良纂　崑山吴　麟子仁録

山陰馮仙湜沚鑑　檇李顧　銘仲書

後學武林藍　瑛田叔　錢塘謝　彬文侯重訂

蕭山張振嶽崧高　廣陵陳　申蘐菴

六法三品

謝赫云畫有六法一曰氣韻生動二曰骨法用筆三曰應物寫形四曰隨類傅彩五曰經營位置六曰傳模移寫六法精論萬古不移自骨法用筆以下五法

歷代畫史彙傳　七十二卷，卷首一卷，附録二卷，總目三卷　曼325

（清）彭藴璨編

清道光五年（乙酉 1825）吴門彭氏尚志堂刻巾箱本

24册4函

14.9×9.5。半葉八行，行二十字。四周雙邊，上下粗黑口，單黑魚尾，版口題“畫史彙傳”、卷次及葉數。卷端題“歷代畫史彙傳卷一”“長洲彭藴璨朗峰編”，卷首題“歷代畫史彙傳卷首 臣彭藴璨録”，裏封題“畫史彙傳 江沅題”，背面題“道光乙酉吴門尚志堂彭氏開雕”。

附彭藴璨例言十條，參閲姓氏，歷代畫史彙傳引證書目。每卷前皆有分卷目録。

石韞玉序，彭藴璨弁言。

按，此書雖爲白棉紙印本，但紙質較差。

《藏園訂補郘亭知見傳本書目·子部》收録了此書，但未録此本。《中國古籍善本書目·子部》未録此書。

老勁過於沈周淸雋駕於宋元趙孟頫王冕陳淳無足道也乾隆十六年
聖駕南巡臣張宗蒼獻畫
上披閱輒加兩三筆氣味發越頓爲改觀非天縱安能如是 同上

附

宗室王公

一

承澤裕親王名碩塞號霓菴

七巧圖合璧　不分卷　曼91

（清）題桑下客編

清嘉慶十八年（癸酉 1813）戀翠居刻本

1册

16.4×9.8。每葉皆有七巧圖多幅。四周單邊，無版心，末葉題“豐昌店印送”。無卷端題名，裏封題“七巧圖合璧 戀翠居藏板”。

附先天太極（七巧式）。

清嘉慶十八年（癸酉 1813）桑下客序。

按，桑下客序云：“去歲，雲間徐恕堂摹繪一百六十種刊行，余未及見。今夏，王子毅園自其鄉攜來吴下，又增其弟春生所推廣者共成二百餘圖示予。予亦姑置之，兩〼無事，回與同人互相尋繹，覺轉移之妙，層出不窮，又推鄙意，得百餘圖，合爲一册，不敢秘諸枕中，爰付剞劂，以公同好。”據此，七巧板圖首爲清嘉慶十七年（壬申 1812）徐恕堂繪刊，共160幅。次即此書，除收録徐氏所繪百餘圖外，另增王春生、桑下客等人所繪三百餘幅，爲桑下客重新刊刻，流行於世。

此書正文僅有28個半葉，版式奇特，紙張較厚，透墨較爲嚴重，故前紙之印迹在下一葉中清晰可見。

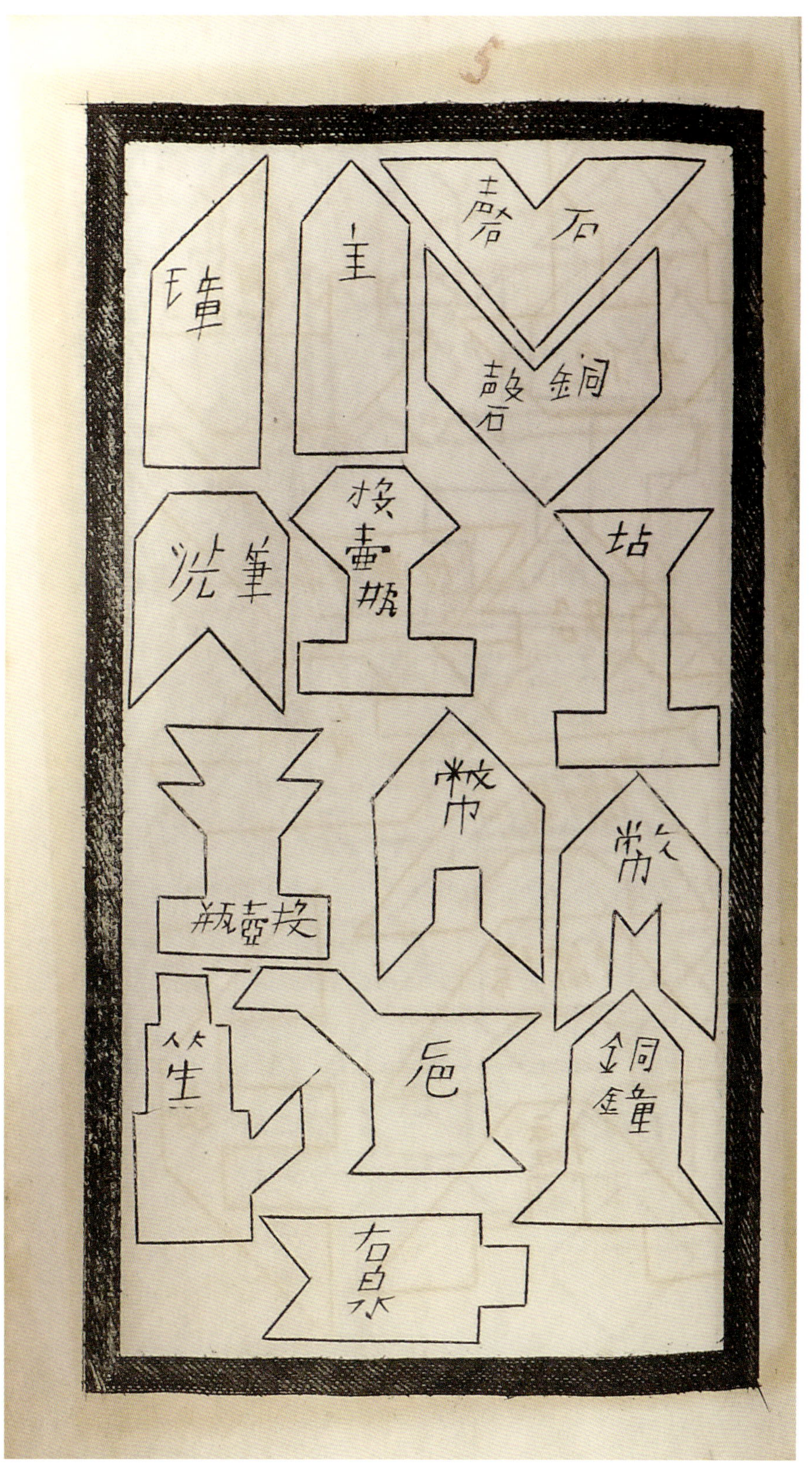
磬石
瑋
圭
銅磬
洗筆
投壺瓶
站
帶
投壺瓶
帶
笙
巵
銅鐘
石泉

七巧新譜　不分卷　　曼AC35

（清）題桑下客編

清道光三年（癸未 1823）福文堂重刻本

1册

10.8×9。半葉四圖。四周單邊，白口，單黑魚尾，魚尾下記葉數。無卷端題名，裏封題“七巧新譜 道光癸未春正月重鐫 春雨樓珍玩 福文堂發兑”。

附先天太極（七巧式）。

清嘉慶十八年（癸酉 1813）桑下客序。

按，此本所附桑下客序，從字體及鈐印看，明顯有摹勒痕迹。

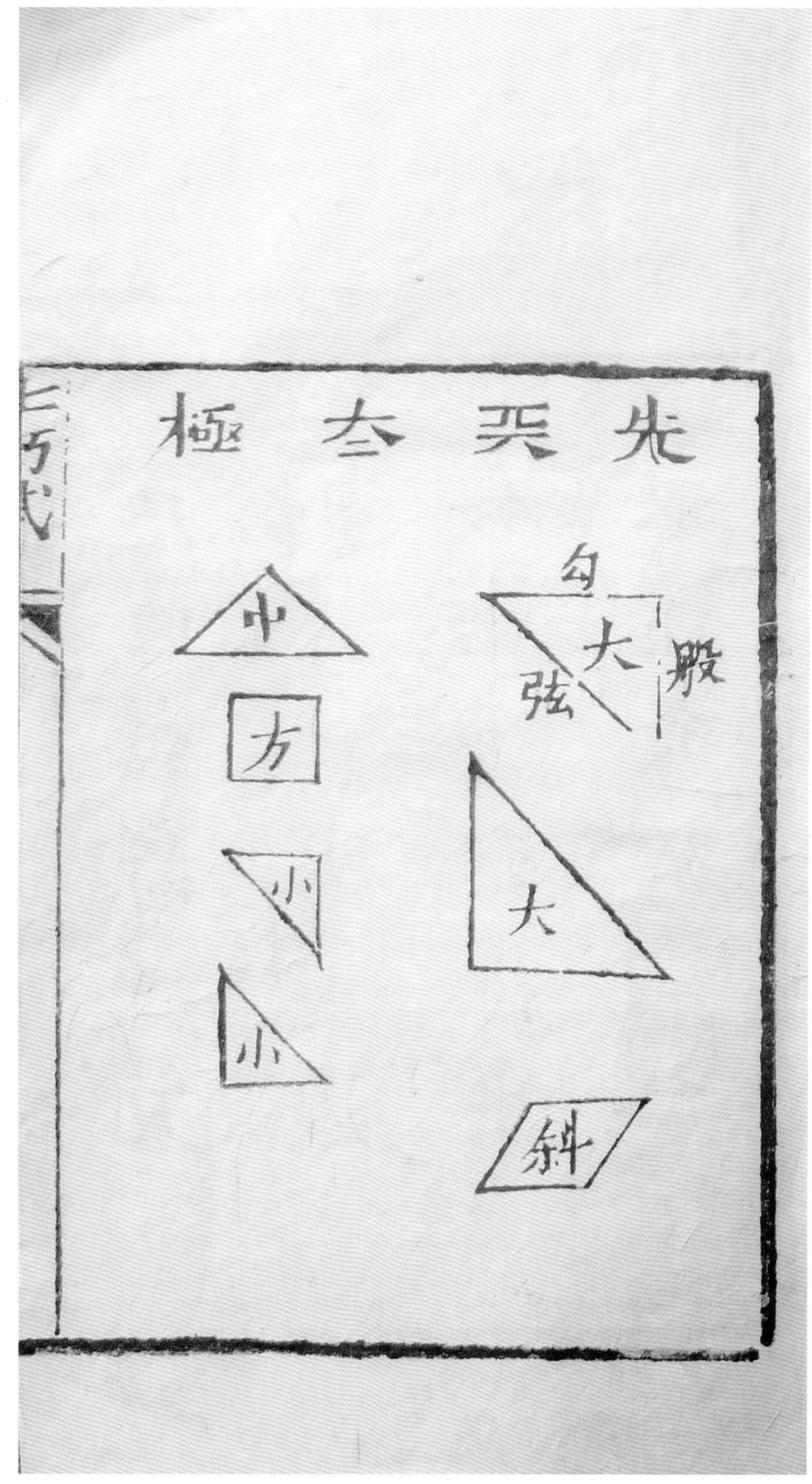
先天太極
勾
大
股
弦
中
方
大
小
小
斜

七巧新譜　不分卷　　曼430

（清）題桑下客編

清道光六年（丙戌 1826）詩書雲刻本

1册

9×8。半葉四圖。四周單邊，白口，單黑魚尾，魚尾下記葉數。無卷端題名，裏封題“七巧新譜 道光丙戌春月重鐫 春雨樓珍玩 詩書雲發兑”。

無序跋。

按，此本與“曼AC35”相比，版式和圖版皆同，但缺序跋及編者。幸有後者可供參考，不然很難確認二本實爲一書。今據此本裏封著録題名，據“曼AC35”著録編者姓名。

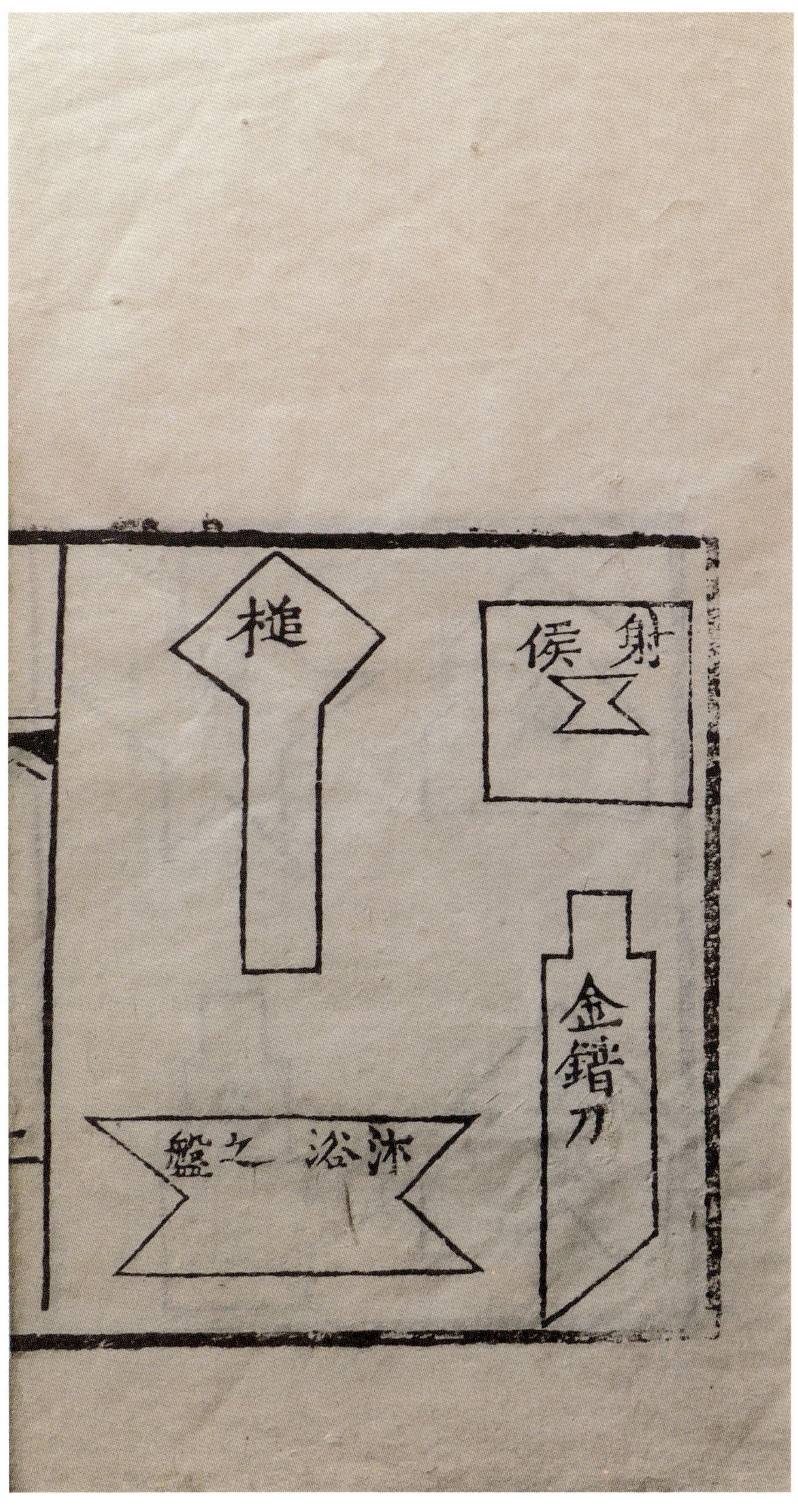
槌
射侯
金錯刀
沐浴之盤

七巧圖解　不分卷　　曼R92753

（清）題桑下客編

清道光六年（丙戌 1826）聚經堂重刻本

1册

10.8×9。半葉四圖。四周單邊，白口，單黑魚尾，魚尾下記葉數。無卷端題名，裹封題“七巧圖解 道光丙戌春月重鐫 春雨樓珍玩 聚經堂發兑”。

無序跋。

按，此本所繪七巧圖，與“曼AC35”“曼430”相比，頗有不同。後者每圖皆爲輪廓圖，圖上皆有文字注明所繪名稱；前者則皆爲黑色七巧圖版，無文字説明。

北京大學圖書館藏有清咸豐四年（甲寅1584）華經堂刻本，裹封題“咸豐四年重鐫 七巧圖解 省城華經堂藏板”“七巧新譜 咸豐甲寅夏月重鐫 春雨樓珍玩 華經堂發兑”。

印章集録　不分卷

佚名編

手稿本

1册

26.5×17.5（通高）。無界欄與版心，棉紙單面拓印。

按，諸印有趙秀（字君實，號蓮涇，清代畫家）、趙麟、范中德、周恩恪、王禎、夏逢春、裘士貴、朱文烈、李應堦、黄湘、陳聲聞、范中桂、周金然（字廣庵，《四庫全書總目》收録有《周廣庵全集》三十八卷）等，其中趙秀、周金然的印章占了很大比例。

此本無題名，今據内容暫定此題名。

因循二字擔閣一生

默稼山莊

人以儒退讓為業

讀書積善

譜録類

重修宣和博古圖録　三十卷　曼267

（宋）王黼撰

明萬曆二十七年（1599）于承祖重刻本

16册2本

20.7×13.1。半葉八行，行十七字。四周單邊，白口，綫魚尾，魚尾上題“博古圖”，下記卷次及葉數。卷一題“重修宣和博古圖録卷第一”。闕裹封。

明萬曆二十七年（己亥 1599）陳震陽重鐫博古圖序，嘉靖七年（戊子 1528）蔣暘重刊博古圖序。

按，蔣暘序：“予苦是籍艱好古者，爰屬掌塩司者黄君景星再博佳木而翻刊之。”據此，該本之底本乃明嘉靖七年（戊子 1528）蔣暘刻本，而蔣暘本之底本爲元至大重修本（此本之詳情見劉明、甄珍《宣和博古圖録版本考略》一文）。此本從版式、字體上應該即明萬曆二十七年（1599）于承祖重刻本，惟佚去于承祖重刊博古圖小序，校正博古圖姓氏等而已。

《四庫全書總目》“子部二十五·譜録類”收録，云“……曰‘宣和博古圖’者，蓋徽宗禁中有宣和殿以藏古器書畫。後政和八年改元重和。右丞范致虚言犯遼國年號，徽宗不樂，遂以常所處殿名其年，且自號曰‘宣和人’，亦見《鐵圍山叢談》，則是書實以殿名，不以年號名……然其書考證雖疎，而形模未失；音釋雖謬，而字畫俱存。讀者尚可因其所繪以識三代鼎彝之製，款識之文以重爲之核訂，當時裒集之功，亦不可没。其支離悠謬之説，不足以當駁詰，置之不論不議可矣。”

《藏園訂補郘亭知見傳本書目·子部》《中國古籍善本書目·史部》皆收録此本，國内清華大學圖書館等15家單位收藏。

漢海貝方鑑自方三寸重五兩二分無銘

漢海獸朱鳳鑑徑九寸二分重四斤一十二兩無銘

漢海馬狻猊鑑徑七寸三分重二斤五兩無銘

重修宣和博古圖録卷第二十九終

亦政堂重修宣和博古圖録 原三十卷，殘存十四卷

（宋）王黼撰

清乾隆十八年（癸酉 1753）天都黄氏亦政堂重刻本

殘存15册2函

24.7×15。半葉八行，行十七字。四周單邊，白口，單白魚尾。魚尾上題“博古圖録”，下記卷次及葉數。卷端題“亦政堂重修宣和博古圖録卷第幾”（或“堂重修宣和博古圖録卷第幾”），卷末題名或抹去“亦政”兩字（或抹去“亦”字，或“亦政堂”三字全被抹）。闕裹封，首有殘。

此書原三十卷，今殘存十四卷：卷十至十六，卷二十四至卷三十。

序佚。

按，據此殘册可推知，此書原共31册4函，今亡第1函9册，第三函7册。

《藏園訂補郘亭知見傳本書目·子部》收録此本，題作“乾隆間天都黄氏刊本”。《中國古籍善本書目·史部》收録此書，但未録此本。

《金文文獻集成》第1—2册收録此本。

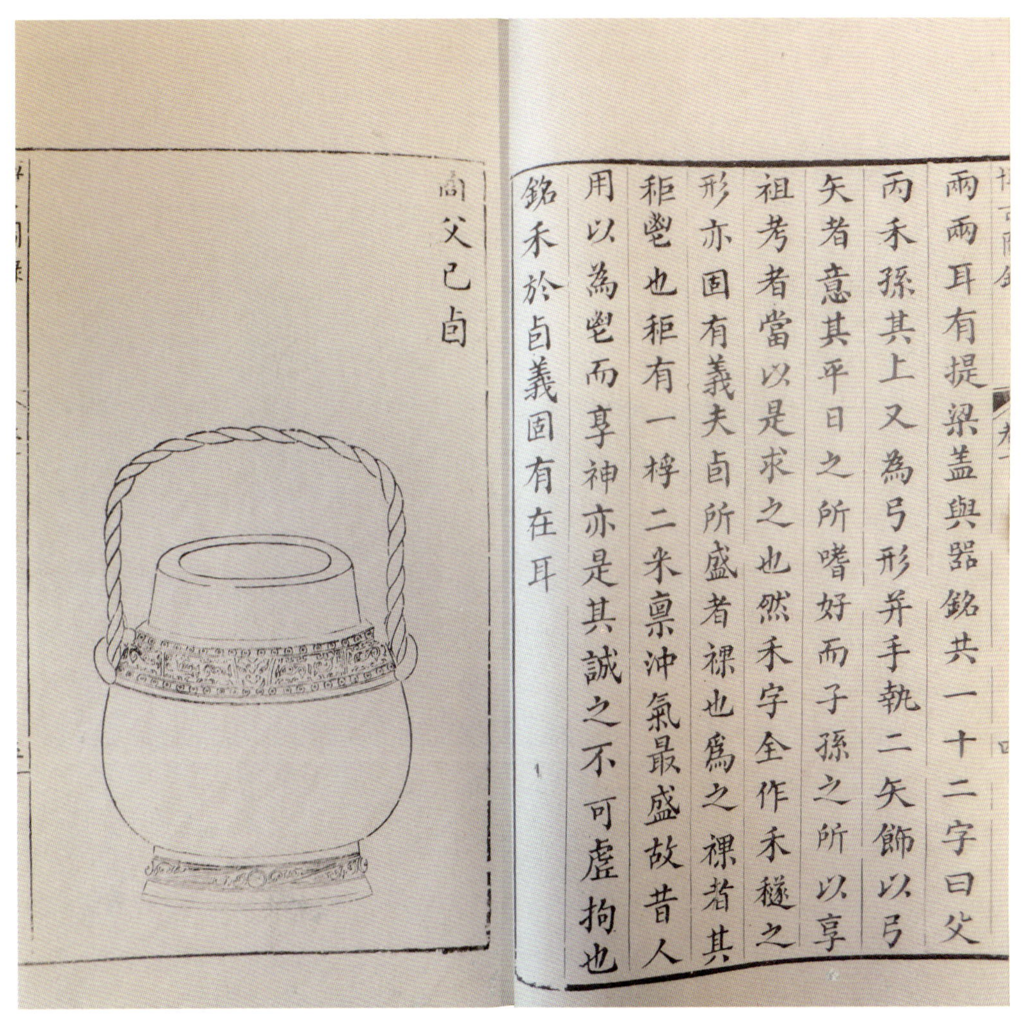
兩兩耳有提梁蓋與器銘共一十二字曰父丙禾孫其上又為弓形并手執二矢飾以弓矢者意其平日之所嗜好而子孫之所以享祖考者當以是求之也然禾字全作禾穟之形亦固有義夫卣所盛者裸也爲之裸者其秬鬯也秬有一稃二米禀沖氣最盛故昔人用以為鬯而享神亦是其誠之不可虚拘也銘禾於卣義固有在耳

商父己卣

亦政堂重修考古圖　十卷

曼249

（宋）吕大臨撰

清乾隆十八年（癸酉 1753）天都黄氏亦政堂重刻本

原册數不明（與《古玉圖》共6册1本）

24×15。半葉八行，行十七字。四周單邊，白口，單黑魚尾。魚尾上題“考古圖”，下記卷次及葉數。每卷目録題“亦政堂重修考古圖卷第一”（或有題“堂重修考古圖卷第九”），裹封題“乾隆壬申年秋月 天都黄曉峰鑒定 考古圖 亦政堂藏板”，外封題“考古圖”。

明萬曆三十一年（癸卯 1603）焦竑初刻考古圖序，宋哲宗元祐七年（壬申 1092）吕大臨考古圖記，清乾隆十八年（癸酉 1753）黄晟刻考古圖序，元大德三年（己亥 1299）陳翼子序，卷十末附明萬曆二十九年（辛丑 1601）吴萬化考古圖跋。

按，據諸序跋可知，該書最初爲宋刻本，既而爲元大德三年（己亥 1299）茶陵陳氏刻本，明代則有萬曆二十九年（辛丑 1601）吴萬化刻本，此本即據之重刊。

《四庫全書總目》“子部二十五·譜録類”收録此書，其云“大臨《圖》成於元祐壬申，在《宣和博古圖》之前，而體例謹嚴，有疑則闕，不似《博古圖》之附會古人，動成舛謬”。在抑宋揚漢的四庫館臣這裏，有這樣高的評價實屬難得。

《藏園訂補郘亭知見傳本書目·子部》收録此本，云：“乾隆十八年天都黄氏刊，無續五卷，附朱德潤集古玉圖二卷。”《中國古籍善本書目·史部》收録此書，但未録此本。

《金文文獻集成》第1册收録此書，其底本爲《文淵閣四庫全書》本。

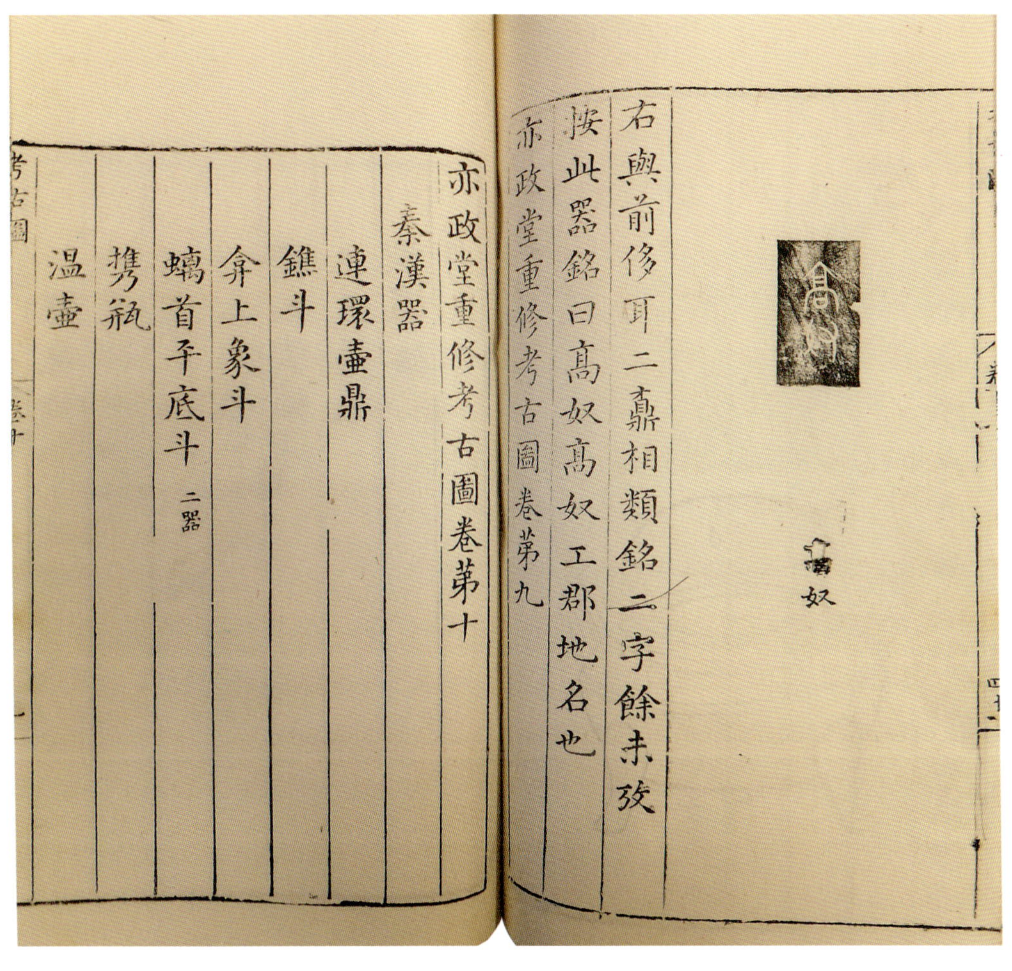

髙奴

右與前修耳二鼒相類銘二字餘未攷

按此器銘曰髙奴髙奴工郡地名也

亦政堂重修考古圖卷第九

亦政堂重修考古圖卷第十

秦漢器

連環壷鼎

鐎斗

弇上象斗

螭首平底斗　二器

携瓶

温壷

西清古鑑　四十卷，錢録十六卷　曼306

(清)梁詩正等奉敕纂

清乾隆十四年(己巳 1749)武英殿刻本(白棉紙, 精刻)

22册4本

29.5×22.5。無界, 有圖。四周雙邊, 白口, 雙對黑魚尾。上魚尾上題書名“西清古鑑”, 版口記卷次、器類名、葉數。每卷前皆附本卷目録, 題“西清古鑑卷一目録”, 無裹封, 外封書籤題“西清古鑑 卷幾之幾”。所附《錢録》版式同上, 卷端題“錢録卷一”, 裏封題“西清古鑑 錢録 卷幾之幾”。

清乾隆十四年(己巳 1749)上諭(末鈐三朱文御印), 辦理西清古鑑諸臣職名, 西清古鑑總目。末卷附梁詩正等跋。《錢録》首梁詩正等錢録序, 錢録總目。

按,《四庫全書總目》“子部二十五·譜録類”收録此書, 云: 其“以内府庋藏古鼎彝尊罍之屬, 案器爲圖, 因圖繫説, 詳其方圓圍徑之制、高廣輕重之等, 併鈎勒款識, 各爲釋文。其體例雖仿《考古》《博古》二圖, 而摹繪精審, 毫釐不失, 則非二圖所及。其考證雖兼取歐陽修、董逌、黄伯思、薛尚功諸家之説, 而援據經史, 正誤析疑, 亦非修等所及。”

《藏園訂補郘亭知見傳本書目·子部》《中國古籍善本書目·子部》皆收録此本, 前者題“内府刊本”, 後者題作“清乾隆十六年武英殿銅版印本”, 國内國家圖書館等20館收藏。

有關此書之版本流傳和存藏狀況, 可參看朱帥《〈西清古鑑〉研究》(中國美術學院2013年碩士論文)第23—34葉的相關論述。

西清古鑑卷二目録

鼎二

周

文王鼎一 有銘

文王鼎二 有銘

文王鼎三 有銘

文王鼎四 有銘

召夫鼎 有銘

太公鼎 有銘

魯鼎一 有銘

積古齋鐘鼎彝器款識 十卷，附商周銅器説上下篇　　曼268

（清）阮元編

清嘉慶九年（甲子 1804）阮元自刻本（白棉紙，精刻）

4册1本

19.3×14.2。半葉十二行，行二十四字。四周單邊，白口，單黑魚尾。魚尾上記書名，下記卷次及葉數。卷端題“積古齋鐘鼎彝器款識卷一 揚州阮氏編録”，目録末題“弟亨仲嘉姪蔭曾封沂子常生壽昌同校字”，裏封題“積古齋鐘鼎彝器款識”，外封墨筆題“鐘鼎彝器 卷幾”。

清嘉慶九年（甲子 1804）阮元積古齋鐘鼎彝器款識序，朱爲弼後序。

按，據阮序云“甲子秋訂成十卷付之梓人”，可知該書刊刻年月。

《藏園訂補郘亭知見傳本書目·子部》未録此書，《中國古籍善本書目·子部》收録有此本的13個名家批校本。國内華東師範大學圖書館、南開大學圖書館等多館收藏。

《金文文獻集成》第10册收録此書。

積古齋鐘鼎彝器款識卷二　揚州阮氏編録

商壺

蛟篆壺

右蛟篆壺銘據王氏款識宋搨本摹入王氏云畢良史少董得古器於盱眙榷場摹十五種貼以青箋親題其目以納秦熺伯陽此壺其一也良史題爲夏壺今從薛氏款識定爲商器篆銘奇古薛氏釋爲月形吳侃叔以爲龍鳳合文皆未可定姑闕疑

鷹父巳壺

懷米山房吉金圖　不分卷

（清）曹載奎撰

清道光十九年（己亥 1839）曹載奎摹刻本

2册1函

28.8×15.2（半版）。經摺裝。黑底白字。無版心及邊欄，首題“懷米山房吉金圖 道光己亥春日爲秋舫先生書”，夾板書籤題“懷米山房吉金圖 秋舫先生鑒藏 廷濟并題”，函套書籤題“懷米山房吉金圖”。

清道光十九年（己亥 1839）張廷濟懷米山房吉金圖叙，《漢大吉壺口》末附鄭國基記，道光二十年（庚子 1840）吴榮光題識，王載熙題記，貝墉題記，葉志詵題識，劉曉華題識，施稻香題識，徐楙題識，道光十九年曹奎題識。

按，吴榮光識云：“道光己亥，劉燕亭觀察以其家藏鐘鼎文模刻成册見示。”據此，此書摹刻於道光十九年（己亥 1839）。

《藏園訂補郘亭知見傳本書目·子部》未録此書。

《金文文獻集成》第7册收録該書。

商父甲鼎
高六寸四分
口徑五寸三分
耳一寸一分
深三寸五分
重五十二兩
鑄款在内
立戈形
父
甲
器

亦政堂重考古玉圖二卷 曼249

（元）朱德潤撰

清乾隆十八年（癸酉 1753）天都黄氏亦政堂重刻本

原册數不明（與《考古圖》共6册1本）

24×15。半葉八行，行十七字。四周單邊，白口，單黑魚尾。魚尾上題“古玉圖”，下記卷次及葉數。卷前目録題“堂重考古玉圖卷上”“亦政堂重考古玉圖卷下”，裏封題“乾隆壬申年秋月天都黄曉峰鑒定古玉圖亦政堂藏板”。

吳寬題詩及跋，明萬曆三十年（壬寅 1602）吳萬化集古考古玉圖跋。

按，此本所附吳萬化跋云：“予既梓《考古》《博古》二圖成，已披朱澤民氏《考玉圖》，若登崑丘懸圃而發其藏也。”據此，萬曆三十年（壬寅 1602）吳氏在《考古》《博古》之後刊行了此書。吳氏刻本實即此本之底本。此本在清代較爲通行，之後又有清道光十年（庚寅 1830）長白榮譽得月簃叢書本，里封題“道光庚寅孟秋刊得月簃藏板”，首元至正元年朱德潤集古玉圖自序和吳寬跋，卷前目録題“寶古堂重考古玉圖卷上”“元朱德潤澤民輯長白榮譽子譽校”，由此可知，其底本蓋來自明弘治十二年左右刻本（按，吳寬題詩及跋又見《匏翁家藏集》卷二十五，此卷共收吳氏于弘治十二年（己未 1499）所作詩凡六十三首。此跋既云“近見刻本，遂爲重書一過，俾附刻之”，則吳氏所見刻本必然在弘治十二年左右）。

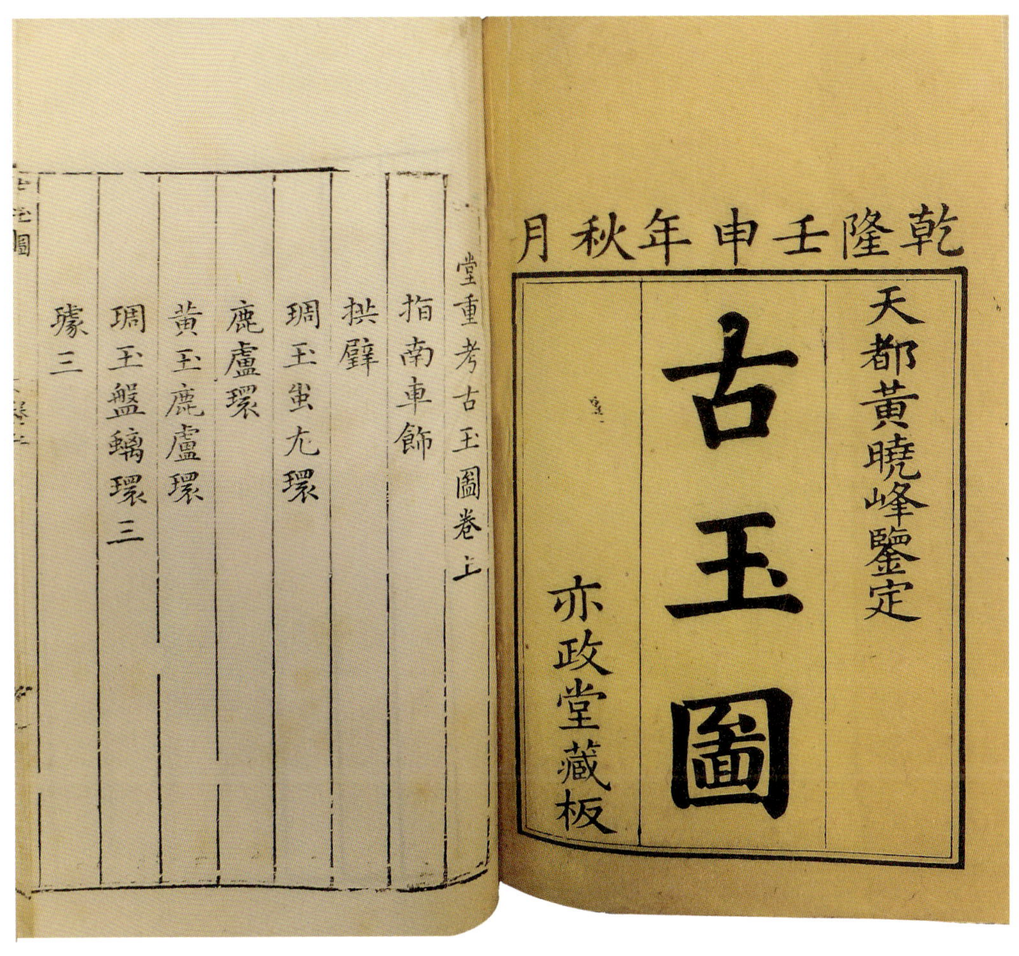
乾隆壬申年秋月
天都黄曉峰鑒定
古玉圖
亦政堂藏板
亦政堂重考古玉圖卷上
指南車飾
拱璧
琱玉蚩尤環
鹿盧環
黄玉鹿盧環
琱玉盤螭環三
璩三

泉志　十五卷

曼AC6

（宋）洪遵撰，（明）胡震亨、毛晋同訂

明崇禎間虞山毛氏汲古閣刻津逮秘書本

1册1函

19×13.2。半葉九行，行十八字。左右雙邊，白口，單白魚尾，魚尾下題“泉志卷幾”及記葉數。卷端題“泉志卷之一”“宋洪遵撰 明胡震亨毛晋同訂”，下鈐“黄”“銑”陰陽連珠印。卷二、卷四、卷十、卷十二題“泉志卷之二”“宋洪遵撰 明徐象梅校并圖篆”，卷三、卷五至卷九、卷十一、卷十三至卷十五題“泉志卷之三”“宋洪遵撰”。無裹封。

此本配補甚多：兩序、提要，總目及卷一、卷二兩卷，卷十二第九葉，泉志跋等皆爲抄配，總目以前諸葉左下角有蟲蛀。《刻泉志序》天頭右上角鈐“□主子秘珍”白文方印，下鈐“陸伯子慶循家藏”白文方印，“上海陸氏寶森藏書記”朱文方印，末題“新安白里孫震卿校”，總目下鈐“□潤鴻樓”朱文方印。

此本有抄配葉，首有繡水沈士龍序（葉數裝反），四庫提要（筆畫較粗），沈士龍序（另一人重抄前序，筆畫較粗），刻泉志序，明萬曆三十一年（癸卯 1603）徐象梅泉志弁言（即徐象梅跋，筆畫較粗），宋紹興十九年（己巳

1149)洪遵泉志序,末明萬曆三十一年(癸卯1603)徐象梅跋。

有複本一:首尾完整,索書號爲“曼AC7”,4册1函,有泉志序,宋紹興十九年(己巳1149)洪遵泉志序,末明萬曆三十一年(癸卯1603)徐象梅跋。

按,據徐象梅跋“《泉志》一書……閱千餘載而迄無刻本,吾友沈汝納、胡孝轅博雅嗜古,旁羅秘册,刻爲彙册,總若干卷”云云可知,此書原無刻本,萬曆間方由胡震亨、沈士龍刻入《秘册彙函》。然不久,《秘册彙函》版毁(關於該叢書的始末,參看冉旭《〈秘册彙函〉考》一文[《古籍整理研究學刊》,2004年第3期]),胡氏隨將殘版售於毛晋,於是該書又有了《津逮秘書》本(用胡氏原版重印)。此本即《津逮秘書》之零種。又,此書於明末刊後,入清又有清同治十三年(甲戌1874)隸釋齋刻本,行款版式與此本大致相同,惟其上下細黑口、單黑魚尾,蘇州大學圖書館收藏;又有民國十年(辛酉1921)上海博古齋影印本,爲上下細黑口、綫魚尾,下書口題“照曠閣”,武漢大學圖書館收藏;民國十一年(1922)上海博古齋影印本,字體版式一如原刻,但用紙不佳。

《四庫全書總目》“子部二十六·譜録類存目”云:“是書彙輯歷代錢圖分爲九品。自皇王偏霸,以及荒外之國,凡有文字可紀、形象可繪者,莫不畢載,頗爲詳博。然歷代之錢,不能盡傳於後代,遵自序稱‘嘗得古泉百有餘品’,是遵所目驗,宜爲之圖。他如周太公泉形圜函方,猶有《漢·食貨志》可據；若虞夏商泉，何由識而圖之？且《漢志》云'太公爲圜函方形'，則前無是形可知，遵乃使虞夏商盡作周泉形，不亦謬耶？至道書'天帝用泉'，語本俚妄，遵亦以意而繪形，則其誕彌甚矣，是又務求詳博之過也。"

《中國古籍善本書目·史部》收録有此書的5個本子，其中包括此本的三個名家批校本。《藏園訂補郘亭知見傳本書目·子部》亦收録此本。

泉志卷之五

宋洪遵撰

僞品下

右永平錢　五代史前蜀世家曰王建武成三年十二月大赦改明年元爲永平　董逌曰[illegible]也殆王建所鑄　余按此錢大小輕重[illegible]以下五錢皆前蜀所鑄今世

欽定錢録　十六卷　　曼445

清乾隆十五年梁詩正等奉敕纂

清乾隆間翻刻本（白棉紙）

4册1函

19.3×13.6。半葉十一行，行二十二字。四周單邊，上下粗黑口，綫魚尾，版口題“錢録卷幾”。卷端題“欽定錢録卷一”，裏封題“欽定錢録”，外封書籤（灑金）題“欽定錢録 古樵題籤 一/二/三/四册”，下鈐“古樵子”朱文方印，“定國小印”白文方印。首册外封墨筆題“百城書舍藏本”，函套書籤題“欽定錢録 全函”。卷七及卷十一下鈐“古楳子珍藏印”朱文方印，總目及卷十五下鈐“字古楳一字仙橋”白文方印。

附欽定錢録提要一篇，欽定錢録總目。

梁詩正等錢録序。

有複本一：索書號爲“曼AC5”，4册1函。

按，此本之底本爲“清乾隆十五年（庚午 1750）武英殿刻本”，但翻刻不佳，紙質昏暗，版框歪斜，實非善本。

《四庫全書總目》“子部二十五·譜録類”云：“是編所録，皆以内府儲藏得於目睹者爲據，故不特字迹花紋一一酷肖，即圜徑之分寸毫釐，色澤之丹黄青緑，亦窮形盡相，摹繪逼真。而考證異同，辨訂真僞，又皆根據典籍，無一語鑿空。蓋一物之微，今見責實之道，與稽古之義焉。至於觀其輕重厚薄，而究其法之行不行，觀其良窳精麤，而知其政之舉不舉，千古錢幣之利弊，一覽具覩，又不徒爲博物之資矣。”

《藏園訂補郘亭知見傳本書目·子部》收録此本之底本。《中國古籍善本書目·史部》未録此本，收録了故宫博物院圖書館所藏“清乾隆十五年内府抄本”。《中國古籍善本書目·叢部》收録的清嘉慶十三年至十六年（戊辰 1808—辛未 1811）張海鵬刻本《墨海金壺》中收録了此書，版式與此本類，但字體風格有異。

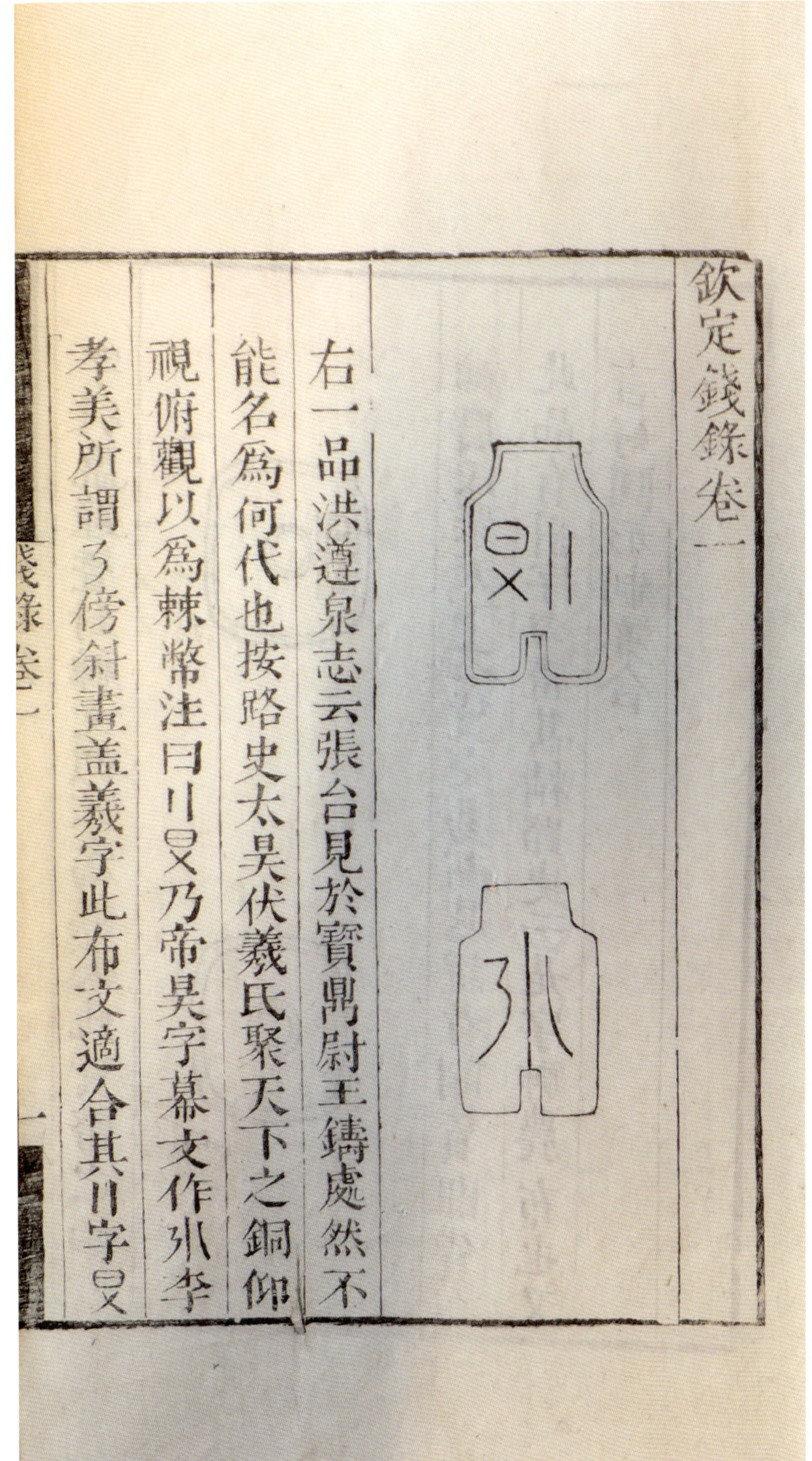

欽定錢錄卷一

右一品洪遵泉志云張台見於寳鼎尉王鑄處然不能名爲何代也按路史太昊伏羲氏聚天下之銅仰視俯觀以爲棘幣注曰川旲乃帝昊字幕文作𠄎八李孝美所謂𠄎傍斜畫盖羲字此布文適合其川字旲

錢志新編　二十卷　曼275

（清）張崇懿輯

清道光十年（庚寅 1830）古婁尹氏酌春堂刻本（白棉紙，精刻）

4册1函

17.9×13.2。無界，半葉九行，行二十一字。左右雙邊，白口，雙對黑魚尾。上魚尾上記書名，下記卷次及葉數。末卷左下角題“范學誠校字”。卷端題“錢志新編卷首 雲間張崇懿麗瀛校輯”，裏封題“庚寅孟秋鐫 錢志新編 酌春堂藏板”。

附凡例十五條，前代錢譜目録，錢志新編總目録。

清道光六年（丙戌 1826）湯輅序，末卷附清道光十年（庚寅 1830）年尹湘式跋。

有複本三：索書號分别爲“曼400”“曼443”“曼AC8”（按，此本裏封鈐“浙寧甬江天后宫後街鮑三味堂義記書坊發兑”小朱圓印），皆4册1函。

按，末卷尹氏跋云：“余侍家君遊浙粤，越數歲旋里，先生以所著《泉志新編》示余。余受而讀之，見其體例一新，考訂多前人所未及，亟請付梓，而先生以乏資辭。余乃力肩其任，先生遂將所藏古泉悉以畀余。夫乃嘆先生之高誼，能爲知己割愛也。閲半載鐫版告成。”據此，我們可知，該書一名“泉志新編”，刊刻者乃古婁尹湘式。

《藏園訂補郘亭知見傳本書目·子部》未録此書。

錢志新編卷三

齊

雲間張崇懿麗瀛校輯

侯爵裔出炎帝孫伯夷爲四岳佐禹治平水土有功乃賜姓姜氏曰呂謂之呂侯其國在南陽宛縣之西商末太公望起漁釣爲周文武師號師尚父以功封於營邱爲齊侯今山東臨淄縣傳國於丁公至十二世爲桓公能相管仲匡扶王室天下賴之爲五霸長再傳十四世至康公田和篡之凡三十君共得國七百

錢式圖　四卷

曼AC12

（清）謝堃撰

清道光二十二年（壬寅 1842）刻春草堂集本

12册1函

12×9。半葉九行，行二十一字。左右雙邊，上下粗黑口，單黑魚尾，版口題“春草堂集卷之廿一”。文内有朱筆句讀批點。卷端題“春草堂集卷之二十一 甘泉 謝堃 佩禾”，裹封題“錢式圖”。

清道光二十二年（壬寅 1842）謝堃自序。

按，此本來自《春草堂集》卷二十一至卷二十四，故目録、諸卷卷端及版口皆如是題名，惟裹封題“錢式圖”，今應據裹封題名而定正題名。

《藏園訂補郘亭知見傳本書目·子部》未録此書。

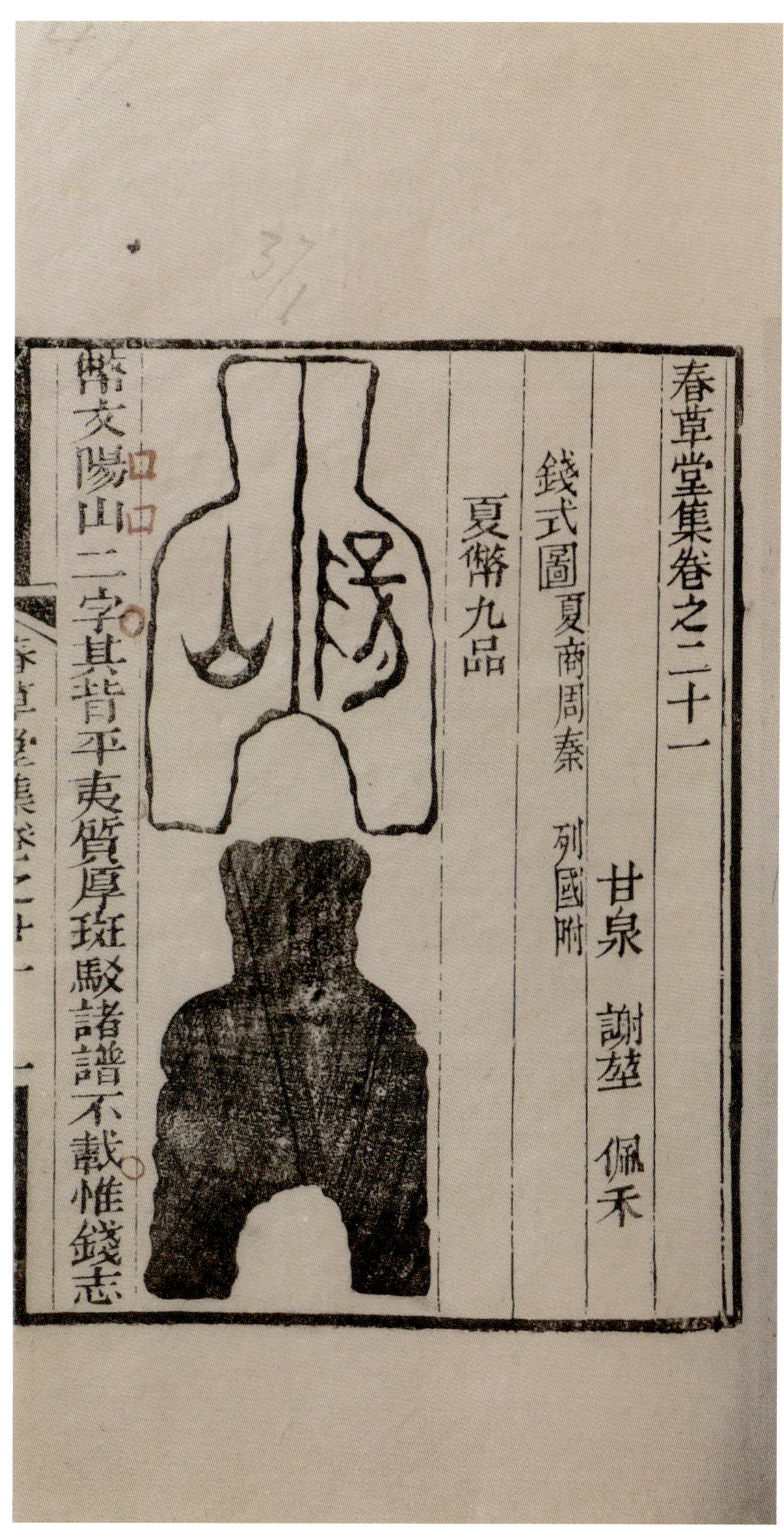

春草堂集卷之二十一

甘泉　謝塈　佩禾

錢式圖夏商周秦　列國附

夏幣九品

陽
山

幣文陽山二字其背平夷質厚斑駁諸譜不載惟錢志

春草堂集卷二十一　一

吉金志存　四卷　　曼R722292（1）

（清）李光庭輯，（清）李慕、李茵摹拓，（清）李敬、李葰校録

清咸豐間自刻本

4册1函

19.6×14.8。半葉十行，行二十一字。左右雙邊，白口，單黑魚尾。魚尾上題書名，下記卷次及葉數。卷端題“吉金志存 卷之一 寶坻李光庭樸園輯 男 慕 茵摹搨 敬 葰校録”，裏封題“寶坻李光庭樸園輯 吉金志存 本宅藏版”。

附題詩十三首。

末附清咸豐九年（己未 1859）李光庭（甕齋老人）書吉金志存卷後。

按，此本“曆”字作“歴”，“寧”“淳”等皆不缺筆。

《藏園訂補郘亭知見傳本書目·子部》未録此書。

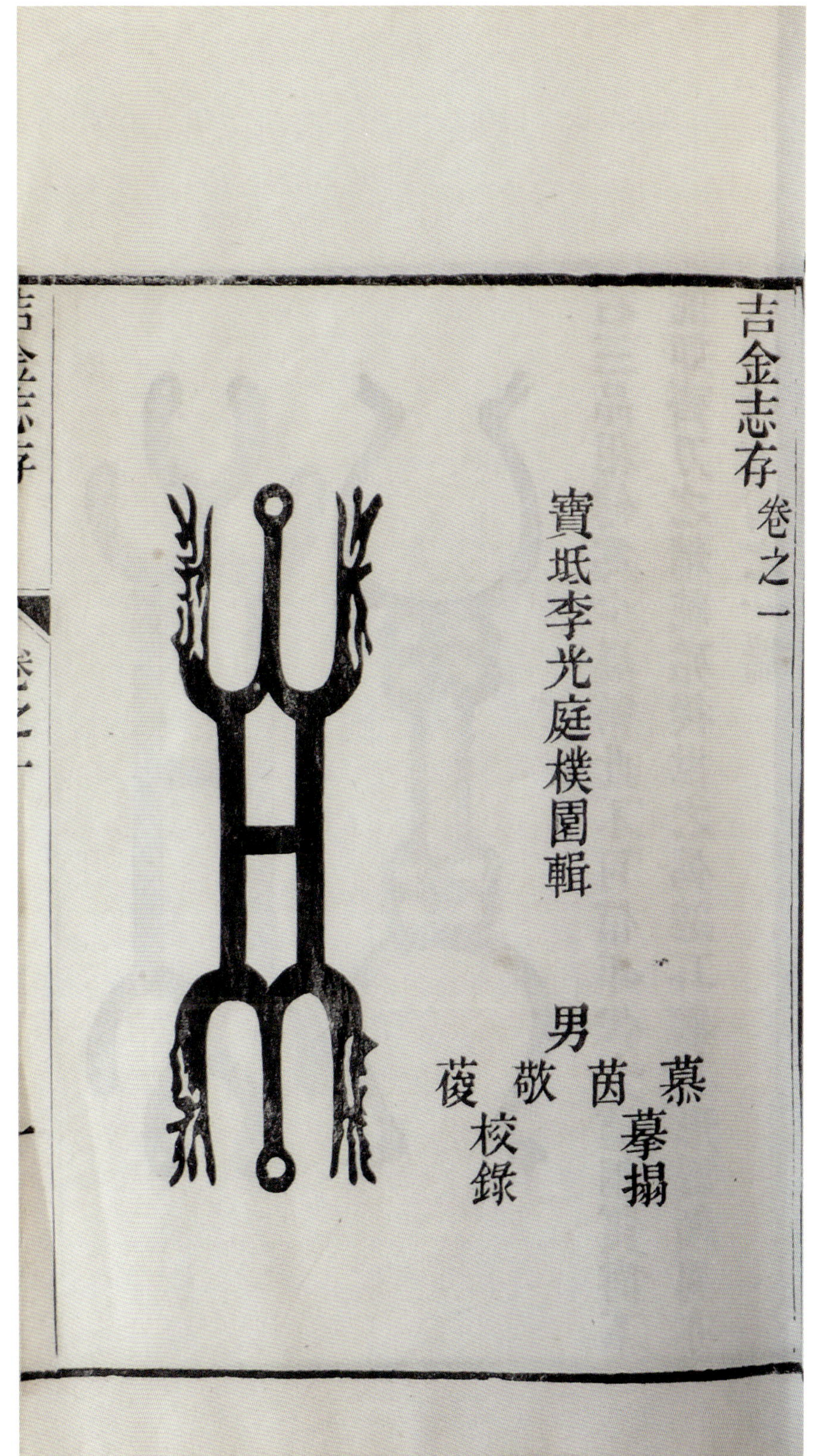

吉金志存卷之一

寶坻李光庭樸園輯

男 慕茵 摹搨

男 敬葰 校録

古泉匯　原五集六十卷，殘存元亨二集二十八卷

曼R722292（3）\R722292（2）

（清）李佐賢編，（清）李貽校

清同治三年（甲子 1864）利津李氏石泉書屋自刻本（白棉紙，精刻）

原16册4函，殘存9册2函：元集5册（第1—5册），貞集4册（第13—16册）

17.6×10.9。半葉九行，行二十四字。四周雙邊，白口，單黑魚尾。魚尾上記書名，下記某集及葉數。元集卷端題"古泉匯元集卷一 古布類共十四卷""利津李佐賢竹朋編輯""男貽良雋校字"，貞集卷端題"古泉匯貞集卷一""異泉雜品共十四卷""利津李佐賢竹朋編輯""男貽良雋校字"，卷首題"古泉匯首集卷一"，裏封題"同治甲子年鐫 古泉匯 利津李氏石泉書屋藏板"，黄色外封，書籤題"古泉匯弟幾册 某集卷幾之卷幾"。

原書凡元亨利貞四集六十卷：元集十四卷，亨集十四卷，利集十八卷，貞集十四卷。今殘存元亨二集二十八卷：元集十四卷，亨集十四卷。

附古泉匯總目，首集題詞五篇，首集四卷：凡例三十二條，諸集分目録，歷代著録，古泉臆説，節録各家泉説。

清咸豐八年（戊午 1858）鮑康序，清咸豐九年（己未 1859）鮑康後序，李佐賢自序，《貞集》末附清同治三年（甲子 1864）李佐賢自跋，清同治二年（癸亥 1863）鮑康跋。

按，李氏跋云："是編起於咸豐九年，成於同治三年。六閲寒暑，始獲竣事。計元亨貞集各十四卷，利集十八卷，益以首集十卷，共得易卦之數。"據此，我們知道了此書的具體刊刻年月。

此殘册原分屬兩個索書號："曼R722292（3）"爲貞集，"R722292（2）"爲元集，今將之合併著録。

《藏園訂補郘亭知見傳本書目·子部》未録此書，《中國古籍善本書目·史部》收録了此本的名家批校本。

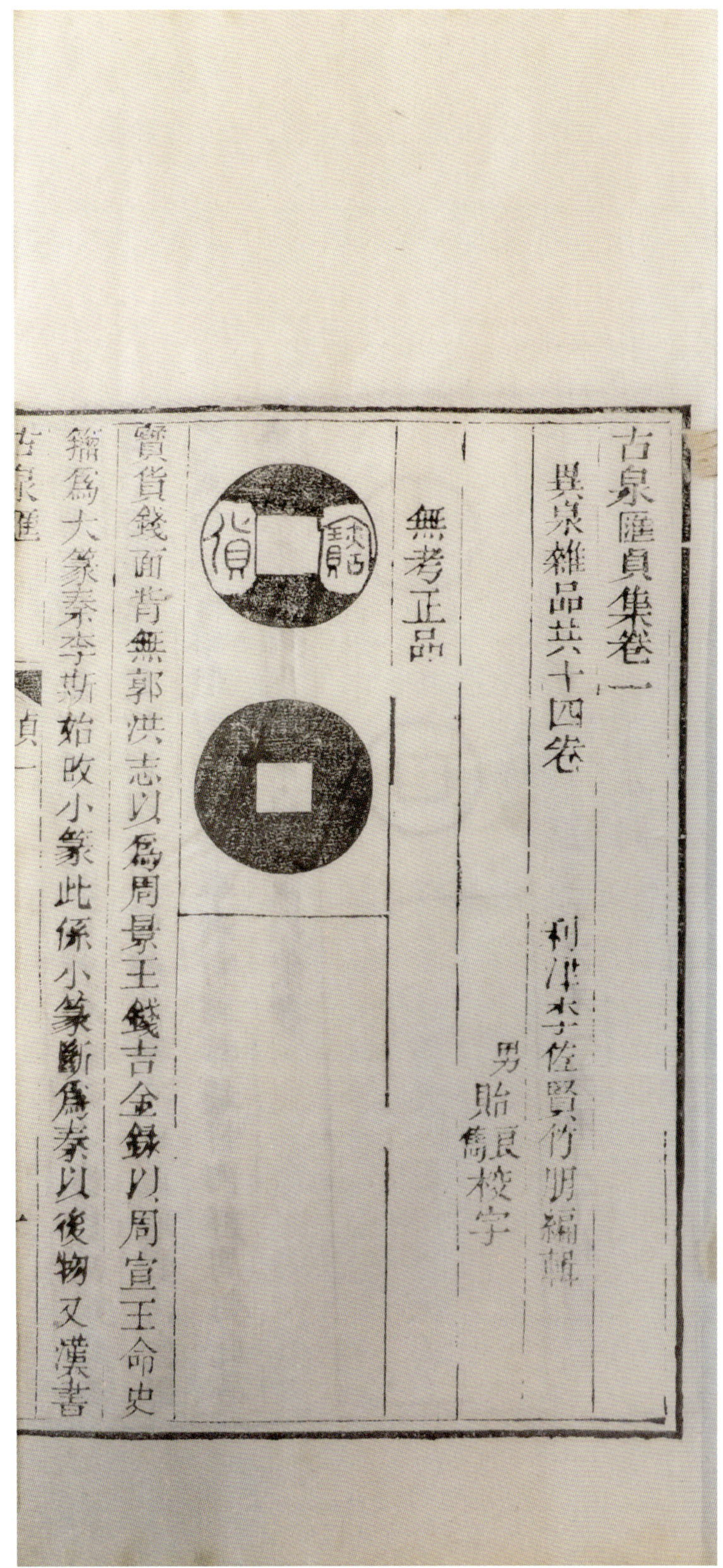

古泉匯貞集卷一

異泉雜品共十四卷

利津李佐賢竹朋編輯

男貽良　
　　貽雋校字

無考正品

寶貨錢面背無郭洪志以爲周景王錢吉金録以周宣王命史籒爲大篆秦李斯始改小篆此係小篆斷爲秦以後物又漢書

古泉匯　貞一

續泉匯　四集十四卷，補遺二卷，首集一卷

（清）鮑康、李佐賢同編

清光緒元年（乙亥 1875）刻本（白棉紙）

4册1函

18.2×10.8。半葉九行，行二十四字。左右雙邊，白口，單黑魚尾。魚尾上記書名，下記卷次及葉數。卷端題“續泉匯元集卷一 歙鮑康子年 利津李佐賢竹朋 同編”，裹封題“續泉匯”，背牌記題“光緒紀元乙 亥八月刊成”，外封書籤題“續泉匯弟壹/弍/弎/三册 某集某卷”。

此書凡元亨利貞四集十四卷：元集三卷，亨集三卷，利集三卷，貞集五卷，補遺上下二卷，續泉匯目録，卷首一卷：凡例四條，歷代著録補遺。

清同治十二年（癸酉 1873）鮑康序，又序，末卷附李佐賢跋。

按，《藏園訂補邵亭知見傳本書目·子部》未録此書。

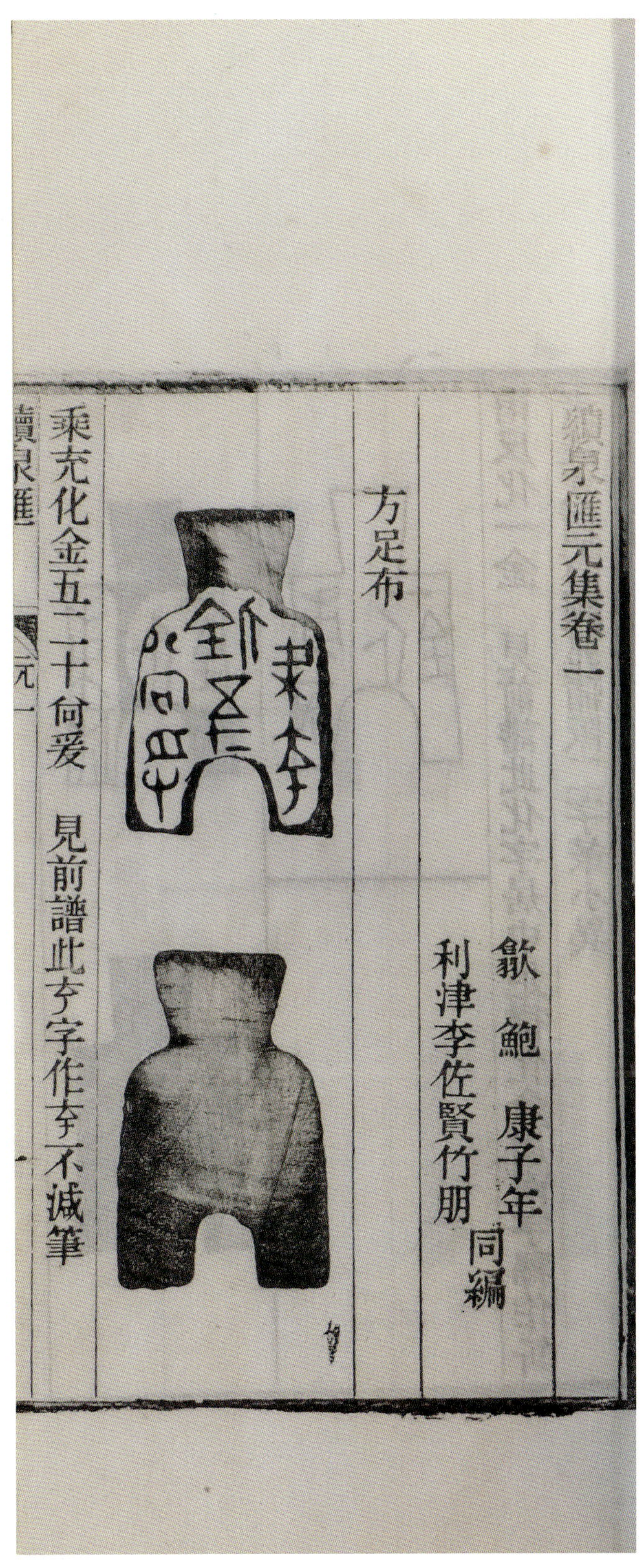

續泉匯元集卷一

歙鮑康子年

利津李佐賢竹朋 同編

方足布

乘充化金五二十何爰 見前譜此李字作李不減筆

道家類

老子道德經　二卷　曼Chinese　50

（戰國）老聃著

清同治七年（戊辰 1868）杭省慧空經房重刻本

1册1函

21.4×14.5。無界，半葉八行，行十八字。四周單邊，無版心。版框左側上題"道德經"，中題"卷上/下"，下記葉數。卷端題"老子道德經卷上"，裏封題"大清同治柒年戊辰重刊 道德經板藏杭省慧空經房"，外封書籤題"太上道德寶經"。

無序跋。

按，《藏園訂補郘亭知見傳本書目·子部》收録此書，但未録此本。

老子道德經卷上

第一章

道可道。非常道。名可名。非常名。無名天地之始。有名萬物之母。故常無欲以觀其妙。常有欲以觀其徼。此兩者同出而異名。同謂之玄。玄之又玄。衆妙之門。

第二章

天下皆知美之爲美。斯惡已。皆知善之爲善。斯

道德經 卷上 一

道德經解　二卷

曼50

題純陽帝君釋義，題雲門魯史纂

清中期尚論堂刻本

1册

18.5×13.2。半葉十行，行二十一字。四周單邊或左右雙邊，白口，單黑魚尾。魚尾上記書名，下記某篇。卷端題“道德經解 上篇 純陽帝君釋義 雲門魯史纂述”（“道德經 下篇”），裹封題“河上公章句 道德經解 尚論堂藏版”。

道德叙。

按，尚論堂刻書傳世較少，清丁丙《善本書室藏書志》卷二十八（清光緒刻本）“《唐先生文集》二十卷，雍正間婁東謝氏鈔本”條云：“此乃雍正丙午太倉謝浦泰心傳手鈔藏於尚論堂者。有‘婁東謝氏家藏’‘尚論堂’‘别字作壓’‘池塘春草’‘鈔書老更癡’諸印。”又卷二十九“盧溪先生文集五十卷，謝氏鈔本”條云：“後有‘雍正丙午仲春，太倉浦泰本姓謝心傳氏鈔録，通計四百四十一葉’。有‘浦泰之印’‘心傳’‘别字星躍’‘鈔書老更癡’‘婁東謝氏家藏’‘尚論堂’”等印。據此可知，“尚論堂”乃謝浦泰抄書之所。考謝浦泰，清王昶《（嘉慶）直隸太倉州志》卷三十六“人物·文學二·國朝”（清嘉慶七年刻本）云：“浦泰本姓謝，字心傳，州諸生。爲人篤厚，屏絶浮屠、淫祀。與朱顧廬同講理學，輯四子書講，易爲闡注，儀封張伯行序之。又輯《毛詩闡注》。”據此可知其生平，惜不明生卒年。清陸心源《皕宋樓藏書志》卷八十五集部（清光緒萬卷樓藏本）“《周益公文忠集》二百卷，附録五卷，年譜一卷，宋賓王校、謝浦泰抄”條下收録謝氏手跋，末題“時雍正十一年癸丑季冬二十四日，太倉棘人謝浦泰心傳氏别字惺壓謹跋”，小字注：“時年五十八歲。”按，雍正十一年爲1733年，時謝氏正58歲，則其生年爲1675年，即康熙十四年。故可知謝氏活躍在康熙、雍正時期，卒年大概到乾隆時期了。故此本雖不知其具體刊刻年代，但必在清康乾之時，觀其字體亦是，故籠統如是題版本項。

此實乃河上公章句本，關於河上公其人其注，《四庫全書總目》“子部五十六·道家類”收録，可參看。

《藏園訂補郘亭知見傳本書目·子部》未録此書。

之可名非常名是心之名非有形相之名虛中虛空
中空虛中有實空中有相只可意取不可擧名一切
影響算不得此名而況有實具者乎只在先天中求
先天道就是可道之道可名之名了達先天中還是
強爲道爲名無名天地之始有名萬物之母無者待
之而後動也有者已動而將形也天地始者雌雄蟠
虬而物所自肆萬物母者陰陽感兆而氣所自育以
無而偶有猶以天而配地以母而配始猶以烝而合
神是知有與無一者峙而天地位焉始與母二者出
而萬物育焉人之靈明知覺即無也神也絪緼活動

道德經解 上篇 二

道德經評注　二卷 曼285

（漢）河上公章句，（明）歸有光批閲，（明）文震孟訂正

清嘉慶九年（甲子 1804）姑蘇王氏聚文堂重刻本

册数不明

18×13.3。半葉十一行，大小字不等，行大字二十一字，小字雙行同，行四十二字。四周單邊，上下粗黑口，綫魚尾，版口記書名、卷次及章名。天頭處有諸家評點。卷端題“道德經評注卷上”“漢河上公章句 明歸有光批閲 文震孟訂正”，裏封題“嘉慶甲子重鐫 老子評注 姑蘇聚文堂藏板”。

附十子總目，老子譜略，老子志略，老子列傳，老子廟碑，老子總論。

清嘉慶十二年（丁卯 1807）洪亮吉合刻河上公老子章句郭象莊子注叙，黄丕烈序，明洪武七年（甲寅 1374）高皇帝御製道德真經序及高皇帝御製老子贊，河上公道德經評注序。

按，洪序云：“余前在陝西巡撫畢公節署，亦曾取《道藏》中河上公注《老子》足本校刊之。今王君性嗜古，尤留意周秦諸子，因先求《河上公老子章句》《郭象莊子注》善本合刊之。書成，乞爲之叙。”又，黄序云：“今得王君子興有九子之刻，其本所由來，非取向日之舊梓，即收近日之佳刻，介友求序於余。”據此可知，該書爲乃王子興聚文堂所刊之本，其底本當爲《藏園訂補郘亭知見傳本書目·子部》所録的明天啓間吴中文氏竺塢刻道德南華經二經評注合刻本，《中國古籍善本書目·子部》收録之。其云：“九行十八字，版心下題‘竺塢藏書’。本書題‘歸有光批閲，文震孟訂正’。”此本雖與之版式有異，但卷端所題則同。

此爲聚文堂本《十子全書》之一，原與《南華真經》合刻。

淸淨經曰大道無形生育天地大道無情運行日月大道無名長養萬物吾不知其名強名曰道

焦弱侯曰徼讀如邊徼之徼言物之盡處也晏子徼

道德經評註卷上

漢 河上公 章句

明 歸有光 批閱

文震孟 訂正

上經

體道第一

道可道謂經術政教之道也非常道非自然長生之道也常道當以無爲養神無事安民含光藏暉滅迹匿端不可稱道名可名謂富貴尊榮高世之名也非常名非自然常在之名也常名當愛如嬰兒之未言雞子之未分明珠在蚌中美玉處石間內雖昭昭外如愚頑無名天地之始無名者謂道道無形故不可名也始者道本也吐氣布化出于虛無爲天地本始也有名萬物之母有名謂天地天地有形位陰陽有柔剛是其有名也萬物母者天地含氣生萬物長大成熟如母之養子

老解老　不分卷

曼Chinese 49

（民國）蔡廷幹編

民國十一年（壬戌 1922）鉛印本

1册1函

子目：

1.老子道德經經文八十一章；

2.老子道德經串珠不分卷。

16.2×12.5。半葉九行，行二十一字。左右雙邊，上下細黑口，單黑魚尾。魚尾上題“老解老”，下題“經文”（或“串珠”）及葉數。天頭處或有批注。卷端題“老子道德經經文”（或“老子道德經串珠”），裏封題“老子道德經 水竹邨人”，背面牌記“民國十一年壬戌八月”，末版權葉題“非賣品”“蔡廷幹編”“黄壽松 高超 吴心穀 任榮枤 校”“王樹春 蔡永康 蔡伯康 蔡康普 録”，外封題“老解老 陳夔龍題”。

附凡例八條，讀法十則，第一章箋釋，老子道德經不二字目録。

民國十一年（壬戌 1922）孫寶琦序，民國十年（辛酉 1921）老解老自叙，末附民國九年（庚申 1920）高超跋，民國十一年（壬戌 1922）吴心穀跋，民國十一年（壬戌 1922）任榮枤跋。

按，孫寶琦序云：“吾友蔡君耀堂，粤東嶺奇士也，深於老子之學……嘗著《老解老》一書，散全經之文，句櫛字比，以爲串珠……兹聞將以寫本付棗梨，爰書數語以弁簡端。”據此可知，此本之底本當爲其稿本。

道一

老子道德經串珠

共用七十六次

一道可道非常道○四道冲而用之或不盈○八故幾於道○九功遂身退天之道○十四執古之道○是謂道紀○十五保此道者不欲盈○十六天乃道○道乃久○十八大道廢○二十一惟道是從○道之爲物○二十三故從事於道者○道者同於道○同於道者○道亦樂得之○二十四其在道也○故有道者不處○二十五字之曰道○故道大○天法道○道法自然○三十以道佐人主者○是謂不道

南華真經　十卷　曼285

（戰國）莊周撰，（晋）郭象注，（唐）陸德明音義
清嘉慶九年（甲子 1804）姑蘇王氏聚文堂重刻本

17.4×13.3。半葉十一行，大小字不等，大字行二十一字，小字雙行同，行四十二字。四周單邊，上下粗黑口，綫魚尾，版口記書名、卷次及篇名。天頭處有陸音義和諸家評點。卷端題“南華真經卷第一”“郭象子玄註 陸德明音義”，裏封題“嘉慶甲子重鎸 莊子評註 姑蘇聚文堂藏板”。

附莊子列傳，南華真經篇目。

蔡毅中莊子序。

按，此書爲聚文堂《十子全書》之一，原與《道德經評注》合刻。

《藏園訂補郘亭知見傳本書目·子部》《中國古籍善本書目·子部》皆收録此書之底本，即明天啓間吴中文氏竺塢刻道德南華經二經評注合刻本。

陸德明曰逍遙遊者義取閒放不拘遊適自得歸震川曰樂其大也

楊用修曰莊子乃以至小爲至大便是滑稽之開端

南華真經卷第一

郭象子玄註　陸德明音義

莊子內篇逍遙遊第一夫小大雖殊而放於自得之場則物任其性事稱其能各當其分逍遙一也豈容勝負於其閒哉音義曰內篇內者對外立名說文云篇書也字從竹從非者草名耳非也〔逍〕音銷亦作消〔遙〕如字亦作搖〔遊〕如字亦作游逍遙遊者篇名義取閒放不拘怡適自得〔夫〕音符〔場〕直良切〔稱〕尺證切〔當〕丁浪切〔分〕符問切

北冥有魚其名爲鯤鯤之大不知其幾千里也化而爲鳥其名爲鵬鵬鯤之實吾所未詳也夫莊子之大意在乎逍遙遊放無爲而自得故極小大之致以明性分之適達觀之士宜要其會歸而遺其所寄不足事事曲與生說自不害其弘旨皆可略之。北〔冥〕本亦作溟覓經切北海也嵇康云取其溟溟無涯也梁簡文帝云窅冥無極故謂之冥東方朔十洲記云水黑色謂之冥海無風洪波百丈〔鯤〕徐音昆李侯溫反大魚名也崔譔云〔鯤〕當爲鯨簡文同〔幾〕居豈反下同〔鵬〕步登反

南華發覆　八卷 曼52

（清）性涵撰

清乾隆十四年（己巳 1794）雲林懷德堂重刻本

5册1本

21.3×13.6。半葉九行，大小字不等，大字行二十字，小字雙行同，行四十字。四周單邊，白口，單黑魚尾。魚尾上記篇名，下記卷次及葉數。卷端題“南華發覆卷之一”“梁谿性涵蘊輝甫注 西安方應祥孟旋甫較”，諸卷諸篇校者不一，如“内篇養生主第三”爲“武林鄒之嶧孟陽父 濡須朱合明弢之甫 較”“内篇齊物論第二”爲“吴興唐時宜之父較”“内篇人間世第四”爲“八閩張光世元振甫 檇李金壽明公朗父較”等，裏封題“乾隆己巳新鋟 西安方孟旋先生較訂 南華經箋註 雲林懷德堂梓行”。

清乾隆十一年（丙寅 1746）陳堯儒南華發覆叙，撰者自序及跋。

按，陳序云“《南華發覆》，清涼山孔雀菴蘊畔老人所著也”，而卷端又題“梁谿性涵蘊輝甫注”，據此可知，性涵，字蘊輝，梁谿人。

《藏園訂補郘亭知見傳本書目·子部》未録此書，《中國古籍善本書目·子部》收録此書，但未録此本。

天道第十三

豫章熊士達夷庚甫較

上篇祇形容天地之大天地之神此篇言天地之道要以虛靜恬惔寂寞無爲正發明前篇無欲而天下足無爲而萬物化淵靜而百姓定三句以見無爲而尊者天道也有爲而累者臣道也天道之與臣道相去遠矣有天下者不可不察

天道運運者旋轉之謂也而無所積言天道運行化物不留一毫作爲之迹故萬物成帝道運而無所積天行健君子以自强不息故天下歸如水之遂下故曰歸聖道運而無所積玄聖素王體是道而行故海內服化也明於天道之無爲通於聖人之化育六通四辟咸被於帝王之德

沖虛至德真經　八卷　　曼285

（戰國）列禦寇撰，（晋）張湛注、（唐）殷敬順釋文

清嘉慶九年（甲子 1804）姑蘇王氏聚文堂重刻本

17.4×13.3。半葉十一行，大小字不等，行大字二十一字，小字雙行同，行四十二字。四周單邊，上下粗黑口，綫魚尾，版口記書名、卷次及章名。卷端題“沖虛至德真經卷第一”“列子張湛處度註”，裏封題“嘉慶甲子重鐫 列子箋釋 姑蘇聚文堂藏板”。

附沖虛真經目録，劉向叙録。

張湛列子序。

按，此爲聚文堂《十子全書》之一。

《藏園訂補郘亭知見傳本書目·子部》收録此本，題作“清嘉慶九年王氏聚文堂刊十子全書本”。

列子序

張湛字處度

湛聞之張湛字處度東晉光祿勳注此眞經先父曰吾先君與劉正輿傅潁根皆王氏之甥也並少詩照反遊外家舅始周姓王張湛祖之舅始周從疾用反兄正宗輔嗣皆好呼敎反集文籍先并畀政反得仲宣家書幾將萬卷傅氏亦世爲學門三君總角競錄奇書及長丁丈反遭永嘉之亂與潁根同避難乃旦反南行車重各稱尺證反力並有所載而寇虜彌盛前途尚遠張謂傅曰今將不能盡子忍反全所載且共料音聊簡世所希有者各各保錄令無遺棄潁根於是唯賫音擠其祖玄父咸子集先君所錄書中有列子八篇及至江南僅

玉歷鈔傳警世　不分卷　　曼57

（遼）淡癡道人撰

清道光十三年（癸巳 1833）胡嗣英慈儉堂重刻本

1册

18.8×11.1。半葉十行，行二十三字。左右雙邊或四周雙邊，白口，單黑魚尾，魚尾上記篇名。卷端無題名，胡跋末墨筆題“粤西戴禄一敬送”，裹封題“聖經彙纂 玉歷鈔傳警世 慈儉堂藏板”，外封書籤題“玉歷鈔傳警世”。

彭允秀玉歷鈔傳警世序，陸喬木玉歷鈔傳警世序，末清乾隆五十九年（甲寅 1794）李宗敏附記，朱鏞識，道光十三年（癸巳 1833）胡嗣英跋。

按，彭允秀序云：“陸君喬木自家來粤，攜之以行。予閲之，謂可爲王化之助。惜粤無此版，人未周知。陸君乃勞筋疲骨，與同志若而人付之剞劂。”又，陸喬木序云：“予……自閔旋里，于表外弟辰溪邵君家得見是書，乃淡癡得之冥中，傳於弟子勿迷者……予來粤攜帶是書並《延壽録》二種，今又得《武帝忠經》，皆世所未見未聞者，同志諸君協力梓行。”又，李宗敏附記云：“《玉歷》一書，受自道人淡癡，而勿迷弟子傳之者也……淡癡必遼邦人，故稱時天下太平，弟子勿迷或居中國。”又，胡跋云：“道光十二年，歲次壬辰仲夏，南海後學林兆瓏印送貳百部，原本字有錯誤，今就鄙見所及者，更正付梓，仰求高明，再加詳訂，是幸。道光十三年，歲次癸巳季春，桐城信士胡嗣英重鐫，以廣其傳。”以上諸言相互對照，可知該書乃遼人道士淡癡所撰，其弟子勿迷所傳，此本之底本爲陸喬木廣東刻本。

改過爲善。他能免過爾亦有功。惟願世間男婦。觀聽此言者。有則改之。無則加勉。莫待墮入地獄。而欲改悔無及。欲求人身而不能也。

佛歡喜日。勿迷道人。謹錄並識。

前於戊寅夏六月。傳授東皐刊印。今庚戌。貧道三竺進香。中元將此刻本全卷。并同　諸聖誕辰。統共三十六張。並付工價。又授與武林印傳。惟願

善男信女。隨緣樂捐。刷印或萬或千。或百或數十卷。各地普傳懺悔。功德無量。

性命圭旨　原四集，殘存一集　　曼53

（明）佚名撰

清乾隆間翻刻本

殘存1册

18.1×13.2。無界，半葉十一行，行十八字。四周單邊，白口，單黑魚尾。魚尾上記書名，下記某（集）及葉數。元集目録題"性命雙脩萬神圭旨元集目録"，卷端記篇名，裏封題"尹真人秘授 性命圭旨 一山房珍藏"。

此書凡元亨利貞四集，今殘存元集。

明萬曆七年（己卯 1579）佘永寧刻性命圭旨緣起，鄒元標題尹真人性命圭旨全書序，清康熙八年尤侗（己酉 1669）序，清康熙九年（庚戌 1670）李樸性命圭旨序。

按，佘序："里有吴思鳴氏，得《性命圭旨》于新安唐太史家，蓋尹真人高第弟子所述也。藏之有年，一日出示豐于居士，居士見而悦之……因相與公諸同志。"據此，此書爲尹真人弟子所撰，初藏於新安唐太史家，繼歸於吴思鳴，後爲豐于居士借以刊刻，是爲明萬曆七年（己卯 1579）刻本。而尤序云："《性命圭旨》，不著撰人，相傳爲尹真人高弟之筆也，向來行本絶少。殷君惟一藏弆有年，曹子若濟見而悦之，攜示周子輿閑，欣然其賞。重授剞劂，則錢子羽振董其成焉。書竣，而問序於予。"據此，入清之後，殷惟一有一部明刻本，經曹若濟借去給周輿閑，錢羽振則爲之刊行。又，李序："庚戌季春，獲輿閑、若濟二兄，見示圖册……亟商取以鏤刊之。"據此，則此書又重刻於清康熙九年（庚戌 1670），今南開大學圖書館、臺灣大學圖書館收藏。然觀此本，"玄""弘"等字皆缺筆，"萬曆"作"萬歷"，頗疑爲清乾隆間翻刻之本。

原書元集目録有題名，今則據裏封及魚尾上所題定其正題名。

此書《澹生堂藏書目》著録爲"尹真人性命圭旨四卷 四册"，《秘殿珠林》卷二十三著録"性命圭旨一部　删補性命圭旨一部"，《千頃堂書目》卷十六著録"尹真人性命圭旨四卷"，《傳是樓書目》著録爲"性命圭旨五卷 清施大谷 五本"。

《藏園訂補郘亭知見傳本書目·子部》未録此書,《中國古籍善本書目·子部》收録了兩個本子,一個題“性命圭旨四卷,明崇禎三年朱在錫刻本”,山東省圖書館收藏;另一個題“删補性命圭旨四卷,題宋尹清和撰,明醉翁誰是我删訂,明末刻本”,上海辭書出版社圖書館、山東省圖書館收藏。

刻性命圭旨緣起

里有吳思鳴氏得性命圭旨于新安唐太史家蓋尹眞人高第弟子所述也藏之有年一日出示豐干居士居士見而悅之謂其節次功夫咸臻玄妙而繪圖立論尤見精工誠玄門之秘典也因相與公諸同志欲予一言爲引予旣從事聖脩雅尚圓極一乘不談此道久矣以其所操說者無非爲色身計也色身有限法性無邊夫安得大脩行人以法界爲身者而與之談性命哉舍法界無性命亦無身心如法圓脩直紹人

性命圭旨 乾 一

太上感應篇圖説　原八卷，殘存一卷　曼AC22

（宋）李昌齡著，（清）黄正元注、（清）毛金蘭補
清末公善堂刻本

1册

21.2×15。每葉正面圖像，背面題詩。四周雙邊，白口，單黑魚尾。魚尾上題“太上感應篇圖説”，下記篇名、册名（坤）及葉數，下書口題“公善堂”。天頭或有批注。無卷端題名，裹封或已佚。

原書以八卦名編排卷次，今殘存一卷：坤。

原序已佚。

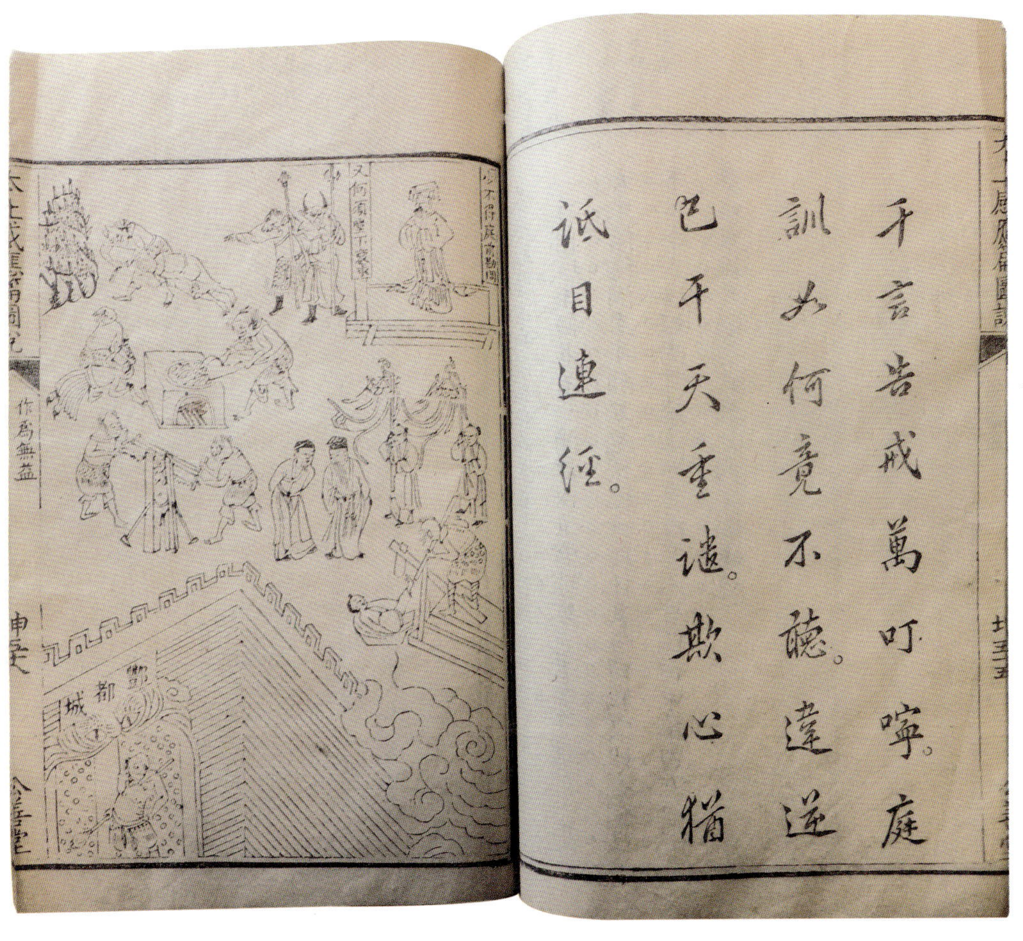

千言告戒萬叮嚀。庭訓如何竟不聽。違逆已干天重譴。欺心猶祇目連徑。

感應篇圖説　原八卷，殘存二卷，卷首一卷

曼55a

（清）趙宏重訂，（清）許纘曾彙輯

清嘉慶二十一年（丙子 1816）謝應泰重刻本

1册

20.4×12.4。上圖下文。無界，半葉十一行，大小字不等，行大字二十二字，小字雙行同，行四十四字。四周單邊，白口，單黑魚尾。魚尾上題“感應篇圖説”，下記卷次及葉數。卷首題“感應篇圖説卷首　閩漳浦趙宏重訂　仝懷弟鍾騰　宋協寅　仝校”，感應篇原文篇末題“泉城塗門外後坂施大侃督刻”，卷端題“感應篇圖説卷之一　閩漳浦趙宏紹袁重訂　雲間許纘曾鶴沙彙輯　仝懷弟鍾騰雲墅　宋協寅仝校”，裏封題“嘉慶丙子重鐫　閩漳浦趙宏紹袁原本　太上感應篇圖説”，内有牌記“板藏漳州東坂後瑞林號絲綫店中諸同志要印送者可到本鋪借出”，外封書籤題“感應篇圖説”。

原八卷，殘存二卷：卷一，卷二。卷首一卷：持誦儀則，感應篇原文，吉報靈驗記。

附姚時勉感應篇讀法十五條。

清順治十二年（乙未 1655）御製感應篇序，宋寶慶三年（丁亥 1227）真德秀序，康熙五十三年（甲午 1714）趙宏感應篇圖説序，姚

思勉太上感應篇序，田廣運太上感應篇序，嘉慶二十四年（己卯 1819）彭嘉恕序，乾隆四十二年（丁酉 1777）嚴名揚跋，乾隆三十二年（丁亥 1767）余經世太上感應篇小引，嘉慶四年（己未 1799）林清輝序，嘉慶二十一年（丙子 1816）謝應泰序。

按，御製序云："朕……取諸書之要者，輯爲一編名曰'勸善要言'。"感應篇原序云："道録馮元素勸緣刻《感應篇》以施人。"趙氏序云："《太上感應篇》一書也，自宋理宗賜禁錢百萬，命工刊梓時，名臣賢士無不共相尊奉……本朝又命詞臣采輯頒布，備載古今盛衰之事，窮通得失之故，區畫詳盡，俾見聞者知所警惕。余讀其文，覽其事，見敬奉是篇者古來多獲吉報，因不禁欣歡踴躍，更爲采集懿行，增刻廣施……時姚君亦思適自漳來，聞斯舉，欣然色喜，遂不憚其勞，繕寫以付剞劂而董其事。"姚序云："辛卯春，予在姑蘇，獲覽是篇……癸巳冬，至浦山，再晤趙子紹袁，趙子……曰：先大人宦囊遺是篇，予尋繹久之，欲鋟版廣佈，祝上天以祈母壽，未得其便，暫且中止，子亟爲我謀之。"田序云："甲午初夏，遇泉郡姚生持趙子所刻《圖説》一編，備悉訓詁，繪畫因果，太上垂教之苦心瞭如指掌。"彭氏序云："予備員漳南，適覩是編，引證詳明，先刷一百部公諸同衆善，即取先大夫手書是編數十本内擇其尤善者，貞諸石，以誌服膺之意。"嚴序云："用是依原刻之舊本，整囊橐而增印。"余氏云："余久欲鐫其版，以公諸世，有志未逮。兹幸有舊版，不勝歡喜。爰是旁搜軼事，更加增補，以付剞劂。”林氏序云：“敬印二部分贈同人。”謝氏序云：“兹較正舊刻重雕新板。”

據以上諸序可知，該書首刻於宋理宗年間，明嘉靖間亦有刊刻（明世宗序），清順治間又命詞臣重編刊印。有康熙五十三年（甲午 1714）趙宏、姚思勉增輯重刻本，乾隆三十二年（丁亥 1767）余氏重刻本，乾隆四十二年（丁酉 1777）又有嚴氏重刻本，嘉慶四年（己未 1799）林清輝重刻本。此本則較之更晚，爲嘉慶二十一年（丙子 1816）謝應泰重刻本。

沈津《有圖五百幅的太上感應篇》介紹乾隆年間許纘曾彙輯的八卷本《太上感應篇圖説》：“書中有乾隆年間帥家相、閻介年、李培仁、梁化鳳的序，順治十二年御製勸善要言序、順治十四年的凡例十則，以及内三院奉旨翻譯太上感應篇滿文。”此本卷端題“閩漳浦趙宏紹袁重訂 雲間許纘曾鶴沙彙輯”，則此本之底本蓋即清乾隆間許氏重刻本，而許氏之底本蓋即清康熙間姚氏刻本。

《藏園訂補郘亭知見傳本書目·子部》未録此書。

感應篇圖說卷之一　閩漳浦趙　宏紹袁重訂

雲間許纘曾鶴沙彙輯　仝懷弟　鍾騰雲壑　家協寅　仝校

太上感應篇

[註]太上尊稱也道藏諸經皆以此二字爲首蓋示人以不可玩忽之意由此動彼謂之感由彼答此謂之應言善惡感動天地必有報應也世風不古人心淪落禮樂不能勸化刑罰不能禁止惟感應二字庶足以動從善去惡之良心本朝刊刻此篇頒賜羣臣至舉貢諸生皆得遍及是不獨檢束身心之具實王化所必錄也

太上曰禍福無門惟人自召

[註]此節合下一節乃一篇之綱領也一念未起方寸湛然有同太虛及一念纔起趨向不同善惡頓異然天地無私因物付物今人莫不希福避禍竟忘却福因善生禍緣惡至故首提自召二字以示人人能於一念未起之先覷得破把得定做得主自然天理常存動與吉會又曰禍能生福福能生禍禍能生福者以其處危之時切於思安深於求理尤能祗畏敬謹也福能生禍者以其居安之時縱於奢欲肆其驕怠尤多輕忽侮慢也

增訂感應篇　二卷　曼55

（清）周其芬輯，（清）梁玉成增訂

清道光間福文堂刻本

2册1本

13.3×9.5。半葉十行，行二十字。分朱墨字兩部分，朱字部分：四周單邊或左右雙邊，白口，單魚尾。魚尾上題“增訂感應篇”或“感應篇”，下記卷次（篇名/藥方名）及葉數，下書口題“福文堂”。墨字部分：四周單邊，上短黑口，下白口。上書口記篇名，下書口記葉數。卷端僅有篇名，周其芬序末題“板藏粤東佛山鎮福禄大街福賢堂書坊刷印”，經驗良方序末題“舍人後街福文藏板”，梁玉成序魚尾上題“感應經驗良方”，上卷裏封題“順邑周其芬原本 照大板刊刻 太上感應篇 應效急救 雜症仙方 板藏粤東佛山鎮 福文堂書坊印刷 新增妙方”。下卷外封書籤題“增訂 感應篇 下卷 神效仙方 救食毒方 急救單方 小兒疳積 經驗良方 跌打妙藥 保産妙方 雜症仙方”。

周其芬序末附四位天尊聖號等，末卷附敬送姓氏芳名（魚尾上題“刊刻姓氏”）。

清嘉慶二十一年（丙子 1816）周其芬序，周其芬（桂山）經驗良方序，道光九年（己丑 1829）梁玉成序，以上諸序均爲朱字。

按，梁玉成序云：“吾邑周桂山先生所刻《良方》一書，推同患之心，廣濟人之術，其有功於世也久矣。而其言又欲使同志者增刻廣傳，蓋謂勸濟之道，當有加無已也。余印送是書，已歷數載。今復有感於其言，竊於篇首之次，增入格言佛經數篇，更彙所存經驗良方，以附其末，謹爲刊布。”據此，該書原爲周其芬所編，繼爲梁玉成所增訂刊刻，即此書。

據末附敬送姓氏芳名，最早者爲道光十一年（辛卯 1831），最晚者爲道光十四年（甲午 1834），説明在此之前此書已經刊畢，故暫且定爲道光間刻本。

此書裏封雖名“太上感應篇”，但其實“經驗良方”占了很大篇幅，感應篇僅爲其中的一小部分。

《藏園訂補郘亭知見傳本書目·子部》未録此書。

追悔。所謂善人，人皆敬之，天道佑之，福祿隨之，衆邪遠之，神靈衛之，所作必成，神仙可冀。欲求天仙者，當立一千三百善；欲求地仙者，當立三百善。苟或非義而動，背理而行，以惡爲能，忍作殘害，陰賊良善，暗侮君親，慢其先生，叛其所事，誑諸無識，謗諸無學，虛誣詐僞，攻訐宗親，剛強不仁，狠戾自用，是非不當，向背乖宜，虐下取功，諂上希旨，受恩不感，念怨不休，輕蔑天民，擾亂國政，賞及非義，刑及無辜，殺人取財，傾人取位，誅降戮服，貶正排賢，陵孤逼寡，棄法受賂，以直爲曲，以曲爲直，入輕爲重，見殺加怒，知過不改，知善

陰隲文圖注　二卷

曼56

（清）顔正廷注釋，（清）黄正元圖説

清嘉慶二十年（已卯 1819）南海梁省堂重刻本

4册1本

19.8×13.2。上文下圖。無界，半葉十一行，行二十五字。四周雙邊，白口，單魚尾，魚尾下記卷次。卷端題“陰騭文圖註卷上 雲間顔正廷表註釋 閩中黄正元泰一圖説 南海梁省堂重刊”，梁省堂序後有一葉，其背面牌記題“此陰騭文圖註板向存寧波府刷印兹嘉慶已卯歲梁省堂於廣東重刊此板現存粤省學院衙門東間壁心簡齋刻字店凡樂善君子發心印送者其裝訂紙價工本每部花銀分厘或自備紙料刷印亦可流通廣佈感應甚速”，無裹封或已佚。

此書上下二卷，卷上附文昌帝君陰騭文原文，卷下附百善孝爲先、萬惡淫爲首、戒賭歌、續附應驗良方等文。

清乾隆四十二年（丁酉 1777）彭啓豐陰騭文圖注序，嘉慶二十四年（已卯 1819）梁省堂序。

按，此書正文上文下圖，文爲演繹故事，圖爲描繪人物，背面則大字進行注解，揭示寓意。

彭氏序云：“爰舉古來善惡之報數十端以重鐫之”，梁氏序云：“余於粤東敬以重刊”，再結合牌記及卷端所題可知，此本爲梁氏重刊，其底本爲彭啓豐寧波府刻本。

《藏園訂補郘亭知見傳本書目·子部》未録此書。

陰隲文圖註卷上

雲間顔　正廷表註釋
閬中黄正元泰一圖說
南海梁省堂　重刊

帝君曰。吾一十七世爲士大夫身。

吾帝君自謂也。帝君欲垂訓以教天下萬世。故於篇首。卽假吾以爲言。所謂現身說法也。一十七世。舉前之所閱歷者以示人士大夫儒者居官之名。蓋人處士大夫之位。爲善固易。爲惡亦易。歷一十七世之久。而不改厥心。不易素履。所謂久長難得人也。按四川七曲山淸虛觀碑記云。帝君生於晉。姓張。諱亞。越人也。後徙蜀。卽梓潼居焉。其人俊雅灑落。其文明麗浩蕩。爲蜀

覺世格言　不分卷　　曼AC27

（清）佚名撰

清道光十年（庚寅 1830）重刻本

1册

18.6×14.3。二截版，分上下兩欄，上文下圖。上欄無界，半葉十五行，行十字。左右雙邊，白口，單黑魚尾。魚尾上題“覺世格言”，下記葉數。卷端無題名，裏封或已佚。

序後附占籤法一篇，關聖帝君覺世格言，關聖帝君顯應戒士子文二篇。

清嘉慶元年（丙辰 1796）吴尊盤序，道光十年（庚寅 1830）佚名跋。

按，跋曰：“《聖帝靈籤》一書，素昭靈爽，凡誠心感格，求無不應。但此書重鐫于嘉慶丙辰歲，刊板模糊，蓋已三十餘年于兹矣。庚寅春，偶得寒疾，精神疲乏，飲食亦爲之少進。因發願重新録板，用廣流傳，以祈速即痊復。是夕即汗出熱解，不數日而已，霍然愈矣。因即附之棗梨，兹届工竣，用志數语于簡末云。 道光十年庚寅八月既望重梓，謹識。”據此可知，此書似乎初名《聖帝靈籤》，曾於嘉慶元年（丙辰 1796）重刊，此本則據之重刊之本。又今存世者，有同治五年（丙寅 1866）刻本，題作“關聖帝君覺世格言”，日本東京國會圖書館、日本京都大學人文科學研究所、酒田市立圖書館光丘文庫等館收藏。

《藏園訂補郘亭知見傳本書目·子部》未録此書。

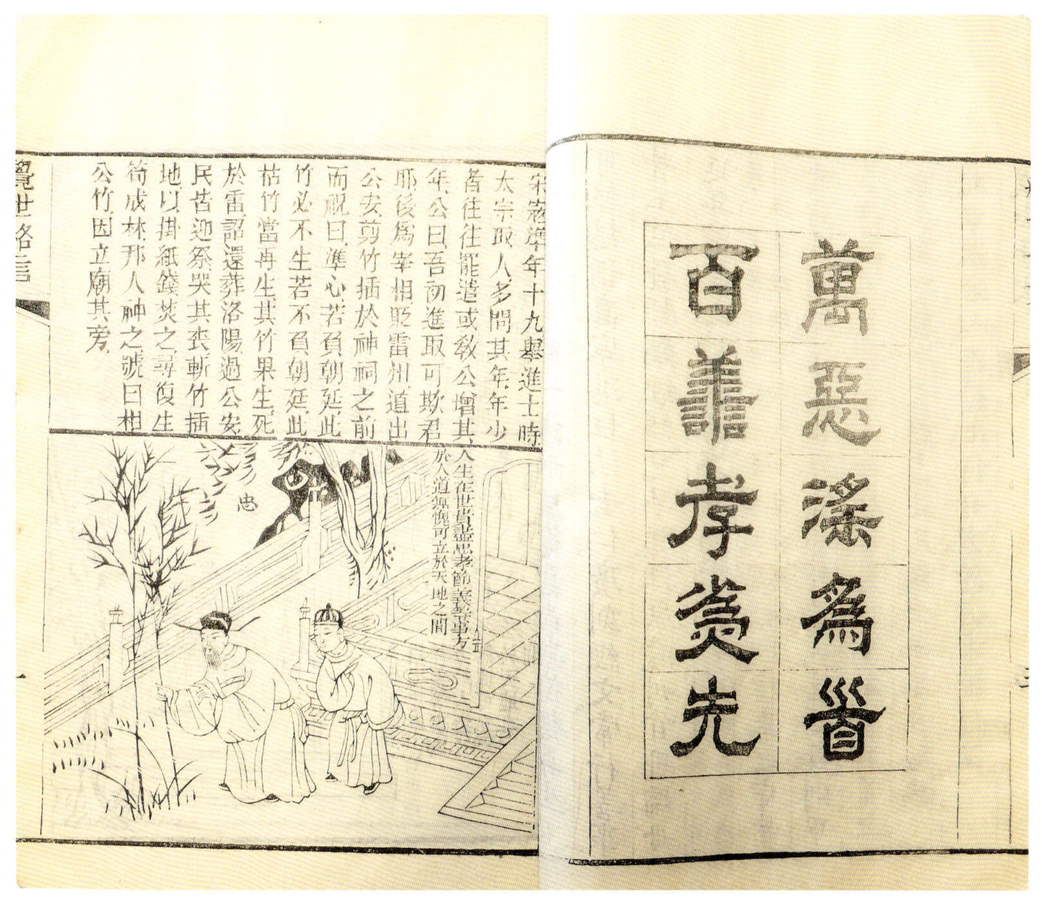

覺世名言

宋寇準年十九舉進士時太宗取人多問其年年少者往往罷遣或教公增其年公曰吾初進取可欺君耶後爲宰相貶雷州道出公安剪竹插於神祠之前而祝曰準心若負朝廷此竹必不生若不負朝廷此枯竹當再生其竹果生死於雷詔還葬洛陽過公安民皆迎祭哭其喪斬竹插地以掛紙錢焚之尋復生筍成林邦人神之號曰相公竹因立廟其旁

萬惡淫爲首
百善孝爲先

新刻陳宏謀批評記史通鑑　三十九卷

曼48

（清）徐衜撰

清乾隆五十二年（丁未 1787）刻本

39册1本

11.6×10。無界，半葉九行，大小字不等，行大字二十字，小字雙行同，行四十字。左右雙邊，白口，單黑魚尾。魚尾上題“記史通鑑”，下記卷次及葉數。天頭處另加一欄注釋。卷端題“新刻陳宏謀批評記史通鑑卷之一”“林屋玦樓秘本 江夏明陽宣史徐衜述 汝南清真覺姑李理贊”，裹封題“乾隆丁未年 陳榕門輯 内附仙史 神仙通鑑 明紀并載 京板”。

説義八則二條，總目。

徐道序，清康熙三十九年（庚辰 1700）張繼宗記史通鑑序。

按，《藏園訂補郘亭知見傳本書目·子部》《中國古籍善本書目·子部》皆未録此書。

新刻陳宏謀批評記史通鑑卷之一

江夏明陽宣史徐衜述

汝南濤眞覺姑李理贊

林屋玦樓秘本

太極判化生五老　三才立發育蒸民

夫有形者生於無形無形爲無極有形爲太極故易有太易有太初有太始有太素太易者未見炁也太初者炁之始也太始者形之始也太素者質之始也形炁質雖具而猶未離是曰渾淪視之不見聽之不聞循之不得是謂易也易變而爲一太

道言内外五種秘録　五種　　曼54

（清）仇滄柱輯

清嘉慶五年（庚申 1800）瀛經堂刻本

4册1本

子目：

1.參同契脉望上中下三卷，清陶素耜述；

2.悟真篇約注上中下三卷（卷中又分上下），清陶素耜集注；

3.承志録上中下三卷附集一卷（惑十五條），明彭純一撰、清陶素耜校；

4.金丹就正篇三篇，明陸西星撰；

5.金丹大要八章附上藥三品説，清陶素耜删定。

19×13.4。半葉十行，行二十一字。左右雙邊，白口或黑口，單黑或白魚尾，魚尾上記書名，下記卷次及葉數。裏封題“嘉慶庚申年鐫 甬上仇滄柱輯 道言内外五種秘録 叅同契 悟真篇 承志録 金丹就正篇 金丹大要 瀛經堂藏板”。

諸書版式或有不同（相同處見上，以下列異處）：

參同契脉望：白口，單白魚尾，魚尾上題“叅同契脉望”。卷端題“周易叅同契脉望 上卷 會稽叅學陶素耜存存子述”；

悟真篇：白口，單黑魚尾。卷端題“悟真篇約註 卷上 會稽叅學弟子霍童山人陶素耜存存子集註”；

承志録：白口，單黑魚尾。卷端題“承志録上 平陵太華山人彭純一貞父著 會稽霍童山人陶素耜存存子校”，《附集》卷端題“承志録附集”“辨惑十五條”“會稽叅學陶素耜霍童山人述”；

金丹就正篇：無界，單黑魚尾，魚尾上題“金丹就正篇”。卷端題“金丹就正篇 玄膚論目次 淮海潛虚子陸西星長庚著”；

金丹大要：無界，單黑魚尾，魚尾上題“金丹大要”。目録葉題“陳上陽真人金丹

大要目 會稽叅學弟子陶素耜删訂”。

參同契脉望首附參同契金丹圖説凡11圖，清康熙三十九年（庚辰 1700）陶氏讀參同契雜義二十條。悟真篇約注：附康熙五十年（辛卯 1711）陶氏悟真篇約注雜義十二則，金丹就正篇：附玄膚論二十篇，破論六篇，金丹大要八章：附上藥三品説一篇。

缺總序，但其内部諸篇皆有序，分别是：參同契：仇序及自序（皆佚）；悟真篇：張祖師原序及翁真人序（皆佚）；承志録：碧蓮道人承志録序，明萬曆十一年（癸未 1583）彭純一原序，清康熙四十六年（丁亥 1707）陶素耜跋；金丹就正篇：金丹就正篇序，金丹就正篇後序；金丹大要：康熙五十七年（戊戌 1718）陶氏刻金丹大要玄膚論緣起及金丹大要序。

按，《藏園訂補郘亭知見傳本書目·子部》《中國古籍善本書目·子部》僅收録了部分子目，但未録此書。

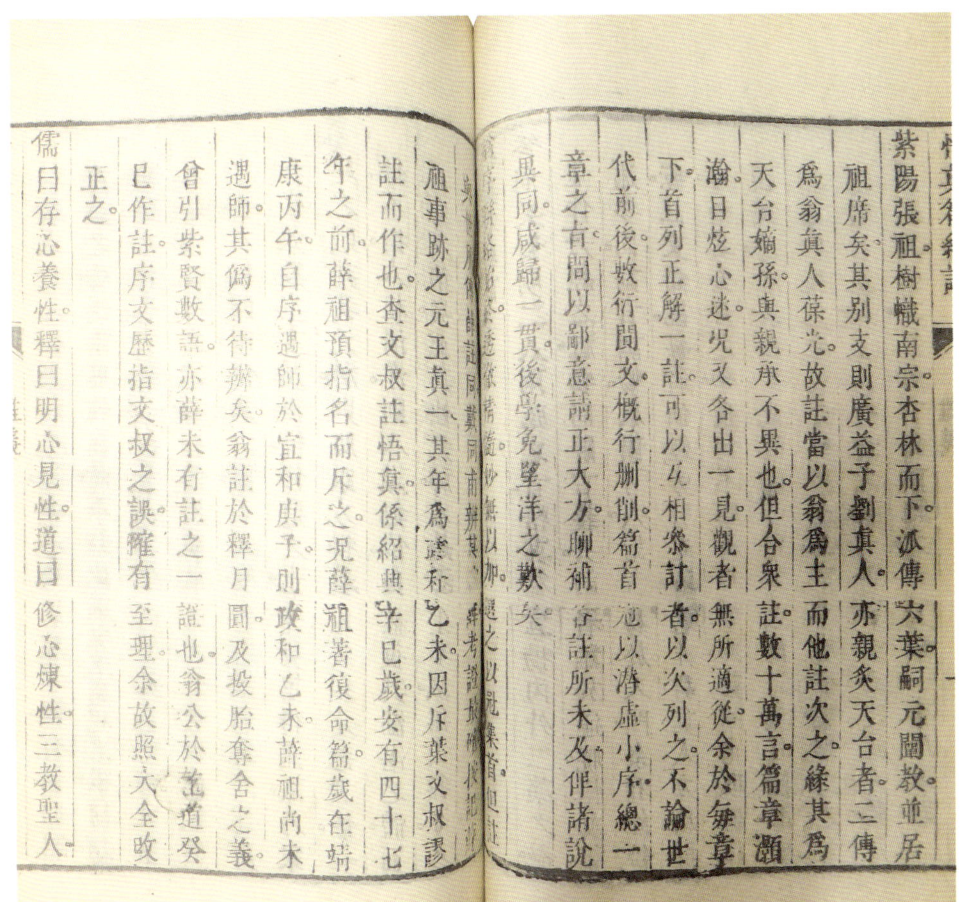

宗教類

佛説阿彌陀經疏抄　四卷，附彌陀經疏抄事義四卷

曼64

（姚秦）鳩摩羅什譯，（明）釋袾宏輯

清乾隆三十年（乙酉 1765）廣州海幢寺重刻本

1册

18.8×12.3。無界，半葉十行，行二十字。左右雙邊，白口，雙對順魚尾。版口題“彌陀經”，下魚尾下記葉數。正文首經文，卷端題“佛説阿彌陀 姚秦三藏法師鳩摩羅什譯”；次疏文，卷端題“佛説阿彌陀經疏鈔卷第一 後學古杭雲棲寺沙門袾宏述”，首佛圖17幅，最後一幅背面牌記題“大清乾隆三十年歲次乙酉廣州海幢寺重梓流通上祝皇圖鞏固帝道遐昌佛日增輝法輪常轉四恩普報三有均資法界有情同生淨土者”，外封書籤題“佛説阿彌陀經疏鈔 卷第幾”。所附《彌陀經疏抄事義》版式與前同，卷端題“彌陀經疏鈔事義”，外封書籤題“彌陀經疏鈔事義”。

無序跋。

按，此爲海幢寺經坊所刊，該坊所刊之本皆很精良，本目已收數種。

《藏園訂補郘亭知見傳本書目·子部》未録此書，《中國古籍善本書目·子部》收録此書，但未録此本。

佛説阿彌陀経疏鈔卷第四

後學古杭雲棲寺沙門袾宏述

○三感果 二　初佛現我前　二我往佛處

○初佛現我前

其人臨命終時。阿彌陀佛。與諸聖衆。現在其前

△疏 其人。指持名者。承上但能一心不亂。命終之時。佛必現前也。以自力佛力。感應道交故。如二部經。及諸経中説

鈔 自力者。凡人命終。前有將謝。後有未生。平生善悪。自然現前。如十悪五逆。地獄現前。慳貪嫉妬。餓

華嚴經　一卷

曼459

（唐）釋實叉難陀譯

明萬曆間刻本

1軸1盒

600×27。原爲經摺裝，此改爲卷軸裝。中縫處題“華嚴經卷五 永福庵如鏡助刊”，卷三末牌記題“善士金普義善女李普元助刊此經，祈求智慧多聞共證菩薩”，卷末有蓮花形牌記題“大明國直隸蘇州府常熟縣積善鄉青墩里戈莊泗澤明王土地界居住奉 佛捨經信士戴文鰲同室人糜氏吉祥如意”，外題“姑蘇北寺南經坊龍泉陳祖印行”。

按，“姑蘇北寺南經坊”曾刊印過《慈悲道場梁皇懺法》二卷，明萬曆間刻本，經摺裝。

此本内容爲《華嚴經》卷三一小部分和卷五大部分。

《藏園訂補郘亭知見傳本書目·子部》《中國古籍善本書目·子部》收録此書，但未録此本。

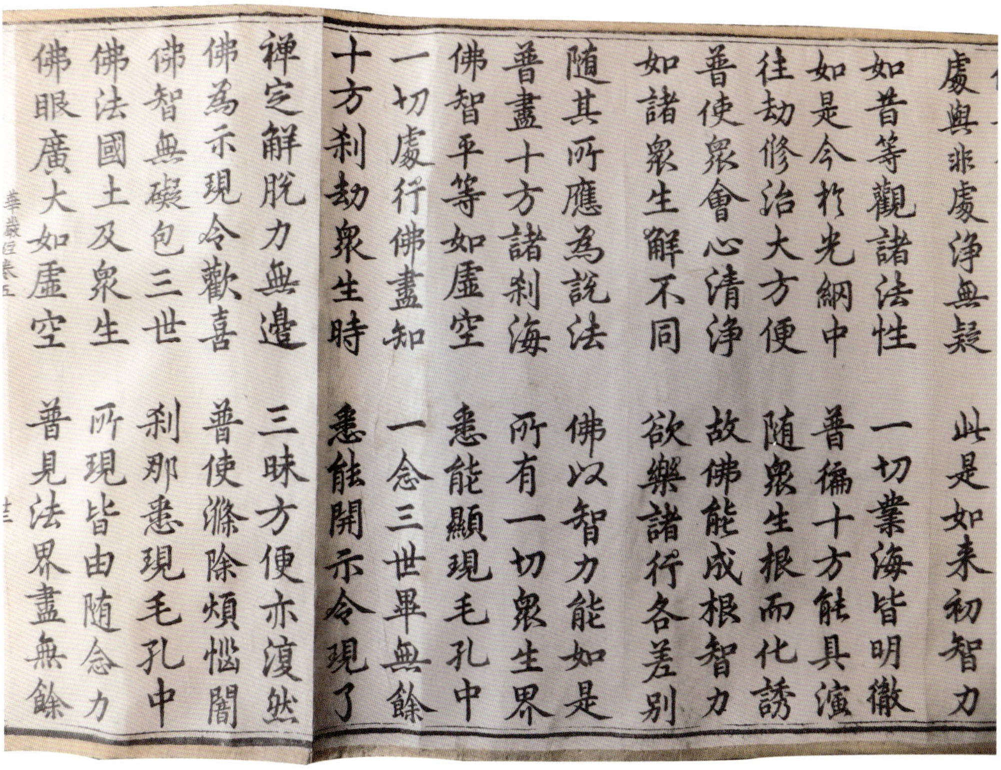

處與非處淨無疑　此是如來初智力
如昔等觀諸法性　一切業海皆明徹
如是今於光網中　普徧十方能具演
往劫修治大方便　隨衆生根而化誘
普使衆會心清淨　故佛能成根智力
如諸衆生解不同　欲樂諸行各差別
隨其所應爲說法　佛以智力能如是
普盡十方諸剎海　所有一切衆生界
佛智平等如虛空　悉能顯現毛孔中
一切處行佛盡知　一念三世畢無餘
十方剎劫衆生時　悉能開示令現了
禪定解脫力無邊　三昧方便亦復然
佛爲示現令歡喜　普使滌除煩惱闇
佛智無礙包三世　剎那悉現毛孔中
佛法國土及衆生　所現皆由隨念力
佛眼廣大如虛空　普見法界盡無餘

華嚴經卷五

佛説盂蘭盆經疏　二卷

曼62

（唐）釋宗密撰

清中期陳寂裕等重刻本

1册

19×14。無界，半葉十行，行二十字。四周雙邊，白口，無魚尾。上書口題“蘭盆疏上/下”，下書口記葉數。文内有墨釘。卷端題“佛説盂蘭盆經疏 充國沙門宗密述”，牌記題“東官佛弟子陳寂裕、何凾喝、陳傳瑞捐資重刻盂蘭盆經疏，願生生世世得聞正法了第一義，普願衆生仝證妙覺 乙酉歲四月浴佛日梓 報恩禪院藏板”。闕裏封。

附熊禹白所繪盂蘭盆像一幅。

無序跋。

按，明釋智旭《閲藏知津》卷三十五著録了“盂蘭盆經疏一卷 南青北百，唐充國沙門宗密述”，明楊士奇《文淵閣書目》卷四著録“盂蘭盆經疏一部二册”，據此可知此沙門之朝代。

此本無刊刻信息，其字有歐風，略扁，時見隸定字，與清乾隆三十年（乙酉 1765）《佛説阿彌陀經》相近，故據此可推定其版本。

《藏園訂補郘亭知見傳本書目·子部》《中國古籍善本書目·子部》未録此書。

董永等。二拔苦非孝順。謂救他人之苦。三俱是。即盂盆會。四俱非。謂逆小之人也。四。以孝順對報恩。亦爲四句。一孝順非報恩。護髮膚不驕危。非法不言等。二報恩非孝順。扶輪報一餐。修行報施主等。三俱是。盂蘭盆會也。四俱非。謂辜恩逆人。今修此一門。即圓四行。所得功德何可較量。實由境勝心殭。徹於神理。故也

佛說盂蘭盆經疏上終

圓覺經纂注　不分卷　曼65

（明）詹軫光纂注，（明）吴自强、吴自立校

明萬曆二十年（壬辰 1592）吴自立、吴自强刻本

1册

18×13。半葉八行，大小字不等，行大字十七字，小字雙行同，行三十四字。四周單邊，白口，無魚尾。上書口題“圓覺經”，下書口記葉數。天頭處套印墨筆批注，文間有朱筆句讀。卷端題“大方廣圓覺脩多羅了義經 居士詹軫光纂註 弟子吴自立 弟子吴自强仝校”，無裹封或已佚。

纂注圓覺經凡例三條。

明萬曆二十年（壬辰 1592）詹軫光圓覺經纂注序，吴自强識，末吴自立圓覺纂注後語。

按，詹序云：“昔戊寅冬，余侍石梁趙師暨諸同志遊通元洞，因商問學究竟生死之説，至感悟流涕。爾時雪花亂墜，緣强境勝，師印可久之。既退，出《圓覺略疏注》授余……余授而纂其注……友人吴自立、自强謂憑兹可以演彼教，請余序而刻之。”又，吴自强識云：“弟子吴自强廣發心愿，刻《圓覺纂注》完。”吴自立跋云：“自立與家弟刻《圓覺纂注》。”據此，此書實際上是吴自立、吴自强所刻的。

《藏園訂補郘亭知見傳本書目·子部》未録此書，《中國古籍善本書目·子部》收録此本，題作“大方廣圓覺脩多羅了義經一卷，唐釋佛陀多羅譯，明詹軫光注，明萬曆二十年吴自立、吴自强刻本”，國内僅鎮江市博物館收藏。但檢該書諸序跋一云“圓覺經纂注”，再云“圓覺纂注”，可知此方爲此書本名，卷端所題不足爲據。

此釋經文，揔分三分，謂序、正、流通。序中證信便是發起，謂佛入大光明藏。

大方廣圓覺脩多羅了義經

居士詹軫光纂註

弟子吴自立

弟子吴自強仝校

圓覺是法，大方廣是義，故文中標結指陳一一只言圓覺，不言大等。脩多羅三字揔指諸經。了義二字歎此一部是諸經決了之義也。

如是我聞：一時婆伽婆涅槃云：能破煩惱名婆伽婆。入於神通大光明藏三昧正受梵語三昧，此云正受。雙彰之者一

大悲神咒心經　不分卷　　曼67

（清）釋聖善書

清嘉慶十四年（己巳 1809）海幢寺經坊刻本

1冊

高8.8cm。經摺裝，共十六摺，凡三十三葉。無界，每葉三行，行九字，上下雙邊。夾板上書籤題“大悲神咒心經”，末題“弟子陳寶一謹刻 嘉慶拾四年歲次己巳春月佛誕日比丘聖善熏沐敬 書 板藏海幢寺經坊聚賢堂虔刊”。

無序跋。

按，此書與《佛説阿彌陀經疏抄》等書同爲海幢寺經坊所刊。

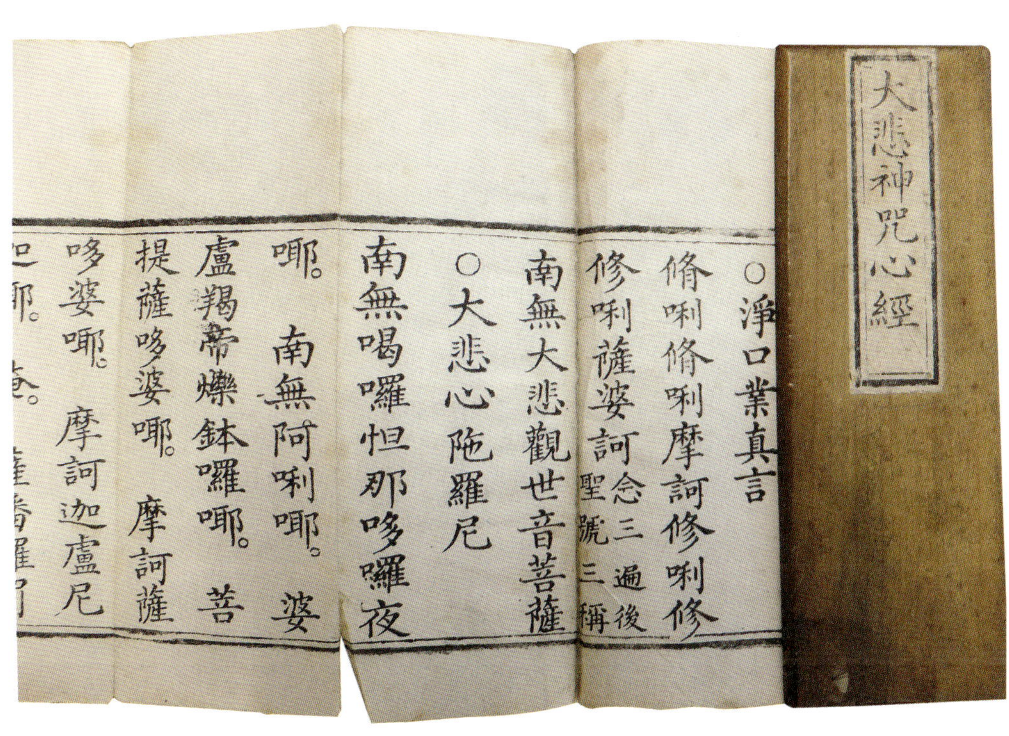
大悲神咒心經
○淨口業真言
脩唎脩唎摩訶修唎修
修唎薩婆訶念三遍後
聖號三稱
南無大悲觀世音菩薩
○大悲心陁羅尼
南無喝囉怛那哆囉夜
哪。南無阿唎哪。婆
盧羯帝爍鉢囉哪。菩
提薩哆婆哪。摩訶薩
哆婆哪。摩訶迦盧尼
迦哪。唵。

沙彌律儀要略　兩篇　曼60

（明）釋袾宏輯

清初刻本

1册

18×12.1。無界，半葉十行，行二十字。左右雙邊，白口，雙順黑魚尾。版口題“要略”，下魚尾下記葉數。第一篇卷端題“沙彌律儀要略 菩薩戒弟子雲棲寺沙門袾宏輯”，第二篇卷端題“下篇”，闕裹封。

按，明釋大聞《釋鑒稽古略續集》卷三（大正新修大藏經本）云：“雲棲大師，諱袾宏，字佛慧，號蓮池，杭城世族沈氏。初爲諸生，三十後禮性天理和尚，出家行脚多年，備嘗艱苦，歸住杭之雲棲，創建禪林……乙卯年寂。”據此可知，袾宏即雲棲大師，字佛慧，號蓮池，俗姓沈，杭州人，明萬曆四十三年（己卯 1615）圓寂。

此本版闊字正，有歐風，蓋清初所刊。

《藏園訂補郘亭知見傳本書目·子部》《中國古籍善本書目·子部》皆未録此書。今中國人民大學圖書館所藏清光緒十八年（壬辰 1892）金陵刻經處刻本與之風格迥異。

云。寧就斷手。不取非財。噫。可不戒歟

三曰不婬

解曰。在家五戒惟制邪婬。出家十戒全斷婬欲。但干犯世間一切男女。惡名破戒○楞嚴載寶蓮香比丘尼私行婬欲。自言婬欲非殺非偷。無有罪報遂感身出猛火。生陷地獄。世人因欲殺身亡家。出俗爲僧。豈得更犯。生死根本。欲爲第一。故經云。婬泆而生。不如貞潔而死。噫。可不戒歟

四曰不妄語

解曰。妄語有四。一者妄言。謂以是爲非。以非爲是

集要　二卷

曼58

（清）佚名編

清刻本

1册

20.8×14.9。無界，半葉二至五行不等，行五字。文内偶有英文批注。四周雙邊，白口，單黑魚尾，上題“集要”，下題卷次。無卷端題名和裏封。灑金外封，白棉紙。

按，此書分上下二卷，上卷皆佛家詞彙，下卷爲日常用語，分蒙、滿、漢等五種語言對譯。其無卷端題名，首所題“佛通號名”，當是篇名。今暫據魚尾上所題定其正題名。

དཤ་བ་ལ༔

སྟོབས་བཅུ།

十力

decies fortis, vel fortitudine praeditus

ཤུདྡྷོ་དན༔

ཟས་གཙང་གི་སྲས།

淨飯王太子

(munde) purè commedentis regis filius

ཨ་དྭ་ཡ་བཱ་དི།

གཉིས་སུ་མེད་པར་གསུང་བ།

談不二法

legem docens non duplicem.

普勸念佛　不分卷　曼66

（清）佚名輯

清嘉慶二年（丁巳 1797）積善堂刻本

1册

17.8×11.8。半葉八行，行十七字。四周雙邊，白口，單黑魚尾。魚尾上題“持驗”二字，下記葉數。卷端題“普勸念佛”，卷末五行題“嘉慶二年文佛誕日積善堂敬刻”，末一行題“板藏海幢經坊流通”。

按，此書包括普勸念佛、普勸念佛往生净土、佛示念佛十種功德、六祖大師勸持金剛經文等四部分，無正題名，而且上書口所題亦無法反映該書内容。今暫據内容擬其題名曰“普勸念佛”。

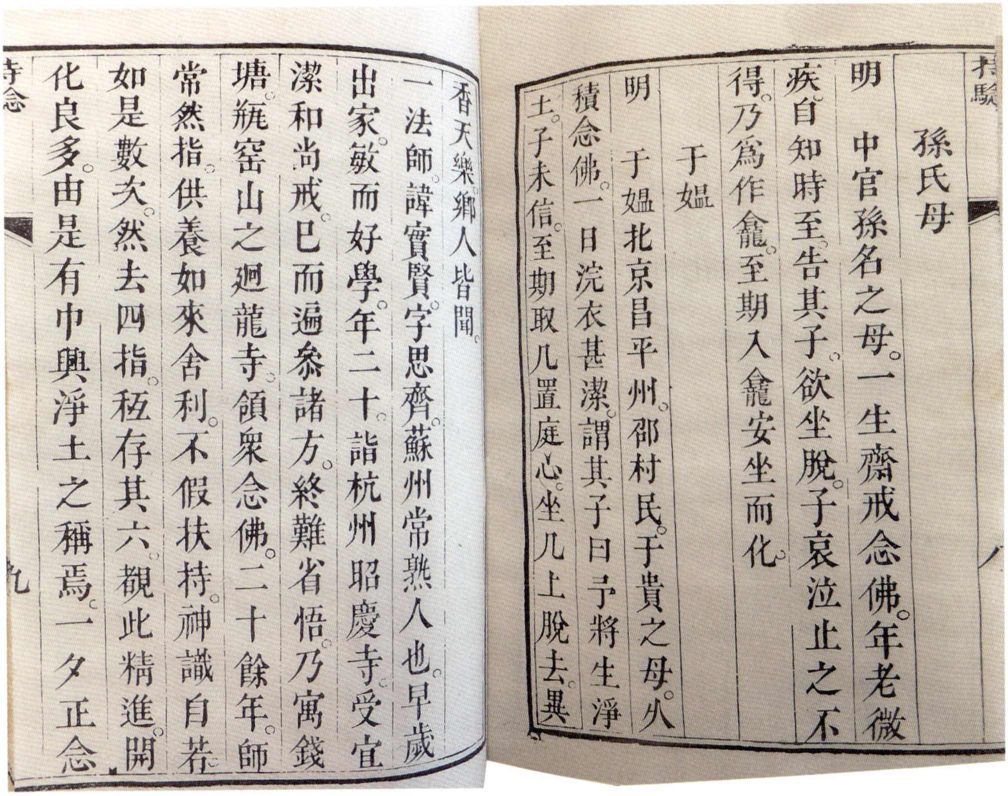

孫氏母

明　中官孫名之母一生齋戒念佛年老微疾自知時至告其子欲坐脫子哀泣止之不得乃爲作龕至期入龕安坐而化

于媪

明　于媪北京昌平州邵村民于貴之母久積念佛一日浣衣甚潔謂其子曰吾將生淨土子未信至期取几置庭心坐几上脫去異

香天樂鄉人皆聞

一法師諱實賢字思齊蘇州常熟人也早歲出家敏而好學年二十詣杭州昭慶寺受宜潔和尚戒已而遍叅諸方終難省悟乃寓錢塘甁窰山之迴龍寺領衆念佛二十餘年師常然指供養如來舍利不假扶持神識自若如是數次然去四指秪存其六覩此精進開化良多由是有中興淨土之稱焉一夕正念

六祖大師法寶壇經　一卷　曼297

（唐）釋法海編集

清康熙三十四年（乙亥 1695）陳際臨重刻明成化間内府刻本（白棉紙）

1册

21.6×14.6。半葉九行，行十八字。四周雙邊，白口，單黑魚尾，魚尾上題“壇經”，下記葉數。卷端題“六祖大師法寶壇經 門人法海編集”，“捐資刻經弟子姓氏”，末題“版藏廣州海幢寺”。

附六祖大師緣起外紀一篇，末附又紀一篇及捐資刻經弟子姓氏。

明成化間御製六祖法寶壇經序（上書口題“壇經御序”），清康熙三十四年（乙亥 1695）陳際臨重刻法寶壇經弁言，宋仁宗至和三年（嘉祐元年 丙申 1056）郎簡六祖大師法寶記序。

按，檢清歐樾華《（同治）韶州府志》卷三十九“藝文”（清同治刻本）有《六祖壇經》二卷，云有明成化御製壇經法寶序，與該本所附御製序同，故據此可知此序撰寫時間。

御製序云：“因萬幾之暇，制爲序，命廷臣趙玉芝重加編録，鋟梓以傳。”又，陳序云：“昔紫柏和尚愍佛法垂秋，欲刻大藏爲方册，以便流通……幸哉，海幢鐵關上人願充募化，壽之扢梓，一以鎮山門，一以被斯世，其願弘矣，重以吾族姪希甫將伯之助，刊布流通。”又，郎氏序云：“會沙門契嵩作《壇經贊》，因謂嵩師曰：若能正之，吾爲出財模印，以廣其傳。更二載，嵩果得曹溪古本校之，勒成三卷，粲然皆六祖之言，不復謬妄。乃命工鏤板，以集其勝事。”據此三序可知，此書最早爲曹溪古本，次爲宋仁宗至和三年（嘉祐元年 丙申 1056）郎簡重刻本，次爲明成化間趙玉芝刻本（内府刻本），次爲清康熙三十四年（乙亥 1695）陳際臨重刻本。

《藏園訂補郘亭知見傳本書目·子部》未録此書，《中國古籍善本書目·子部》收録此書，但未録此本。

六祖大師法寶壇經

門人法海編集

自序品第一

時大師至寶林。韶州韋刺史名璩與官僚入山請師出於城中大梵寺講堂。爲衆開緣說法。師升座。次刺史官僚三十餘人。儒宗學士三十餘人。僧尼道俗一千餘人。同時作禮。願聞法要。大師告衆曰。善知識。菩提自性。本來清淨。但用此心。直了成佛。善知識。且聽惠能行由得法事意。惠

禪門日誦　不分卷，音義一卷　　曼295

（清）釋默持編

清乾隆五十七年（壬子 1792）廣州海幢寺刻本（白棉紙）

1册

19.8×14。半葉九行，行十九字。四周雙邊，白口，單黑魚尾。魚尾上題“禪門日誦”，下記及葉數，下書口有墨釘。天頭或另起一欄進行注釋。卷端爲篇名，題“朝時課誦”（或題“暮時課誦”），《音義》末牌記題“弟子梁應舉發心奉刊諸經日誦全部以此功德面向過去 父母早登極樂法界冤親從斯解脱見聞隨喜果證菩提凡有所求悉蒙如願時　雍正元年臘月佛成道日比丘心固熏沐敬書”（上下有蓮花蓮葉圖案），外題“板藏廣州海幢寺流通”，佛經緣起末題“乾隆五十七年歲次壬子夏日比丘默持編輯敬刊”。闕裏封與目録。

附唐太宗皇帝宣問三藏法師選擇修齋吉凶之日，世尊本傳和佛經緣起。

無序跋。

按，此書無卷端題名，僅有篇名，今據魚尾上所題定其正題名。從内容上，其分“朝時課誦”” 暮時課誦”及各種儀贊，依次爲：楞嚴咒、大悲咒、十小咒、心經、起佛偈、迴向文、彌陀經、懺悔文、蒙山文、西方文、入觀文、祝聖儀、華嚴儀、華嚴文、祝聖文、起懺儀、獻供贊、經贊、懺贊、三寶贊、香贊、毗尼贊、齋佛儀、齋天儀、臨齋儀、尊勝咒、普庵咒、二佛咒、掛鐘板、念佛儀、觀音文、溈山文、音義、監齋、受生數。

南無
婆伽
婆帝。

鞞沙闍耶。俱
嚧吠柱唎耶。
般囉婆囉闍
耶。跢他伽多耶。
三補師毖多。薩
憐捺囉剌闍耶。
舍雞野母那曳。
剌怛那
雞都囉闍耶。

跢他伽
多耶。阿
囉訶帝。
三藐三
菩陀耶。

牧牛圖　十頌十圖，附十頌　曼63

普明禪師頌，（明）袾宏輯

清刻本

1册（僅10葉）

19.2×12。上圖下文。無界，半葉七行，行六字。左右雙邊，白口，單黑魚尾，魚尾下記書名及葉數。卷端題"普明禪師頌"。所附"另十圖"：有界，半葉八行，行十五字。左右雙邊，白口，單黑魚尾，魚尾下記書名及葉數。卷端題"另十圖"。闕裹封。

明萬曆三十七年（己酉 1609）袾宏序。

按，《中國古代版畫叢刊》二編第二輯收録明萬曆三十七年（己酉 1609）刻本，與此本相比，有三點不同：（1）前者手寫上版，繪圖較精，據林虞生跋云："入清以後，此本屢有翻刻，據鄭振鐸先生所見，有康熙、乾隆翻刻本"，此本蓋即此時翻刻之本。（2）袾宏序云："普明未詳何許人，圖頌亦不知出……遂録而重壽諸梓。外更有尋牛以至入廛，亦爲圖者十，與今大同小異。並及教中分别進脩次第可比例而知者，俱附末簡以便參考。"據此，此書最初由袾宏所刊，其後十頌應亦有圖。今檢此本最後一圖"雙泯"末題"寒或作含"，可證其已經過了校刊，當爲後來翻刻無疑。（3）前者"另十頌"中皆有七言詩，此本則僅有篇目。

《藏園訂補郘亭知見傳本書目·子部》《中國古籍善本書目·子部》皆未録此書。

馴伏

普明禪師頌

馴伏第五

綠楊陰下古溪邊，放去收來得自然。日暮碧雲芳草地，牧童歸去不須牽。

牧牛圖　五

佛國記　不分卷　　曼321

（後晋）釋法顯撰，（清）許旭恭校

清精抄本

1册

21×15。半葉十行，行二十一字。四周單邊，白口，單黑魚尾，上書口記書名。卷端題“佛國記 晋釋法顯　南昌許旭恭校”，裏封題“佛國記”。

按，此本正文内“宏始二年”之“宏始”，本作“弘始”，是後秦文桓帝姚興的第二個年號，此處蓋避乾隆之諱而改字。

澳大利亞國家圖書館藏有該書的紅格抄本，末有汝上王謨識，首亦題“晋釋法顯　南昌許旭恭校”，版心題“文寶樓”，半葉八行，考文寶樓紅格紙又有北京大學圖書館藏《粤鹺利弊節略》，半葉九行。

《四庫全書總目》“史部二十七·地理類四”收録此書，略云：“宋釋法顯撰。杜佑《通典》引此書又作法明，蓋中宗諱‘顯’，唐人以‘明’字代之，故原注有‘國諱改焉’四字也。法顯晋義熙中自長官遊天竺，經三十餘國。還到京，與天竺禪師参互辨定，以成是書，胡震亨刻入《祕册函》中，從舊題曰‘佛國記’，而震亨附跋則以爲當名‘法顯傳’……其書以天竺爲中國，以中國爲邊地，蓋釋氏自尊其教，其誕謬不足與爭。又于闐即今和闐，自古以來崇回回教法，《欽定西域圖志》考證甚明，而此書載其有十四僧伽藍，衆僧數萬人，則所記亦不必盡實。然六朝舊笈，流傳頗久。其叙述古雅，亦非後來行記所及，存廣異聞，亦無不可也。”

《藏園訂補郘亭知見傳本書目·史部》《中國古籍善本書目·史部》收録此書，但未録此本。

佛國記

晉 釋法顯　　南昌許旭恭校

法顯昔在長安慨律藏殘缺於是遂以宏始二年歲在己亥與慧景道整慧應慧嵬等同契至天竺尋求戒律初發跡長安度隴至乾歸國夏坐夏坐訖前行至耨檀國度養樓山至張掖鎮張掖大亂道路不通張掖王慇懃遂留爲作檀越於是與智嚴慧簡僧紹寶雲僧景等相遇欣於同志便共夏坐夏坐訖復進到燉煌有塞東西可八十里南北四十里共停一月餘日法顯等五人隨使先發復與寶雲等別燉煌太守李浩供給度沙河

佛祖歷代通載　二十二卷 曼322

（元）釋念常撰

明隆慶四年（庚午 1570）至萬曆六年（戊寅 1578）釋性月募刻本

10册2本

20.8×13。半葉十行，大小字不等，大字行二十字，小字雙行同，行四十字。左右雙邊，上下細黑口，單黑魚尾。魚尾下記"通載某卷"及葉數，下書口或有刻工名（如序首葉題"吴郡王明義刻"，卷一首葉下書口題"王刻"等）。陸光祖序首行下鈐"明善堂覽書畫印記"白文方印。天頭另起一欄或摘字並注反切，或標明本卷帝王次序。卷端題"佛祖歷代通載卷第一""嘉興路大中祥符禪寺住持華亭念常集"，末碑形牌記題"隆慶五年歲次辛未正月吉日吴郡壽 山菴沙門性月同徒孫通印道友朱海滔 卧佛寺住持德性同出已貲助刻第一 卷永遠流通"，卷二末題識"徑山傳衣菴沙門明得 平湖天心院居士陸光宅共刻 佛祖通載一卷伏願 佛日常輝 祖燈遐照 衆生海隨時應濟普渡無邊 法界性一念圓通頓同沙劫 明隆慶五年歲在辛未夏孟月十九日敬識"，卷十一牌記末題"信官顧章志同妻孫氏喜捨資財助刊此卷要 祈災危遠離福壽俱增男顧紹芾顧紹芬女順 姐各祈関煞無侵成人有望壽基永固福派綿 延吉祥如意者 時 萬曆三年

春正月望日 識”，卷十八末題“壽山菴沙門法振助刻 佛祖通載伏願 佛光注照 祖超三睑情與無情同登彼岍 法睑圓通 共☐☐☐海 時 萬曆貳年九月 望日識”，卷二十牌記末題“徽州府休寧縣西門原居今住蘇州府吴 縣南濠街信任汪强年六十五歲十一月 十二日巳時生男汪天爵年二十九歲十 二月二十五日生孫男中龍中鰲各求壽 命延長生意興隆子孫昌盛發心喜捨通載一卷共五十六塊 萬曆二年十月望日謹識”，卷二十一末牌記題“信文趙氏祈保壽命延長 信士馮時康 信童 馮祖劉信士蔣紹文各祁早登科甲共助銀伍兩 信女張氏 宋氏 信童馮翰 馮志馮翘 馮翔信童周官阿住滿郎各求關煞無侵成人 有望”，守忠後序末有牌記云：“平湖信官陸光祖抽施俸貲助刻 佛祖通載第三卷 功德所碩見聞者 斷疑生信不昧正因隨喜直下明 心速成道果邊疆寧靖朝野太平”，又牌記云：“吴郡城西濠南壽山菴比丘性月以 僧臘垂邁於衆善奉行南京太常平 湖陸公一日過精舍談道之餘論刻佛祖通載蒙出俸錢相助因募十 方財施並抖青囊藥資校讎刊印版 留本菴伏碩十方緇素四衆智愚皆 超法海之波瀾同到菩提之彼岍時 萬曆四年五月穀也邑人王明義刻”，裹封或佚，外封書籤題“佛祖歷代通載 ”。

附佛祖歷代通載凡例十二條，佛祖歷代通載目録。

明隆慶四年（庚午 1570）陸光祖贈真空上人募緣重刻佛祖通載序，元至正元年（辛巳 1343）虞集佛祖歷代通載序，元至正四年（甲申

1344）釋覺岸華亭梅屋常禪師本傳通載序，末元至正三年（癸未 1343）正印佛祖歷代通載後序，元至正三年（癸未 1343）守忠跋。

按，此書諸卷卷末有很多題識，據此可知該書是多家捐資刊刻。

此書陸光祖序首行下鈐“明善堂覽書畫印記”白文方印，可知其原爲怡府舊藏，《藏書紀事詩》卷四言之甚明。

《藏園訂補郘亭知見傳本書目·子部》收録此書，但未録此本，《中國古籍善本書目·子部》收録，題作“明隆慶四年至萬曆六年釋性月募刻本”。

佛祖歷代通載卷第十四

嘉興路大中祥符禪寺住持華亭念常集

唐

癸卯　代宗豫改年廣德（肅宗長子玄皇諸孫百余人代居長為嫡孫即位後用元載為相而興李泌及誅元載復用楊綰年五十三崩紫宸内殿葬元陵在位十七年）

乙巳　改年永泰○九月鑄金銅佛像於光順門率百僚拜紀之十月吐蕃寇逼京師内出仁王經輦送西明諸寺置百尺高座講之寇平○帝夢六祖惠能大師請衣鉢歸于曹溪翌日遣中使送還是時寇難屢逼帝寖以為憂宰相王縉曰國家慶祚靈長福報所憑雖

法苑珠林　一百二十卷　　曼302

（唐）釋道世撰

明萬曆十八年（庚寅 1590）至十九年（辛卯 1591）清凉山妙德禪院刻徑山藏本

24册4函

23.6×15.4。半葉九行，行二十字。四周雙邊，無版心與魚尾，左欄外左上角另加框題“某某撰述”，中間加長框題“法苑珠林卷幾”及葉數，左下角有長方形墨釘。前兩卷爲目録，卷端題“法苑珠林卷第一 唐上都西明寺沙門釋道世玄惲撰”，目録及每卷末均有“萬曆辛卯”或“萬曆庚寅”識語，記録捐資者、書者及刊刻者姓氏，如卷五末題“光禄寺少卿兼閲視大同監察御史吉水曾乾亨施貲刻此 法苑珠林第五卷 吴江比丘明覺對 歐寧唐士登書 溧水陶學恭刻 萬曆辛卯春清凉山妙德菴識”，卷十校訛末題“常熟居士嚴澂施貲刻此 法苑珠林第十卷 吴江比丘明覺對 歐寧唐居士登書 建陽黄國斌刻 萬曆辛卯春清凉山妙德菴識”等。序前有一圖，圖背面爲佛龕，上題“皇圖鞏固 帝道遐昌 佛日增輝 法輪常轉”。無裹封或已佚。

每卷末皆附音釋。

李儼法苑珠林序並附音釋，每卷末皆有清凉山妙德庵識。

按，各卷末所題“萬曆辛卯清凉山妙德菴識”，即明萬曆十九年（辛卯 1591），唯卷一百十九和卷一百二十題“萬曆庚寅秋清凉山妙德菴識”，故可知此二卷刻於萬曆十八年（庚寅 1590），早於諸卷。此本實際以南北藏本進行參校，故諸卷末附“校訛”一列多舉此兩本之異文。

《四庫全書總目》“子部五十五·釋家類”收録此書，云：“是書成於高宗總章元年，朝散大夫蘭臺侍郎隴西李儼爲之序，稱‘事總百篇，勒成十帙’。此本乃一百二十卷，蓋百篇乃其總綱……每篇各有述意，如史傳之序。子目之首則或有述意，或無述意，爲例不一。大旨以佛經故實分類排纂，推明罪福之由，用生敬信之念。”由此可大概瞭解該書之情況。

《藏園訂補郘亭知見傳本書目·子部》收録,《中國古籍善本書目·子部》收録此本之名家批校本,題作“明萬曆十九年清涼山妙德禪院刻徑山藏本 清孫星衍跋”。國内復旦大學圖書館、北京大學圖書館等收藏。

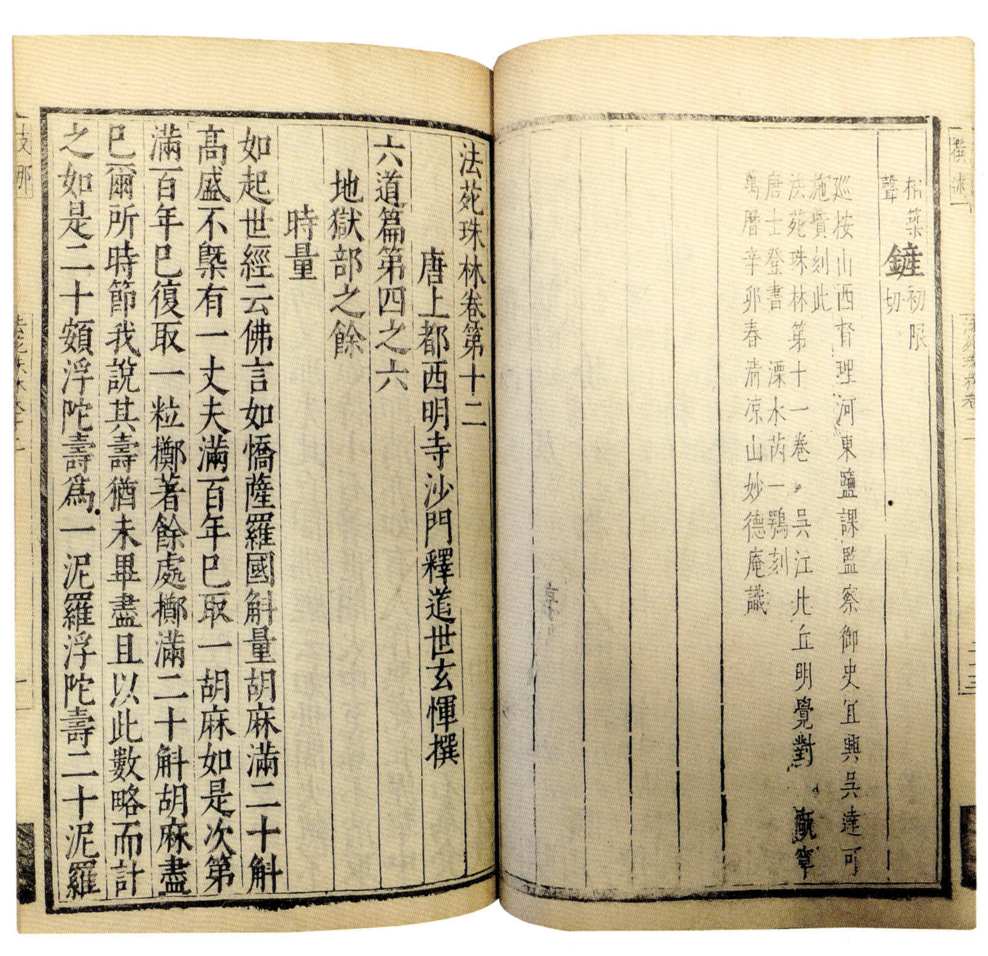

巡按山西督理河東鹽課監察御史宜興吳達可
施貲刻此
法苑珠林第十一卷 吳江比丘明覺對
唐士登書 溧水苪一鵰刻
萬曆辛卯春清涼山妙德庵識

法苑珠林卷第十二
唐上都西明寺沙門釋道世玄惲撰
六道篇第四之六
地獄部之餘
時量
如起世經云佛言如憍薩羅國斛量胡麻滿二十斛
高盛不槩有一丈夫滿百年已取一胡麻如是次第
滿百年已復取一粒擲著餘處擲滿二十斛胡麻盡
已爾所時節我說其壽猶未畢盡且以此數略而計
之如是二十頞浮陀壽爲一泥羅浮陀壽二十泥羅

大明三藏聖教目録　四卷，附續入藏經目録不分卷，清續藏經目録不分卷

曼342

（清）佚名抄

清末精抄本

2册

20.5×14。半葉十行，行十九字。四周單邊，白口，單黑魚尾。魚尾上題“經/律/論”（總目題“北藏”），下記書名、卷次及葉數。卷端題“大明三藏聖教目録卷第一”。粉紅襯紙，闕裏封，黄色外封，棉紙。

附總目，末附千字文（始“天”至“念”，双行小字）一篇。

明永樂八年（庚寅 1410）入明太宗文皇帝御製藏經贊，唐中宗御製大唐龍興三藏聖教序（上書口題“支那撰述”），卷四末附永樂九年（辛卯 1411）御製藏經跋，續入藏經末附萬曆十二年（甲申 1584）御製續入藏經序。卷二、卷三及續入藏經末皆有明萬曆二十九年（辛丑 1601）徑山寂照庵識語，清續藏經末有清雍正十三年（乙卯 1735）、乾隆元年（丙辰 1736）及二年（丁巳 1737）入藏經書識語。

按，後附《續入藏經》有關雍正十三年（乙卯 1735）四月二十五日和乾隆二年（丁巳 1737）三月二十一日之事又見《大清三藏聖教目録》卷五（《龍藏》第1册），考《龍藏》始於雍正十一年（癸丑 1733），至乾隆三年十二月十五日刻成（戊午 1738）。而此本末有雍正十三年（乙卯 1735）、乾隆元年（丙辰 1736）及二年（丁巳 1737）入藏經書識語，且“玄”“弘”皆不避諱，蓋抄在乾、嘉之後。

《藏園訂補郘亭知見傳本書目·子部》未録此書，《中國古籍善本書目·子部》收録明刻本、明抄本及清初抄本三個版本，但未録此本。

出家甫過遊洛之年志尋西國業該經史學洞古今總三藏之玄樞明一乘之奧義既而閑居習靜息慮安禪託彼山林遠兹塵累三十有七方遂雅懷以咸亨二年行至廣府發蹤結契數乃十人鼓櫂昇航惟存一己巡南溟以遐逝指西域以長驅歷巖岫之十重凌波濤之萬里漸届天竺次至王城佛說法華靈峯尚在如來成道聖躅仍留吠舍城中獻蓋之蹤不泯給孤園内布金之地猶存三道寶階居然目覩八大靈塔邈矣親觀所經三十餘國凡歷二十餘載菩提樹下屢攀折以淹留阿耨池邊幾濯纓而澡鑒法

江南報恩寺琉璃寶塔全圖　一幅　　曼465

（清）佚名繪

清嘉慶七年（壬戌 1802）報恩寺刻本

1軸1盒

此圖四周雙邊，左右各繪龍兩條，中間爲一寶塔，兩旁爲建塔記。塔頂題“江南報恩寺琉璃寶塔全圖”。

寶塔圖兩旁有清嘉慶七年（壬戌 1802）題記。

按，據題記末題“嘉慶七年二月初六日開工，六月初二日告竣，而此塔焕然重新矣。報恩寺内僧敬刻”。所説雖然是寶塔告竣之日，但應該也是此圖繪完之時。

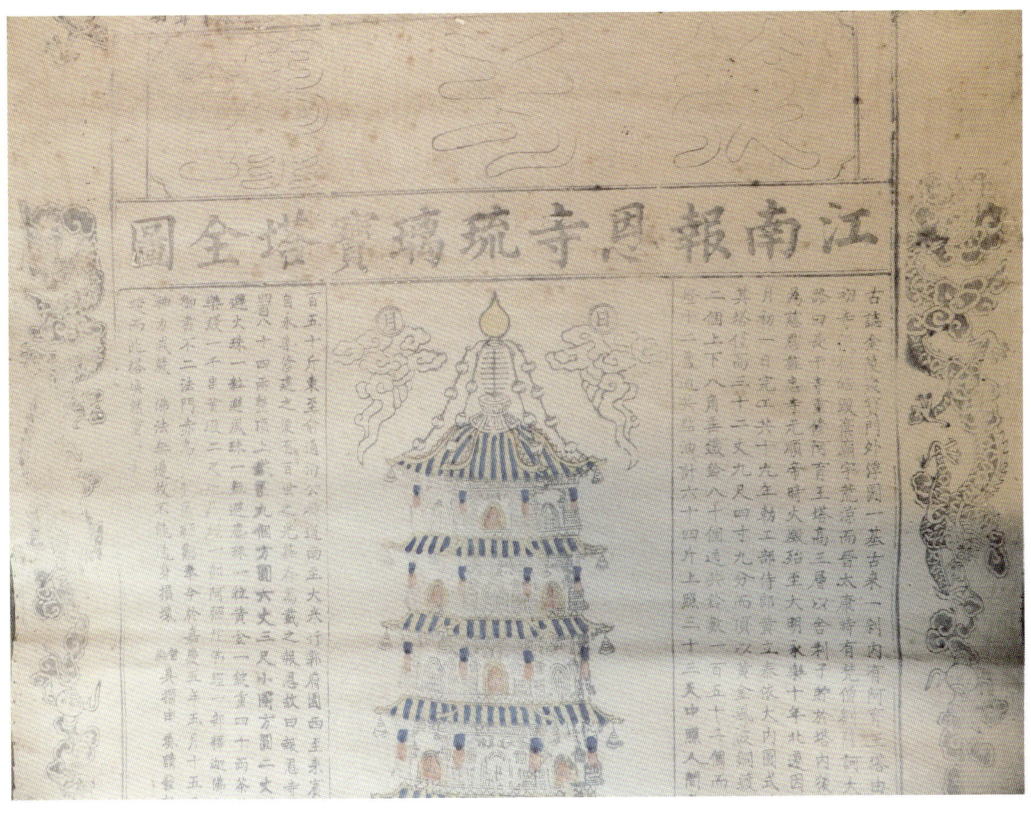
江南報恩寺琉璃寶塔全圖
日
月

大日本校訂大藏經　八千五百三十八卷

曼Chinese 7

［日］弘教書院編

日本明治十四年（辛巳 1881）至十七年（甲申 1884）東京弘教書院鉛印本

418册40函

19.2×11.4。半葉二十行，行四十五字。四周雙邊，白口，單黑魚尾。魚尾上題"經/律/論幾""大藏經"，下記經名、卷次及葉數、千字文號等。天頭另起一欄注校勘記。諸經前皆有佛像一幅及某經目録。每函末册版權葉題"明治十四年七月廿四日届濟 明治某年某月 出版"（右上角）、"挍訂出版 弘教書院"（下鈐"弘教書院之印"白文方印）（中間）、"東京芝公園地"（左下角）、"稻田活版印刷"（下方）（首函第一册題"明治十四年七月廿四日届濟 明治十四年十月 出版"，末函末册題"明治十四年七月廿四日届濟 明治十七年十二月 出版"），外封書籤題"經/律/論 大日本校訂 大藏經 某部 千字文號"。

無總序，無總目。

按，此藏一名"弘教藏"，日本弘教書院於明治十四年（辛巳 1881）至十八年（甲申 1884）鉛印發行，諸家皆以爲此大藏經刊於"明治十二年至十八年"，但檢此藏首函第1册版權頁題

“明治十四年七月廿四日屆濟 明治十四年十月 出版”，末函末册題“明治十四年七月廿四日屆濟 明治十七年十二月 出版”，故知其應刊刻於“明治十四年至十七年”。

日本所刊《卍字藏》末册附有多篇序言，今摘取與此書相關者若干列於下：

（1）蘆津實全序云：

“而刻藏之事在堀川帝朝唐和四年三月刻《一切經》，此版本既滅。後水尾帝寛永中慈眼大師天海刻木版活字大藏經版本，今猶存於東叡山。靈元帝寛文中鐵眼禪師道光翻刻明藏，流布海内，世所稱黄檗版是也。今上御宇自明治十三年四月至十八年七月東京弘教書院刻縮刷大藏經，蓋從前吾邦刻本未盡校訂，間多誤脱錯簡，是以書院所刻以增上寺所藏高麗本爲原本，對校以宋元明三本，且施句讀，便於覽者。其用意周到，可謂盡善矣，而未盡其美焉。”

（2）前田慧雲序云：

“抑吾邦大藏之刻，稽諸古記，其始在唐和四年，然其本不存，則其事虚實未可知也。寛永年間，東叡山刻活字藏經，是亦其所印行未太多也。寛文之初，黄檗山又翻刻明藏續續印行，歲歲部絶，流布漸盛，然校訂未精，卷帙褒大，遺憾猶爲不尠。至明治十三年護法之士開弘教書院於東京，宋元明麗四藏對校，收羅逸書，更改編次而活字縮刷爲四十帙，價格輕廉，頗便購讀，但字細行密，眼力易疲，是爲憾耳。然以其所印行纔止二千餘部，近來其本殆盡，不易輒獲，而需求逐日愈繁焉。”

(3)米田無諍居士序云:

"明治十三年弘教書院嶋田蕃根居士等同志相謀以鉛版刻大藏經,六年而成,總八千五百三十四卷,含容豐富,校訂延廣,遠佚前代,數次之刻,學者便之。"

據以上三則序可知,此藏是以增上寺所藏高麗藏本爲底本,參校宋元明諸藏而成的。

此藏今存世不多,中國國家圖書館和臺北故宫博物院各有一部,日本則内閣文庫、東洋文庫、九州大學附屬圖書館、新潟縣立圖書館等多館收藏。

新雕大藏校正別錄卷第十六　　沙門守其等奉　勑校勘　〔麗八〕

雜阿含經卷第四之餘

如是我聞。一時佛住舍衛國祇樹給孤獨園。時有年少婆羅門。名僧迦羅。來詣佛所。與世尊面相問訊慰勞已。退坐一面。白佛言。瞿曇。不善男子云何可知。佛告婆羅門。譬猶如月。婆羅門復問善男子云何可知。佛告婆羅門。譬猶如月。婆羅門白佛。云何不善男子如月。佛告婆羅門。如月黑分。光明亦失。色亦失。所係亦失。日夜消滅。乃至不現。如是有人於如來所得信家心。受持淨戒。善學多聞。損己布施。正見眞實。於如來所淨信持戒。惠施多聞正見眞直巳。然後退失。於戒聞施正見。悉皆忘失。日夜消滅。乃至須臾一切忘失。復次。婆羅門。若善男子。不習近善知識。不數聞法。不正思惟。身行惡行。口行惡行。意行惡行。行惡因緣故。身壞命終。墮惡趣泥犁中。如是。婆羅門。不善男子。其譬如月。婆羅門白佛。云何善男子其譬如月。佛告婆羅門。譬如明月淨分。光明色澤日夜增明。乃至月滿一切圓淨。如是。善男子。於如來法律。得淨信心。乃至正見眞淨。增明戒增施增聞增慧增。日夜增長。復於餘時。親近善知識。聞說正法。內正思惟。行身善行。行口善行。行意善行故。以是因緣。身壞命終。化生天上。婆羅門。是故善男子。譬如月。爾時世尊面說偈言

譬如月無垢　周行於虛空　一切小星中　其光最盛明
淨信亦如是　戒聞離慳施　於諸慳世間　其施特明顯

佛說此經已。僧迦羅婆羅門聞佛所說。歡喜隨喜。從座起而去

如是我聞。一時佛住舍衛國祇樹給孤獨園。時有生聞婆羅門。來詣佛所。與世尊面相問訊慰勞已。退坐一面。白佛言。瞿曇。我聞瞿曇說言。唯應施我。不應施餘人。施我得大果。非施餘人而得大果。應施我弟子。不應施餘弟子。施我弟子得大果報。非施餘弟子得大果報。云何瞿曇。作是語者。爲實說耶。非爲謗毀瞿曇乎。爲如說說。如法說耶。法次法說。不爲餘人以同法來訶責耶。佛告婆羅門。彼如是說者。謗毀我耳。非如說說。如法說。法次法說。不致他人來以同法訶責。所以者何。我不如是說。應施於我。不應施餘。施我得大果報。非施餘人得大果報。應施我弟子。施我弟子得大果報。非施餘弟子得大果報。然婆羅門。我作如是說者。作二種障。障施者施。障受者利。婆羅門。乃至士夫以洗器餘食著於淨地。令彼處衆生即得利樂。我說斯等亦入福門。況復施人。婆羅門。然我復說施持戒者得果報。不同犯戒。生聞婆羅門白佛言。如是。瞿曇。我亦如是說。施持戒者。得大果報。非施犯戒。爾時世尊復說偈言

天神會課　不分卷　　曼33

［泰西］潘國光撰

清順治十八年（辛丑 1661）魯日浦、成際理刻本

1册

19×11.1。半葉九行，行二十一字。四周單邊，白口，無魚尾。上書口題“天神會課”及篇名，下書口記葉數。無卷端或已佚，首殘序末題“柏應理同會士劉迪我校閲 魯日浦值會士成際理準梓”。闕裹封。

清順治十八年（辛丑 1661）潘國光序（首殘）。

按，此書卷端無題名，僅有篇名，今據上書口所題定正題名。

國内北京師範大學圖書館、北京大學圖書館、中國人民大學圖書館等館藏有“清咸豐十一年（辛酉 1861）上海慈母堂刻本”，觀其版式同此本，而字體則呆板，無此本秀氣，故知二本不同版。

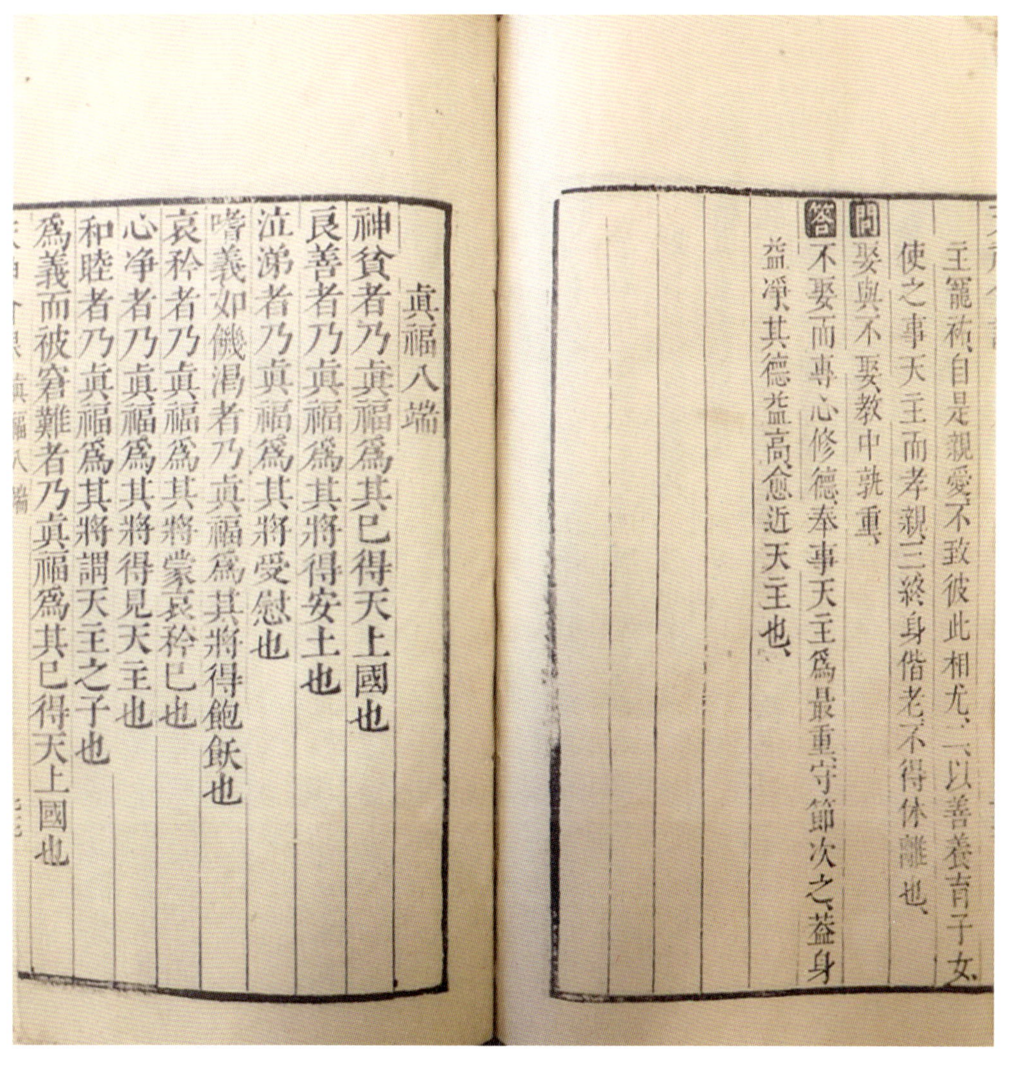

主寵祐、自是親愛、不致彼此相尤、二、以善養育子女、
使之事天主而孝親、三、終身偕老、不得休離也、
問 娶與不娶、教中孰重、
答 不娶而專心修德、奉事天主爲最重、守節次之、蓋身
益淨、其德益高、愈近天主也、

真福八端
神貧者乃真福爲其巳得天上國也
良善者乃真福爲其將得安土也
涕泣者乃真福爲其將受慰也
嗜義如饑渴者乃真福爲其將得飽飫也
哀矜者乃真福爲其將蒙哀矜也
心凈者乃真福爲其將得見天主也
和睦者乃真福爲其將謂天主之子也
爲義而被窘難者乃真福爲其巳得天上國也

德行譜　四卷，卷首一卷，卷末一卷　曼37

西洋巴多明譯

清雍正四年（丙午 1726）刻本

1册

20.5×15.8。半葉九行，行二十字。四周雙邊，白口，無魚尾。無版心，左欄外上記書名，下記葉數。卷端題“德行譜卷之一”，所附德行譜目録姓氏末題“遠西耶穌會修士 巴多明克安譯述 殷弘緒繼宗 同會 白 晋明達 較閲 戴進賢嘉賓 值會 德瑪諾 鑒定”，裹封題“德行譜”，外封書籤題“德行譜”，小字“聖達尼老各斯加本傳○兄保禄附”。

卷首一卷：清雍正四年（丙午 1726）巴多明序，卷末一卷：耶穌會修士巴多明克安氏跋。

按，該書“姓氏”題有“遠西耶穌會修士 巴多明克安譯述 殷弘緒繼宗 同會 白 晋明達 較閲 戴進賢嘉賓 值會 德瑪諾 鑒定”，其中，戴進賢、巴多明又見《睿鑑録》奏議，戴進賢又見《盛世芻蕘》之姓氏，而版式同《睿鑑録》，字體同二書，又有雍正四年（丙午 1726）序，故知此本刊刻當即此時。

德行譜卷之一

聖達尼老各斯加本傳上 首敘初生。及從遊之始末。

人欲知達尼老聖人之行事。先當知波羅尼亞國之一成規。今首述之。此國。國王之位。非一定傳於子孫者。王歿。本國大臣內。有列名此班之人。會齊商議。公舉一人爲王。或即本國之大臣。或係鄰國國王之子孫。俱可。即位後。錢糧兵馬。賞罰陞遷之權。聽其執掌。歷來如此。此其故。可望世世俱得賢王。若傳之子孫。難以定其善惡。且使現居王位者。不肯刻薄大臣。恐

盛世芻蕘　六篇　　曼34

［法］馮秉正指示，［泰西］楊多默纂録

清雍正十年（壬子 1732）任伯多禄刻本

4册1函

18×11.3。半葉八行，行二十字。四周雙邊，上下粗黑口，雙對魚尾，版口記篇名。卷端題“盛世芻蕘首篇”。“姓氏”末題“遠西耶穌會士 馮秉正端友指示 高尚德懷義 同會雷孝思永維校閱 宋君榮奇英 值 會戴進賢嘉賓鑒定 任伯多禄付梓 楊多默纂録”。裏封題“陳善閉邪要務 盛世芻蕘 仁愛聖所梓行”。

首篇包括鑒閱姓氏、仁愛引言。

按，鄭安德編《明末清初耶穌會思想文獻彙編》（北京大學宗教研究所，2003年修訂重印）第二卷第22册“盛世芻蕘題解”對該書該本有詳細介紹，可以參看。

此書不分卷，共六篇十七章，包括：首篇、溯源篇（共1册）；救贖篇（1册）；靈魂篇、賞罰篇（共1册）；異端篇（1册）。

陳善閑邪要務
盛世芻蕘
仁愛聖所梓行

性理真詮　四卷　　曼44

（清）孫璋德撰

清乾隆十八年（癸酉 1753）刻本

6册2本

18.4×12.6。半葉九行，行二十字。四周雙邊，白口，單黑魚尾。魚尾上記書名，下題“首卷/二卷/三卷上/中/下”及記葉數。天頭處或有注釋。卷端題“性理真詮首卷 析津居士孫璋德昭氏述”，卷四題“性理真詮四卷續”，裏封題“乾隆癸酉年較梓 性理真詮”（魚尾下題“姓氏”），裏封背面題“析津居士孫璋德昭氏述 同學宋君榮奇英 魏繼晋善修 劉松齡喬年 趙聖修品之 較閲”，外封書籤題“性理真詮 某卷（上/中/下）”。

此書共四卷，除首卷和四卷續外，餘每卷各分上下兩卷，各卷前均有目録。

清乾隆十八年（癸酉 1753）孫璋德序及性理真詮小引。

按，宋君榮又見清雍正年間的《聖教日課》，版刻年見裏封，字迹亦同。

《世界滿文文獻目録（初編）》第185葉收録中央民族大學圖書館所藏的清乾隆十八年（癸酉 1753）刻本，爲滿文版。

性理真詮首卷

析津居士孫　璋德昭氏述

靈性之體

首篇直指靈性本體

後儒曰。人之一身。內具靈性。超絕物類。行事尊貴。與禽獸逈殊。是故吾人本業。必宜窮理修德。以全其靈性之道。斯無愧於人之所以爲人也。乃有一種世味濃郁之人。貪想世樂。牢不可破。予以此理婉轉開導。彼竟茫然莫解。反執一種謬論。謂吾人一

睿鑑録　不分卷 曼32

［泰西］戴進賢、徐懋德等撰

清乾隆二年（丁巳 1737）刻本

1册

20.2×14。半葉八行，行二十二字。四周雙邊，白口，無魚尾，無版心。左欄外上題“睿鑒録”，中題“乾隆某年”，下記葉數。無卷端題名，開篇即云“西洋人臣戴進賢徐懋德巴多明等謹奏”。無裹封（或已佚）。

無序跋，但另附一有關天主教的手寫紙張。

按，此書版心所題“乾隆元年”非刊刻年，而是戴進賢進奏之年。

據鞠德源《清宫廷畫家郎世寧年譜——兼在華耶穌會士史事稽年》（《故宫博物院院刊》，1988年第2期）一文介紹，清乾隆元年（丙辰 1736），戴進賢與徐懋德合著《睿鑑録》一書刻於北京，至乾隆二年（丁巳 1737）告成。又，《大清高宗純（乾隆）皇帝實録》卷之一百十五記載：“乾隆二年……又奏，豫省民俗崇尚邪教，爲人心風俗之害。現經嚴行查禁。兹據鹿邑縣訪獲天一會邪教黨羽數名，並繳到天主教書一本，名曰《睿鑑録》，鎸鏤龍文，朱字黄面，係西洋人戴進賢奏摺，並欽奉諭旨。伏思西洋之天主教，最易惑人，是以定例不許民人擅入，乃竟纂成書籍傳播。愚民見有如許恩榮，勢必群相崇奉，尤恐别項邪教，亦借此書影射，更多未便。且戴進賢擅將所奉諭旨奏，刊佈流傳，亦屬不合，應令繳銷。得旨，著海望查奏。”據此可知，此書最早刊於乾隆二年（丁巳 1737），即此本。

御製天主堂碑記略云若望入中國已數十年守教奉神肇新祠宇敬愼蠲潔始終不渝人臣懷此心以事君未有不敬其事者凡爾疇人永斯矜式大哉

天語煥若日星雖有多口之嫌是非不能倒置至

聖祖仁皇帝親政之後諸王貝勒大臣九卿詹事科道會同查議邪正判然康熙三十一年內閣會同禮部議得西洋人治理曆法力造軍器差往俄羅素誠心効力勞績甚多各省居住西洋人並無爲惡亂行之處又

續纂省身神詩　五十四首

曼38i

［英］儒翰·馬禮遜著

清道光十五年（乙未 1835）馬六甲鉛印本

1册

14.7×10.3。無界，半葉十四行，行十四字。四周雙邊，白口，單黑魚尾。魚尾下記葉數。無卷端題名，裏封題“續纂省身神詩”。

按，《教會史話》第七輯《開港前後的聖詩册》云：“1835年儒翰·馬禮遜在馬六甲刻印了54首，全部是新詩，但題稱《續纂省身神詩》。”據此我們可知其刊印年代。

第一詩

神主恤憐實堪奇　塵世罪人那得知
若非反心思索理　怎識公義憐恤施
耶穌降世本甘心　肯受天怒救世人
代求神代人爲保　悔罪之人可近神
罪惡汚穢已渾身　全賴耶穌救拔能
由罪惡中施普救　惡行感化作善新
救世主恩怎可忘　堅持善義效主方
修心養性存仁義　報主鴻恩在上蒼
每日清晨仰望天　禱主神風助我年
令吾熱心常事主　並愛弟兄尊信賢

第二詩

天主視人無貴賤　賢愚强弱皆憐憫
上帝待人至公義　賞善罰惡並施行

天路歷程　五卷　　曼R48052

［英］約翰·班揚著

清咸豐五年（乙卯 1855）香港英華書院鉛印本

1册

16.3×10.8。半葉十三行，行四十字。四周雙邊，白口，單黑魚尾。魚尾上記書名，下記卷次及葉數。卷端題“天路歷程卷一”，天頭處另起一欄用以做注。裏封題“乙卯年印 天路歷程 香港英華書院活板”，外封藍色書籤有手寫英文題名，最下小字題“CHINESE EVANGELIZATION SOCIETY, 15 BEDFORD ROW, LONDON”。

佚名天路歷程小引。

按，小引云：“《天路歷程》一書，原是大英國人耶穌教徒所作，複姓本人，名約翰。約二百年前，因傳上帝真道，被惡官囚於獄十有二年，絶無怨恨之念，而慕道之心轉殷。於是將《聖經》之理，輯成一書，始終設以譬詞，一理貫串至底。其曲折處，足令人觀之而神悦；其精嚴處，尤足令人讀之而魂驚……今愛是書者，已將各國文字譯成，素未譯以中國文字。至咸豐三年，中國士子與耶穌教師參譯始成。但恐讀者以爲假設虚造之詞，不知書中之意，盡是《聖經》真實要理，今故繪以圖像，作一《小引》於首。”據此，此本似乎是據清咸豐三年（癸丑 1853）之本而重印的，但又添加了圖像。而據段懷清《〈天路歷程〉在晚清中的六個版本》（《杭州師範大學學報》社會科學版，2012年第3期）一文可知，此書最初是由英國傳教士賓維廉（William C.Burns, 1815—1868）在1851年翻譯而成的，前引《小引》所云“耶穌教師”即此人。該咸豐本又被稱爲“厦門本”，裏封題“咸豐三年春月鐫 天路歷程”，“無序，無邊注或眉注，有圖10幅”。此本實爲此書的第二個版本。之後，又有上海墨海書館本（1856年）、上海美華書館本（1862年）等多種。

天路歷程小引

天路歷程一書、原是大英國人耶穌教徒所作、複姓本人名約翰約二百年前、因傳上帝眞道、被惡官囚於獄、十有二年、絕無怨恨之念而慕道之心轉殷、於是將聖經之理、輯成一書、始終設以譬詞、一理貫串至底、其曲折處、足令人觀之而神悅、其精嚴處、尤足令人讀之而魂驚、且教人如何信上帝道、如何賴耶穌功、當如何著力、如何謹慎、是誠天路歷程之捷徑也、至於人

正教奉褒　不分卷

（清）黄伯禄撰

清光緒二十年（甲午 1894）上海慈母堂鉛印本

2册1函

20×13。半葉十行，大小字不等，行大字二十二字，小字雙行同，行四十四字。四周雙邊，白口，單黑魚尾。魚尾上題“正教奉褒”，下記葉數。卷端題“正教奉褒”“海門 黄伯禄斐默氏 編”。裏封題“光緒甲午仲春月 正教奉褒 上海慈母堂重印”，外封書籤題“正教奉褒 第幾册”。

附凡例十五條，末附教士姓名華洋合璧。

清光緒九年（癸未 1883）黄伯禄自序。

按，據其序及裏封所題可知，此書初印於清光緒九年（癸未 1883），此爲重印之本。

此本有若干英文襯葉。

正教奉褒

海門 黃伯祿斐默氏 編

○上古之世。帝王士庶。莫不欽崇造物上主。幷擎望降臨。覺世救人。蓋遵祖訓也。開闢初。上主即將至道。啓牖人類元祖。并許日後躬降救世。元祖垂教。裔孫傳述。逮文字興。筆之簡策。詳見〔眞道自證〕周季。諸侯放恣。惡典籍害已而去之。秦興。始皇棄德。恨經書訾已而焚之。眞傳古訓。由是蕩然。溯我天主教。傳自元祖。歷守遺訓。迨救世主臨凡。復闡明至道。頒制度。定典禮。教乃大成。漢晉時。已傳行中國。〔加爾大意國經典〕載聖多默宗徒至印度中華等國敷教。多有被化者。核其時。在東漢光武明帝間。又〔明儒臣劉嵩子高詩集〕暨〔李九功慎思錄〕載明洪武初。江西盧陵地方。掘地得大鐵十字架一座。上鑄三國吳帝赤烏年月。子高因作鐵十字歌。以誌其奇。按十字架。係天主教所敬之標記也。又〔西史〕載加爾大意國大主教

自西徂東　五卷　　曼Chinese 41

［德］花之安著

清光緒十年(甲申 1884)香港中華印務總局鉛印本

5册1函

20.4×12.7。半葉十行，行二十三字。四周雙邊，白口，雙對黑魚尾。上魚尾上題"自西徂東卷幾某集"，版口題"第幾章"及章名，下魚尾下題"中華印務總局承刊"。卷端題"自西徂東卷一 仁集"，裏封題"自西徂東"，背面牌記題"ERNST FABER""CIVILIZATION, CHINESE AND CHRISTIAN.""光緒十年歲次甲申德國花之安發刊""HONGKONG, 1884."。粉紅襯葉，外封書籤題"自西徂東 卷幾"(僅第4册即卷四外封書籤存)。

此書共五卷，凡五集(仁、義、禮、智、信)，共七十三章。

花之安自西徂東自序，附書例序及十八條。

按，書例云："此書溯自光緒五年大略起稿，第其中義理識見，先有成竹在胸。若至細微之處，復集衆書考證而得。昔曾刻在《萬國公報》者已有數十篇，積累成帙，故不忍令其湮没。迄今甲申年春，始發剞劂成書。其初辦文字者，則有二位先生。今再經馮勉齋先生删改訂正，又經循環日報館洪士偉先生略爲删潤，而始終秉筆助理者，則馮勉齋先生之力居多，故不没其美云。"據此可知，此書部分篇章自清光緒五年(己卯 1879)始在《萬國公報》陸續發表，清光緒十年(甲申 1884)結集成書。此本即結集出版的初印本，乃花之安自編自印。此書又於清光緒十三年(丁亥 1887)以廣學會的名義重印出版。

華俊穎《從異域學角度看花之安對中國文化的研究——以〈自西徂東〉〈經學不厭精·十三經考理〉和〈從歷史的角度看中國〉(China in historischer Beleuchtung)爲例》(2009年北京第二外國語學院碩士論文，第15葉)一文介紹：花之安，德國傳教士，1839年4月25日生於德國巴伐利亞州北部的小城科堡，1899年病逝於青島。爲了傳教，他先考入禮賢會的神學院，後又加入同善會和廣學會。他著述頗豐，重要的著作包括《自西徂東》《青島至嶗山植物概況》《性海淵源》《經學不厭精》《教化議》等。又以德語翻譯多部中國典籍，如《論語》《大學》《中庸》《莊子》《墨子》《列子》等。

自西徂東序

自西徂東之書何爲而作也、欲有以警醒中國之人也、噫中國之大勢、已有累卵之危矣、在今日熙熙攘攘、似太平景象、然亦思彊鄰環列、果能懷柔否乎、夫當今之時勢、外邦多日益富强、然中國能改弦易轍、不拘於成迹、發奮爲雄、亦無不可共臻强盛、措天下於磐石之安、顧亦思所行者爲何如耳、今中國與外邦通商已久、不特列邦之人到中國者、勢不能免、即中國人之到外國者、亦實繁有徒、然第一要着、貴有以使列邦和平、不至有齟齬不合、而又須辨別列邦之人物、不至混而不分、則同歸交接之中、庶有以知列邦之好尚、而聲

自西徂東　序　一　中華印務總局承刊

集説詮真　不分卷，提要不分卷，續編不分卷附歷代永統紀年表圖　曼Chinese 32

（清）黄伯禄輯

清光緒三十二年（丙午 1906）上海慈母堂鉛印本

6册2函（《集説詮真》4册1函，《提要》及《續編》共2册1函）

18.8×13。半葉九行，大小字不等，行大字二十字，小字雙行同，行四十字。四周雙邊，白口，單黑魚尾。魚尾上題"集説詮真"，下記篇名及葉數。卷端題"集説詮真 司鐸 黄伯禄斐默氏輯 蔣超凡邢胙氏校"。裏封題"集説詮真"，背面題"光緒乙巳年黄斐默重校 江南主教姚重准 光緒丙午年 上海慈母堂排印"。《提要》卷端題"集説詮真提要 司鐸 黄伯禄斐默氏輯 蔣超凡邢胙氏校"。裏封題"集説詮真提要"，背面題"光緒乙巳年黄斐默重校 江南主教姚重准 光緒丙午年 上海慈母堂排印"。《續編》卷端題"集説詮真續編 司鐸 黄伯禄斐默氏輯 蔣超凡邢胙氏校"。裏封題"集説詮真續編"，背面題"光緒乙巳年黄斐默重校 江南主教姚重准 光緒丙午年 上海慈母堂排印"。外封書籤題"集説詮真第幾册"。

清光緒四年（戊寅 1878）黄伯禄自序，蔣超凡序，光緒三十一年（乙巳 1905）黄伯禄序，末附光緒四年鞠若望跋。《提要》首光緒五年（己卯 1879）黄伯禄序。《續編》首光緒六年（庚辰 1880）黄伯禄序。

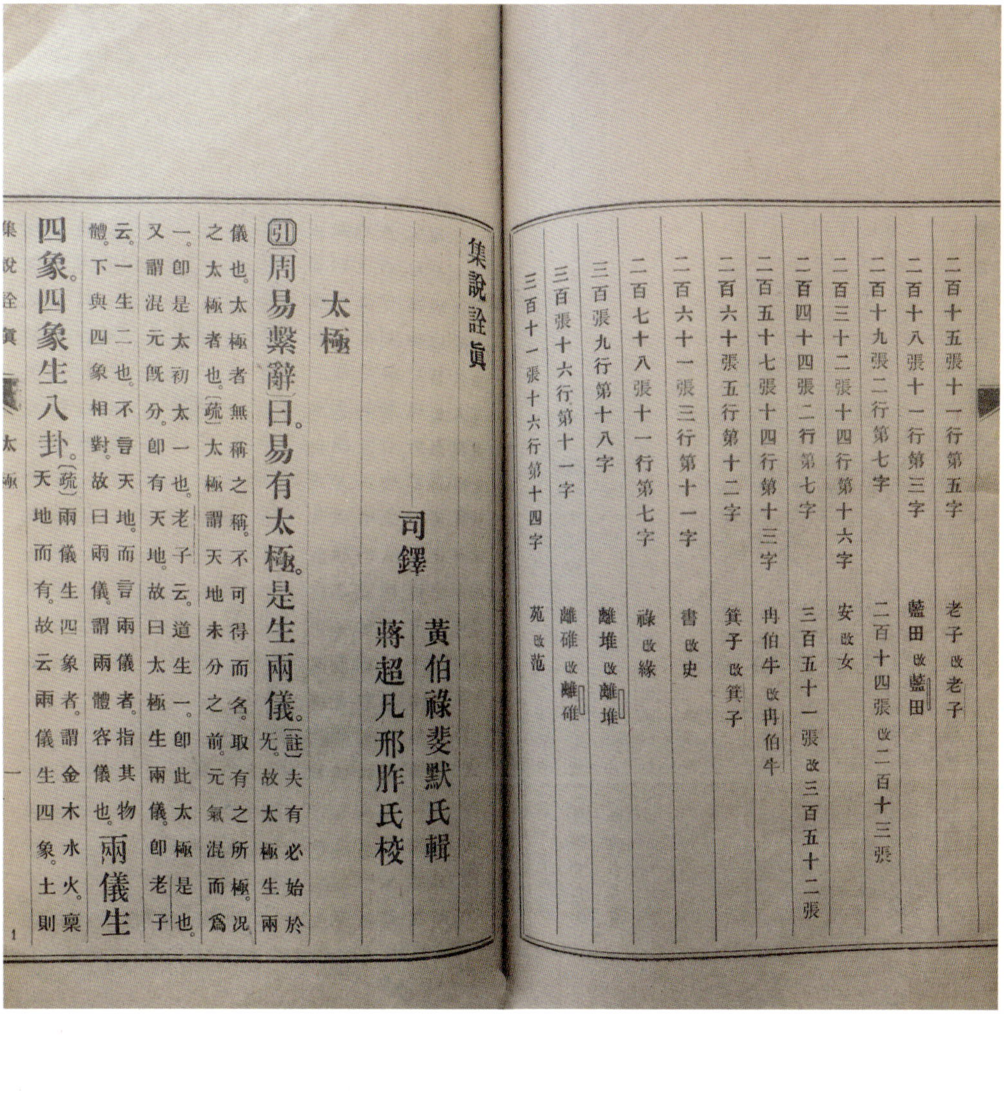

二百十五張十一行第五字 老子改老子

二百十八張十一行第三字 藍田改藍田

二百十九張二行第七字 二百十四張改二百十三張

二百三十二張十四行第十六字 安改女

二百四十四張二行第七字 三百五十一張改三百五十二張

二百五十七張十四行第十三字 冉伯牛改冉伯牛

二百六十張五行第十二字 箕子改箕子

二百六十一張三行第十一字 書改史

二百七十八張十一行第七字 祿改綠

三百張九行第十八字 離堆改離堆

三百張十六行第十一字 離碓改離碓

三百十一張十六行第十四字 苑改范

集說詮眞

司鐸 黃伯祿斐默氏輯
蔣超凡邢胙氏校

太極

【引】周易繫辭曰。易有太極。是生兩儀。（註）夫有必始於无。故太極生兩儀也。太極者無稱之稱。不可得而名。取有之所極。況之太極者也。（疏）太極謂天地未分之前。元氣混而爲一。即是太初太一也。老子云。道生一。即此太極是也。又謂混元既分。即有天地。故曰太極生兩儀。即老子云。一生二也。不言天地。而言兩儀者。指其物體。下與四象相對。故曰兩儀。謂兩體容儀也。兩儀生四象。四象生八卦。（疏）兩儀生四象者。謂金木水火。稟天地而有。故云兩儀生四象。土則

天主聖教日課　三卷 曼36

［泰西］孟儒望、龐迪我、陽瑪諾等撰

清刻本

1册

10.3×6.9。半葉八行，行十八字。四周雙邊，白口，單黑魚尾。魚尾上題"袖珍日課"，下題"上卷"及葉數。卷端題"天主聖教日課 上卷"，中卷次行題"遠西耶穌會士孟儒望述"，下卷第二至三行題"遠西耶穌會士 龐迪我 陽瑪諾 仝述"，裏封題"養性存心真聖業 袖珍日課 朝虔夕惕大神工"。

此書分上中下三卷，其中上卷又分兩小卷。

無序跋。

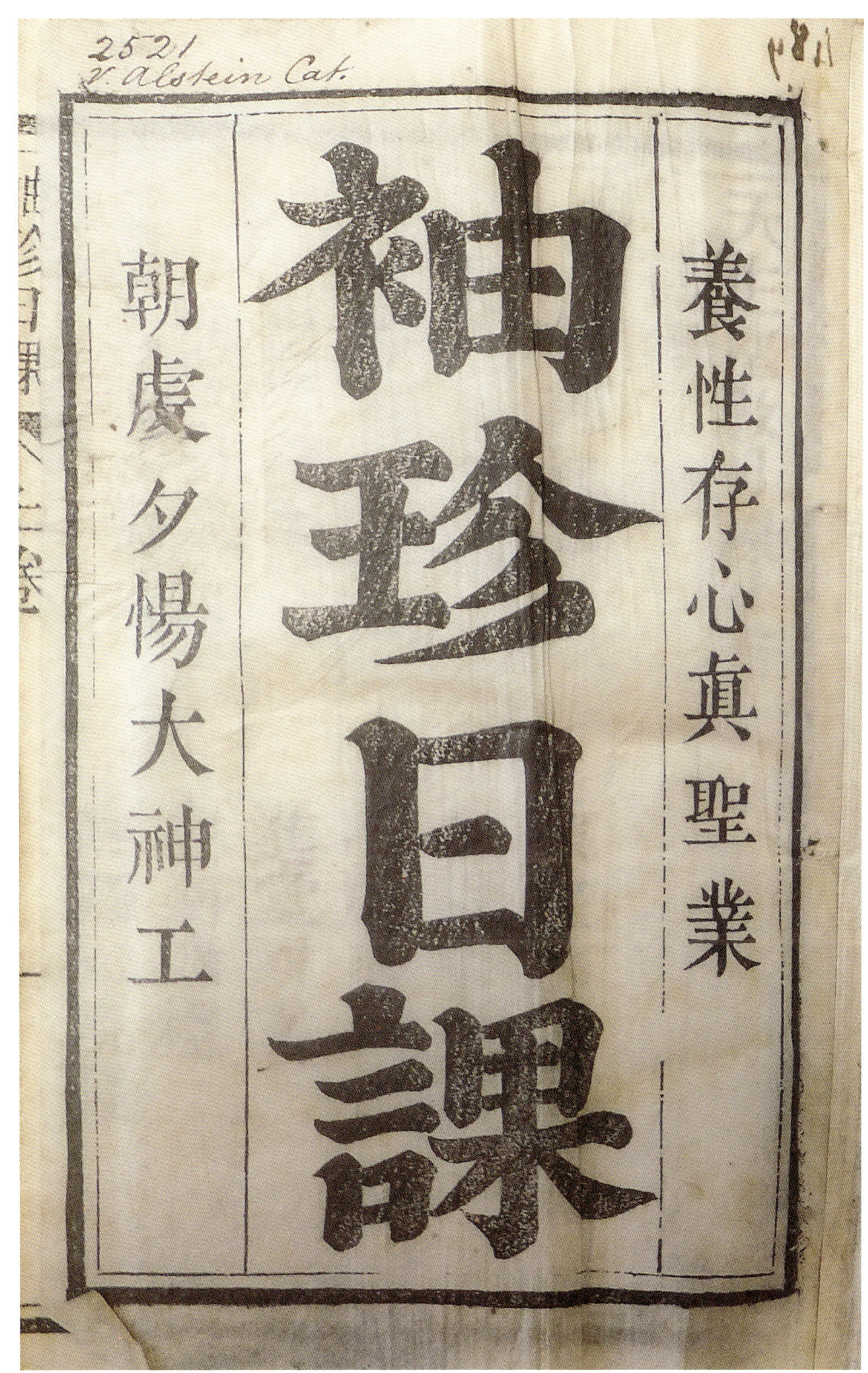
2521
V. Alstein Cat.
養性存心眞聖業
神珍日課
朝虔夕惕大神工

祈禱文贊神詩　不分卷

佚名編

清末鉛印本

1册

11.1×7。半葉十行，行十六字。四周雙邊，白口，無魚尾。版心上題"祈禱祝文""讚神詩"，下記葉數。卷端題"祈禱讚美神詩祝文"，裏封題"祈禱文讚神詩"。

無序跋。

按，此書不分卷，但從内容上可分祈禱祝文和贊神詩十六首兩部分。

祈禱讚美神詩祝文

早祈時牧師必開講初用清亮聲念

在左或一節或數節

○惡人自悔離開素行過之惡事而且作

公道者正事者則存己靈魂活然不死

○我自認己過我罪常在自家之面前

○遮爾面不看我罪又抹去我諸惡也

○神之祭乃悔心神歎一心悔而悶者爾

未忽略之爾等自裂心而非裂衣且轉

向神主爾神蓋其乃恩惠恤憐且其遲

勸讀聖録熟知文　二章

佚名撰

清末石印本

1册

16.6×10。半葉八行，行二十五字。四周雙邊，白口，單黑魚尾。魚尾上題“勸讀聖録”，下題“第幾章”及葉數。卷端題“訓講之文爲勸人勤讀聖録書致熟知之”，次行題“第一章”，末題“勤讀聖録書終”，裏封題“勸讀聖王録熟知文”。

無序跋。

訓講之文爲勸人勤讀聖錄書致熟知之

第一章

夫在基理士當人、卽敬信耶穌教之人、以知聖錄書一事、比凡有別事更爲尤須尤益也。因載之有神天之眞言、所示顯明以神之榮及世人分內當作之善矣。且凡應有之理、之教爲使義着我等、及令我儕獲永救、皆曾汲了、或可汲出乎此眞理之泉之井矣。故此凡有人家想進向神天之正之聖道者、必專心致知聖錄書、不然則不能足知神天與神天之旨意、又不能足知以己之本職與

聖母無原罪經　不分卷　曼38

佚名撰

清末石印本

1册

15.4×10.1。半葉八行，行十六字。四周雙邊，白口，單黑魚尾。魚尾下記葉數。無卷端，首題“念經起先行五拜禮”，天頭處有注釋，外封書籤題“聖母無原罪經”。

無序跋。

五拜禮

念經起．先行五拜禮．

一拜我罪人。信天主。一槩邪妄之事。俱棄絕。○二拜望天主。保佑全赦我之罪。○三拜愛敬至善至尊之主。於萬有之上。○四拜爲此一心痛悔我的罪過。定心再不敢得罪於天主。○五拜懇祈聖母。轉求天主。賜我善終恩佑。

拜畢．畫十字．念聖號經．恭誦如後．

三寶仁會論　不分卷　　曼38a

［英］米憐著

清末鉛印本

1册

14.4×10。半葉十四行，行二十五字。四周雙邊，白口，單黑魚尾。魚尾上記書名，下記葉數。卷端題“三寶仁會論”，裹封題“孟子曰善與人同樂取與人以爲善 三寶仁會論 博愛者纂”。

無序跋，末附英番聖書會十一條。

按，博愛者即米憐。據張美蘭所編《美國哈佛大學哈佛燕京圖書館藏晚清民國間新教傳教士中文譯著目録提要》（廣西師範大學出版社，2013年，第58葉）介紹，該書最初於清道光元年（辛巳 1821）在馬六甲出版，半葉八行，行二十二字，四周雙邊單黑魚尾，版心上題書名“三寶仁會論”，共32葉。此本版式與之不同，邊欄四角處有明顯的斷裂，且行列文字有歪斜不齊之處，故當爲後出的鉛印本。

三寶仁會論

夫人生在世有兩樣之艱難。身之苦一、心之愚一。身之苦者、窮乏、饑裸、暴虐、疾病、死喪各類也。心之愚者無知也、言不知神天之旨意、不知人在今生所該行之事、所該求之福、不知死後有常久之福、常久之禍、不知自己之罪、不知如何可得諸罪之赦、不知五常五倫之類也。夫仁也者、以愛人助人爲本也。夫智也者、以辨輕重、大小爲本也。古所云人爲萬物之靈、非只以其形身而言、乃指其心靈也。形身者不久而壞、心靈者永久不壞。夫凡永久不壞之物比那不久而壞之物、愈重愈大。然則心靈永久而不壞、可知其爲重爲大過於形身也。故而凡不知人之心靈爲重大者、無智也。凡只助人之形身、而不理其心靈者、無仁也。人身受難之時、我等自然該助他賙濟他、不然則無仁、而那惻隱之心已失矣。但人身不過如盒、而靈魂乃如盒內之寶物。凡只以盒爲重、而不以其內之寶物爲重者、無智、無仁也。人之心靈有愚、則比形身受艱難更爲

新增養心神詩　五十首　　曼38g

［英］米憐著

清道光間鉛印本

1册

14.6×10.4。無界，半葉十四行，行十四字。四周雙邊，白口，單黑魚尾。魚尾上題“養心神詩”，下記葉數。卷端無題名，目録題“養心神詩序”，裏封題“新增養心神詩”。

養心神詩序。

按，據《教會史話》第七輯《開港前後的聖詩册》稱：羅伯・馬禮遜於1818年編印了第一本漢文聖詩册《養心神詩》，收詩30首。1821年（或1822年）米憐增爲50首，即此書。

養心神詩序

世人的詩章歌曲之屬多爲不正宗之意有利於害人心惟於養人心無益矣茲余集詩數首欲小補助人行善致神原造天地萬物者獲尊榮以救人也

第一詩

行善修持品最高　隨時撿點用心勞
惡人道路休趨向　敬畏聖神莫侮汚
默想主神眞律誡　勉教魔鬼誘泥塗
從茲靈種栽河畔　結實枝榮永不枯
爲惡之人念弗良　譬風吹簸稻糠颺
罔知敬畏存修省　惟戀邪酗自損傷
安得超昇長福地　終宜墮入杳冥塲
主神在上常臨格　報應分明萬古揚

第二詩

耶穌言行總論　不分卷　曼38c

［英］科力著

清道光六年（丙戌 1826）石印本

1册

16.9×11。半葉六行，行十六字。四周雙邊，白口，單黑魚尾，魚尾上題“言行總論”，下記葉數。卷端題“耶穌言行總論”，裏封題“道光六年孟秋新鐫 耶穌言行總論 種德者纂”。

按，種德者即傳教士科力。

耶穌言行總論

救世耶穌　本爲神天　萬人萬物　都被伊監
因恤世人　暫捨本位　代人受難　明顯其惠
耶穌未降　許多百年　神天聖書　指之先言
傳在何時　其必降生　又言何地　代人受傷
聖書先指　及耶穌言　在其本身　無不得驗

集部

楚辭類

屈辭精義　六卷　　曼331

（清）陳本禮箋訂，（清）陳逢衡校讀

清嘉慶間陳氏裛露軒自刻本

3册（與《讀騷樓詩》合函）

18.4×12.4。半葉八行，大小字不等，行大字二十一字，小字雙行同，行六十四字。四周雙邊，上下粗黑口，雙對魚尾，版口記篇名及葉數。天頭處有批語。卷端題“屈辭精義卷之一”“江都陳本禮箋訂 男逢衡校讀”，裏封題“江都陳素邨手牋 屈辭精義 裛露軒藏板”。陳氏序下鈐“湛華閣鑒藏印”白文方印；參引諸家及卷一、卷二、卷四下鈐“湛華閣藏書印”朱文方印。

附凡例十六條，參引諸家。

清嘉慶十六年（辛未 1811）撰者自識及四首絶句，陳本禮序，嘉慶十七年（壬申 1812）陳本禮跋，張曾江上讀騷圖歌，史記列傳，沈亞之屈原外傳。

按，此書爲《江都陳氏叢書》之一。

此本所鈐“湛華閣鑒藏印”“湛華閣藏書印”兩印爲清末著名學者王懿榮之藏書印，故該叢書爲王氏舊藏。《藏書紀事詩》卷七有傳。

屈辭精義卷之二

江都陳本禮箋訂　男逢衡校讀

天問

發明

此屈子題圖之作非泛泛問天詞也時當戰國齊諧志怪之書山經瑣語之說事多荒誕不經楚人不考其實輒將琦瑋僑佹之事畫於先王之廟公卿畫於先公之祠以爲殿壁觀瞻而不知褻神瀆祀莫此爲甚三閭一腔忠憤無可寄託故各按諸圖而題之以寓其褒貶不平之慨非彼若夢夢必待千百世後人擊其蒙而發其覆也後儒泥王叔師問天之說昧題圖之義儼若屈子鑿空杜撰此百十問爲驚愚眩俗之談豈不謬哉爰細繹其題混沌則自太空以至物類題人事則由皇古以至戰國縱橫上下俯仰古今莫不在其諷刺議論之中嚴放伐之誅則目無湯武奮忠義之氣則責及伊周誠孔子之春秋三代之爰書也毋怪乎書壁呵問之

總 集 類

漢詩統箋　不分卷　曼333

（清）陳本禮箋訂

清嘉慶間陳氏裛露軒自刻本

1册（與《急就篇》《穆天子傳注補正》合函）

18.4×12.4。半葉八行，大小字不等，行大字二十一字，小字雙行同，行六十二字。四周雙邊，上下粗黑口，雙對黑魚尾，版口題“漢詩統箋 某篇”。天頭處有批注。卷端題“漢詩統箋 江都陳本禮箋訂 男逢衡校字”“樂府”，裏封題“漢樂府三歌牋註 郊祀歌 鐃歌 唐山夫人謌 裛露軒藏板”。

此書不分卷，實爲三卷：郊祀歌，安世房中歌，鐃歌，附陳本禮輯諸家評論七條，略例七條。

清嘉慶十五年（庚午 1810）陳本禮郊祀歌序、安世房中歌序、鐃歌序。

按，據其誤附的嘉慶十六年（辛未 1811）撰者自識可知，此書完稿修訂於嘉慶十六年（辛未 1811）。實爲《江都陳氏叢書》之一。

望拜百官侍祠者數百人皆肅然心動焉

練時日

此總祀五帝樂章按周禮大宰祀五帝大宗伯以蒼璧禮天昊天上帝以黃琮禮地后土以青圭禮東方立春禮蒼精之帝而大昊句芒食焉以赤璋禮南方立夏禮赤精之帝而炎帝祝融食焉以白琥禮西方立秋禮白精之帝而少昊蓐收食焉以元璜禮北方立冬禮黑精之帝而顓頊元冥食焉小宗伯兆五帝于四郊鄭元注王者之先祖皆感太微五帝之精以生蒼則靈威仰赤則赤熛怒黃則含樞紐白則白

文選　六十卷　　曼166

（梁）昭明太子撰，（唐）李善注、（清）何焯等評點、（清）葉樹藩參訂

清乾隆三十七年（壬辰 1772）葉樹藩海録軒刻朱墨套印本

12册2本

19.2×15。半葉十二行，大小字不等，行大字二十五字，小字雙行同，行三十七字。左右雙邊，白口，單黑魚尾，魚尾下題“文選卷某”和記葉數及題“某之某”（朱色），下書口題“海録軒”。文内書内套印朱文句讀及注語，天頭亦套印朱文評語。卷端題“文選卷一”“梁昭明太子撰 文林郎守太子右内率府録事參軍事崇賢館直學士臣李善注上”“長洲葉樹藩星衛氏參訂”，裏封題“何義門先生評點 長洲葉涵峰參訂 重刻昭明文選李善註 海録軒藏板”。

附昭明太子文選序，唐高宗顯慶三年（戊午 658）唐李崇賢上文選注表，凡例十條，重刻文選目録。

清乾隆三十七年（壬辰 1772）葉樹藩重刻文選序。

按，《凡例》第七條云：“何學士義門本未及鋟版，藏書家往往珍秘不易購，且數經傳寫，紕繆良多。今重加參酌，用套板刷印，非炫華飾美，實欲展卷了然。”第十條云“是書校刻，始於己丑秋仲，蕆事於壬辰冬季。其間參訂疑義，時與海昌朱予培超之相商榷。渠駁正舊説數條，悉於案内標出，不敢掠美。至讐勘鍥本錯誤，則根天姪幹鱗實司其職云”。據此，此書之刊刻始於清乾隆三十四年（己丑 1769），至清乾隆三十七年（壬辰 1772）方刻完，歷時四年。該書以何焯評語爲主，亦兼采朱予培等人按語。《藏園訂補郘亭知見傳本書目·集部》云其“用何義門評點，注多不完”，乃是未能細審其内容及凡例。其又云此本“復數有翻刊”，今傳世翻刻本皆非朱墨套印。

《藏園訂補郘亭知見傳本書目·集部》《中國古籍善本書目·集部》皆收録此本，前者云“乾隆三十七年葉樹藩刊朱墨本”，後者則收有4個名家批校題跋本。

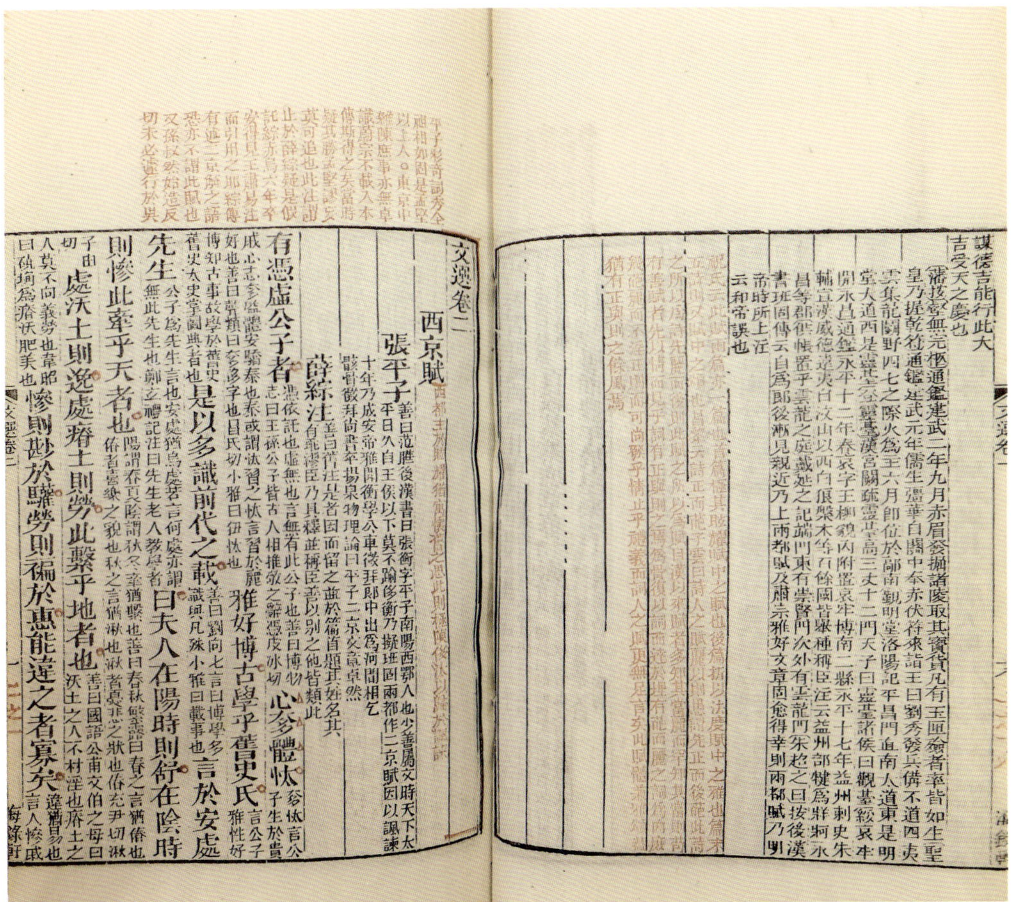

山滿樓箋注唐詩七言律　六卷　曼137

（清）趙臣瑗選輯，（清）龔齊行参定

清乾隆四十九年（甲辰 1784）重刻本

6册1本

17.3×12.8。半葉九行，大小字不等，行大字十九字，小字雙行同，行三十八字。左右雙邊，白口，單黑魚尾。魚尾上題"唐詩箋注"，下記卷次、七言律及葉數。行間有圈點。卷端題"山滿樓箋注唐詩七言律卷之一""蓉江趙臣瑗二安氏選輯 男鍈以馭 錡以湘仝校 虞山龔齊行列御氏叅定"。裏封題"乾隆甲辰春新鐫 蓉江趙二安選輯 芸經堂發兑 重訂唐詩七律箋注 山滿樓原本"。

清康熙三十六年（丁丑 1697）錢陸燦序，趙臣瑗五代七言律詩箋注序。

按，錢序末題"虞山表弟八十六歲翁錢陸燦手題"，今據毛文鰲《錢陸燦研究》（華東師範大學2012級博士論文）一文所附《錢湘靈先生年譜》可知，錢氏八十六歲正好爲清康熙三十六年（丁丑 1697），錢氏序云："《唐詩七言詩》如干卷，吾友趙氏二安甫山滿樓所箋注也。余前叙山滿樓自著，近取諸江上前輩以況其詩，而不知二安字深於唐人如此。箋注刻成，又屬余叙。"據此可知，此書初刻於清康熙三十六年（丁丑 1697），爲趙氏之自刻本。此本則爲其重刻本。

《藏園訂補郘亭知見傳本書目·集部》《中國古籍善本書目·集部》皆未録此書，國内中山大學圖書館等少數幾館收藏。

山滿樓箋註唐詩七言律卷之二

蓉江趙臣瑗二安氏選輯 男 鍈以馭 錡以湘 仝校

虞山龔齊行列御氏參定

杜甫

字子美。本襄陽人。後徙河南鞏縣。應進士不第。獻三大禮賦。玄宗奇之。召試文章。授京兆府兵曹叅軍。及祿山陷京師。宵遁赴河西。謁肅宗于彭原郡。拜右拾遺。房琯爲布衣時與甫善。時琯爲相。討賊于陳濤斜。兵敗。罷相。甫上疏言琯有才。不宜免。上怒。貶琯刺史。出甫爲華州司功叅軍。時關饑方亂。穀貴。甫寓居成州同谷縣。自負薪採梠。兒女餓殍者數人。久之。召補京兆功曹。上元二年。黃門侍郎鄭國公嚴武鎮成都。奏爲節度叅謀。檢校尚書工部員外郎。賜緋魚袋。武

國朝詩别裁集　三十二卷　曼292

（清）沈德潜纂評

清中後期刻巾箱本（白棉紙）

16册4本

9.2×7。半葉八行，大小字不等，行大字十六字，小字雙行同，行三十二字。四周單邊，白口，單黑魚尾。魚尾上題“國朝詩别裁集”，下記卷次及葉數。卷端題“欽定國朝詩别裁集卷一　禮部尚書臣沈德潛纂評”，卷末題“國朝詩别裁集卷一終”，裏封題“欽定國朝詩别裁集　禮部尚書臣沈德潛纂評”。

附凡例及目次。

清乾隆二十六年（辛巳 1761）乾隆御筆序（朱字）。

按，此書初編三十六卷，半葉十行，行十九字，左右雙邊，白口，單黑魚尾，前有乾隆二十四年（己卯 1759）乾隆御筆序，卷一首錢謙益之詩；重訂後版式同前，前有乾隆二十六年乾隆御筆序，卷一首慎親王之詩。此本即屬後者系統，但御筆序末無鈐印，文内字體亦不精，當爲後世翻刻之本。國内復旦大學圖書館收藏，題作“清刻巾箱本”。

《藏園訂補郘亭知見傳本書目·集部》《中國古籍善本書目·集部》皆收録此書，共三十六卷，題“清乾隆二十四年刻本”，但未録此本之底本。

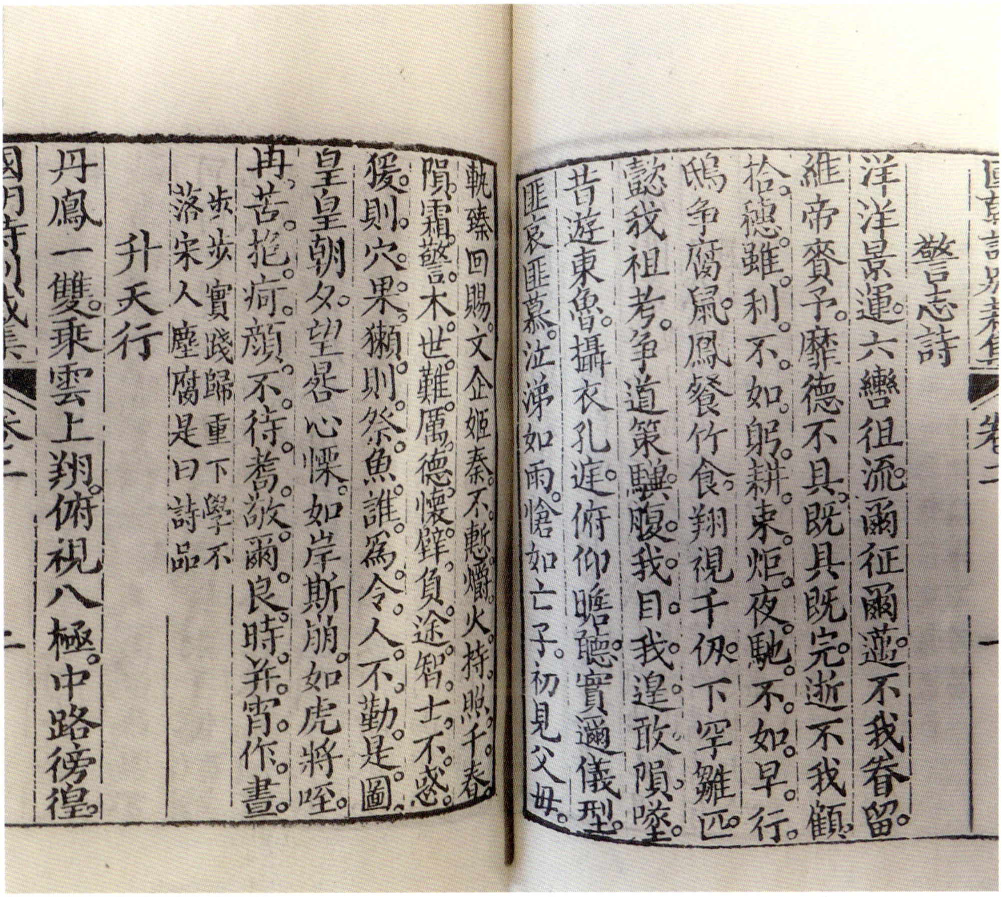

警志詩

洋洋景運六轡徂流爾征爾邁不我春留
維帝賚予靡德不具既具既完逝不我顧
拾德雖利不如躬耕朿炬夜馳不如早行
鴟爭腐鼠鳳餐竹食翔視千仞下罕雛匹
懿我祖考爭道策驥腹我目我遑敢隕墜
昔遊東魯攝衣孔庭俯仰瞻聽實邇儀型
匪哀匪慕泣涕如雨愴如亡子初見父母
軌臻回賜文企姬秦不憖爝火持照千春
隕霜警木世難厲德懷鐴負途智士不惑
猨則穴果獺則祭魚誰爲令人不勤是圖
皇皇朝夕望晷心慄如岸斯崩如虎將噬
再苦抱痾顏不待耄敬爾良時弃宵作晝

步步實踐歸重下學不落宋人塵腐是曰詩品

升天行

丹鳳一雙乘雲上翔俯視八極中路徬徨

國朝麗體金膏　八卷　　曼214

（清）馬俊良編

清乾隆五十九年（甲寅 1794）至嘉慶元年（丙辰 1796）石門馬氏大西山房刻本

8册2本

12.2×9.5。半葉九行，行二十字。四周雙邊，上下細黑口，綫魚尾，版心題"麗體金膏"，並記卷次及葉數。卷端題"國朝麗體金膏卷一拜颺集"。闕裹封。

馬俊良識語（殘）。每卷卷前皆有分目録。

有副本一，索書號爲"曼18"。

按，此書爲《龍威秘書》第六集之零種。

國朝麗體金膏卷一

拜颺集

擬 吳綺

上以董其昌字帖賜内院諸臣謝表順治十三年

擬浙江大兵平大蘭山土寇舟山逆賊捷報露布 吳綺

平蜀頌有序 尤侗

平滇頌有序 尤侗

康熙四十四年四月初九日

正祖聖德堂詳訂古文評注全集　十卷

曼168

（清）過珙、黄越評點，（清）曾潢、龐雲燦仝訂

清道光十二年（壬辰 1832）福文堂重刻本

10册1本

18.6×12.4。半葉九行，大小字不等，行大字二十二字，小字雙行同，行四十四字。天頭另起一欄批注。四周單邊，白口，單黑魚尾，魚尾上題“詳訂古文評註全集”，下記卷次、篇名及葉數。卷端題“正祖聖德堂詳訂古文評註全集卷之一 渠陽劉豫庵先生鑒定 錫山過珙商侯 上元黄越際飛 評選 嶺南 曾潢雲士 龐雲燦瀧洲 仝訂”。目録題“詳訂古文評選全集目次”“錫山過 珙商侯 上元黄 越際飛 評選”（“詳訂”有一長方墨釘），序首兩葉下書口題“佛山福文堂”，裹封題“道光壬辰年新鐫 劉豫庵先生鑒定 詳訂古文評註全集　錫山過珙商侯 上元黄越際飛重點　福文堂藏板”，鈐“較訂”（陰文）“無譌”（陽文）二墨文方印。

清康熙四十二年（癸未 1703）過珙序。

按，此本卷端題“正祖聖德堂詳訂古文評註全集”，而裹封及序首兩葉皆題“（正祖）福文堂”，故知此本爲福文堂翻刻正祖聖德堂本。此兩坊皆爲清末刊刻通俗讀物比較多的書坊，《小説書坊録》載録了很多其刊刻的白話小説。

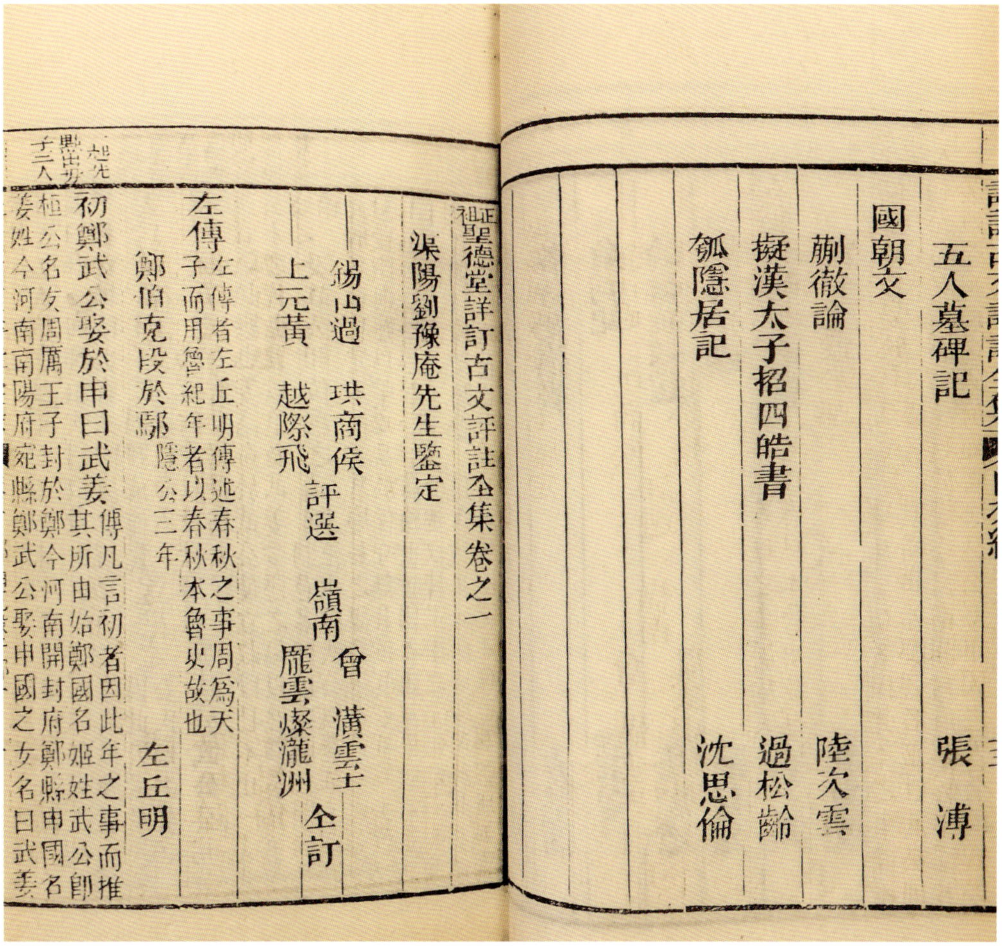

五人墓碑記　張溥

國朝文

蒯徹論　陸次雲

擬漢太子招四皓書　過松齡

觚隱居記　沈思倫

正誼堂詳訂古文評註全集卷之一

溧陽劉豫庵先生鑒定

錫山過　珙商侯　評選　嶺南　曾　瀠雲士　仝訂

上元黃　越際飛　麗雲　燦瀧洲

左傳　左傳者左丘明傳述春秋之事周爲天子而用魯紀年者以春秋本魯史故也

鄭伯克段於鄢　隱公元年　左丘明

想先 點出 子三人

初鄭武公娶於申曰武姜　傳凡言初者因此年之事而推其所由始鄭國名姬姓武公即桓公名友周厲王子封於鄭今河南開封府鄭縣申國名姜姓今河南南陽府宛縣鄭武公娶申國之女名曰武姜

别集類

李太白文集　三十六卷　　曼138

（清）王琦輯注

清乾隆寶笏樓刻二十五年（庚辰 1760）增刻本

14册3本

17.2×12.9。半葉十行，大小字不等，行大字二十字，小字雙行同，行四十字。左右雙邊，白口，單黑魚尾。魚尾上記書名，下記卷次及葉數。卷端題“李太白文集卷之一”“錢塘 王琦琢崖輯註”。諸卷卷端次行所題校對者不一，其中，卷一、九、十三、十七、二十一、二十五、二十九、三十三題“縉 端臣 思謙藴山 較”，卷二、六、十、十四、十八、二十二、二十六、三十題“濟 魯川 較”，卷三、七、十一、十五、十九、二十三、二十七、三十四、三十五題“熥 葆光 復曾宗武 較”，卷四、八、十二、十六、二十、二十四、二十八、三十二、三十六題“趙樹元石堂 較”，卷五、三十一題“慶霄周春 較”。裏封題“王琢崕輯註 新增附録四卷 李青蓮全集 乾隆庚辰三月竣功 寶笏樓藏板”。

此書從目録上看共三十六卷，但其中卷三十一至三十六卷爲附録六卷。

清乾隆二十四年（己卯 1759）齊召南李太白集輯注序（鈐“節漸有屯”墨文方印），趙信序，清乾隆二十四年（己卯 1759）杭世駿序，清乾隆二十四年（己卯 1759）王琦跋五則，清乾隆二十三年（戊寅 1758）王琦序。

按，此本裏封題“新增附録四卷”，而據《中國古籍善本書目·集部》尚有三十二卷本，題作“清乾隆寶笏樓刻本”，吉林市圖書館、無爲市圖書館等2館收藏，則此本應爲增刻本。

此本卷四第33葉上半部分殘，卷五第31—32葉上半部分殘，卷六第1—2葉上半部分有殘。

《四庫全書總目》“集部二·别集類二”收録，題作“李太白詩集注三十六卷”，可參看。

《中國古籍善本書目·集部》《藏園訂補郘亭知見傳本書目·集部》皆收録此本，前者題作“乾隆二十四年刊”，乃是據裏封和序而定，後者題作“清乾隆寶笏樓刻二十五年增刻本”，北京大學圖書館等5館收藏。

李太白文集卷之一

錢塘　王琦琢崖輯註

緒端卧　思謙藴山　較

古賦八首

大鵬賦并序。莊子北冥有魚其名爲鯤鯤之大不知其幾千里也化而爲鳥其名爲鵬鵬之背不知其幾千里也怒而飛其翼若垂天之雲是鳥也海運則將徙于南冥南冥者天池也齊諧者志怪者也諧之言曰鵬之徙于南冥也水擊三千里搏扶搖而上者九萬里去以六月息者也湯之問棘也是已窮髮之北有冥海者天池也有魚焉其廣數千里未有知其脩者其名爲鯤有鳥焉其名爲鵬背若泰山翼若垂天之雲搏扶搖羊角而上者九萬里絶雲氣負青天然後圖南且適南冥也斥鴳笑之曰彼且奚適也我騰躍而上不過數仞而下翱翔蓬

李太白文集　卷一　一

杜詩詳注　三十一卷，首卷一卷　曼139

（清）仇兆鰲輯注

清末翻刻清康熙五十二年（癸巳 1713）刻本

14册3本

20.2×13.7。半葉十行，大小字不等，行大字二十二字，小字雙行同，行四十四字。左右雙邊，上白口下粗黑口，單黑魚尾。魚尾上記書名，下記卷次及葉數。諸卷或題名不一：杜詩詳注卷端題“杜詩詳註卷之一”“翰林院編修臣仇兆鰲輯註”；杜賦詳注卷端題“杜賦詳註卷二十四”“翰林院編修臣仇兆鰲輯註”；卷二十五杜文集注卷端題“杜文集註卷二十五”“翰林院編修臣仇兆鰲評釋”，杜序集録無卷端，魚尾上題“杜序集録”，卷二十五末題“杜詩詳註二十五卷終”；諸家讀杜上下二卷（目録題作“諸家論杜上/下”，卷二十六下小注“嗣出”），上卷卷端題“諸家詠杜附録上卷”，前四葉魚尾上題“逸杜附録”，後六十葉魚尾上題“詠杜附録”，下卷：杜詩補注，卷端題“杜詩補註”“經筵講官吏部右侍郎兼翰林院學士臣仇兆鰲註”；諸家論杜（目録題“二十八卷 諸家詠杜上”“二十九卷 諸家倣杜下”），卷端題“諸家論杜”，魚尾上題“論杜附録編”。裏封題“進呈原本 史官仇兆鰲誦習 杜少陵全

集詳註 芸生堂發兑”，鈐“張”白文圓印、“芸生堂藏”朱文方印。

此書凡三十一卷：卷一至卷二十三杜詩詳注，卷二十四杜賦詳注，卷二十五杜文集注和杜詩序集，卷二十六至卷二十七諸家讀杜上下兩卷，卷二十八至卷二十九諸家論杜上下兩卷，首卷一卷：清康熙三十二年（癸酉 1693）仇兆鰲進表及自序，舊新唐書文苑本傳，杜氏世系，杜氏年譜，杜詩凡例二十則，杜詩詳注目録。

諸家咏杜附録首清康熙四十一年（壬午 1702）仇氏少陵逸詩小序，諸家論杜末附康熙五十二年（癸巳 1713）仇氏識，卷二十五末附康熙四十二年（癸未 1703）仇氏識。

按，此本裏封有“芸生堂發兑”，且有印章，或以爲即《藏園訂補郘亭知見傳本書目·集部》所云“道光間坊刻，劣”，如武漢大學圖書館、遼寧大學圖書館即據其題版本項。但今觀此本版式字體，不僅不劣，反而有康乾内府刻本之風範。同樣，存世的裏封有“芸生堂發兑”的《白香山詩集》亦刊刻頗爲精良。但裏封題有“芸生堂梓”（或“芸生堂藏板”）的那些文獻如四川大學圖書館藏的《憑山閣增輯留青新集》等確實版刻不精。所以，這兩種情況應該分别對待。今此本“玄”作“元”，“弘”不缺筆，當爲乾隆以後翻刻，暫籠統題作“清末翻刻清康熙五十二年（癸巳 1713）本”。

《四庫全書總目》“集部二·别集類二”收録，題作“杜詩詳注二十五卷附編二卷 内府藏本”，云：“兆鰲字滄柱，鄞縣人，康熙乙丑進士，官至吏部侍郎。是書乃康熙三十二年兆鰲爲編修時所奏進，凡《詩注》二十三卷，《雜文注》二卷，後以《逸杜》、《咏杜》、《補杜》、《論杜》爲附編上下二卷。其總目自二十八卷以下尚有《仿杜》《集杜》諸卷，皆有録無書，疑欲續爲而未成也。”

中華書局曾影印出版過此書，其卷數與此本同，只是做了一些調整，據其“出版説明”稱，此書初刻於清康熙四十二年（癸未 1703），以後又不斷有所增訂，此影印本所采用的底本爲後印本，末有康熙五十二年（癸巳 1713）附記，較初印本多出上卷“諸家咏杜附録”“逸杜附録”和下卷“杜詩補注”“諸家論杜”等二卷。此本與中華書局所印之底本大致相同，當源於同一底本。日人佐藤浩一《杜詩詳注傳本研究》列舉了多種版本，其中提及有翻刻清康熙五十二年（癸巳 1713）本的“藝生堂”本，爲早稻田大學圖書館所藏，見於《早稻田大學圖書館所藏漢籍分類目録》第302葉，疑爲“芸生堂”之誤。

《藏園訂補郘亭知見傳本書目·集部》收録有“清康熙二十二年刻”“道光間坊刻”兩種，《中國古籍善本書目·集部》則僅收録前者及其兩種名家批校題跋本，題作“清康熙刻本”，國内北京大學圖書館、清華大學圖書館、中國人民大學圖書館等28館收藏。

杜詩詳註卷之十

翰林院編修臣仇兆鰲輯註

漫成二首〔黄鶴〕從舊編在上元二年。〔杜臆〕二詩格調疎散。非經營結搆而成。故云漫成。

野日一作月荒荒一作茫茫白春一作江流泯泯清渚蒲隨地有邨徑逐門成只作披衣慣常從漉酒生眼邊無俗物多病也去聲身輕首章。對景怡情。有超然避俗之想。洪注。荒荒。不甚白。泯泯。不甚清。蒲隨地。生意可觀。逕逐門。往來自如。披衣習慣。言踈放已久。漉酒爲生。見醉鄉可樂。眼無俗物。得以獨適已性矣。○〔江淹詩〕野日燒中昏。〔莊子〕日月之光蓋以荒矣〔何遜詩〕共見春流瀰。〔朱注〕張有復古編云。汩古活字。泯泯是活活之誤。不知泯泯活活意象各不侔。〔梁昭明太子詩〕渚蒲變新節。披衣出莊子漉酒本陶潛。據陶詩云。相思則披衣。言笑無已時。此兼舉

協律鉤元　四卷，外集一卷，補遺二首　曼338

（唐）李賀撰，（清）陳逢衡箋注

清嘉慶間陳氏裛露軒自刻本

2册（與《竹書紀年集證》合函）

17.9×12.2。半葉九行，大小字不等，行大字二十二字，小字雙行同，行四十四字。四周雙邊，白口，單黑魚尾。魚尾上記書名，下記卷次及葉數。卷端題“協律鉤元卷之一”（協律鉤元外集）、“江都陳逢衡箋註”，裏封題“李長吉歌詩箋注 協律鉤元 裛露軒藏板”。

清嘉慶十三年（戊辰 1808）陳本禮序，杜牧撰李長吉歌詩叙，新唐書本傳。

按，從版式及序跋可知，此書亦應即陳氏於嘉慶間所刊《江都陳氏叢書》之零種。

《補遺》二首在《外集》内。

《藏園訂補郘亭知見傳本書目·集部》收録此本，題作“清嘉慶刊江都陳氏叢書本”。

協律鉤元目録

卷之一

李憑箜篌引　殘絲曲
還自會稽歌　出城寄權璩楊敬之
示弟　竹
同沈駙馬賦得御溝水　始爲奉禮憶昌谷山居
七夕　過華清宫
送沈亞之歌　咏懷二首
追和柳惲　春坊正字劍子歌

朱文公校昌黎先生文集 四十卷，外集十卷，遺文一卷，傳一卷 曼174

（唐）韓愈撰，（宋）朱熹考異，（宋）王伯大音釋

明萬歷三十三年（乙巳 1605）朱崇沐重刻本

12册2本

21.7×14.8。半葉九行，大小字不等，行大字十八字，小字雙行同，行約三十六字。四周雙邊，白口，白魚尾。魚尾上題"韓文考異"，下記卷次、葉數。卷端題"朱文公校昌黎先生文集卷之一""宗後學監察御史高安朱吾弼重編 禮部儀制司郎中婺源汪國楠 松江府通判新淦朱家楙 茂源縣知縣長水譚昌言 教諭武昌任家相 訓導姑孰徐有德 金陵劉遷喬仝校 選貢縣丞長汀馬孟復重閲 文公裔孫庠生朱崇沐訂梓"。卷二卷端題"朱文公校昌黎先生文集卷之二"，下小注"考異音釋附"。裏封題"朱文公訂 韓文考異 本衙藏板"。

明萬曆三十三年（乙巳 1605）朱吾弼韓文考異序，宋慶元三年（丁巳 1197）朱熹韓文考異序，李漢朱文公校昌黎先生集序，昌黎先生集諸家姓氏，韓文考異閲訂姓氏，凖共校昌黎先生凡例十二條及跋，李漢編朱文公校昌黎先生集目録，朱文公校昌黎先生集外集目録。

按，凡例末云："右凡例十二條乃南劍官本所載。按朱文公校《昌黎集》，又著《考異》十卷，在正集之外，自爲一書。留耕王先生倅南劍時，並將《考異》附於正集本文之下，以便觀覽，故其凡例如此。留耕先生又集諸家之善，更定音釋，援據的當，音訓詳明，猶未附入正集，仍於遂卷之左空其下方，目待竄補。是雖足見先生之謙德，而觀者未免即此校彼，其於披閲，又未爲便。今本宅所刊，係將南劍州官本爲據，並將音釋附正集焉。使觀者一目可盡而文義粲然，亦先生發明此書之本心也。幸鑒。"又，《四庫全書總目》"集部三·别集類三"收録，題作"别本韓文考異四十卷，外集十卷，遺文一卷"，略云："伯大以朱子《韓文考異》於本集之外别爲卷帙，不便尋覽，乃重爲編次，離析《考異》之文，散入本集各句之下，刻於南劍州。又采洪興祖《年譜辨證》，樊汝霖《年譜注》，孫汝聽解、韓醇解、祝充解爲之音釋，附於各篇之末。厥後麻沙書坊以注釋綴於篇末，仍不便檢閲，亦取而散諸句下。蓋伯大改朱子之舊第，坊賈又改伯大

之舊第，已全失其初。即卷首題‘朱文公校昌黎先生集凡例十二條’者，勘驗其文，亦伯大重編之凡例，非朱子《考異》之凡例。流俗相傳，執此爲朱子之本，實一誤且再誤也。”綜合以上兩條，今檢此本，卷二卷端有小注云“考異音釋附”，文内諸家皆未附各篇之末，而是散於諸句之下，可見其底本即四庫館臣所云“麻沙書坊”本。此麻沙本，據《藏園訂補郘亭知見傳本書目·集部》所云，“黑口，每葉廿六行，行廿三字”，則此本爲重刻麻沙本也。而麻沙本之底本爲宋王伯大南劍州刻本，今已存亡不明。

《藏園訂補郘亭知見傳本書目·集部》《中國古籍善本書目·集部》皆收録此本，國家圖書館、北京大學圖書館等34館收藏，另收此本的名家批校題跋本凡6本。

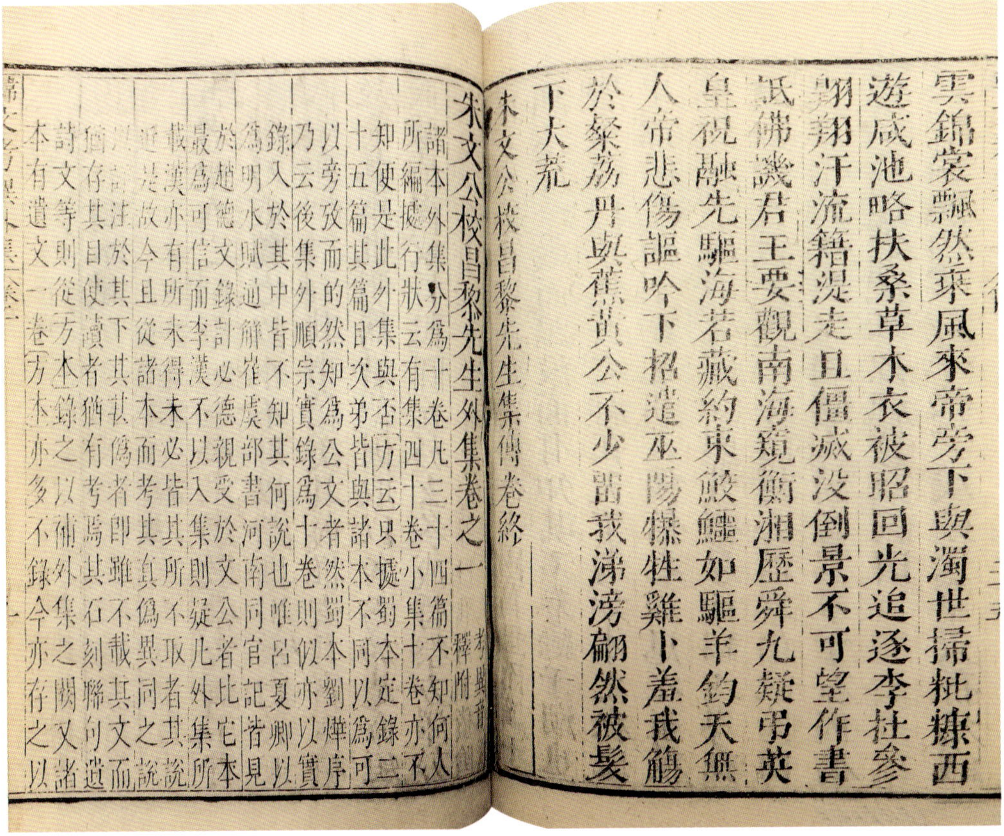

温飛卿詩集　七卷，別集一卷，集外詩一卷　曼361

（唐）温庭筠撰，（明）曾益注，（清）顧予咸補注，（清）顧嗣立重校
清康熙三十六年（丁丑 1697）顧氏秀野草堂刻本

2册1函

19.2×15。半葉十一行，大小字不等，行大字二十字，小字雙行同，行約三十字。左右雙邊，白口，單黑魚尾。魚尾上記字數，下題"温飛卿詩集卷第幾"（"温飛卿別集卷第八""温飛卿集外詩卷第九"），下書口題"秀野艸堂"。此書從目録上看共九卷，其中前七卷爲詩集，卷端題"温飛卿詩集卷第一 山陰曾益謙 原注 蘇州顧予咸小阮 補注 男顧嗣立 重校"，下鈐"月滿華芳"白文方印。第八卷卷端題"別集卷第八"，第九卷卷端題"集外詩卷第九"，卷末鈐"蔡起俊印"白文方印。文内偶有朱筆句讀。裏封題"温飛卿詩集箋注 秀埜草堂藏板"。

首附録諸家詩評：全唐詩話一則、唐詩紀事二則、滄浪詩話一則、彦周詩話一則、三山老人語録一則、雪浪齋日記一則、漁隱叢話一則、北夢瑣言二則、桐薪一則、玉泉子一則、南部新書一則、舊唐書本傳，清康熙三十六年（丁丑 1697）顧嗣立跋。

按，顧跋云："昔先考功令山陰，時邑人曾君名益字謙注温庭筠詩四卷，曰'八叉集'，先

考功謂其用心良苦，特鳩工剞劂，流傳一時。後歷銓曹歸里，葺治雅園，寄情詩酒，間嘗繙閲曾注，惜其闕佚頗多，援引亦不免穿鑿，重爲箋注，廣搜博考，援筆記纂。凡夫割剥、支離、舛錯、附會之説，輒復隨手删削，未畢事而先考功殁世，時嗣立甫五歲耳。荏苒迄今年過三十，濩落一無成就，惴惴焉惟以隕越先業是懼。去年秋，從長安歸檢校簏中，得先考功遺筆，傷前緒之未竟，撫卷不勝泫然，用是鍵户校勘，會稡經史百家，以至稗官小説，釋典道藏諸書，無不檃栝采拾。所增者復得十之三四，而曾注中如漢皇迎春詞之誤釋高祖，邯鄲郭公詞之誤釋令公，訛謬不一，痛爲芟汰，又約計十之五六。凡此一皆本諸先考功之意，不敢妄生臆見……纘輯既成，依宋本分爲《詩集》七卷，《别集》一卷，復采諸英華絶句諸本中，定爲《集外詩》一卷而續注焉。”據此，此書是顧予咸、顧嗣立父子在增删曾益《八叉集》四卷的基礎上編訂而成的。曾氏之書，《藏園訂補郘亭知見傳本書目·集部》題作“清初顧予咸刊本”，傅增湘先生藏；《中國古籍善本書目·集部》著録爲“清初刻本”，清華大學圖書館等6館收藏。今據此跋可知，曾氏之書是由顧予咸“令山陰”時所刊。考顧氏爲順治四年（丁亥 1647）進士，任寧晋知縣，不久即調任山陰，故此書當刊刻在順治年間。而顧嗣立重新校訂編輯，則始於清康熙三十五年（丙子 1696），而於次年刊刻完畢。

《四庫全書總目》“集部四·别集類四”收録，題作“温飛卿集箋注九卷”，略云：“益字子謙，山陰人，其書成於天啓中。予咸字小阮，長洲人，順治丁亥進士，官至吏部考功司員外郎。嗣立字俠君，康熙壬辰進士，由庶吉士改補中書舍人。”清徐沁《明畫録》卷六云：“曾益字謙六，號鶴崗，山陰人。善詩，注李賀《昌谷集》行世。”又，清馮桂芬《（同治）蘇州府志》卷八十八云：“顧予咸字小阮，順治丁亥進士，授寧晋知縣……調知山陰時，浙東初附山藪多不靖。官兵所至殺平民爲功，而俘其婦女。予咸悉縱遣之，請於督撫，但罷兵，以屬令一月可辦。如其言，兵罷而民歸，兩舉卓異。擢刑部主事，調吏部，遷考功員外郎時當掌計，遂移疾歸。”又，清趙宏恩《（乾隆）江南通志》卷一百六十六“人物志”云：“顧嗣立字俠君，長洲人，考功郎子咸子。康熙己卯順天舉人，壬辰欽賜進士，選庶吉士，改中書，以疾歸。嗣立博學有才名，尤工詩。所居秀野草堂，常集四方知名士觴咏無虚日。輕財好義，家以日貧，而風流文雅照映一時，所選詩集皆盛行於世。”以上所引三條資料或與四庫館臣所云有異，或較之加詳，可參看。

《藏園訂補郘亭知見傳本書目·集部》《中國古籍善本書目·集部》皆録此本，後者所收爲名家批校本。

溫飛卿詩集卷第一

山陰曾　益　謙　原注

蘇州顧　予咸　小阮　補注

男顧　嗣立　重校

雞鳴埭歌一作曲〔補〕李延壽〔南史〕齊武帝車駕數幸琅邪城宮人常從早發至湖北埭雞始鳴故呼爲雞鳴埭〔金陵志〕雞鳴埭在青溪西南潮溝之上齊武帝早遊鍾山射雉至此始聞雞鳴〔許慎説文〕壅水爲堰曰埭

南朝天子射雉時嗣立案〔南史〕齊武帝永明六年五月左衛殿中將軍邯鄲超表陳射雉書奏賜死九月壬寅於琅邪城講武習水步軍九年九月戊辰幸琅邪城講武觀者傾都普頒酒肉銀河耿耿星參差〔白帖〕天河謂之銀漢亦曰銀河銅壺漏斷夢初覺〔張衡渾天儀制〕以銅爲器實以清水下各開孔以玉虬吐漏水入兩壺嗣立案〔南齊書〕武帝數遊幸苑囿載宮人從後車宮内深隱不聞端門鼓漏聲置鐘於景陽樓上宮人聞鐘聲早起裝飾至今此鐘惟應五鼓及三鼓也寶馬塵高人未知〔史記李斯傳〕中廏之寶馬臣得賜之〔補〕徐陵移齊文庸蜀寶馬彌山不窮魚濯蓮東蕩宮沼〔吳曾漫録〕樂府江南詞魚

秀野艸堂

歐陽文忠公全集　一百五十三卷，年譜一卷，附録五卷　曼175

（宋）歐陽修撰

清乾隆五十七年（壬子 1792）惇叙堂重刻本

28册4本

22×16.5。半葉九行，大小字不等，行大字二十字，小字雙行同，行約四十字。左右雙邊，白口，單黑魚尾。魚尾上題“歐陽文忠公全集”，下記卷次及葉數。卷端題“居士集卷第一 集一”，附録卷端題“附録卷第一”，裏封題“乾隆壬子重整 廬陵歐陽文忠公全集 惇叙堂藏板”。

附四朝國史本傳一篇，宋胡柯撰廬陵歐陽文忠公年譜一卷，宋文忠公小影一幅及像贊四篇，累代校刊姓名，集古録目序，濮議序，宋仁宗嘉祐六年（辛丑 1061）歐陽修内制集序，總目。

宋哲宗元祐六年（辛未 1091）蘇軾居士集序，周必大序。

按，此書卷端題名無法反映該書全貌，今據上書口所題而定其正題名。

又，周序云：“《歐陽文忠公集》，自汴京江浙閩蜀皆有之。前輩嘗言公作文揭之壁間，朝夕改定。今觀手寫《秋聲賦》凡數本，劉原父手帖亦至再三，而用字往往不同，故别本尤多。後世傳録既廣，又或以意輕改，殆至訛謬不可讀。廬陵所刊抑又甚焉，卷帙叢脞，略無統紀。私竊病之，久欲訂正，而患寡陋未能也。會郡人孫謙益老於儒學，刻意斯文，承直郎丁朝佐博覽群書，尤長考證，於是遍搜舊本，傍采先賢文集，與鄉貢進士曾三異等互加編校，起紹熙辛亥春，迄慶元丙辰夏，成一百五十三卷，别爲附録五卷，可繕寫模印。”據此，此書最早爲周必大所刊，始於宋光宗紹熙二年（辛亥 1191），止於宋慶元二年（丙辰 1196）。《藏園訂補郘亭知見傳本書目·集部》云傅增湘先生收藏，今歸國家圖書館。此本“十行十六字，白口，左右雙闌，版心記字數及刊工人名，有蔡懋、蔡和、鄧新、鄧俊、劉寶等，皆光、寧間豫章刊工。”又據其《累代校刊姓名》所列姓氏可知，此本所據底本爲清乾隆十一年（丙寅 1746）刻本，而乾隆本之底本爲清康熙十一年（壬子 1672）曾弘白鷺書院刻本，今上海圖書館藏有殘本九十四卷。

《四庫全書總目》“集部六·别集類六”收録，題作“文忠集一百五十三卷，附録五卷”，可參看。

《中國古籍善本書目·集部》收録此本，題作“清乾隆五十七年刻本”，中國社會科學院近代史研究所、財政部圖書館、復旦大學圖書館等3館收藏。

附録卷第一

制詞

初任制詞

前鄉貢進士歐陽某右可特授将仕郎試秘書省校書郎充西京留守推官替仲簡来年二月滿闕候見任官月限滿日即得赴任勅前鄉貢進士邵景先等咸以鄉舉踐于貢闈屬親校於藝文俾各升於科級特假讐書之秩式增結綬之榮郡縣佐僚各分其任宜思勗勵無曠乃官可依前件 知制誥陳從易行

御訂全金詩增補中州集　七十二卷，總目一卷，卷首二卷　曼323

（金）元好問撰，（清）郭元釪補輯

清康熙五十年（辛卯 1711）武英殿刻本（白棉紙，精刻）

32册4本

17.4×11.5。半葉八行，行十九字。四周單邊，上下細黑口，單黑魚尾，魚尾下題“全金詩卷幾”及葉數。卷端題“御訂全金詩增補中州集卷一”“金元好問原本”，目録題“御訂全金詩增補中州集總目 金元好問原本 臣郭元釪補輯”，末僅有“校對”兩字。此書文内有“元釪”按語。總目下及卷四十五鈐“☐詒”白文方印、“心翼”朱文方印，卷首上下鈐“阮葵生讀書記”白文方印。闕裹封。

總目一卷，卷首二卷：卷首上：帝藻、公族、金源；卷首下：樂歌。

清康熙五十年（辛卯 1711）御製全金詩序及郭元釪進表（闕）。

按，此本爲阮葵生舊藏。考葵生字寶誠，號吾山，清淮安府山陽縣人，乾隆壬申科舉人，著有《七録齋詩文集》和《茶余客話》三十卷等。

《四庫全書總目》“集部四十三·總集類五”收録此書，題作“御定全金詩七十四卷”，略云：“元好問撰《中州集》，掇拾畸零，得詩一千九百八十餘首，作者二百四十餘人，併樂府釐爲十一卷。每人各以小傳述其軼事，頗爲詳悉。然好問之意在於借詩以存史，故於詩不甚求全，所録未能賅備。郭元釪因取好問原本，重爲葺綴。所增之人，視舊加倍；所增之詩，視舊三倍。仍存好問之小傳，而取劉祁《歸潛志》，以拾其遺，别題曰‘補’。又雜取《金史》及諸家文集説部以備考核，别題曰‘附’。元釪有所論説，亦附見焉。金源一代之歌咏，彬彬乎備矣。書成奏進，仰蒙聖祖仁皇帝製序刊行。伏讀序文，知是編薈稡排纂，實經御筆，而目録之首猶題‘臣郭元釪補緝’一條。”

《藏園訂補郘亭知見傳本書目·集部》《中國古籍善本書目·集部》皆收録，前者題“御定全金詩七十四卷”，“刊本”，後者題“清康熙五十年内府刻本”。國内北京大學圖書館等16館收藏。後者又録有“清康熙五十年内府刻乾隆五十四年重修本”，上海圖書館、華東師範大學圖書館兩館收藏，但具體情況不明。

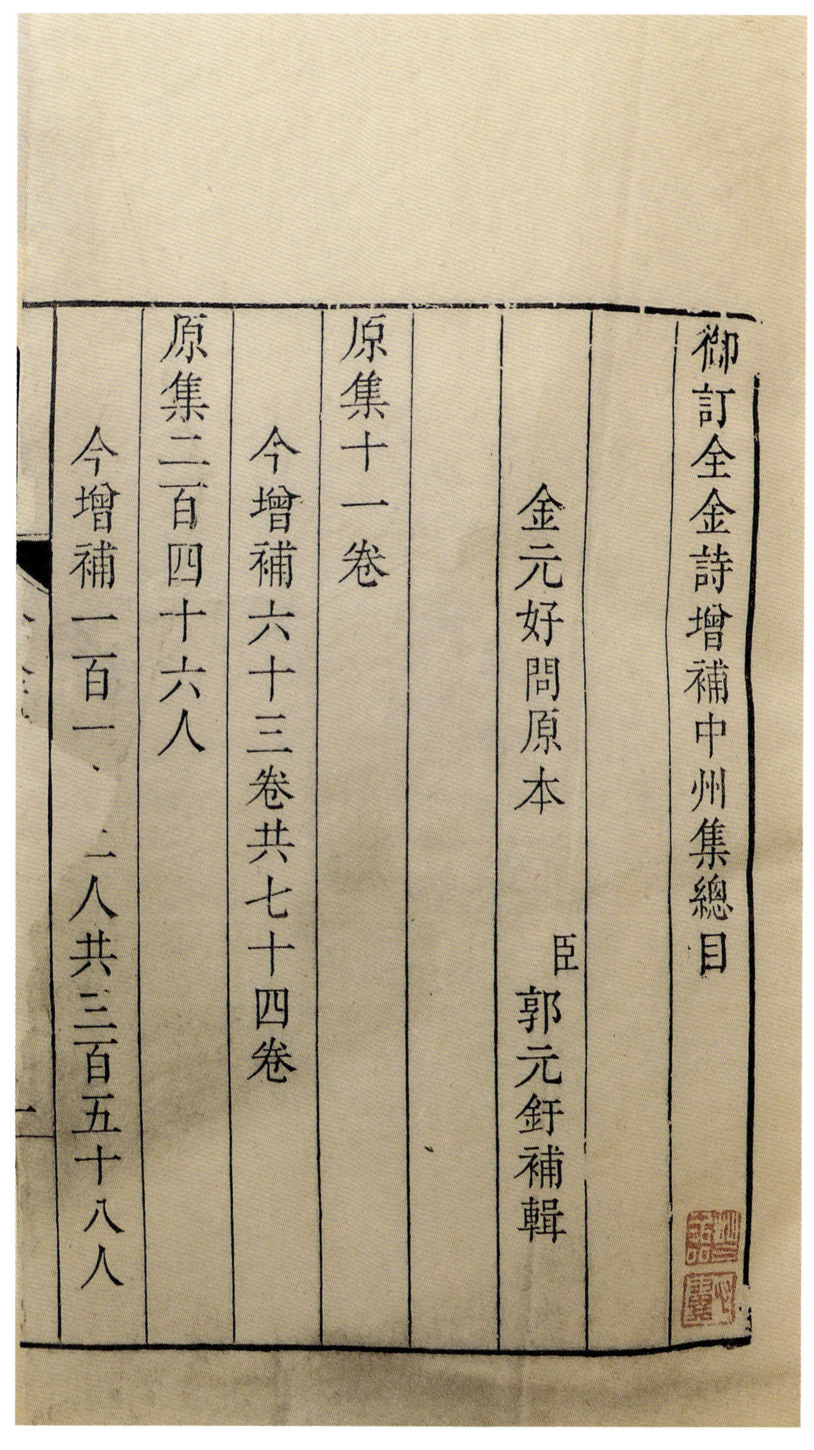
御訂全金詩增補中州集總目

金元好問原本　臣郭元釪補輯

原集十一卷

今增補六十三卷共七十四卷

原集二百四十六人

今增補一百一十二人共三百五十八人

徐文定公集　四卷　　曼Chinese 23

（明）徐光啓撰

清光緒二十二年（丙申 1896）上海慈母堂鉛印本

1册1函

12.2×9.7。半葉十行，行二十三字。四周雙邊，白口，單黑魚尾。魚尾上記書名，下記卷次及葉數。卷端題“徐文定公集”，卷二題“徐文定公文稿”，卷三題“徐文定公奏稿”，卷四題“附稿卷四”，末有一行校記云“更正〇卷一十九張上半頁第五行乙未三月句乙字當改己字”。裏封題“丙申中秋節 徐文定公集 三徑主蔣本卓如甫”，背題“光緒二十二年九月 江南主教倪准 上海慈母堂印”。

附凡例四條，年譜一篇。

清光緒二十二年（丙申 1896）李杕徐文定公集序。

按，此書卷端題名不一，但魚尾上及裏封題名統一，故據此而定其題名。

徐文定公集

徐文定公行實

徐文定公。海上人也。名光啟。字子先。號玄扈。相傳先世籍中州。譜亡倭燹。無由稽核。高祖竹軒。自姑蘇徙滬瀆。筮仕廣文。傳家清白。曾祖漚隱。以役累中落。力穡肯播。祖西溪。性誠慤。與人以和。業賈。逐什一。無市心。遇乏絶。輒賑貸。廉賈五之。竟以獲饒。惟善病。賴夫人尹氏。兼理閫外。得以靜攝。然亦不永其年。父懷西。六歲而孤。爲人剛直。悃愊無華。生平鮮交遊。落落寡合。事母孝。鄉里無間言。箬笠鋤雲之暇。講戰守方畧。與

御選唐詩　三十二卷，補編一卷，目録三卷　曼447

（清）聖祖玄燁選，（清）陳廷敬等輯注

清康熙五十二年（癸巳 1713）武英殿刻朱墨套印本

33册6本

18.5×12.5。無界，半葉七行，大小字不等，行大字約十六字，小字雙行同，行四十六字。四周雙邊，白口，單黑魚尾。魚尾上題“御選唐詩”，下題“卷之幾”及葉數。卷端題“御選唐詩第一卷”，補編題“御選唐詩卷三十二補編”，外封墨筆題“目録上/中/下 御選唐詩”。

清康熙五十二年（癸巳 1713）御序及校勘職名。

按，《四庫全書總目》“集部四十三·總集類五”收録，云：“詩中注釋，每名氏之下，詳其爵里，以爲論世之資；每句之下，各徵所用故實與名物訓詁，如李善注《文選》之例。至作者之意，則使人涵泳而自得，尤足砭自宋以來説唐詩者穿鑿附會之失焉。”

《藏園訂補郘亭知見傳本書目·集部》《中國古籍善本書目·集部》皆收録，皆題“清康熙五十二年内府刻朱墨套印本”。國内首都圖書館、清華大學圖書館等52館收藏。

御選唐詩第一卷

五言古

唐太宗皇帝

帝姓李氏諱世民神堯次子初建秦邸即開文學館既即位殿左置弘文館悉引內學士番宿更休聽朝之間則與討論典籍雜以文詠詩筆草隸卓越前古至於天文秀發沈麗高朗有唐三百年風雅之盛帝實有以啟之焉

帝京篇

秦川雄帝宅(一)三秦記長安正南秦嶺嶺根水流爲秦川一名樊川魏明帝詩出身秦川爰居伊洛

有正味齋全集　六十九卷

曼383

（清）吴錫麒撰

清嘉慶間同人堂刻本

23册4函

18.7×14.2。半葉十二行，行二十四字。四周單邊，上下粗黑口，雙對黑魚尾，版口題“有正味齋騈體文卷幾”及葉數。卷端題“有正味齋騈體文卷一”“錢塘 吴錫麒 聖徵”，裏封題“有正味齋騈體文”。《有正味齋詩續集》前裏封題“有正味齋續集”；《有正味齋詩集》裏封題“有正味齋全集 同人堂藏板”，又題“有正味齋詩集”，序前鈐“餘慶堂家藏印”朱文方印；《有正味齋詞集》裏封題“有正味齋詞集”；《有正味齋外集》卷端題“有正味齋外集”。與詞合訂的《有正味齋外集續二卷》首爲卷一目録，諸葉下魚尾下題“續”字，主要收録小令。

此書分卷分册函情況如下：

1.有正味齋騈體文二十四卷（6册1函）；

2.有正味齋詞集八卷，包括：佇月樓琴言四卷，三影亭寫生譜上中下三卷，鐵撥餘音一卷，共2册半，卷七卷八即三影亭寫生譜下、鐵撥餘音與外集續二卷合訂；

3.有正味齋外集五卷，包括：木天清課三卷，七十二候詩一卷，仿唐人咏史一卷（有朱筆句讀，題目下有朱筆韻字），占2册半，外集卷二卷三即木天清課二三皆有朱筆句讀，天頭處有若干朱筆批校，如卷二《明月前身》一詩“吴郎舊遊在”，遊字旁墨筆題“迹”字，天頭朱筆題“選本作遊迹在”，又“天孫雲錦”第二首天頭處墨筆題“選本作千尺曳魚油”，後朱筆覆蓋，寫作“千尺曳魚油”，可見是作了校勘。題目下皆有朱筆題韻字，諸集卷前皆有分目録，以上第2函5册；

4.有正味齋詩集十六卷，包括：寶石山樓始存稿一卷，嚴江集一卷，翕羽齋集一卷，解褐集一卷，翰苑集上下，暫假集一卷，泥爪集一卷，白沙江上集一卷，重夢集上下二卷，歸帆集一卷，韓江集一卷，槐市集一卷，吴船集一卷，東皋草堂集一卷。諸卷前皆有分目録，卷二卷三即嚴江集、翕羽齋集有朱筆句讀，以上6册1函，爲第3函；

5.有正味齋詩續集八卷，包括：萍聚集四卷，韓江酬唱集四卷，占3册，皆爲分目録；

6.有正味齋駢體文續集八卷，占3册，首有總目而各卷前無分目，以上第4函。

諸集或有序，分别爲：《有正味齋駢體文》首曾燠序，《有正味齋詩集》首清嘉慶十三年（戊辰 1808）法式善序，《有正味齋詩續集》首清嘉慶二年（丁巳 1797）翁方綱原序。

按，此本似乎無總題名，但《有正味齋詩集》裏封題“有正味齋全集 同人堂藏板”，可知該書之題名即此，且此詩集應即該集之第一種。

此本竹紙刻，行密字粗，不佳。

據法序可知，該全集中諸詩詞文集之前曾陸續刊刻過，而此本當爲合編本。

《書目問答補正》收録。

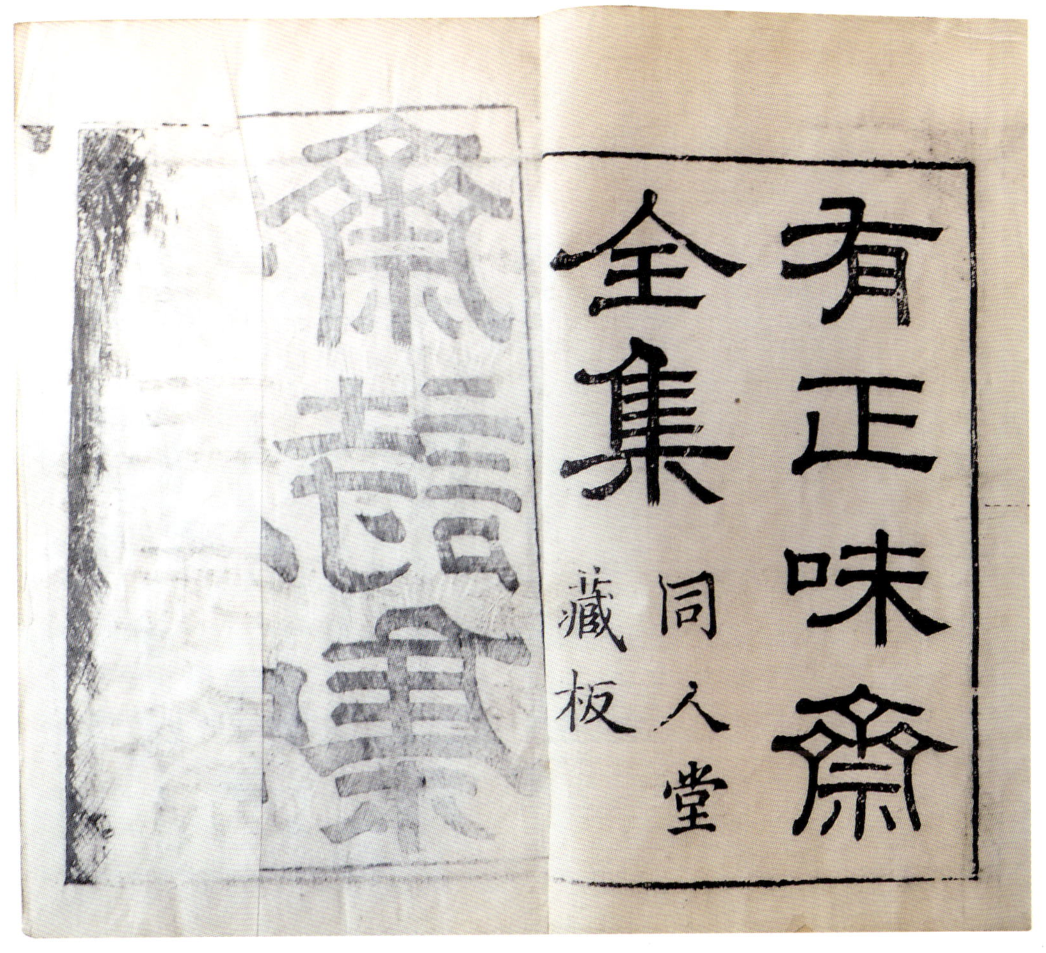
有正味齋全集
同人堂藏板

自怡草　不分卷，附補遺一卷，靈淵詩抄殘一葉

曼140

（清）温登撰

清嘉慶間刻本

1册

18.7×13.6。半葉十行，行二十二字。四周雙邊，上下粗黑口，雙對魚尾，版口記書名及葉數。卷端題“自怡草”“順德温登于甫著”，闕裏封。

末附清嘉慶十三年（戊辰 1808）董誥墓志銘一篇。靈淵詩抄殘存卷一第四葉，清温汝驥撰。

按，清邱煒萲《五百石洞天揮麈》卷十云：温汝適（篔坡）“嘗輯父兄弟姪一家詩行世，號《柳塘詩鈔前後集》，前集：父登，字于甫，《自怡草》二卷；季父士剛，字𢚑登，《醇齋遺稿》一卷；聞源，字華石，《碧池詩抄》一卷。後集：兄汝達，字安波，《退一步齋詩抄》二卷；篔坡先生已《携雪齋詩抄》六卷；弟汝科，字階爵，《寄厓詩抄》二卷；汝驤，字逸群，《南垞詩抄》四卷；汝驥，字北雄，《靈淵詩抄》二卷；汝造，字譽斯，《水南詩抄》二卷；汝進，字履安，《栢湖詩抄》四卷；汝遵，字旋矩，《竹堂詩抄》二卷；姪丕謨，字遠猷，《濂渚詩抄》二卷，三世凡十二集”。據此，此書實爲《柳塘詩抄前後集》之一部分。末附《靈淵詩抄》二卷，實爲其《後集》内容，清温汝驥撰。

據上引《五百石洞天揮麈》可知，温登，字于甫，但該書末附董氏墓志銘却云“公姓温氏，諱賢超，字登于，又字義窗”，二説有異。

香港中文大學圖書館藏有此書，云“《自怡草》一卷，《補遺》一卷，《醇齋詩抄》一卷，《碧池詩抄》一卷，清温登撰，清嘉慶二十二年（丁丑 1817）刻本”，其實亦爲零種。

自怡草補遺目錄

順德温登于甫著

古今體詩

飛來寺

又重九日友人自欖溪過訪羊城惠菊賦謝

春夜燈花作示諸兒

素心蘭

秋海棠

西施菊

秋夜

讀騷樓詩　八卷　曼332

（清）陳逢衡撰

清道光間陳氏自刻本

3册

16.3×12.6。半葉十行，行二十一字。左右雙邊，上下粗黑口，單黑魚尾，版口記卷次及葉數。卷端題“讀騷樓初/二集卷一”“江都陳逢衡 穆堂”。初集裹封題“讀騷樓詩集 楊文蓀題”；二集裹封題“讀騷樓誌二集 㝵甫署檢”。初集目録下，卷一、卷三，二集卷二下鈐“湛華閣藏書印”朱文方印。

此書八卷：初集四卷，二集四卷。

清道光九年（己丑 1829）陳逢衡序，道光十二年（丁卯 1807）孔慶熔序，道光十三年（戊辰 1808）孔繁灝序，金望鑫序，卷四末附道光二十年（庚子 1840）自訂二集畢所賦七律一首。

按，陳序云：“嘉慶癸酉刻成《竹書紀年集證》五十卷，道光乙酉刻成《逸周書補注》二十二卷，俱已問世。其未刻者，有《博物志考證》十卷……歌詩……多不存稿。丙戌、丁亥兩年又復稍稍從事，故所得僅此，而年已五十矣。今年孟冬抄録一帙，友人過予，索觀促梓氏。”據此，該書成稿於道光九年（己丑 1829）。而且我們也知道，《竹書紀年集證》刻成於清嘉慶十八年（癸酉 1813），《逸周書補注》刻於道光五年（乙酉 1825）。

孔慶熔序云：“客秋來遊闕里……貽余佳什，並讀其《讀騷樓初集》四卷……繼復出其近稿若干卷，丐序於余。余受而讀之，一如初集之至美且備。”孔繁灝云：“辛卯秋，維揚陳穆堂先生來遊闕里，余得讀其《讀騷樓詩初集》……癸巳春，重過敝盧，握手言歡，一如曩昔。復出《讀騷樓二集》見示。”金序云：“穆堂……著《讀騷樓集》梓行已久……道光甲午秋來應京兆試，與余晤於廣陵會館，時相別四年矣……即出示《續集》且以叙言。”三序相互對照，可知，《讀騷樓初集》大概於清道光十一年（辛卯

1831）已經刻完，而《二集》則初印於清道光十二年（壬辰 1832）之時，故乞序於孔慶熔諸人。而據《二集》卷四末所題七律之識語可知，陳氏在訂完《二集》之后已經是道光二十年（庚子 1840）了。

此書爲《江都陳氏叢書》之一，與《屈辭精義》合函。

此本鈐有“湛華閣藏書印”朱文方印，乃清末學者王懿榮舊藏。

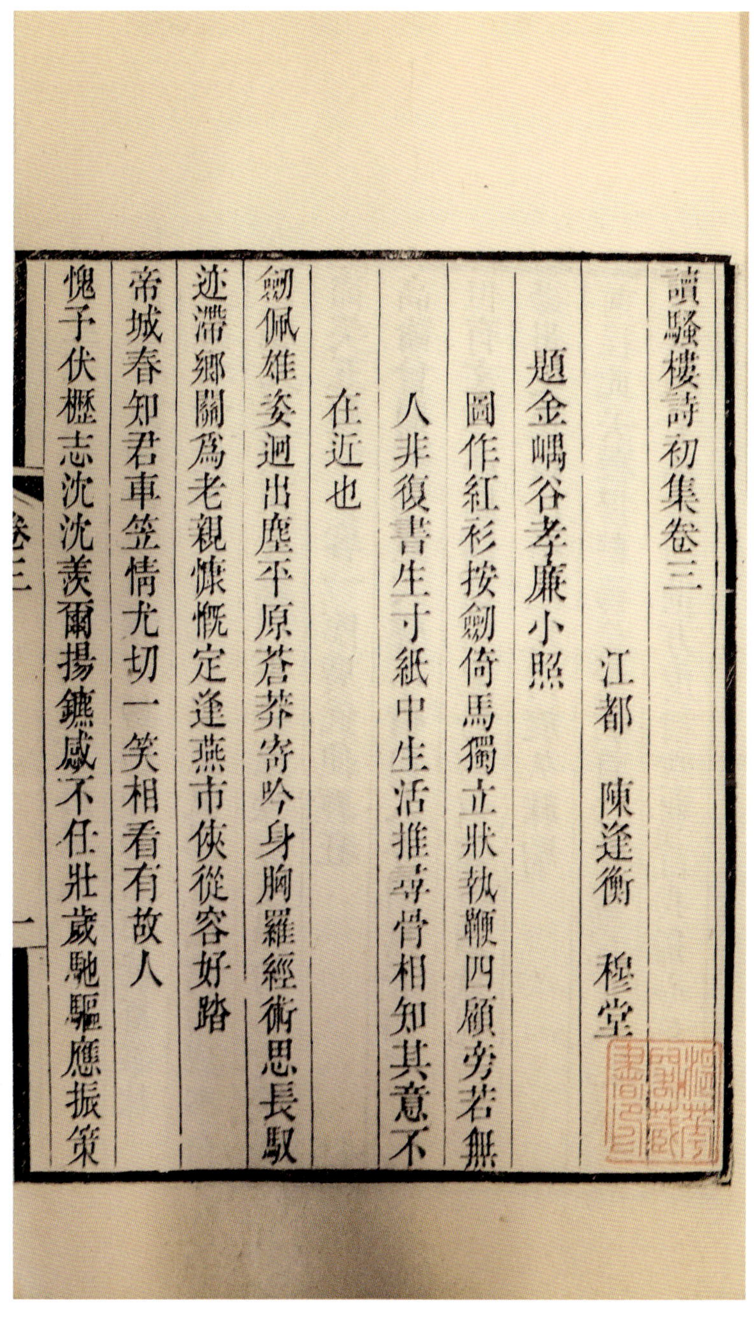

讀騷樓詩初集卷三

江都　陳逢衡　穆堂

題金嵎谷孝廉小照

圖作紅衫按劍倚馬獨立狀執鞭四顧旁若無人非復書生寸紙中生活推尋骨相知其意不在近也

劒佩雄姿迴出塵平原蒼莽寄吟身胸羅經術思長馭迹滯鄉關爲老親慷慨定逢燕市俠從容好踏帝城春知君車笠情尤切一笑相看有故人

愧予伏櫪志沈沈羨爾揚鑣感不任壯歲馳驅應振策

卷三　一

遲删集　原六卷，殘存三卷，附文一卷　　曼429

（清）吕堅撰

清嘉慶刻本

2册

17.2×14。半葉九行，行十九字。四周雙邊，上下粗黑口，雙對黑魚尾，版口題“遲删集卷之某”及記葉數。卷四卷端題“遲删集卷之四”“番禺吕堅石騆撰”。闕裹封。

殘存三卷：卷四至卷六。

“附文”後有紀曾藻跋。

按，清張維屏《國朝詩人徵略》卷四十六“吕堅”條小注引《嶺南四家詩抄》云：“字介卿，號石騆，廣東番禺人，貢生，有《遲删集》。”又云：“石騆工詩、古文辭。爲諸生時，李南澗見其詩奇之，由是得名。性兀岸自異，少所許可。豪於飲，高談雄辯，四座皆驚。家貧甚，然胸次落落，無所介。雖簞瓢屢空，笑傲自若也。大興朱石君相國涖粤，粤之名士咸被延接，而石騆與二樵尤見稱許。顧蹭蹬名場，老而不遇，磊落抑塞之氣時發之於文與詩，幽豔陸離，奇情鬱勃，不肯作一常語。所著《遲删集》六卷，文附焉。”

《中國古籍善本書目·集部》收録此書，有兩個版本。其一，六卷附文一卷，清嘉慶刻本，北京大學圖書館、中山大學圖書館收藏；其二，八卷，清嘉慶刻本，清潘飛聲跋，中山大學圖書館收藏。此本顯然屬於前者。

遲删集　附文

番禺呂　堅石颿撰

重脩靈洲妙高臺碑記　代

山水之靈必以人著會稽匡廬六聘之屬尙矣然一邱一壑足以悚神智攝精魄者亦必以名賢之迹游人才士憑弔稱說迺有所據依靈洲山之搆妙高臺也唯東坡故士大夫少負異才率欲有所展布所如不合其材處於用不用之間輒塵坌偃蹇數十年以至於老數極而知返力困而思遷於

越縵堂文集　十二卷　　曼R73122

(清)李慈銘撰，王重民校

民國十九年(庚午 1930)國立北平圖書館鉛印本

4册

16.5×11。半葉十三行，行二十八字。四周單邊，上下綫黑口，單黑魚尾。魚尾上題"越縵堂文集"，下記卷次及葉數，下書口題"國立北平圖書館"。卷端題"越縵堂文集卷一""會稽李慈銘"。裏封題"越縵堂文集十卷 己巳仲秋 樊增祥敬題"，下鈐"嘉"朱文方印。

目録末有民國十九年(庚午 1930)王重民識，末卷附民國十八年(己巳 1929)王式通跋。

按，此爲平裝本。文内無刊刻年月，今據王跋題版本。北京師範大學圖書館等收藏。

越縵堂文集 卷一

會稽 李慈銘

紂之不善論 光緒元年八月

子貢謂紂之不善不如是之甚也吾嘗三復斯言而歎聖賢救世之心何其深且切也夫言紂之不善者僞尚書古文之言不足據若西伯戡黎微子坶誓大誥酒誥多士多方之篇史記周本紀所載大誓古文及論語孟子所言不過謂其淫戲酗酒遺棄耆舊崇信奸回喜用婦言昬棄肆祀指爲天喪名爲獨夫而其事之顯箸者則比干之死箕子之囚妲己之寵崇侯之譖及文王之拘而已較之後世孫皓劉聰石虎苻生慕容熙劉子業劉彧劉昱蕭鸞蕭寶卷高洋高湛高緯楊廣朱溫劉龑劉鋹完顏亮之窮凶極暴墮滅三綱其罪固百不逮一即以視秦始皇漢武帝後漢靈帝宋孝武魏太武明成祖世宗之誅殺臣下如刈草菅亦爲少勝焉而亡國之

孫淵如外集　五卷，附録一卷　　曼R73124

（清）孫星衍撰，王重民輯

民國二十一年（壬申 1932）國立北平圖書館鉛印本

1册

16.5×11。半葉十三行，行二十八字。四周單邊，上下細黑口，單黑魚尾。魚尾上題“孫淵如外集”，下記卷次及葉數，下書口題“國立北平圖書館”。卷端題“孫淵如外集卷一”“陽湖孫星衍撰 高陽王重民輯”。裏封題“孫淵如外集五卷 陳垣署”，下鈐“陳垣”朱文方印。封底書籤題“孫淵如外集五卷附録一卷 孫星衍撰 王重民輯 民國廿一年一月 國立北平圖書館出版發行 定價一元四角”。

民國二十年（辛未 1931）王重民輯孫淵如外集序，民國二十一年（壬申 1932）王重民又序。

孫淵如外集 卷一

陽湖 孫星衍 撰　高陽 王重民 輯

孔子誅少正卯論

孔子有兩觀之誅及治魯七日誅少正卯見漢書劉向王尊傳亦見諸子書夫少正卯魯之聞人罪無死法兩觀非行戮之地孔子不能專殺何爲有此過情之舉此非夾谷却萊兵比也考周書稱王命大正正刑書則知大正若司寇少正或其佐鄭亦有少正國僑曾爲之孔子既爲司寇則與少正同僚卯有重名其才足以亂法孔子新掌刑禁非責之朝堂使一國知少正之爲政似是而非則國不治令不行故亟責之於兩觀兩觀者宮闕懸象之所於此申明法禁在朝言朝之義也誅責也其在論語云於予予何誅齊桓公之會諸侯猶有無專殺大夫之禁魯君不能七日殺少正何況孔子然則爲此言者傳之過或不明誅字之義矣王制稱言僞行僞

詩文評類

古文淵鑑　六十四卷　曼164

（清）徐乾學等奉敕編注

清康熙二十四年（乙丑 1685）武英殿刻五色套印本

28册6本

18.5×14。無界，半葉九行，大小字不等，行大字二十字，小字雙行同，行約三十字。四周單邊，上下細黑口，雙對黑魚尾。版口題“古文淵鑒正集幾”、所選之書名/朝代、篇名，下魚尾下記葉數，下書口朱筆題某集某葉。文内朱筆句讀，天頭以朱、緑、藍、橘黄等色套印名家批注。卷端題“古文淵鑒卷第一 御選 内閣學士兼禮部侍郎教習庶起士臣徐乾學等奉旨編注”。封面已佚。

清康熙二十四年（乙丑 1685）御筆序（朱筆）。

按，《四庫全書總目》“集部四十三·總集類五”著録此書，但觀其《提要》，過譽之辭隨處可見，一則云其“睿鑒精深，别裁至當”，再則云“考證明確，詳略得宜”，三則云“批導竅要，闡發精微”，四則云“蒐羅賅備，去取謹嚴”，五則云“夙承聖訓，語見根源”，甚至云其“自有總集以來，歷代帝王，未聞斯著”，“雖帝堯之焕乎文章，何以加哉！”蓋當時奉敕編纂之鴻篇巨製，四庫館臣皆竭力贊美之，而其實際價值未必如此。

《藏園訂補郘亭知見傳本書目·集部》《中國古籍善本書目·集部》皆收録此本，國家圖書館等70館收藏。此本又有多種翻刻之本，如清同治十二年（癸酉 1873）浙江書局刻本，宣統二年（庚戌 1910）學部圖書館石印本等，紙質字體皆不佳。光緒間南海孔氏刻《古香齋袖珍十種》本，雖爲五色套印本，但御筆序已更爲楷體，版式、題名皆有變化。

駕九甚嬰齊盟蜀諸侯之大夫從之者十有一國至鄢陵而挫其鋒前此未有中國諸侯助楚以戰中國者惟鄢陵之役鄭伯佐楚共以敵晉使無呂錡射目之勝則楚將倚鄭爲援長驅中原其害可勝言耶所可惜者厲公不能修政於內而徒務求逞於外迹其所爲去楚處無幾耳

禮以順時信以守物民生厚而德正用利而事節時順而物成上下和睦周旋不逆求無不具各知其極故詩曰立我烝民莫匪爾極周頌思文篇是以神降之福時無災害民生敦厖和同以聽莫不盡力以從上命致死以補其闕此戰之所由克也今楚內棄其民而外絕其好瀆齊盟而食話言奸時以動而疲民以逞民不知信進退罪也人恤所厎厎至也音旨其誰致死子其勉之吾不復見子矣姚句耳先歸子駟問焉子駟鄭公子對曰其行速過險而不整速則失志不整喪列志

初學明鏡　不分卷

曼180

（清）鄧美中編

清乾隆三十年（乙酉 1765）老會賢堂刻本

1册1本

19.5×11.3。無界，半葉九行，行二十六字。四周單邊，白口，無魚尾。上書口題“初學明鏡”，中記卷名（破題/承題/起講/上論/下論），下記葉數。無卷端，目録題“初學明鏡目次”“長洲汪 份武曹選”，裏封題“乾隆三十年新鐫”“南海鄧美中編次 初學明鏡 入門第一書 老會賢堂梓行”。

無序跋。

按，《藏園訂補郘亭知見傳本書目·集部》《中國古籍善本書目·集部》皆未録此書。

乾隆十三年新鐫
南海鄧羨中編次
初學明鏡
入門第一書
老會賢堂梓行

詞　類

御選歷代詩餘　一百二十卷　曼316

（清）王奕清等奉敕纂

清康熙四十六年（丁亥 1707）武英殿刻本（後印）

32册4函

16.5×11。半葉十一行，大小字不等，行大字二十一字，小字雙行同，行六十四字。左右雙邊，白口，雙對黑魚尾，上魚尾上記書名，版口記卷次、篇名及葉數。卷端題“御選歷代詩餘卷一”，下小注“起十四字至二十八字”，“司經局洗馬掌局事兼翰林院修撰加二級臣王奕清奉旨校刊”，裏封題“御選歷代詩餘”。文内有朱筆圈點。

附編纂官姓氏，凡例九條，首有總目，每卷前皆有分卷目録。

清康熙四十六年（丁亥 1707）御製選歷代詩餘序。

按，此本紙質較差，當爲後印之本。

《四庫全書總目》“集部五十二·詞曲類二”收録，可參看。

《藏園訂補郘亭知見傳本書目》《中國古籍善本書目·集部》皆收録，前者題作“内刊”，後者題作“清康熙四十六年内府刻本”。

御選歷代詩餘卷一 起十四字至二十八字

司經局洗馬掌局事兼翰林院修撰加二級臣王奕清奉

旨校刊

竹枝

一名巴渝詞唐人所作皆言蜀中風景如白居易劉禹錫作皆七言絶句此以二句十四字成調中註竹枝女兒字乃歌時羣和之聲猶采蓮曲之舉棹年少也後人塡詞不拘蜀地但寫風景為多耳

竹枝 皇甫松

芙蓉並蔕竹枝一心連女兒花侵槅子竹枝眼應穿女兒

前調又一體 皇甫松

山頭桃花竹枝谷底杏女兒兩花窈窕竹枝遥相映女兒

十六字令

曲　類

此宜閣增訂金批西厢記　四卷，卷首一卷，卷末一卷　　曼365

（元）王實甫撰，（清）金人瑞批點、（清）周昂增訂

清乾隆六十年（乙卯 1795）此宜閣刻朱墨套印本

4册1函

13.3×10.8。無界，半葉八行，行十七字。左右雙邊，白口，單黑魚尾。魚尾上題“西厢記”，下記卷次及葉數。天頭及文内皆套印朱字批點及圈點。卷端題“此宜閣增訂金批西厢記卷一”，裹封黄紙題“聖歎外書 增訂金批西厢 此宜閣藏板”。

卷首一卷：例言七則，元微之會真記，留贈後人，贈古人上下篇，哭後人上下篇，删存讀西厢法，西厢辨，金序西厢一篇，續序西厢一篇，題日總名；卷末一卷：續西厢四篇。

此宜閣增訂西厢序。

按，吉林大學圖書館、復旦大學圖書館藏此本。

《中國古籍善本書目·集部》收録有多種版本，但未録此本。

聖歎外書
增訂金批西廂
此宜閣藏板

芥子園繪像第七才子書　六卷

曼364

（元）高明撰

清芥子園刻本

6册1本

10×7。半葉八行，行十六字。四周雙邊，白口，單黑魚尾。魚尾上題“第七才子書”，下記卷次及葉數，下書口題“芥子園”。卷端題“芥子園繪像第七才子書卷之一”，目録葉首行題“芥子園繪像第七才子書琵琶記目録”，裏封題“聲山先生原評 繡像第七才子書 芥子園較刊”。

清雍正十三年（乙卯 1735）程仕任重刻繡像第七才子書序，康熙五年（丙午 1666）浮雲客子序，康熙四年（乙巳 1665）吴儂（悔菴）序。附圖二十四張，圖後有題字。

按，北京大學圖書館、香港中文大學圖書館藏有此本。

《中國古籍善本書目·集部》收録有多種版本，但未録此本。

芥子園繪像第七才子書卷之一

聲山別集

自序

太史公作屈原傳曰國風好色而不淫小雅怨悱而不亂若離騷者可謂兼之予嘗以此分評王高兩先生之書王實甫之西廂其好色而不淫者乎高東嘉之琵琶其怨悱而不亂者

玉茗堂還魂記　二卷　　曼410

（明）湯顯祖撰，（明）王思任批點

清乾隆五十年（乙巳 1785）冰絲館增圖重刻本

2册1盒

21×13.4。半葉九行，行二十字。四周單邊，白口，無魚尾。上書口題“玉茗堂還魂記卷上/下”，中記葉數，下書口題“冰絲館”，天頭處有評注，文内配圖39幅。卷端題“玉茗堂還魂記卷上 清暉閣原本 快雨堂氷絲館重刊”。裏封題“清暉閣原本 玉茗堂還魂記 乾隆乙巳年 氷絲館增圖重修”。

本書共上下二卷：上卷三十一齣，下卷二十四齣，凡五十五齣。

題快雨堂所撰冰絲館重刻還魂記叙，明天啓三年（癸亥 1623）謔菴居士批點玉茗堂牡丹亭叙，萬曆二十六年（戊戌 1598）清遠道人題詞。重刻清暉閣批點牡丹亭凡例十六條。

按，《冰絲館重刻還魂記叙》云：“冰絲館居士與余同好，取清暉閣原本編較重刊，存玉茗舊觀，不敢增删隻字。至於愜目賞心，莫能自割，輒於原評之外，略綴數言，另署‘冰絲館’‘快雨堂’之名以别之，冀與讀《還魂記》者少作周旋焉。”據此可知，此本之底本爲“清暉閣原本”。考清暉閣爲明代戲曲家王思任之室名，而天啓三年（癸亥 1623）序末題“謔菴居士”乃是其號，故此書實爲王氏所批點。

《中國古籍善本書目·集部》收録此本，國家圖書館、上海圖書館等26館收藏。其底本爲明天啓間所刻《清暉閣批點玉茗堂還魂記》本，上海圖書館等4館收藏，其題作“明末張弘毅著壇刻本”，鄭志良《“著壇主人”考》（《明清戲曲文學與文獻探考》，中華書局，2014年，第247葉）一文認爲作“張弘毅”者有誤，應該是“張弘，字毅孺”，著壇乃是其與其兄張弢共用室名，王思任爲其師，故爲其師刊刻之。

玉茗堂還魂記卷上

清暉閣原本　　快雨堂
　　　　　　　冰絲館　重刊

第一齣　標目

蝶戀花（末上）忙處拋人閒處住百計思量沒箇爲歡處白日消磨腸斷句世間只有情難訴　玉茗堂前朝復暮紅燭迎人俊得江山助但是相思莫相負牡丹亭上三生路（漢宮春）杜寶黃堂生麗娘小姐愛踏春陽感夢書生折柳竟爲情傷寫眞留記葬梅花道

重校埋劍記　二卷　　曼AC20

（明）沈璟撰

民國十九年（庚午 1930）國立北平圖書館借鄞縣馬氏不登大雅文庫藏本影印

2册

17×11.2。半葉十行，大小字不等，行大字二十字，小字雙行同，行四十字。四周單邊，白口，無魚尾，版心題“埋劍記 上/下卷”及葉數。天頭另起一欄注音。卷端題“重校埋劍記上卷”，裏封題“鐫重校出像 點板埋劍記 繼志斗原板”，背面題“原書版匡高營造尺六寸八分寬四寸四分民國十九年八月國立北平圖書館借鄞縣馬氏不登大雅文庫藏本影印”，封底版權票題“埋劍記二卷 明吴江沈璟著 十九年八月國立北平圖書館借鄞縣馬氏不登大雅文庫藏本影印 每部二册實價二元”。

有複本一。索書號爲“曼R73129”。

按，此書爲《北京圖書館珍本叢書》之一。

《中國古籍善本書目·集部》收録北京大學圖書館所藏“明陳氏繼志齋刻本”，爲此本之底本。考不登大雅文庫爲北京大學圖書館專門收藏馬廉先生不登大雅之堂藏書的文庫。馬廉（1893—1935），字隅卿，浙江鄞縣人。富藏小説、戲曲等通俗文獻，有藏書室名曰“不登大雅之堂”“平妖堂”，有“鄞馬廉字隅卿所藏書”朱文長方印等。1935年病逝後，藏書由北京大學圖書館收藏，凡928種。學苑出版社於2003年曾影印出版《不登大雅文庫珍本戲曲叢刊》24册，但未收此書。

只恐那山程不便（旦搖手科）（指內科）（生）他解人意指着巖前、呀、那幾隻牛不見了、我卻在此閑行、罷、那裡管他、苦赤日炎天力倦、且到他那窩中走科

圖得箇半霎兒身安便、這裡果然有箇窩兒、白猿〻〻我爭如你逍遥自然、我且進去咱聊做箇狙公賦芧、且從權、呀、這窩中原來恁地涼快、且在此栖身隱跡、萬一可潛遁還鄉、也未可知、正是

失路一相悲　還家未有期
情知不是伴　事急且相隨

重校埋劍記上卷

譚友夏批點想當然傳奇　二卷 曼AC20

（明）盧柟撰

民國十九年（庚午 1930）國立北平圖書館據明刻本影印

2册

13.7×9.7。半葉九行，行二十字。四周單邊，白口，無魚尾。上書口題“想當然卷上”，下書口記葉數及“繭室新書”。天頭處有批點。卷端題“譚友夏批點想當然傳奇卷上”“欸思居士編次”，目録題“譚友夏批點想當然傳奇目録”，裏封題“譚友夏先生批點繪圖想當然傳奇 欸思居士編次”，牌記題“歲在庚午四月 初原本重印”，外封書籤題“繪圖想當然傳奇 上/下”。

此書分上下二卷，每卷前皆有分目録，附凡例八條（首題“成書雜記”，末題“繭室主人手識”）。

譚元春批點想當然序，明嘉靖（丙子）盧柟叙（末題“欸思居士漫筆”）。

有複本一，2册。索書號爲“曼R73138”。

按，此書與《北京圖書館珍本叢書》合盒。

盧柟叙末題“嘉靖丙子秋中”，考嘉靖間無“丙子”，此必有誤。

《中國古籍善本書目·集部》收録國家圖書館所藏“明繭室刻本”，爲其底本。

批點想當然序

想當然者相傳謂盧柟次楩所著爲傳奇而自異其名者也吳人客遊於楚篋中攜此譚子見而賞之乃爲竟讀夫忠孝俠烈之事散見于經史而情麗獨歸之曲忠孝俠烈人所自爲欲自言之則不可無論名心淡泊無能自舉即欲極力自寫反多扞隔不通之處一經才人手筆以文代辭以理邇事合衆人之喜怒當日之情事以觀其行徑雖言談接湊不必盡然而要不可移之于他人者則人之想專而味出也上六

元曲選　五集，附天台陶九成論曲一卷　曼303

（明）臧懋循編

明萬曆間刻本

49册8本

20.3×12.9。半葉九行，大小字不等，行大字二十字，小字行亦二十字。左右雙邊，白口，單黑魚尾。魚尾上記篇名簡稱，下題“雜劇”及葉數，卷端無總名，首篇爲“破幽夢孤雁漢宫秋雜劇”“元馬致遠撰”“明吴興臧晋叔校”。闕裏封。

凡五集：甲、乙、丙、丁、戊五集，每集又分上下。天台陶九成論曲一卷，明陶宗儀撰。

明萬曆四十三年（乙卯 1615）臧氏自序。

按，臧懋循，字晋叔，號顧渚山人，有藏書室名曰“負苞堂”“雕蟲館”等。目録僅列五十種曲，但正文則包含百種，實有疑惑。考臧氏序云：“予家藏雜劇多秘本，頃過黄，從劉延伯借得二百種，云録之御戲監，今坊本不同。因爲參伍校訂，摘其佳者若干以甲乙釐成十集，藏之名山以傳之。”據此，臧氏原書共十集，此本則有五集，但正文却有百種曲，故目録應該有殘或刊刻不完整。

《中國叢書綜録》第942葉、《中國古籍善本書目·集部》皆收録此本，北京師範大學圖書館、復旦大學圖書館、南開大學圖書館等多館收藏。

錦雲堂暗定連環計雜劇

元　撰

明吳興臧晉叔校

第一折

（淨扮董卓領外扮李儒李肅李傕上詩云）擁兵入衛立奇功，文武羣臣避下風。九錫恩深猶未厭，私心不老漢朝中。某姓董名卓字仲穎，乃隴西臨洮人也，自幼爲將，頗有邊功，比因十常侍作亂，何進薦某入朝，遂至官封太師之職，如今又加九錫一

曲譜　十二卷，卷首一卷，卷末一卷　曼346

(清)王奕清等纂修

清康熙五十四年(乙未 1715)武英殿刻朱墨套印本

12冊2本

19×12.5。無界, 半葉八行, 大小字不等, 行大字二十一字, 小字雙行同, 行約四十字。四周雙邊, 白口, 雙對黑魚尾。上書口題“曲譜卷某”, 版口記曲調類名, 下魚尾下記葉數。曲文每字右朱文標注聲調。卷端題“曲譜卷一”。裏封黃紙題“曲譜”。外封黃紙。

按,《藏園訂補郘亭知見傳本書目·集部》《中國古籍善本書目·集部》皆收録此本。前者題作“內刊”, 後者題作“清康熙內府刻朱墨套印本”, 國內國家圖書館等22館收藏。

年兒好景休辜負〔韻〕漸看他柳減荷枯〔韻〕炎氣浮〔句〕日影晡〔韻〕送長天落霞孤鶩〔韻〕掃纖塵淨太虛〔韻〕見冰輪飛出雲衢〔韻〕

四門子　同前

剔團欒碾破銀河路〔韻〕放寒光照九區〔韻〕上南樓似入清虛府〔韻〕捲珠簾遥望舒〔韻〕列玳筵〔句〕倒翠壺〔韻〕玉簫聲似綵雲雙鳳雛〔韻〕引小鬟〔句〕擁豔姝〔韻〕擺列著清歌妙舞〔韻〕

天雨花　三十回

曼363

（清）陶貞懷撰

清嘉慶十七年（壬申 1812）夢華齋刻本

32册4函

13×10。半葉八行，行二十字。左右雙邊，上下粗黑口，單黑魚尾，魚尾下記卷次及葉數。卷端題“天雨花 一回”。裏封題“嘉慶壬申春鐫 較對無訛 天雨花 孟華齋藏版”。第二回首行下鈐朱色陰文“勤慎”印。

清順治八年（辛卯 1651）陶貞懷序。

按，此本第十六回首葉天頭處鈐“勤慎”“如意”“見書如面”等白文方印，皆僞。

原序

天雨花何爲作也憫倫紀之棼亂思得其人以扶倫立紀而使頑石點頭也何以演之彈詞也亦感發懲創之義也蓋禮立不足防而感以樂樂之不足感而演爲院本廣院本所不及

建文記　四十三出　　曼217

佚名撰

民國間手稿本(修訂稿)

2册1本

24.5×12.8。無界欄與版心。半葉八行,行二十四字。正文無題名,文内有句讀和塗抹添改。

按,此書爲傳奇,主要演繹燕王靖難、建文隱居之事,凡四十三出,題目有:史程會議、二矦秉忠、燕王進兵、張玉斬將、盛庸擒將、朱槵賣城、火燒宮殿、削髮赴清、渡江脱難、燕王搜宮、諸臣會議、捉拿看黄、景清行刺、北京建都、孝儒守喪、拷問諸臣、遇斬諸臣、逼儒草詔、捉拿家屬、護捉外族、十族法場、父子登天、廖平會王、陳英誣奏、追彬官誥、君臣失散、學先盡忠、忠彬訪主、震直搜山、打車放主、永樂終天、洪熙接位、抄彬家屬、臨刑得救、南王議叛、沐晟興師、大敗安南、南王納款、君臣相會、鄭和盡忠、謫議回朝、宣德認伯、隱迹禪林等。

從各題目的排列看,此書應無題目,而僅有篇名。故"史臣會議"乃第一出,非題名。此書主要圍繞建文帝失國至隱居禪林展開,故暫擬此題名。

此書有很多簡體字,如党、门、书画、难、们、踪、绑、尽、报、当、属等,這些字很多見於民國之時的《簡體字表》,故頗疑爲民國時期某人所撰。

史程會議

末上

引 謫任边疆知几年功名事業何于天丹心為報國赤胆豈思念愁绪萦怀頻把眉頭舒展白一时兵乱起江濱四十年来辛郎真曲法起用容国賊搀身曾居在胡座下官史仲彬别号漱菴乃蘇州吳江人也蒙高皇帝特拿明经賜官户部因辞归田幸君登極重蒙徵聘欽授翰林院侍讀不意燕王兵到北

手

方[illegible]假称靖难目下京城难保下官自思此身既已許国豈容几勝敗存亡易心下官有一好友翰林編修程濟且待他来共议便了

叢書部

皇清經解　一千四百卷，卷首一卷　曼1

（清）阮元編

清道光九年（己丑 1829）學海堂刻本

355册74本

子目：

1.左傳杜解補正三卷，（清）顧炎武撰；

2.音論一卷，（清）顧炎武撰；

3.易音三卷，（清）顧炎武撰；

4.詩本音十卷，（清）顧炎武撰；

5.日知録二卷，（清）顧炎武撰；

6.四書釋地一卷續一卷又續一卷三續一卷，（清）閻若璩撰；

7.孟子生卒年月考一卷，（清）閻若璩撰；

8.潛邱札記二卷，（清）閻若璩撰；

9.禹貢錐指二十卷例略圖一卷，（清）胡渭撰；

10.學禮質疑二卷，（清）萬斯大撰；

11.學春秋隨筆十卷，（清）萬斯大撰；

12.毛詩稽古編三十卷，（清）陳啓源；

13.仲氏易三十卷，（清）毛奇齡撰；

14.春秋毛氏傳三十六卷，（清）毛奇齡撰；

15.春秋簡書刊誤二卷，（清）毛奇齡撰；

16.春秋屬辭比事記四卷，（清）毛奇齡撰；

17.經問十四卷補一卷，（清）毛奇齡撰；

18.論語稽求篇七卷，（清）毛奇齡撰；

19.四書賸言四卷補二卷，（清）毛奇齡撰；

20.詩説三卷附録一卷，（清）惠周惕撰；
21.湛園札記一卷，（清）姜宸英撰；
22.經義雜記十卷，（清）臧琳撰；
23.解舂集二卷，（清）馮景撰；
24.尚書地理今釋一卷，（清）蔣廷錫撰；
25.易説六卷，（清）惠士奇撰；
26.禮説十四卷，（清）惠士奇撰；
27.春秋説十五卷，（清）惠士奇撰；
28.白田草堂存稿一卷，（清）王懋竑撰；
29.周禮疑義舉要七卷，（清）江永撰；
30.深衣考證一卷，（清）江永撰；
31.春秋地理考實四卷，（清）江永撰；
32.群經補義五卷，（清）江永撰；
33.鄉黨圖考十卷，（清）江永撰；
34.儀禮章句十七卷，（清）吴廷華撰；
35.觀象授時十四卷，（清）秦蕙田撰；
36.經史問答七卷，（清）全祖望撰；
37.質疑一卷，（清）杭世駿撰；
38.尚書注疏考證六卷，（清）齊召南撰；
39.周官禄田考三卷，（清）齊召南撰；
40.尚書小疏一卷，（清）沈彤撰；
41.儀禮小疏八卷，（清）沈彤撰；
42.春秋左傳小疏一卷，（清）沈彤撰；
43.果堂集一卷，（清）沈彤撰；
44.周易述二十一卷，（清）惠棟撰；
45.古文尚書考二卷，（清）惠棟撰；
46.春秋左傳補注六卷，（清）惠棟撰；
47.九經古義十六卷，（清）惠棟撰；
48.春秋正辭十三卷，（清）莊存與撰；

49.鐘山札記一卷,(清)盧文弨撰;
50.龍城札記一卷,(清)盧文弨撰;
51.尚書集注音疏十四卷,(清)江聲撰;
52.尚書後案三十一卷,(清)王鳴盛撰;
53.周禮軍賦説四卷,(清)王鳴盛撰;
54.十駕齋養新録三卷,(清)錢大昕撰;
55.十駕齋養新餘録一卷,(清)錢大昕撰;
56.潛研堂文集六卷,(清)錢大昕撰;
57.四書考異三十六卷,(清)翟灝撰;
58.尚書釋天六卷,(清)盛百二撰;
59.讀書脞録二卷,(清)孫志祖撰;
60.讀書脞録續編二卷,(清)孫志祖撰;
61.弁服釋例八卷,(清)任大椿撰;
62.釋繒一卷,(清)任大椿撰;
63.爾雅正義二十卷,(清)邵晋涵撰;
64.宗法小記一卷,(清)程瑶田撰;
65.儀禮喪服足徵記十卷,(清)程瑶田撰;
66.釋宫小記一卷,(清)程瑶田撰;
67.考工創物小記四卷,(清)程瑶田撰;
68.磬折古義一卷,(清)程瑶田撰;
69.溝洫疆理小記一卷,(清)程瑶田撰;
70.禹貢三江考三卷,(清)程瑶田撰;
71.水地小記一卷,(清)程瑶田撰;
72.解字小記一卷,(清)程瑶田撰;
73.聲律小記一卷,(清)程瑶田撰;
74.九穀考四卷,(清)程瑶田撰;
75.釋草小記一卷,(清)程瑶田撰;
76.釋蟲小記一卷,(清)程瑶田撰;
77.禮箋三卷,(清)金榜撰;

78.毛鄭詩考正四卷，（清）戴震撰；

79.詩經補注二卷，（清）戴震撰；

80.考工記圖二卷，（清）戴震撰；

81.東原集二卷，（清）戴震撰；

82.古文尚書撰異三十三卷，（清）段玉裁撰；

83.毛詩故訓傳三十卷，（清）段玉裁撰；

84.詩經小學四卷，（清）段玉裁撰；

85.周禮漢讀考六卷，（清）段玉裁撰；

86.儀禮漢讀考一卷，（清）段玉裁撰；

87.説文解字注三十卷，（清）段玉裁撰；

88.六書音均表五卷，（清）段玉裁撰；

89.經韻樓集六卷，（清）段玉裁撰；

90.廣雅疏證二十卷，（清）王念孫撰；

91.讀書雜志二卷，（清）王念孫撰；

92.春秋公羊通義十三卷，（清）孔廣森撰；

93.禮學卮言六卷，（清）孔廣森撰；

94.大戴禮記補注十三卷，（清）孔廣森撰；

95.經學卮言六卷，（清）孔廣森撰；

96.溉亭述古録二卷，（清）錢塘撰；

97.群經識小八卷，（清）李惇撰；

98.經讀考異八卷，（清）武億撰；

99.尚書今古文注疏三十九卷，（清）孫星衍撰；

100.問字堂集一卷，（清）孫星衍撰；

101.儀禮釋宫九卷，（清）胡匡衷撰；

102.禮經釋例十三卷，（清）凌廷堪撰；

103.校禮堂文集一卷，（清）凌廷堪撰；

104.劉氏遺書一卷，（清）劉台拱撰；

105.述學二卷，（清）汪中撰；

106.經義知新録一卷，（清）汪中撰；

107.大戴禮正誤一卷，（清）汪中撰；

108.曾子注釋四卷，（清）阮元撰；

109.周易校勘記十一卷，（清）阮元撰；

110.尚書校勘記二十二卷，（清）阮元撰；

111.毛詩校勘記十卷，（清）阮元撰；

112.周禮校勘記十四卷，（清）阮元撰；

113.儀禮校勘記十八卷，（清）阮元撰；

114.禮記校勘記六十七卷，（清）阮元撰；

115.春秋左氏傳校勘記四十二卷，（清）阮元撰；

116.春秋公羊傳校勘記十二卷，（清）阮元撰；

117.春秋穀梁傳校勘記十三卷，（清）阮元撰；

118.論語校勘記十一卷，（清）阮元撰；

119.孝經校勘記四卷，（清）阮元撰；

120.爾雅校勘記八卷，（清）阮元撰；

121.孟子校勘記十六卷，（清）阮元撰；

122.車制圖考二卷，（清）阮元撰；

123.積古齋鐘鼎彝器款識二卷，（清）阮元撰；

124.疇人傳九卷，（清）阮元撰；

125.揅經室集七卷，（清）阮元撰；

126.撫本禮記鄭注考異二卷，（清）張敦仁撰；

127.易章句十二卷，（清）焦循撰；

128.易通釋二十卷，（清）焦循撰；

129.易圖略八卷，（清）焦循撰；

130.孟子正義三十卷，（清）焦循撰；

131.周易補疏二卷，（清）焦循撰；

132.尚書補疏二卷，（清）焦循撰；

133.毛詩補疏五卷，（清）焦循撰；

134.禮記補疏三卷，（清）焦循撰；

135.春秋左傳補疏五卷，（清）焦循撰；

136.論語補疏二卷，（清）焦循撰；

137.周易述補四卷，（清）江藩撰；

138.拜經日記八卷，（清）臧庸撰；

139.拜經文集一卷，（清）臧庸撰；

140.瞥記一卷，（清）梁玉繩撰；

141.經義述聞二十八卷，（清）王引之撰；

142.經傳釋詞十卷，（清）王引之撰；

143.周易虞氏義九卷，（清）張惠言撰；

144.周易虞氏消息二卷，（清）張惠言撰；

145.虞氏易禮二卷，（清）張惠言撰；

146.周易鄭氏義二卷，（清）張惠言撰；

147.周易荀氏九家義一卷，（清）張惠言撰；

148.易義别録十四卷，（清）張惠言撰；

149.五經異義疏證三卷，（清）陳壽祺撰；

150.左海經辨二卷，（清）陳壽祺撰；

151.左海文集二卷，（清）陳壽祺撰；

152.鑑止水齋集二卷，（清）許宗彦撰；

153.爾雅義疏二十卷，（清）郝懿行撰；

154.春秋左傳補注三卷，（清）馬宗璉撰；

155.公羊何氏釋例十卷，（清）劉逢禄撰；

156.公羊何氏解詁箋一卷，（清）劉逢禄撰；

157.發墨守評一卷，（清）劉逢禄撰；

158.穀梁廢疾申何二卷，（清）劉逢禄撰；

159.左氏春秋考證二卷，（清）劉逢禄撰；

160.箴膏肓評一卷，（清）劉逢禄撰；

161.論語述何二卷，（清）劉逢禄撰；

162.燕寢考三卷，（清）胡培翬撰；

163.研六室集著一卷，（清）胡培翬撰；

164.春秋異文箋十三卷，（清）趙坦撰；

165.寶甓齋札記一卷,(清)趙坦撰;

166.寶甓齋文集一卷,(清)趙坦撰;

167.夏小正疏義四卷,(清)洪震煊撰;

168.秋槎雜記一卷,(清)劉履徇撰;

169.吾亦廬稿四卷,(清)崔應榴撰;

170.論語偶得一卷,(清)方觀旭撰;

171.經書算學天文考一卷,(清)陳懋齡撰;

172.四書釋地辨證二卷,(清)宋翔鳳撰;

173.毛詩紬義二十四卷,(清)李黼平撰;

174.公羊禮説一卷,(清)凌曙撰;

175.禮説四卷,(清)凌曙撰;

176.孝經義疏一卷,(清)阮福撰;

177.經傳考證八卷,(清)朱彬撰;

178.甓齋遺稿一卷,(清)劉玉麐撰;

179.説緯一卷,(清)王崧撰;

180.經義叢抄三十卷,(清)嚴傑撰。

19×13.6。半葉十一行,行二十四字。左右雙邊,白口,單黑魚尾,魚尾上題"皇清經解",下記卷次及各子目書名及葉數。裹封題"皇清經解",卷端題"皇清經解卷幾 學海堂",次行低一格記子目篇名及撰者。

清道光九年(己丑 1829)夏修恕序。卷首一卷:姓氏、總目。

按,《中國叢書綜録》第603葉著録爲"皇清經解一千四百卷,道光九年廣東學海堂刊本"。夏氏序云:"道光初宫保阮公立學海堂於嶺南以課士,士之願學者苦不能備觀各書,於是宫保盡出所藏,選其應刻者付之梓人以惠士林,委修恕總司其事。修恕爲屬官,且淑於公門生門下,遂勉致力。宫保以六年夏移節滇黔,修恕校勘剞劂,四載始竣,計書一百八十餘種,庋藏於學海堂側之文瀾閣以廣印行。"據此,該叢書之板片藏於學海堂,但刊刻者乃夏氏。此書於咸豐十一年(辛酉 1861)年又有補刊,卷數增至一千四百八卷,今傳世者多爲此本。

《藏園訂補郘亭知見傳本書目·經部》《書目問答補正》皆收録此本。

皇清經解卷一　學海堂

左傳杜解補正　崑山顧處士炎武著

北史言周樂遜著春秋序義通賈服説發杜氏違今杜氏單行而賈服之書不傳矣吳之先達邵氏寶有左觿百五十餘條又陸氏粲有左傳附注傅氏遜本之爲辨誤一書今多取之參以鄙見名曰補正凡三卷若經文大義左氏不能盡得而公穀得之公穀不能盡得而啖趙及宋儒得之者則別記之於書而此不具也

隱元年莊公寤生驚姜氏　解寐寤而莊公已生恐無此事應劭風俗通曰兒墮地能開目視者爲寤生

不如早爲之所　解使得其所宜改云言及今制之

皇清經解卷一　顧處士左傳杜解補正

二十四史　三千二百三十三卷　　曼Chinese 1

清乾隆四年奉敕修

清光緒十年（甲申 1884）上海同文書局石印本

715册135函。

子目：

1.史記一百三十卷，（漢）司馬遷撰，（劉宋）裴駰集解，（唐）司馬貞索隱，（唐）張守節正義；

2.前漢書一百卷，（漢）班固撰，（唐）顔師古注；

3.後漢書一百二十卷，（劉宋）范曄撰，（唐）李賢注，（晋）司馬彪撰續志，（梁）劉昭注；

4.三國志六十五卷，（晋）陳壽撰，（劉宋）裴松之注；

5.晋書一百三十卷附音義三卷，（唐）唐太宗撰，（唐）何超音義；

6.宋書一百卷，（梁）沈約撰；

7.南齊書五十九卷，（梁）蕭子顯撰；

8.梁書五十六卷，（唐）姚思廉撰；

9.陳書三十六卷，（唐）姚思廉撰；

10.魏書一百一十四卷，（北齊）魏收撰；

11.北齊書五十卷，（唐）李百藥撰；

12.周書五十卷，（唐）令狐德棻等撰；

13.北史一百卷，（唐）李延壽撰；

14.南史八十卷，（唐）李延壽撰；

15.隋書八十五卷，（唐）魏徵、長孫無忌等撰；

16.舊唐書二百二十卷，（後晋）劉昫等撰；

17.唐書二百二十五卷釋音二十五卷，（宋）歐陽修、宋祁等撰，（宋）董衝撰；

18.舊五代史一百五十卷，（宋）薛居正等撰；

19.五代史七十四卷，（宋）歐陽修撰，（宋）徐無黨注；

20.遼史一百一十六卷，（元）脱脱等撰；

21.金史一百三十五卷，（元）脱脱等撰；

22.宋史四百九十六卷，（元）脱脱等撰；

23.元史二百一十卷，（明）宋濂、王禕等撰；

24.明史三百三十二卷，（清）張廷玉等撰。

14.8×9.9。半葉十行，大小字不等，行大字二十一字，小字雙行同，行四十二字。左右雙邊，白口，單黑魚尾。魚尾上題“乾隆四年校刊”，下題“某書卷幾 某篇”及葉數。卷端題“某書卷一”及撰者姓氏，諸卷末皆有考證，裏封題書名及卷數，背牌記題“光緒十年甲申仲春/孟冬上海同文書局用石影印”，外封題“欽定某書 某卷/卷幾之幾”。

諸子目皆有原序，末附考證跋語及校刊姓氏。

按，《中國叢書綜録》第630葉著録此本，其底本爲清乾隆四年（己未 1739）武英殿刻本。

上三國志注表
臣松之言臣聞智周則萬理自賓鑒遠則物無遺照雖
盡性窮微深不可識至於緒餘所寄則必接乎麤迹是
以體備之量猶曰好察邇言畜德之厚在於多識往行
伏惟陛下道該淵極神超妙物暉光日新郁哉彌盛雖
一貫墳典怡心玄賾猶復降懷近代博觀興廢將以總
括前蹤貽誨來世臣前被詔使采三國異同以注陳壽
國志壽書銓敘可觀事多審正誠遊覽之苑囿近世之
嘉史然失在于畧時有所脫漏臣奉旨尋詳務在周悉
上搜舊聞傍摭遺逸按三國雖歷年不遠而事關漢晉
乾隆四年校刊

歷朝紀事本末　原六百五十八卷，殘存一百五十五卷

曼Chinese12—14

（清）陳如升、朱記榮輯

清光緒間上海慎記書莊、積山書局石印本

殘存9册1函

子目：

1.遼史紀事本末四十卷，（清）李有堂撰；

2.金史紀事本末五十二卷，（清）李有堂撰；

3.西夏紀事本末三十六卷，（清）張鑑撰；

4.元史紀事本末二十七卷，（明）陳邦瞻撰。

14.5×10。版式不一，已單獨别裁，詳見相關條目。

按，《中國叢書綜録》第639葉收録。

新刻遼金紀事本末叙

遼金二史紀事本末都為九十二卷伯氏芾生寄自峽江余先讀叙例作書統紀具矣嘗取袁陳諸家書旁皇周覽通貫累疊獨遼金二代編著未聞寘昔四庫館臣以宋史紀事本末頗及遼金謂當稱三史紀事不得獨以宋標名訊其偏見余攷陳書涉二國者既尠要為有宋之編稱名未始无持論之疏然紀遼金比它史不同其人名官爵繙譯未諳

越縵堂讀史札記　原十一種，殘存十種　曼R73116-R73121

（清）李慈銘撰

民國十八年至二十年（己巳 1929-辛未 1931）國立北平圖書館鉛印本

殘存7册

子目：

1.史記札記二卷，民國二十年序（辛未 1931）國立北平圖書館鉛印本；

2.漢書札記七卷，民國十七年（戊辰 1928）鉛印本（今闕）；

3.後漢書札記七卷，民國十八年（己巳 1929）國立北平圖書館鉛印本；

4.三國志札記一卷，民國十八年（己巳 1929）國立北平圖書館鉛印本；

5.晋書札記五卷，民國十九年（庚午 1930）國立北平圖書館鉛印本；

6.宋書札記一卷，民國二十年（辛未 1931）國立北平圖書館鉛印本；

7.梁書札記一卷，民國二十年（辛未 1931）國立北平圖書館鉛印本；

8.魏書札記一卷，民國二十年（辛未 1931）國立北平圖書館鉛印本；

9.隋書札記一卷，民國二十年（辛未 1931）國立北平圖書館鉛印本；

10.南史札記一卷，民國二十年（辛未 1931）國立北平圖書館鉛印本；

11.北史札記一卷，民國二十年（辛未 1931）國立北平圖書館鉛印本。

16.5×11。半葉十三行，行二十八字。四周單邊，上下綫黑口，單黑魚尾。魚尾上題“某書札記”，下記卷次及葉數，下書口題“國立北平圖書館”。卷端題“某書札記讀史札記之幾”“會稽 李慈銘”。首册裏封題“越縵堂讀史札記 同里後學王式通謹署”。

史記札記首民國二十年王式通序，同年楊樹達序，民國十九年高步瀛序，目録後附民國二十年王重民識語。晋書札記末附民國十九年王重民識語。

按，《中國叢書綜録》第637葉收録此叢書。此書爲平裝本，非古籍。

越縵堂讀史札記
同里後學王式通謹署

清初史料四種　七卷　曼R73125

謝國楨輯

民國二十二年（癸酉 1933）國立北平圖書館鉛印本

2册

子目：

1.撫安東夷記一卷，明馬文升撰，國立北平圖書館藏紀録彙編本；

2.東夷考略不分卷，題茗上愚公撰，燕京大學圖書館藏上虞羅氏傳抄本；

3.遼夷略一卷，明張鼐撰，國立北平圖書館藏明刻寶日堂集本；

4.建州私志，題海濱野史撰，東方文化會藏銅仙逸史本。

16×10.7。半葉十四行，行三十二字。左右雙邊，上下綫黑口，雙對黑魚尾。版口記書名及葉數。裏封題“清初史料四種 撫安東夷記 東夷考略 遼夷略 建州私志”，背面題“民國二十二年七月北平圖書館刊印”，鈐“志盦”“玉縉”“水竹邨人”等朱文方印。

民國二十二年（癸酉 1933）謝國楨序。

按，此爲平裝書，目録葉附有諸書所據底本，見前子目。

清初史料四種

撫安東夷記　東夷考略

遼夷略　建州私志

十子全書　一百二十九卷　　曼285

（清）王子興輯

清嘉慶九年（甲子 1804）姑蘇王氏聚文堂重刻本

26册5本

子目：

1.道德經評注上下二卷，（漢）河上公章句；

2.南華真經十卷，（周）莊周撰，（晋）郭象注，（唐）陸德明音義；

3.荀子二十卷附校勘記補遺一卷，（周）荀况撰，（唐）楊倞注，（清）盧文弨、謝墉校；

4.冲虚至德真經八卷，（周）列御寇撰，（晋）張湛注，（唐）殷敬順釋文；

5.管子二十四卷，（周）管仲撰，（唐）房玄齡注，（明）劉績增注，（明）朱長春通演；

6.韓非子二十卷，（周）韓非子撰，佚名注；

7.淮南子二十一卷，（漢）劉安撰，（漢）高誘注，（清）莊奎吉校；

8.新纂門目五臣音注揚子法言十卷，（漢）揚雄撰，（晋）李軌、（唐）柳宗元注，（宋）宋咸、吴祕、司馬光添注；

9.中說十卷，（隋）王通撰，（宋）阮逸注；

10.鶡冠子上中下三卷，（宋）陸佃解。

各書尺寸、版式不一，今已别裁單列，可參見之，此略。裏封題“嘉慶甲子重鐫十子全書 姑蘇聚文堂藏板”，鈐“聚錦堂發兑”朱文方印及畫。

附十子總目。

按，據諸子目裏封、序跋及版式可知，該書大致有兩種情况，一爲評注本凡五種，此本天頭處有評點，其底本多爲明刻本；一爲箋釋本凡五種，無評點。

《中國叢書綜録》第694葉收録。

嘉慶甲子重鐫
十子全書
姑蘇聚文堂藏板
聚錦堂發兑

徐氏三種　三卷　　曼R72293

（清）徐士業編

清光緒元年（乙亥 1875）京都琉璃廠書房文華堂重刻清康熙間歙西徐士業校刻本

3册1函

子目：

1.三字經訓詁不分卷，（宋）王應麟纂，（清）王相注，（清）徐士業校刊；

2.千字文釋義不分卷，（清）汪嘯尹纂輯，（清）孫謙益參注，（清）徐士業校刊；

3.百家姓考略不分卷，（清）王相纂，（清）徐士業校。

18.4×13.3。半葉七行，大小字不等，行大字八字，小字雙行同，行三十四字。左右雙邊，白口，單黑魚尾。魚尾上記書名，下記葉數。裏封題“光緒元年重刊 徐氏三種 京琉璃廠中間路南 都龍文閣書坊藏板”，黄色外封，函套書籤題“徐氏三種”；三字經訓詁：卷端題“三字經解詁”“歙西徐士業建勛氏校刊”，裏封題“王伯厚先生纂 王晋升先生註 三字經訓詁 觀生閣原板”；千字文釋義：卷端題“千字文釋義”“汪嘯尹先生纂輯 孫謙益先生叅注 江都葉敬義方氏書本文 歙縣徐士業建勳氏校刊 梁敕員外散騎侍郎周興嗣次韻”，裏封題“汪嘯尹先生纂輯 孫謙益先生叅注 千字文釋義 京都琉璃廠書坊藏板”；百家姓考略：卷端題“歙西徐士業建勛氏校刊”，裏封題“王晋升先生纂 徐士業先生校 百家姓考略 京都琉璃廠書坊藏板”。

清康熙五年（丙午 1666）王相三字經訓詁識（首題“歙西徐士業建勛氏校刊”），王相百家姓考略題（首題“歙西徐士業建勛氏校刊”）。

按，此本《千字文釋義》“天地玄黄”作“天地元黄”，“鉉”亦缺筆。《百家姓考略》“弘”字缺筆，“寧”字作“甯”，“淳”字不缺。

《中國叢書綜録》第755葉收録此書，題作“重刻徐氏三種”，但爲清同治九年（庚午 1870）南蘭陵亦園刻本。

光緒元年重刊

徐氏三種

京都琉璃廠中間路南龍文閣書坊藏板

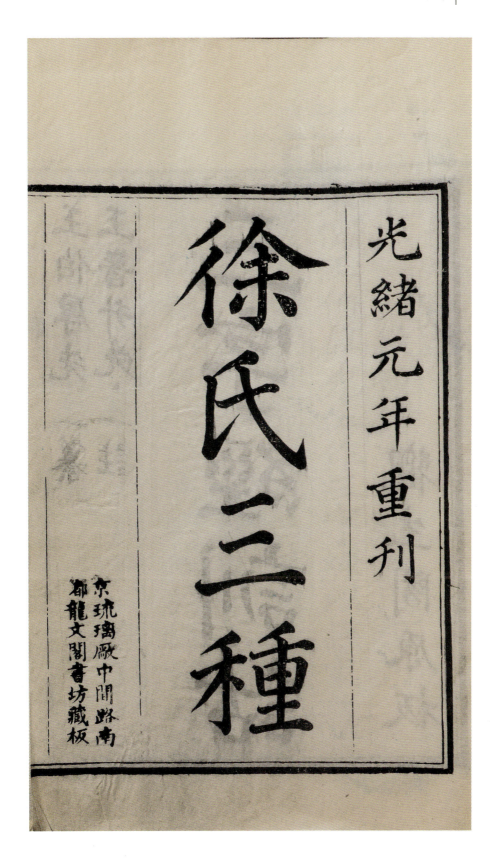

校補金石例四種　十七卷　　曼296

（清）李瑶輯

清道光十二年（壬辰 1832）吴郡李氏泥活字印本（白棉紙，精印）

4册1本

子目如下：

1.金石例十卷，（元）潘昂霄撰；

2.墓銘舉例四卷，（明）王行編；

3.金石要例一卷，（清）黄宗羲撰；

4.金石例補二卷，（清）郭麐撰。

20.5×14.4。半葉九行，行十九字。左右雙邊，上下粗黑口，單黑魚尾，魚尾下記書名及卷次、葉數等。金石例：目録題“金石例目録 鄱陽楊本編輯校正 廬陵王思明重校正”，卷端題“金石例卷之一”“濟南潘昂霄景梁”；墓銘舉例：卷端題“墓銘舉例卷一”“姑蘇王行止仲編 金匱王穎鋭秉誠校”；金石要例：卷端題“金石要例”“姚江黄宗羲梨洲著 金匱王穎鋭秉誠校”；金石例補：卷端題“金石例補卷一”“吴江郭麐祥伯”。裏封題“校補金石例四種”，下鈐“金石刻書臣能爲”白文方印，背首行下朱筆題“每部實兑紋銀四兩”，牌記題“七寍轉輪藏定本 仿宋膠泥版印瀇”。

清道光十二年（壬辰 1832）李瑶校補金石例四種序，乾隆二十年（乙亥 1755）盧見曾金石三例序，至正五年（乙酉 1345）楊本金石例叙、傅貴全序、湯植翁序，至正八年（戊子 1348）王思明叙，末卷附至正五年（乙酉 1345）潘詡跋，李瑶跋；墓銘舉例：乾隆二十一年（丙子 1756）王穎鋭序，乾隆二十年（乙亥 1755）鄒鍔序，末附乾隆二十一年（丙子 1756）顧朝泰跋，吴心榮跋；金石要例及補：末附李瑶編金石例補緣起，嘉慶十六年（辛未 1811）郭麐金石例補序，嘉慶十八年（癸酉 1813）汪家禧序，末附金石例補跋。

按，李瑶序云："濟南潘氏《金石例》十卷，當元之世，版已三鋟，䶵來操觚家奉爲矜式也，審矣。明初，長洲王氏推廣其意，别著《墓銘舉例》十卷，發明表裏，以津逮後學，世僅傳抄，名幾湮闕，此也是翁《敏求記》中之所以弗詳也。迨後四百年來，始有金匱王秉誠者爲之讐校，並合姚江黄氏《要例》一卷刻之，遂名之爲'金石三例'也。聿自《三例》出而金石文字之道尊而具見，吾人立言傳言之非易易爲也……此書原刻精當而微嫌夾注叢列，坊本則魚豕之病雜陳矣。余乃慨然思廣其傳，即以自治膠泥版，統作平字捭之，且以近見吴江郭氏祥伯之《金石例補》補之。夫例之剏自蒼厓也，引而伸之者有止仲，縫其所闕者爲梨洲，至臚晰而賅備者則近惟祥伯。是潘氏之學，益有以昌之也。因别署其編曰'校補金石例四種'，都十七卷。"據此可知，此書是在《金石三例》的基礎上，另增《金石例補》一書而成的。《金石三例》者，此序云："迨後四百年來，始有金匱王秉誠者爲之讐校，並合姚江黄氏《要例》一卷刻之，遂名之爲‘金石三例’也。”考《墓銘舉例》《金石要例》確有合刊，《藏園訂補郘亭知見傳本書目·集部》題作“乾隆丙子金匱王氏穎鋭刊附《金石要例》，係從程魚門得抄本，與盧氏同時刊行”。其中“金匱王氏穎鋭”即“金匱王秉誠”。“程魚門”即程晋門，爲清乾隆間藏書家、經學家，有藏書樓“桂宧室”“拜書亭”等。“盧氏”即盧見曾，其於清乾隆二十年（乙亥 1755）始刊《金石三例》三種。故李氏此處云金匱王氏刊刻《金石三例》可能是誤記。

此本版框接頭處及版心象鼻魚尾處有斷裂，但文内字無顛倒，字有略歪斜和筆畫相粘者，界行亦有略微歪斜者，確爲活字印本。

此本共4册，其中，《金石例》2册，《墓銘舉例》1册半、卷四與后兩種合訂，《金石要例》《金石例補》並占1册。

此本《藏園訂補郘亭知見傳本書目·集部》未録，《中國叢書綜録》第689葉、《中國古籍善本書目·集部》皆收録，國内僅有國家圖書館等少數館收藏。

校補金石例四種序　程忠家印

濟南潘氏金石例十卷，當元之世版已三鋟，鼎來操觚家之奉爲矜式也審矣。明初長洲王氏推廣其意，別著墓銘舉例四卷，發明表裏，以津逮後學。世僅傳鈔，名幾湮闕，此也是翁敏求記中之所以弗詳也。迨後四百年來，始有金匱王秉誠者爲之讐校，并合姚江黄氏要例一卷刻之，遂名之爲金石三例也。聿自三例出，而金石文字之道尊，金石文字之道尊，而具見吾人立言傳信之非易，易爲也。昔吾李氏習之之

增訂漢魏叢書　四集六百一十一卷　曼261

（清）王謨輯

清乾隆五十六年（辛亥 1791）金溪王氏刻本

68册12本

子目：

一、經翼

1.焦氏易林四卷，（漢）焦贛撰；

2.易傳三卷，（漢）京房撰，吴陸績注；

3.關氏易傳一卷，（後魏）關朗撰；

4.周易略例一卷，（魏）王弼撰，（唐）邢璹注；

5.古三墳一卷，（晋）阮咸注；

6.汲冢周書十卷，（晋）孔晁注；

7.詩傳孔氏傳一卷，（周）端木賜撰；

8.詩説一卷，（漢）申培撰；

9.韓詩外傳十卷，（漢）韓嬰撰；

10.毛詩草木鳥獸蟲魚疏二卷，（吴）陸璣撰；

11.大戴禮記十三卷，（漢）戴德撰，（北周）盧辯注；

12.春秋繁露十七卷，（漢）董仲舒撰；

13.白虎通德論四卷，（漢）班固撰；

14.獨斷一卷，（漢）蔡邕撰；

15.忠經一卷，（漢）馬融撰；

16.孝傳一卷，（晋）陶潛撰；

17.小爾雅一卷，（漢）孔鮒撰；

18.方言十三卷，（漢）揚雄撰，（晋）郭璞注；

19.博雅十卷，（魏）張揖撰，（隋）曹憲音釋；

20.釋名四卷，（漢）劉熙撰；

二、别史

21.竹書紀年二卷，（梁）沈約注；

22.穆天子傳六卷，（晋）郭璞注；

23.越絶書十五卷，（漢）袁康撰；

24.吴越春秋六卷，（漢）趙曄撰，（宋）徐天祜音注；

25.西京雜記六卷，（漢）劉歆撰，（晋）葛洪録；

26.（漢）武帝内傳一卷，（漢）班固撰；

27.飛燕外傳一卷，（漢）伶玄撰；

28.雜事秘辛一卷，（漢）闕名撰；

29.華陽國志十四卷，（晋）常璩撰；

30.十六國春秋十六卷，（後魏）崔鴻撰；

31.元經薛氏傳十卷，（隋）王通經，（唐）薛收傳，（宋）阮逸注；

32.群輔録一卷，（晋）陶潛撰；

33.英雄記抄一卷，（漢）王粲撰；

34.高士傳三卷，（晋）皇甫謐撰；

35.蓮社高賢傳一卷，（晋）闕名撰；

36.神僊傳十卷，（晋）葛洪撰；

三、子餘

37.孔叢二卷詰墨一卷，（漢）孔鮒撰；

38.新語二卷，（漢）陸賈撰；

39.新書十卷，（漢）賈誼撰；

40.新序十卷，（漢）劉向撰；

41.説苑二十卷，（漢）劉向撰；

42.淮南鴻烈解二十一卷，（漢）劉安輯，（漢）高誘注；

43.鹽鐵論十二卷,（漢）桓寬撰,（明）張之象注;

44.法言十卷,（漢）揚雄撰;

45.申鑒五卷,（漢）荀悦撰,（明）黄省曾注;

46.論衡三十卷,（漢）王充撰;

47.潜夫論十卷,（漢）王符撰;

48.中論二卷,（漢）徐幹撰;

49.中説二卷,（隋）王通撰;

50.風俗通義十卷,（漢）應劭撰;

51.人物志三卷,（魏）劉邵撰,（後魏）劉昞注;

52.新論十卷,（梁）劉勰撰;

53.顔氏家訓二卷,（北齊）顔之推撰;

54.参同契一卷,（漢）魏伯陽撰;

55.陰符經一卷,（漢）張良等注;

56.風后握奇經一卷附握奇經續圖一卷、八陣總述一卷,（漢）公孫弘解,名□續圖,（晋）馬隆總述;

58.素書一卷,（漢）黄石公撰,（宋）張商英注;

59.心書一卷,（蜀）諸葛亮撰;

四.載籍

60.古今注三卷,（晋）崔豹撰;

61.博物志十卷,（晋）張華撰,（闕名）注;

62.文心雕龍十卷,（梁）劉勰撰;

63.詩品三卷，（梁）鍾嶸撰；

64.書品一卷，（梁）庾肩吾撰；

65.尤射一卷，（魏）繆襲撰；

66.拾遺記十卷，（前秦）王嘉撰，（梁）蕭綺録；

67.述異記二卷，（梁）任昉撰；

68.續齊諧記一卷，（梁）吴均撰；

69.搜神記八卷，（晋）干寶撰；

70.搜神後記二卷，（晋）陶潛撰；

71.還冤記一卷，（北齊）顔之推撰；

72.神異經一卷，（漢）東方朔撰；

73.海内十洲記一卷，（漢）東方朔撰；

74.别國洞冥記四卷，（漢）郭憲撰；

75.枕中書一卷，（晋）葛洪撰；

76.佛國記一卷，（晋）釋法顯撰；

77.伽藍記五卷，（後魏）楊衒之撰；

78.三輔黄圖六卷，（漢）闕名撰；

79.水經二卷，（漢）桑欽撰；

80.星經二卷，（漢）石申撰；

81.荆楚歲時記一卷，（梁）宗懍撰；

82.南方草木狀三卷，（晋）嵇含撰；

83.竹譜一卷，（晋）戴凱之撰；

84.禽經一卷，（晋）張華注；

85.鼎録一卷，（梁）虞荔撰；

86.古今刀劍録一卷，（梁）陶弘景撰；

87.天禄閣外史八卷，（漢）黄憲撰。

19.4×13.5。半葉九行，行二十字。左右雙邊，白口，單白魚尾。魚尾上記書名，下記卷次及葉數。卷端皆子目題名，凡例及目録題"增訂漢魏叢書"，裏封題"乾隆辛亥重鐫 漢魏叢書 經翼二十種 别史十六種 子餘廿二種 載籍廿八種 本衙藏版"。

此書凡四集六百一十一卷：經翼九十九卷、别史八十五卷、子餘三百二十九卷、載籍九十八卷，附增訂漢魏叢書凡例八條。

明萬曆二十年（壬辰 1592）屠隆漢魏叢書序，清乾隆五十七年（壬子 1792）陳蘭森重刻漢魏叢書叙，目録末附王氏識，諸書前皆有序，末則附王謨識語。

按，陳序云："金谿進士王君，躬際文明，博極群書，司建昌校官之任，期以鼓舞多士，樂育英才，復取《漢魏叢書》，加輯爲八十六種重付剞劂。"據此，此書爲王謨在《漢魏叢書》的基礎上增訂且自刊之本。

此本各册中有裝反之書，如第2册《韓詩外傳》等。

《中國叢書綜録》第43葉收録。

漢魏叢書序

夫亡用之用。莫大於文。雕蟲鞶帨。達者往往薄之。聖哲脩道德、明仁義。則安事文。豪傑程功令樹鴻鉅。則安事文。貞士矯風節標獨行。則安事文。有道葆眞元養性靈。則安事文。文於數

知不足齋叢書　二百四十卷　曼181

（清）鮑廷博編

清乾隆道光間長塘鮑氏刻本

240册42本

子目：

第一集

1.御覽闕史二卷，（唐）高彦休撰；

2.古文孝經孔氏傳一卷，（漢）孔安國撰、（日本）太宰純音，乾隆四十一年（丙申 1776）刊；

3.寓簡十卷附録一卷，（宋）沈作喆撰，乾隆四十年（乙未 1775）刊；

4.兩漢刊誤補遺十卷附録一卷，（宋）吴仁傑撰，乾隆四十一年（丙申 1776）刊；

5.涉史隨筆一卷，（宋）葛洪撰，乾隆四十年（乙未 1775）刊；

6.客杭日記一卷，（元）郭畀撰，乾隆三十七年（壬辰 1772）刊；

7.韻石齋筆談二卷，（明）姜紹書撰；

8.七頌堂識小録一卷，（清）劉體仁撰；

第二集

9.公是先生弟子記一卷，（宋）劉敞撰，乾隆四十年（乙未 1775）刊；

10.經筵玉音問答一卷，（宋）胡銓撰；

11.碧溪詩話十卷，（宋）黄徹撰，乾隆四十一年（丙申 1776）刊；

12.獨醒雜志十卷附録一卷，（宋）曾敏行撰，乾隆四十年（乙未 1775）刊；

13.梁溪漫志十卷附録一卷，（宋）費衮撰，乾隆四十一年（丙申 1776）刊；

14.赤雅三卷，（明）鄺露撰，乾隆三十四年（乙丑 1769）刊；

15.諸史然疑一卷，（清）杭世駿撰，乾隆四十五年（庚子 1780）刊；

16.榕城詩話三卷，（清）杭世駿撰，乾隆四十年（乙未 1775）刊；

第三集

17.入蜀記六卷，（宋）陸遊撰；

18.猗覺寮雜記二卷，（宋）朱翌撰，乾隆四十一年（丙申 1776）刊；

19.對牀夜語五卷，（宋）范晞文撰，乾隆三十七年（壬辰 1772）刊；

20.歸田詩話三卷，（明）瞿佑撰，乾隆四十年（乙未 1775）刊；

21.南濠詩話一卷，（明）都穆撰，乾隆三十八年（癸巳 1773）刊；

22.麓堂詩話一卷，（明）李東陽撰，乾隆四十年（乙未 1775）刊；

23.石墨鐫華八卷，（明）趙崡撰，乾隆三十九年（甲午 1774）刊；

第四集

24.孫子算經三卷，（唐）李淳風等奉敕注釋，乾隆四十二年（丁酉 1777）刊；

25.五曹算經五卷,(唐)李淳風等奉敕注釋,乾隆四十二年(丁酉 1777)刊;
26.釣磯立談一卷附録一卷,(宋)史温撰,乾隆四十三年(戊戌 1778)刊;
27.洛陽搢紳舊聞記五卷,(宋)張齊賢撰,乾隆四十一年(丙申 1776)刊;
28.四朝聞見録五卷附録一卷,(宋)葉紹翁撰;
29.金石史二卷,(明)郭宗昌撰;
30.閑者軒帖考一卷,(清)孫承撰;

第五集

31.清虚雜著三種三卷補闕一卷,(宋)王鞏撰,乾隆四十四年(己亥 1779)刊;
32.補漢兵志一卷,(宋)錢文子撰,乾隆四十四年(己亥 1779)刊;
33.臨漢隱居詩話一卷,(宋)魏泰撰,乾隆四十四年(己亥 1779)刊;
34.滹南詩話三卷,(金)王若虚撰;
35.歸潛志十四卷,(金)劉祁撰,乾隆四十四年(己亥 1779)刊;
36.黄孝子紀程二卷附一卷,(清)黄向堅撰;
37.虎口餘生記一卷,(明)邊大綬撰;
38.澹生堂藏書約一卷附流通古書約一卷,(明)祁承㸁撰、(清)曹溶撰附録;
39.苦瓜和尚畫語録一卷,(清)釋道濟撰;

第六集

40.玉壺清話十卷,(宋)釋文瑩撰,乾隆四十五年(庚子 1780)刊;
41.愧郯録十五卷,(宋)岳珂撰,乾隆四十八年(癸卯 1783)刊;

42.碧雞漫志五卷，（宋）王灼撰；

43.樂府補題一卷，（宋）闕名輯；

44.蜕巖詞二卷，（元）張翥撰；

第七集

45.論語集解義疏十卷，（魏）何晏集解、（梁）皇侃義疏；

46.離騷草木疏四卷，（宋）吴仁傑撰，乾隆四十五年（庚子 1780）刊；

47.游宦紀聞十卷，（宋）張世南撰，乾隆四十八年（癸卯 1783）刊；

第八集

48.張丘建算經三卷，張丘建撰、（北周）甄鸞注、（唐）李淳風等注釋、（唐）劉孝孫細草，乾隆四十五年（庚子 1780）刊；

49.緝古算經一卷，（唐）王孝通撰並注，乾隆四十五年（庚子 1780）刊；

50.默記一卷，（宋）王銍撰；

51.南湖集十卷附録三卷，（宋）張鎡撰，乾隆四十六年（辛丑 1781）刊；

52.蘋州漁笛譜二卷，（宋）周密撰；

第九集

53.金樓子六卷，梁元帝撰；

54.鐵圍山叢談六卷，（宋）蔡絛撰，乾隆四十六年（辛丑 1781）刊；

55.農書三卷，（宋）陳旉撰；

56.蠶書一卷,（宋）秦觀撰;

57.于潛令樓公進耕織二圖詩一卷附録一卷,（宋）樓璹撰、萬作霖抄本;

58.湛淵静語二卷,（元）白珽撰;

59.責備餘談二卷,（明）方鵬撰;

第十集

60.續孟子二卷,（唐）林慎思撰;

61.伸蒙子三卷,（唐）林慎思撰;

62.麟角集一卷附録一卷,（唐）王棨撰;

63.蘭亭考十二卷附群公帖跋一卷,（宋）桑世昌撰,乾隆四十七年（壬寅 1782）刊;

64.蘭亭續考二卷,（宋）俞松撰;

65.石刻鋪叙二卷,（宋）曾宏父撰,乾隆四十七年（壬寅 1782）刊;

66.江西詩社宗派圖録一卷,（清）張泰來撰;

67.江西詩派小序一卷,（宋）劉克莊撰;

68.萬柳溪邊舊話一卷,（宋）尤玘撰;

第十一集

69.詩傳注疏三卷,（宋）榭枋得撰;

70.顏氏家訓七卷附考證一卷,（北齊）顏之推撰、（宋）沈揆撰考證;

71.江南餘載二卷,（宋）鄭文寶撰;

72.五國故事二卷,（宋）佚名撰;